全国高等教育自学考试指定教材

消防工程专业（独立本科段）

电气防火及火灾监控

（2014年版）

（含：电气防火及火灾监控自学考试大纲）

全国高等教育自学考试指导委员会　组编

主编　陈　南

编者　蒋慧灵　杨卫国　王　允

李冬梅　王　斌

机械工业出版社

本书是全国高等教育自学考试消防工程专业指定教材。"电气防火及火灾监控"课程是全国高等教育自学考试消防工程专业（独立本科段）的专业必修课程。

本书的主要内容包括：电气防火基础知识、消防供配电、低压供配电系统防火、防爆电气设备及其选型、防雷与防静电、火灾报警系统选型、消防联动控制系统等内容。本书在较全面系统地介绍了电气火灾形成机理、电气防火基本原理与技术措施、火灾自动报警与消防联动控制系统应用设计的基础上，吸纳了电气防火及火灾监控技术方面的新成果和相关规范标准修订的新内容，本着理论联系实际的原则，力求做到涵盖面广、内容丰富，增强教材的可读性和实用性。

本书适合参加全国高等教育自学考试消防工程专业的学生和指导教师使用，也可供高等院校相关专业的师生及消防安全相关人员参考。

图书在版编目（CIP）数据

电气防火及火灾监控/陈南主编. —北京：机械工业出版社，2014.4
（2025.1重印）

全国高等教育自学考试指定教材. 消防工程专业. 独立本科段

ISBN 978-7-111-46321-4

Ⅰ.①电… Ⅱ.①陈… Ⅲ.①电气设备-防火-高等教育-自学考试-教材②消防-防火系统-监控系统-高等教育-自学考试-教材 Ⅳ.①TM92②TU998.13

中国版本图书馆 CIP 数据核字（2014）第 061795 号

机械工业出版社（北京市百万庄大街 22 号 邮政编码 100037）
策划编辑：何文军 责任编辑：王 琪
版式设计：霍永明 责任校对：闫玥红
责任印制：单爱军
北京虎彩文化传播有限公司印刷
2025 年 1 月第 1 版第 13 次印刷
184mm×260mm · 18 印张 · 443 千字
标准书号：ISBN 978-7-111-46321-4
定价：49.00 元

电话服务
客服电话：010-88361066
　　　　　010-88379833
　　　　　010-68326294
封底无防伪标均为盗版

网络服务
机 工 官 网：www.cmpbook.com
机 工 官 博：weibo.com/cmp1952
金 书 网：www.golden-book.com
机工教育服务网：www.cmpedu.com

组 编 前 言

　　21 世纪是一个变幻莫测的世纪，是一个催人奋进的时代，科学技术飞速发展，知识更替日新月异。希望、困惑、机遇、挑战随时随地都有可能出现在每一个社会成员的生活之中。抓住机遇，寻求发展，迎接挑战，适应变化的制胜法宝就是学习——依靠自己学习，终生学习。

　　作为我国高等教育组成部分的自学考试，其职责就是在高等教育这个水平上倡导自学、鼓励自学、帮助自学、推动自学，为每一个自学者铺就成才之路。组织编写供读者学习的教材就是履行这个职责的重要环节。毫无疑问，这种教材应当适合自学，应当有利于学习者掌握和了解新知识、新信息，有利于学习者增强创新意识、培养实践能力、形成自学能力，也有利于学习者学以致用，解决实际工作中所遇到的问题。具有如此特点的书，我们虽然沿用了"教材"这个概念，但它与那种仅供教师讲、学生听，教师不讲、学生不懂，以"教"为中心的教科书相比，已经在内容安排、编写体例、行文风格等方面都大不相同了。希望读者对此有所了解，以便从一开始就树立起依靠自己学习的坚定信念，不断探索适合自己的学习方法，充分利用已有的知识基础和实际工作经验，最大限度地发挥自己的潜能，以达到学习的目标。

　　欢迎读者提出意见和建议。

　　祝每一位读者自学成功！

全国高等教育自学考试指导委员会

2013 年 3 月

目　录

电气防火及火灾监控自学考试大纲

电气防火及火灾监控

全国高等教育自学考试

消防工程专业（独立本科段）

电气防火及火灾监控
自学考试大纲

（含考核目标）

全国高等教育自学考试指导委员会　制定

出 版 前 言

为了适应社会主义现代化建设事业的需要，鼓励自学成才，我国在 20 世纪 80 代初建立了高等教育自学考试制度。高等教育自学考试是个人自学、社会助学和国家考试相结合的一种高等教育形式。应考者通过规定的专业课程考试并经思想品德鉴定达到毕业要求的，可获得毕业证书；国家承认学历并按照规定享有与普通高等学校毕业生同等的有关待遇。经过 30 多年的发展，高等教育自学考试为国家培养造就了大批专门人才。

课程自学考试大纲是国家规范自学者学习范围、要求和考试标准的文件。它是按照专业考试计划的要求，具体指导个人自学、社会助学、国家考试、编写教材及自学辅导书的依据。

为更新教育观念，深化教学内容方式、考试制度、质量评价制度改革，更好地提高自学考试人才培养的质量，全国考委各专业委员会按照专业考试计划的要求，组织编写了课程自学考试大纲。

新编写的大纲，在层次上，专科参照一般普通高校专科或高职院校的水平，本科参照一般普通高校本科水平；在内容上，力图反映学科的发展变化以及自然科学和社会科学近年来研究的成果。

全国考委电子电工与信息类专业委员会参照普通高等学校电气防火及火灾监控课程的教学基本要求，结合自学考试消防工程专业（独立本科段）的实际情况，组织制定的《电气防火及火灾监控自学考试大纲》，经教育部批准，现颁发施行。各地教育部门、考试机构应认真贯彻执行。

全国高等教育自学考试指导委员会
2014 年 1 月

Ⅰ. 课程性质与课程目标

一、课程性质和特点

"电气防火及火灾监控"课程是全国高等教育自学考试消防工程专业（独立本科段）的必修课，是为培养自学应考者掌握和应用电气防火及火灾监控方面专业知识而设置的一门专业课。对于消防工程专业（独立本科段）考生来说，学好这门课程有利于培养他们开展电气防火及火灾监控方面专业工作的基本能力，从而为他们在今后的消防工程专业工作中分析问题、解决问题打下坚实的基础。

二、课程目标

"电气防火及火灾监控"课程设置的目标是：

1. 为考生在消防工程领域从事电气防火设计审核、电气防火日常检查、电气防火安全检测和自动消防设施监控管理等方面工作建立基本理论基础和应用技术基础，培养考生开展电气防火及火灾监控方面专业工作的基本能力。

2. 掌握电气火灾原因及形成机理、电气防火防爆基本原理与技术、电气防火工程设计基本方法。

3. 掌握火灾自动报警系统基本组成、工程设计要求、消防联动控制实现方法。

4. 了解电气防火工程和自动消防设施管理方面的应用技术。

三、与相关课程的联系与分工

"电气防火及火灾监控"课程是消防工程专业的专业课程，课程内容涉及的知识面广、专业性强，为此在考生学习本课程时应具备一定的电工基础知识，同时还应具备其他先修课程，如消防燃烧学、建筑防火、灭火设施等课程的专业知识。

四、课程的重点和难点

"电气防火与火灾监控"课程的学习重点包括电气火灾原因及其形成机理、消防电源及其供电实现、导线电缆选择与防火要求、电气设备防爆、火灾自动报警系统选型应用等内容。本课程的难点有电气发热形式及计算、短路电流计算及应用，概念较抽象且计算较繁琐，但属于工程应用的必要基础。

Ⅱ. 考 核 目 标

本大纲在考核目标中，按照识记、领会、简单应用和综合应用4个层次规定其应达到的能力层次要求。4个能力层次是递进的关系，后者必须建立在前者的基础上。各能力层次的含义是：

识记（Ⅰ）：要求考生能够识别和记忆本课程中有关电气防火及火灾监控的主要内容（如概念、原理、重要结论、方法及要求等），并能够根据考核的不同要求，做正确的表述、选择和判断。

领会（Ⅱ）：要求考生能够领悟和理解本课程中有关电气防火及火灾监控的技术内涵及外延，理解电气防火、消防电源、接地接零、危险区域划分、防雷、防静电、火灾探测等概念，电气发热、短路电流、电气防爆等规律特点，电气防火设计方法、火灾自动报警系统选型设计方法等的适用条件，能够初步鉴别关于概念、规律和方法的似是而非的说法；理解相关知识的区别和联系，并能根据考核的不同要求对电气防火及火灾监控方面的问题进行逻辑推理和论证，做出正确的判断、解释和说明。

简单应用（Ⅲ）：要求考生能够根据已知的电气防火及火灾监控知识和应用条件，对相关消防工程问题进行分析和论证，得出正确的结论或做出正确的判断。

综合应用（Ⅳ）：要求考生能够面对具体、实际的电气防火及火灾监控工程问题，探究解决问题的思路或方法，进行工程问题的综合分析和讨论，得出解决消防工程问题的综合方案。

Ⅲ. 课程内容与考核要求

第一章 电气防火基础

一、学习目的和要求

电气防火技术是消防工程领域的重要内容，通过对本章的学习，应了解电气火灾及电气防火的概念、电力系统的组成、电力网的额定电压等级、电气火灾趋势、电气防火的基础工作要求等，掌握电气火灾原因及供配电系统组成、发热对电气设备的影响、导体的长时间发热与短路时发热的计算、提高允许载流量的方法。

二、课程内容

第一节 供配电系统概述

一、电工学基础知识

二、电力系统基本概念

三、供配电系统组成

四、电力网额定电压等级

五、用电设备工作制

第二节 电气防火基本要求

一、电气防火概念

二、电气防火设计原则

三、电气防火基础工作

第三节 电气火灾原因分析

一、电气火灾趋势

二、电气火灾的主要原因

三、电气火灾预防基本策略

第四节 电气发热及其危害

一、电气发热的不良影响

二、载流导体的工作特点

三、均质导体的发热形式

四、提高允许载流量的方法

三、考核知识点与考核要求

（一）电力系统基本概念

1. 识记：电工学基本概念、电力系统组成。

2. 领会：电力网额定电压等级规定。

（二）供配电系统组成

1. 识记：用电设备的工作制。

2. 领会：供配电系统组成。

（三）电气防火基本要求

1. 识记：电气火灾概念、电气防火概念、电气防火基础工作内容。

2. 领会：电气防火设计基本原则。

（四）电气火灾趋势

识记：电气火灾趋势。

（五）电气火灾原因

1. 识记：电气火灾预防基本策略。

2. 领会：电气火灾形成原因。

（六）电气发热的危害

1. 识记：载流导体的工作特点。

2. 领会：电气发热的不良影响。

（七）电气发热形式

1. 领会：均质导体的发热形式。

2. 简单应用：提高允许载流量的方法。

四、本章重点、难点

本章的重点内容是电气火灾原因、发热对电气设备的影响、均质导体的发热形式、提高导体载流量的措施。

第二章　消防供配电

一、学习目的和要求

通过对本章的学习，应了解消防电源概念、消防负荷分级方法与供电要求、主电源与应急电源的连接、消防应急照明与疏散指示系统的概念，掌握不同负荷等级的供电形式、不同电源实现形式、消防设备配电线路的选用原则及敷设要求、典型消防用电设备配线措施、消防应急照明和疏散指示标志的设计要求。

二、课程内容

第一节　消防负荷分级及供电要求

一、消防用电负荷分级

二、消防负荷供电要求

第二节　消防设备供配电实现

一、一级负荷供电实现

二、二级负荷供电实现

三、消防电源的监控与切换

四、消防设备配电实现

第三节　消防设备配电措施

一、常用消防设备配电线缆

二、消防设备配电线缆选用

三、消防设备配电线缆敷设

四、典型消防用电设备配线措施

第四节　消防应急照明与疏散指示系统

一、系统概述

二、消防应急照明的设计要求

三、疏散指示标志的设计要求

三、考核知识点与考核要求

（一）消防电源的种类及要求

1. 识记：消防电源概念、消防电源系统构成。

2. 领会：消防用电负荷的分级方法、消防负荷的供电要求。

（二）消防设备供配电要求

1. 识记：不同负荷等级的供电原则、消防设备配电实现。

2. 领会：一级负荷供电形式、二级负荷供电形式。

（三）消防电源监控及切换

1. 识记：应急电源概念、消防电源监控系统概念。

2. 领会：应急电源选择要求、首端切换与末端切换。

（四）消防设备配电措施

1. 识记：阻燃及耐火电缆分级、常用消防设备配电线缆。

2. 领会：消防设备配电线缆选用原则与敷设要求。

3. 简单应用：典型消防用电设备配线措施。

（五）消防应急照明与疏散指示系统

1. 识记：系统组成、应急照明分类、消防疏散指示标志。

2. 简单应用：消防应急照明和疏散指示标志的设置部位及要求。

四、本章重点、难点

本章的教学重点内容是消防负荷分级及供电要求、消防设备配电线缆选用、消防设备耐火耐热配线措施、消防应急照明和疏散指示标志的设置部位及要求。本章的难点内容是典型消防用电设备配线措施。

第三章　低压供配电系统防火

一、学习目的和要求

通过对本章的学习，应了解计算负荷与负荷计算的概念、短路电流计算方法、变配电所建筑防火要求、接地故障概念等，掌握通过负荷计算选择导线截面面积和保护装置的方法、电气线路及用电设备火灾预防措施，变配电所装置防火措施，低压接地系统基本形式，接地与接零保护要求及应用范围。

二、课程内容

第一节 电线电缆与装置选择

一、负荷计算

二、短路电流计算

三、电线电缆选择

四、电气装置的保护配合

第二节 电气线路防火要求

一、电气线路敷设的安全要求

二、电缆敷设及其防火要求

三、电线电缆防火阻燃措施

第三节 电气设备防火

一、动力设备（电动机）防火

二、照明装置防火

三、家用电器及电气装置件防火

第四节 变配电所防火

一、变配电所总平面布置及建筑防火

二、变压器防火

三、高、低压配电室防火

四、电缆建（构）筑物防火

第五节 低压配电接地安全

一、低压配电系统的接地形式

二、电气设备接地的一般要求

三、接地保护的应用范围

四、接地装置的安全要求

五、接地故障火灾及预防

三、考核知识点与考核要求

（一）计算负荷与负荷计算

识记：计算负荷概念、负荷计算方法。

（二）电气安全要求

1. 识记：短路电流计算方法。

2. 领会：电线电缆选择方法、电气装置的保护配合要求。

（三）电气线路防火

1. 识记：电气线路敷设方式及安全要求、电缆敷设方式。

2. 领会：电缆敷设防火要求。

3. 简单应用：电线电缆防火措施。

（四）用电设备防火

1. 识记：家用电器及电气装置防火。

2. 领会：电动机防火措施、照明装置防火措施。

（五）变配电所防火

1. 识记：变配电所总平面布置及建筑防火、电缆构筑物防火。

2. 领会：变压器防火、其他变电所主要装置防火。

（六）低压配电接地安全

1. 识记：接地与接零概念、低压配电系统的接地形式。

2. 领会：电气设备接地的一般要求、接地保护的应用范围。

3. 简单应用：接地装置的安全要求。

（七）接地故障火灾预防

1. 识记：接地故障概念。

2. 简单应用：接地故障火灾预防措施。

四、本章重点、难点

本章的重点内容是导线截面面积的选择方法、保护装置选择方法、电气线路及用电设备防火措施、变配电所防火要点、低压接地系统安全。

第四章　防爆电气设备及其选型

一、学习目的和要求

通过对本章的学习，应了解电气防爆基本原理、爆炸和火灾危险区域划分规定、爆炸性混合物分级分组、防爆电气设备的分类及型式，掌握爆炸和火灾危险环境防爆电气设备选择方法。

二、课程内容

第一节　电气设备防爆基础

一、爆炸性环境基本概念

二、爆炸性混合物分类、分级和分组

三、燃爆条件与防爆基本措施

四、电气设备防爆途径

五、电气设备防爆型式

六、电气设备防护型式

第二节　爆炸性气体危险环境区域划分

一、危险区域的划分

二、危险区域等级的确定

三、危险区域的范围

第三节　爆炸性粉尘危险环境区域划分

一、危险区域的划分

二、危险区域等级的确定

三、危险区域的范围

第四节　防爆电气设备选择与应用

一、防爆电气设备的标志

二、气体防爆电气设备的选择

三、粉尘防爆电气设备的选择

四、防爆电气应用问题

三、考核知识点与考核要求

（一）电气防爆基础

1. 识记：爆炸性危险环境的基本概念、燃爆条件与防爆基本措施。

2. 领会：爆炸性混合物分类、分级和分组。

（二）电气设备防爆

1. 识记：电气设备防爆途径。

2. 领会：电气设备防爆型式、电气设备防护型式。

（三）爆炸性气体危险环境

1. 识记：危险区域的划分。

2. 领会：危险区域的等级确定、危险区域的范围确定。

（四）爆炸性粉尘危险环境

1. 识记：危险区域的划分。

2. 领会：危险区域的等级确定、危险区域的范围确定。

（五）防爆电气设备的选用

1. 识记：防爆电气设备的分类标志方法、防爆电气设备选择的一般要求。

2. 领会：气体防爆电气设备的选择、粉尘防爆电气设备的选择。

3. 简单应用：爆炸危险场所防爆电气设备选择的应用。

四、本章重点、难点

本章的重点内容是爆炸性混合物分类、分级和分组，爆炸危险区域的划分方法，防爆电气设备分类及选用方法。本章的难点内容是爆炸危险场所防爆电气系统的构成。

第五章　防雷与防静电

一、学习目的和要求

通过对本章的学习，应了解雷电的种类及危害、雷电参数、静电的产生原理及危害形式，掌握防雷保护装置及接闪器保护范围确定方法、建筑物防雷措施、防静电危害措施。

二、课程内容

第一节　雷电分类及危害

一、雷电起因

二、雷电分类

三、有关的雷电参数

四、雷电危害

第二节　建筑物防雷措施

一、建筑物年预计雷击次数

二、建筑物防雷分类

三、建筑物防雷装置

四、防雷击电磁脉冲

第三节　静电的产生、积聚及危害

一、静电的产生、积聚和消散

二、静电危害

三、静电危害的危险界限

第四节　防静电措施

一、减少静电荷的产生

二、减少静电荷的积聚

三、控制静电场合的危险程度

四、防止人体静电

三、考核知识点与考核要求

（一）雷电分类

1. 识记：雷电起因。

2. 领会：雷电分类。

（二）雷电危害

识记：雷电参数、雷电危害。

（三）建筑物防雷

1. 识记：建筑物年预计雷击次数、建筑物防雷分类。

2. 领会：建筑物防雷装置分类、避雷器的种类、防雷击电磁脉冲。

3. 简单应用：利用滚球法计算单支避雷针的保护范围。

（四）静电的产生原理及危害形式

1. 识记：静电的产生、积聚和消散，静电危害形式。

2. 领会：静电危害的危险界限。

（五）静电的抑制方法

1. 识记：静电火灾发生的条件。

2. 领会：减少静电荷的产生、减少静电荷的积累。

（六）防静电危害措施

1. 识记：静电的积聚和消散条件、静电场合的危险程度控制方法。

2. 简单应用：防止静电危害基本措施、防止人体静电措施。

四、本章重点、难点

本章的重点内容是滚球法、建筑物防雷措施、防静电危害措施。本章的难点内容是利用滚球法计算单支避雷针的保护范围。

第六章　火灾报警系统

一、学习目的和要求

通过对本章的学习，应了解典型火灾过程、火灾探测器基本构成、火灾报警系统基本设计形式、各类消防设备的基本控制要求、住宅建筑火灾报警系统、电气火灾监控系统、可燃气体探测报警系统，掌握典型火灾过程的特征参数、火灾探测方法、控制中心报警系统的结构特点、消防控制室设计要求、重要消防设备（如室内消火栓系统、自动喷水灭火系统、送风排烟系统、消防电梯等）的控制要求，以及火灾报警系统选型设计及设置要求、特殊场所的火灾报警系统设计等内容。

二、课程内容

第一节　系统构成

一、火灾探测方法

二、火灾报警系统的基本组成

三、火灾报警系统基本设计形式

第二节　火灾探测器的选择与设置

一、火灾探测器的选择

二、火灾探测器设置要求

第三节　火灾报警系统的设计

一、设计形式选择

二、系统设备

三、特殊场所的系统设计

四、系统供电设计

五、系统布线设计

第四节　住宅建筑火灾报警系统

一、系统分类及选择

二、系统选型设计要求

三、系统设备设置要求

第五节　电气火灾监控系统

一、系统设计基本要求

二、系统的设置要求

三、系统设备选用及设置

四、系统应用问题

第六节　可燃气体探测报警系统

一、系统设计基本要求

二、系统设备设置要求

三、考核知识点与考核要求

（一）火灾探测基础

1. 识记：典型火灾过程、主要火灾特征参数。

2. 领会：火灾探测方法。

（二）火灾报警系统概念

1. 识记：火灾报警系统的基本组成及主要设备。

2. 领会：火灾报警系统的基本设计形式。

（三）火灾探测器

1. 识记：火灾探测器分类及构成原理、常用火灾探测器的形式。

2. 领会：火灾探测器选择原则。

3. 简单应用：火灾探测器设置要求。

（四）火灾报警系统选型设计

1. 识记：系统设计应遵循的原则、报警区域和探测区域的划分。

2. 领会：系统分类及选型设计要求、特殊场所的系统设计。

（五）火灾报警设备的设置要求

1. 识记：火灾报警设备的主要类型。

2. 领会：火灾警报装置、火灾事故广播、消防专用电话、手动报警按钮、消火栓按钮等设备的设置要求。

（六）火灾报警系统的供电设计

1. 识记：系统的供电电源要求。

2. 领会：系统的电源设置。

（七）火灾报警系统的布线设计

1. 识记：系统的连接线路类型划分。

2. 领会：系统连接线路的防火设计要求。

（八）住宅建筑火灾报警系统

1. 识记：住宅建筑火灾报警系统的分类。

2. 领会：住宅建筑火灾报警系统的选型设计要求、设备设置要求。

（九）电气火灾监控系统

1. 识记：电气火灾监控系统设计基本要求。

2. 领会：系统设备选用及设置要求、系统应用方式。

3. 简单应用：电气火灾监控系统的设置要求。

（十）可燃气体探测报警系统

1. 识记：可燃气体探测报警系统设计基本要求。

2. 简单应用：可燃气体探测报警系统的设备设置要求。

四、本章重点、难点

本章的重点内容是火灾探测方法、火灾报警系统选型应用、特殊场所的火灾报警系统设计、火灾报警系统设备设置要求、住宅建筑火灾报警系统、电气火灾监控系统等。本章的难点内容是电气火灾监控系统的设置要求。

第七章　消防联动控制系统

一、学习目的和要求

通过对本章的学习，应了解消防联动控制系统概念及设备组成、消防设备联动控制的基本原理、消防联动设备的基本要求，掌握消防联动控制系统的功能、设备控制一般要求、消防控制室联动控制要求、消防联动设备的控制逻辑。

二、课程内容

第一节　消防控制室要求

一、一般要求

二、控制要求

第二节　消防联动控制系统组成

一、组成原理

二、组成部件

第三节　消防联动控制设计

一、一般要求

二、消防联动控制

三、相关联动控制

三、考核知识点与考核要求

（一）消防控制室要求

1. 识记：消防控制室一般要求。

2. 领会：消防控制室对消防控制室图形显示装置、火灾报警控制器、消防联动控制器、消防电话总机、消防应急广播控制装置、消防应急照明和疏散指示系统控制装置、消防电源监控器等设备的控制要求。

（二）消防联动控制系统组成

1. 识记：消防联动控制系统的组成原理。

2. 领会：消防联动控制系统的组成部件。

（三）消防联动控制系统的控制逻辑

1. 领会：消防联动控制系统的一般要求。

2. 简单应用：消防联动控制系统对各主要设备对象，如自动喷水灭火系统、消火栓系统、气体（泡沫）灭火系统、防排烟系统、防火门及防火卷帘系统、电梯、火灾警报和火灾应急广播系统、消防应急照明和疏散指示标志系统等的控制逻辑。

（四）消防设备联动信号分类

1. 识记：消防设备联动信号的基本分类。

2. 领会：主要消防设备的联动控制过程。

四、本章重点、难点

本章的重点内容是消防控制室对消防联动设备的控制要求、消防联动控制系统对主要设备的联动控制逻辑及控制过程。本章的难点内容是消防联动控制系统的控制逻辑。

Ⅳ. 关于大纲的说明与考核实施要求

一、自学考试大纲的目的和作用

"电气防火及火灾监控"课程自学考试大纲是根据消防工程专业（独立本科段）自学考试计划的要求，结合自学考试的特点而确定的。其目的是对个人自学、社会助学和课程考试命题进行指导和规定。

"电气防火及火灾监控"课程自学考试大纲明确了课程学习的内容以及深、广度，规定了课程自学考试的范围和标准。因此，它是编写自学考试教材和辅导书的依据，是社会助学组织进行自学辅导的依据，是自学者学习教材、掌握课程内容知识范围和程度的依据，也是进行自学考试命题的依据。

二、课程自学考试大纲与教材的关系

"电气防火及火灾监控"课程自学考试大纲是进行学习和考核的依据，教材是学习、掌握课程知识的基本内容与范围的工具，教材的内容是大纲所规定的课程知识和内容的扩展与发挥。课程内容在教材中可以体现一定的深度或难度，但在大纲中对考核的要求是以适当为原则的。

大纲与教材所体现的课程内容应基本一致；大纲里面的课程内容和考核知识点，教材里一般都要有。反之，教材里有的内容，大纲里就不一定体现。

三、关于自学教材

《电气防火及火灾监控》，全国高等教育自学考试指导委员会组编，陈南主编，机械工业出版社出版，2014 年版。

四、关于自学要求和自学方法的指导

本大纲的课程基本要求是依据专业考试计划和专业培养目标而确定的。课程基本要求还明确了课程的基本内容，以及对基本内容掌握的程度。基本要求中的知识点构成了课程内容的主体部分。因此，课程基本内容掌握程度、课程考核知识点是高等教育自学考试考核的主要内容。

为了有效地指导个人自学和社会助学，本大纲已指明了课程的重点和难点，在章节的基本要求中也指明了章节内容的重点、难点。

本课程共 6 学分（其中包括实验内容的 2 学分）。

在学习本课程的过程中，可结合生活、工作实际情况，仔细领会电气防火的基本原理，并能将所掌握的电气防火技术及措施应用到生活、工作场所的用电线路选型、敷设，漏电保护设备选型，常用电气设备安装、使用等方面；可根据居住建筑用电系统的特点，选择电气火灾监控探测器并安装、调试；可根据家用燃气气源种类，选择可燃气体探测器并安装、调试；参与生活、工作场所火灾自动报警系统的日常维护、检查和测试。自学期间，可参加中级以上等级建（构）筑物消防员职业技能培训，了解并掌握火灾监控系统的操作、维护方法。

五、应考指导

1. 如何学习

很好的计划和组织是你学习成功的法宝。如果你正在接受培训学习，一定要跟紧课程并完成作业。为了在考试中作出满意的回答，你必须对所学课程的内容有很好的理解。使用"行动计划表"来监控你的学习进展。你阅读课本时可以做读书笔记，如有需要重点注意的内容，可以用彩笔来标注。例如：红色代表重点；绿色代表需要深入研究的领域；黄色代表可以运用在工作之中。可以在空白处记录相关网站、文章。

2. 如何考试

卷面整洁非常重要。书写工整、段落与间距合理、卷面赏心悦目有助于教师评分，教师只能为他能看懂的内容打分。回答问题应避免答非所问。

3. 如何处理紧张情绪

正确处理对失败的惧怕，要正面思考。如果可能，请教已经通过该科目考试的人，问他们一些问题。做深呼吸放松，这有助于使头脑清醒，缓解紧张情绪。考试前合理膳食，保持旺盛精力，保持冷静。

4. 如何克服心理障碍

这是一个普遍问题，如果你在考试中出现这种情况，试试下列方法：

1) 使用"线索"纸条。进入考场之前，将记忆"线索"记在纸条上，但你不能将纸条带进考场，因此当你阅读考卷时，一旦有了思路就快速记下。

2) 按自己的步调进行答卷。为每个考题或部分分配合理时间，并按此时间安排进行。

六、对社会助学的要求

针对本课程的重点章（教材第三、六章）、次重点章（教材第一、二、四章）和一般章

节（教材第五、七章），建议采用如下自学或助学的基本学时分配及要求：

1. 重点章节的自学学时不应低于 16 学时，其中社会助学不少于 8 学时。自学过程中重点掌握系统的设置原则和要求、系统组件的工作原理及测试方法；助学活动中应重点领会电气防火的基本概念，以及低压供配电系统、火灾报警系统等的实际应用情况，简单掌握电气火灾隐患的查找方法、火灾探测器的功能测试方法、火灾报警控制器的基本操作、消防联动控制系统的测试方法及结果判断。

2. 次重点章节的自学学时不应低于 8 学时，其中助学学时不少于 4 学时。自学过程中重点领会涉及电气防火、火灾报警系统等的重点概念及结论性内容；助学过程中重点领会计算结果的实际应用、系统设计的工程应用，简单掌握判断方法。

3. 一般章节的自学学时不应低于 4 学时，其中助学学时不少于 2 学时。自学过程中重点识记基本概念，助学过程中重点识记应用实物。

七、对考核内容的说明

1. 本课程要求考生学习和掌握的知识点内容都作为考核的内容。课程中各章的内容均由若干知识点组成，在自学考试中成为考核知识点。因此，课程自学考试大纲中所规定的考试内容是以分解为考核知识点的方式给出的。由于各知识点在课程中的地位、作用以及知识自身的特点不同，本课程对各知识点分别按 4 个认知（或叫能力）层次确定其考核要求。

2. 课程分为两部分，分别是电气防火技术内容（教材的第一至第五章）和火灾自动报警技术内容（教材的第六、七章），考试试卷中所占的比例大约分别为：电气防火技术内容占 60%、火灾自动报警技术内容占 40%。

八、关于考试命题的若干规定

1. 本课程的考试方法为闭卷笔试，考试时间为 150 分钟。本课程考试可携带必要的尺规和无存储功能的计算器等工具。

2. 本大纲中各章所规定的基本要求、知识点及知识点下的知识细目，都属于考核的内容。考试命题既覆盖到章，又避免面面俱到，注意突出课程的重点、章节重点，加大重点内容的覆盖度。

3. 考试命题不超出大纲中的考核知识点范围，考核目标不高于大纲中所规定的相应的最高能力层次要求。考试命题着重考核对基本概念、基本知识和基本理论是否了解或掌握，对基本方法是否会用或熟练，避免出与基本要求不符的偏题或怪题。

4. 本课程在试卷中对不同能力层次要求的分数比例大致为：识记占 20%，领会占 40%，简单应用占 30%，综合应用占 10%。

5. 试题的难度可分为：易、较易、较难和难 4 个等级。每份试卷中不同难度试题的分数比例一般为 2:3:3:2。必须注意，试题的难易程度与能力层次有一定的联系，但二者不是等同的概念。在各个能力层次中对于不同的考生都存在着不同的难度，考生切勿混淆。

6. 课程考试命题的主要题型有单项选择题、简答题、应用题、计算题、综合分析题等。

在命题工作中将按照本课程大纲中所规定的题型命制，考试试卷使用的题型可以略少，但不超出本课程对题型的规定。

Ⅴ. 题 型 举 例

一、单项选择题（在每题的四个备选项中只有一个是符合题目要求的，请将其代码填写在括号内。错选、多选或未选均无分。）

1. 下列不用设置备用照明的位置是（　　）。

A. 消防控制室

B. 消防水泵房

C. 建筑高度超过100m的高层民用建筑的避难层

D. 高层建筑的宾馆客房

2. 下列场所可以选择点型光电感烟火灾探测器的（　　）。

A. 有大量粉尘、水雾滞留的场所

B. 可能产生蒸气和油雾的场所

C. 车库

D. 在正常情况下有烟滞留的场所

二、简答题

消防用电设备的配电线路敷设应满足哪些基本要求？

三、应用题

在民用建筑中，如果按要求在消防控制室设消防专用电话总机，则哪些部位应设有消防专用电话分机和插孔？

四、计算题

1. 如图1所示，干线A给B、C、D三台设备供电。B为电动机，$P'_e = 30$ kW，$\cos\varphi = 0.8$；C为电动机，$P'_e = 22$ kW，$\cos\varphi = 0.85$；D为吊车，$P'_e = 25$ kW，$\cos\varphi = 0.8$，$JC = 50\%$。干线A的需要系数为 $K_x = 0.75$，试按导体发热条件选择干线A（BLV导线）的导线截面面积。

（注：各设备的电压均为380V，环境温度为25℃，BLV导线的长期允许载流量见表1。）

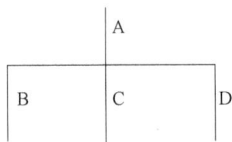

图 1

表1　环境温度为 25℃时的长期允许载流量（BLV明敷，$\theta_2 = 65℃$）

截面面积/mm²	4	6	10	16	25	35	50
载流量/A	32	42	59	80	105	130	165

2. 在地势平坦的住宅小区内部设计一栋住宅楼：6层（层数不含地下室，地下室高度为2.2m），3个单元，建筑物的长度为 $L = 6$m，宽度为 $W = 13$m，高度为 $H = 20$m，当地年平均雷暴日 $T_d = 33.2$ d/a，由于住宅楼处于小区内部，则校正系数 $K = 1$。问该住宅楼是否该设防雷装置？

五、综合分析题

1. 某建筑配电系统竖向图（局部）如图 2 所示，请解决以下问题：

1）分析对消防用电设备的供电有何问题。

2）画出改正后的配电系统简图。

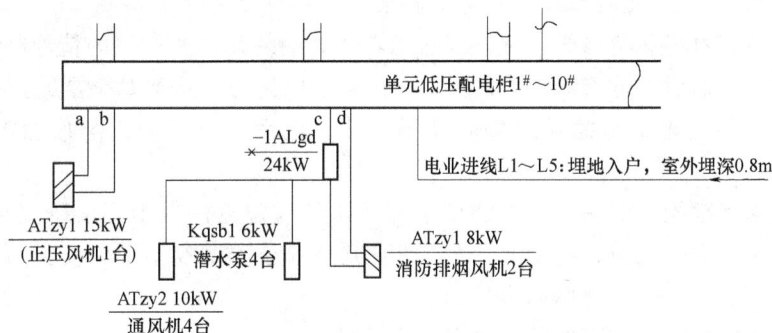

图 2　某建筑配电系统竖向图（局部）

2. 办公楼中一个地面面积为 30m × 40m 的会议室，其屋顶坡度为 15°，房间高度为 8.5m。探测器安装间距的极限曲线如图 3 所示。

问：1）选用何种火灾探测器？

2）需多少只火灾探测器？

3）画出探测器布置方式。

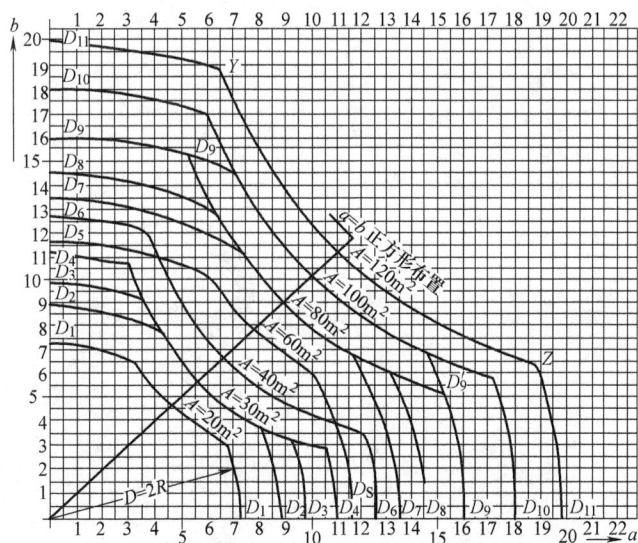

图 3　探测器安装间距的极限曲线

后　　记

　　本大纲是根据全国高等教育自学考试指导委员会电子电工与信息类专业委员会制定的《高等教育自学考试消防工程专业（独立本科段）考试计划》和全国高等教育自学考试指导委员会《关于修订高等教育自学考试课程自学考试大纲的几点意见》的精神制定的。

　　本大纲提出初稿后，曾聘请专家通审，并由电子电工与信息类专业委员会在廊坊召开审稿会进行审稿，根据审稿会意见由编者作了修改，最后由电子电工与信息类专业委员会定稿。

　　本大纲由陈南教授负责编写。参加审稿并提出修改意见的有李宏文研究员（中国建筑科学研究院建筑防火研究所，主审）、高伟副研究员（公安部沈阳消防研究所）、周广连高级工程师（江苏省公安消防总队防火部）。

　　对参与本大纲编写和审稿的各位专家表示感谢。

全国高等教育自学考试指导委员会

电子电工与信息类专业委员会

2014 年 1 月

全国高等教育自学考试指定教材
消防工程专业（独立本科段）

电气防火及火灾监控

全国高等教育自学考试指导委员会　组编

编 者 的 话

"电气防火及火灾监控"课程主要介绍电气火灾的原因及形成机理，电气防火防爆的基本原理、技术措施及工程设计的基本方法，火灾报警系统工程设计要求，消防联动控制系统及其实现等知识。学习本课程既可以掌握电气防火设计基本原理与工程设计要求，还可以掌握火灾自动报警与消防联动控制系统的基本特点、设计方法和选型应用，为开展电气防火防爆和火灾监控方面的专业工作提供理论基础和技术支持。

本课程是全国高等教育自学考试消防工程专业（独立本科段）的专业必修课程之一，目的是使读者了解电气火灾形成机理，掌握电气防火基本原理和工程应用技术，熟悉火灾自动报警与消防联动控制系统的设计选型，使读者具备开展电气防火及火灾监控方面工作的基本能力和运用技术方法解决工作中遇到的实际问题的能力。因此，本书涉及的知识面广、专业性强，学习时需具备一定的电工学基础知识，还应具备一些其他先修课程，如"消防燃烧学""建筑防火""建筑灭火设施"等课程的专业知识。

本书主要内容包括：电气防火基础知识、消防供配电设计、低压供配电系统防火、防爆电气设备及选型、防雷与防静电技术、火灾报警系统选型设计及应用、消防联动控制系统的控制实现等内容。本书在较全面系统地介绍了电气火灾形成机理、电气防火基本原理与技术措施、火灾自动报警与消防联动控制系统应用设计的基础上，吸纳了电气防火及火灾监控技术方面的新成果和相关规范标准修订的新内容，本着理论联系实际的原则，力求做到涵盖面广、内容丰富，增强教材的可读性和实用性。

本书由中国人民武装警察部队学院陈南教授担任主编，蒋慧灵教授、杨卫国副教授、王允副教授、李冬梅讲师、王斌讲师参与编写。其中，陈南编写第一章的全部内容和第六章的第五、六节，王允编写第二章的全部内容和第五章的第一、二、四节，李冬梅编写第三章的第一、二、三、五节，杨卫国编写第四章的全部内容和第七章的一、三节，蒋慧灵编写第六章的第一至四节，王斌编写第三章的第四节、第五章的第三节、第七章的第二节。

本书由李宏文研究员（中国建筑科学研究院建筑防火研究所）、高伟副研究员（公安部沈阳消防研究所）、周广连高级工程师（江苏省公安消防总队防火部）审稿并提出修改意见，在此表示诚挚的感谢。同时，在编写本书的过程中，编者参考了国内外许多专家、学者的研究成果，得到了国内消防行业专家的大力支持，在此一并表示感谢。

由于编者水平有限，书中难免存在不足之处，敬请广大读者提出宝贵意见。

编　者
2014 年 1 月

第一章　电气防火基础

学习目标

1. 应了解、知道的内容：

◇ 三相交流电及电力系统组成；

◇ 供配电系统及其组成；

◇ 电气火灾的概念；

◇ 电气防火的基础工作。

2. 应理解、清楚的内容：

◇ 电气防火的概念；

◇ 电力网的额定电压等级；

◇ 电气火灾预防基本策略；

◇ 载流导体的工作特点。

3. 应掌握、会用的内容：

◇ 电气防火设计基本原则；

◇ 电气发热的不良影响；

◇ 均质导体的发热形式。

4. 应熟练掌握的内容：

◇ 电气火灾的主要原因；

◇ 提高允许载流量的方法。

自学时数　8 学时。

老师导学

　　本章以电工学知识为基础，介绍了电气火灾及电气防火的概念、电力系统及供配电系统的组成、电力网的额定电压等级、电气火灾预防基本策略和电气防火的基础工作要求，分析了电气火灾的趋势、电气发热的不良影响、载流导体的工作特点和均质导体的发热形式，归纳总结了电气火灾的主要原因和提高允许载流量的方法。通过学习本章，要求了解电气火灾趋势、电气防火概念、电气火灾预防策略和电气防火基础工作要求，掌握电气火灾原因及供配电系统组成、发热对电气设备的影响、导体的发热形式和提高允许载流量的方法。

第一节　供配电系统概述

一、电工学基础知识

　　工频交流电有单相电和三相电之分。一般民用及照明用的是单相交流电，工业动力用的是三相交流电。通常发电机发出的是三相交流电，经变压器输出的也多是三相交流电。三相交流电的三相一般分别用 A（L_1）、B（L_2）、C（L_3）表示，中性线用 N 表示。

三相交流电的原理和接线如图1-1所示。图1-1左边是3个单相交流电路，L_1-N_1、L_2-N_2、L_3-N_3代表3个绕组，把三相绕组尾端（$N_1N_2N_3$）连接在一起，称为星形（或丫形）联结，3个首端（$L_1L_2L_3$）引出3根相线。3个绕组提供同样频率和同样大小的正弦电压，但在时间上互相错开：L_2比L_1落后1/3周期，L_3又比L_2相落后1/3周期。图1-2用正弦曲线反映出L_1、L_2、L_3三相电压互差1/3周期的关系。三相电流之间也有同样的关系。

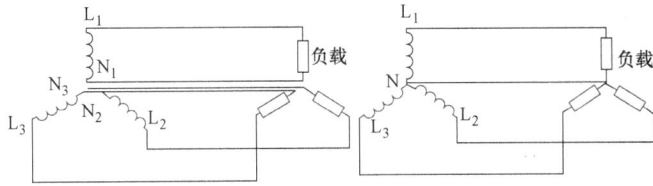

图1-1　三相交流电的星形联结

在图1-1左边的3个单相线路中，如果各相电流满足上述平衡关系，则从负载末端回来的3根线上的电流之和为零。三相电流平衡与否取决于电源电压和线路上的负载。一般发电机或变压器提供的三相电压都是平衡的。一般三相用电设备（如电动机）也是平衡的。而照明、电焊等单相设备很难做到三相平衡。因此，一般中性线上会有一定的电流流过。

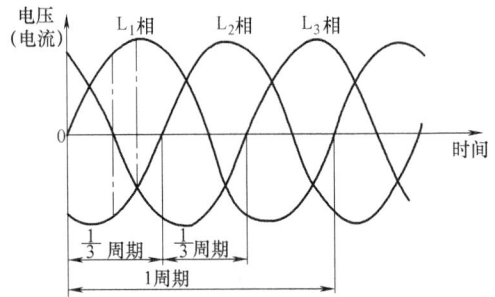

图1-2　三相交流电的正弦曲线

如图1-1右边的接线，三相电路的电压有相电压和线电压之分。相电压是指每一相线圈或负载上的电压，而线电压是指每两相线路之间的电压。在三相平衡时，线电压为相电压的$\sqrt{3}$倍，即$U_L = \sqrt{3}U_\phi$；而线电流与相电流相等，即$I_L = I_\phi$。

发电机或变压器的三相绕组的公共点称为中性点，由中性点引出的线即中性线；如果发电机或变压器的中性点是接地的，则中性点和大地等电位，亦即二者之间没有电压差，这时的中性线即为N线。而由三相绕组始端引出的3条线L_1-N_1，L_2-N_2，L_3-N_3称为相线。

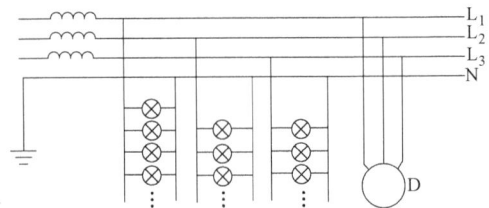

图1-3　TN-C系统接线形式

广泛采用的220/380V低压系统，一般都采用TN-C或TN-C-S系统接线形式，兼作动力和照明用。动力用3根相线；照明用1根相线和零线，如图1-3所示。这种接线方式能提供两种电压，即工程中常用的相电压（220V）和线电压（380V）。

二、电力系统基本概念

由发电、输电、变电、配电、用电设备及相应的辅助系统组成的电能生产、输送、分配、使用的统一整体称为电力系统。由输电、变电、配电设备及相应的辅助系统组成的电能输送和分配的通道称为电力网。因此，电力系统也可描述为电源、电力网以及用户组成的整体。它们之间的相互关系如图1-4所示。从发电厂生产出来的电能除满足自用电和直配给附近用户之外，一般都要经过升压变电所转变成高压电能传输出去，然后再降压供用户使用。

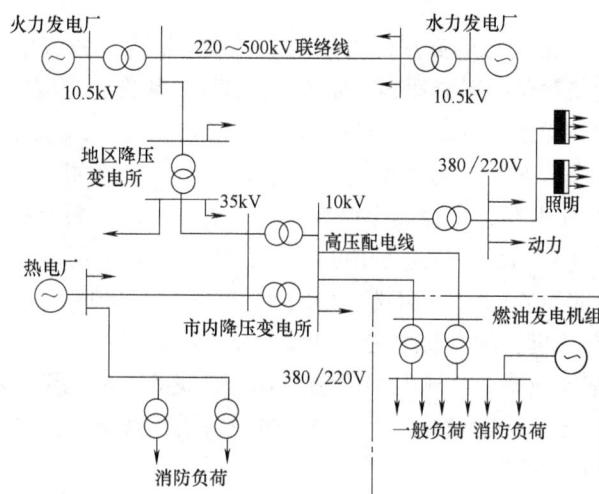

图1-4 电力系统示意图

发电厂是生产电能的工厂，它把一定形态的能源（如煤炭、石油、天然气、水能、原子能、太阳能、地热、潮汐能等）通过发电设备转换为电能。

变电所是变换电压和交换电能的场所，主要由变压器、母线和开关控制设备等组成。按照变电所的性质和作用，又分为升压变电所和降压变电所两类。升压变电所建在发电厂内，降压变电所按其在电力系统中所处的地位和作用，又可分为区域性降压变电所、企业总降压变电所及车间变电所。对于只有受电、配电开关控制设备而没有变压器的均称为配电所。凡是担任把交流电能经过整流装置转换成直流电能的，称为变流所。

电力网是电力系统的一部分，它是由所有的变、配电所的电气设备以及各种不同电压等级的线路组成的统一整体。它的作用是将电能转送和分配给各用电单位。所有的用电单位（含消防用电设备在内）均称为电能用户。

在电能的生产和利用过程中，组成电力系统具有以下优点：

1）提高供电的可靠性。

2）减少备用机组，增大单位机组的容量以节约投资，提高机组效率。

3）合理利用地方资源，如水、燃料、风、地热等资源，减少运输工作量，降低电能成本。

4）合理利用动力资源，提高运行的经济性。

三、供配电系统组成

在工业企业内,一般会按照企业负荷性质、工艺要求提出一个合理的供配电系统。供配电系统由高、低压配电线路,变配电所和用电设备所组成。图1-4中点画线部分就是这样的一个供配电系统。

大、中型工业企业一般都设有总降压变电所,将35~110kV电压降为6~10kV电压,再向车间变电所和其他高压用电设备供电。总降压变电所中通常设有2台降压变压器,以提高供电的可靠性。小型工业企业一般直接由电力网6~10kV供电。工业企业可设自备发电厂作备用电源。

工业企业内部输送、分配电能的高压配电线路,可采用架空线路或电缆。架空线路投资少,维护也方便。当与建筑物距离不能达到安全要求,或因管线交叉、腐蚀性气体、易燃易爆物质等因素的限制,不便于敷设架空线时,可选用电缆埋地敷设。工业企业的低压配电线路,主要是用来向低压用电设备输送、分配电能,室外多用架空线,室内可视情况明敷或暗敷。

在工业企业或生产车间内部,根据其生产规模、用电设备的布局及用电量大小,可设一个或几个车间变电所,并将其设置在负荷中心。变压器台数为1~2台,单台容量不超过1000kV·A,特殊时为1800kV·A。变压器二次电压降为220/380V,低压用电设备,也包括消防用电设备,都可在这里直接获得电能,且动力和照明线路宜分开敷设。

民用建筑内的低压配电线路,由于空间限制和安全美观的要求,竖向和纵向均可采用电缆竖井、母线槽、穿管等方法进行敷设,而消防用电设备的配线必须与一般动力、照明线路分开敷设,并按规定做耐火处理。

四、电力网额定电压等级

电力网的额定电压等级,即按照技术经济原则、国民经济发展需要,以及电机电器制造工业水平,把各种电气设备的额定电压分为3类。

1. 第一类额定电压

100V以下的额定电压称为第一类额定电压。它主要用于安全照明、蓄电池及开关设备的直流操作电压。

2. 第二类额定电压

大于100V、小于1000V的额定电压称为第二类额定电压。它主要用于常规的动力和照明,电压的具体数值见表1-1。

表1-1　第二类额定电压　　　　　　　　　　　　　　　　　(单位:V)

用电设备			发电机		变压器				备注
直流	三相交流		直流	三相交流 (线电压)	三相交流		单相交流		
	线电压	相电压			一次线圈	二次线圈	一次线圈	二次线圈	
110			115						括号内电压用于矿井或保安条件要求较高的场所
	(127)			(133)	(127)	(133)	(127)	(133)	
220	220	127	230	230	220	230	220	230	
—	380	220		400	380	400	380	—	
440			460						

3. 第三类额定电压

1000V 以上的额定电压称为第三类额定电压。它主要用于发电机、变压器、输电线路及高压用电设备。

电力网的电压等级是比较多的，不同电压等级有不同的作用。从输电方面看，电压越高，通常输送距离就越远，输送的功率就越大，对绝缘水平的要求也越高，投资造价越高。对电气设备而言，习惯上把 1kV 以下的电压称低压，1kV 以上的称高压。一般，高压又划分有中压（1 ~ 10kV）、高压（10 ~ 330kV）、超高压（330 ~ 1000kV）、特高压（大于 1000kV）。

从用电角度看，为了保证人身安全和降低用电设备的成本，总希望电压低一些好。在城镇和工业与民用建筑中，用电设备额定电压一般均在 10kV 以下。电能在电力网中输配到网络末端后，必须将高压降为用电设备的适应电压后才能使用。用电设备是用以将电能变换为其他形式能（如光能、热能和机械能）的电气设备。额定电压就是使发电机、变压器和用电设备（电动机、家用电器、白炽灯等）正常工作并达到最好技术经济指标的电压。按电力部门的标准规定，用电设备的额定电压应与其直接相连的电力网的额定电压相等。但由于电能在电力网输配过程中存在电压损失，电力网电压不可能处处都一样，从而使电力网的额定电压与受电设备的额定电压相等比较困难。鉴于这种情况，电力网电压质量指标规定，用户受电端的电压变动幅度一般不超过额定电压的 ±5%，这也是供电电源端电压维持比网络电压高 5% 的原因。

图 1-5 是一个典型的发电厂及其输配电系统各部分电压的分布情况，其中发电机额定电压为 400V，比电力网额定电压 380V 高 5%；考虑到电力线路电压允许以额定电压为基础偏移 ±5%，当在电力线路电压降落 10% 时，仍可以保持线路供电质量达到 380V 额定电压值的要求。

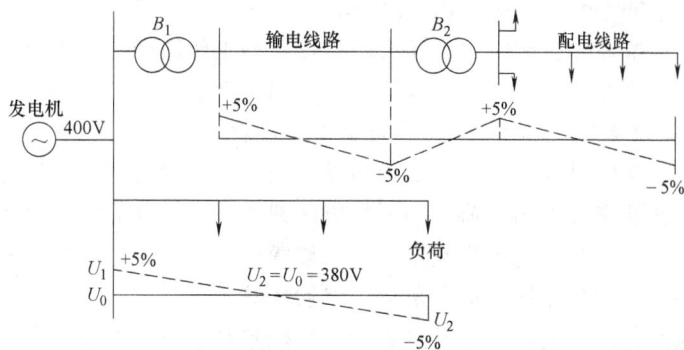

图 1-5 电力网各部分电压分布

实际上，当电流从电源通过电力网流经各级输变电设备时，均会产生电压损失，往往造成用户电压过低，当然也包括消防用电设备。因此，在电能输配过程中，用户受电端的电压损失幅度只要不超过电力网额定电压基准值的 5%，就能够确保受电设备的额定电压质量要求。

五、用电设备工作制

为了满足生产需要，工业企业中安装有各种类型和容量的电气设备，主要有变配电设备和用电设备。在变配电设备中，通常把生产和分配电能的设备称为一次设备；对一次设备进行测量、控制、监视和保护用的设备称为二次设备。用电设备一般是各类电气装置，按其工作制可分为连续运行、短时运行和短时重复运行 3 类。

1. 连续运行用电设备

连续运行用电设备是指使用时间较长、能连续工作的用电设备。例如，各种泵类（含消防水泵）、通风机、空气压缩机、输送带、电炉、照明装置等，它们能在恒定负荷下连续运行，温度最后能达到稳定值。

2. 短时运行用电设备

短时运行用电设备是指使用时间甚短，停歇时间较长的用电设备。例如，闸门电动机，在短时运行后即停止。因其工作时间短，温度开始上升时就切断了电源而停止工作，温度达不到稳定值。

3. 短时重复运行用电设备

短时重复运行用电设备是指时而工作、时而停歇，如此反复运行的用电设备。例如，吊车、电梯、电焊机等。因工作时间短，电动机温度来不及达到稳定值；可是停歇时间也不长，电动机也来不及完全冷却。这类设备短时重复工作的特点，可用暂载率 JC（单位为%）来表征：

$$JC = \frac{t_g}{t_g + t_T} \times 100\% \qquad (1\text{-}1)$$

式中　　t_g——工作时间；

t_T——停歇时间；

$t_g + t_T$——工作周期时间，一般 $t_g + t_T \leqslant 10\min$。

根据国家技术标准规定，短时重复运行用电设备的工作周期是以 10min 为计算依据。例如，吊车的标准暂载率有 15%、25%、40%、60% 共 4 种；电焊设备的标准暂载率有 50%、65%、75% 及 100% 这 4 种，其中 100% 为自动电焊机暂载率。

在工业企业中，用电设备以电动机最为多见，而电动机运行中又有恒定负荷、变动负荷和短时运行 3 种负荷状态。不同负荷状态下的电动机功率与拖动的生产机械工作情况有关。所以，恒定负荷下连续运行的电动机额定功率只要等于或稍大于生产机械所需功率即可；对变动负荷，把其等效为发热相同的恒定负荷，然后按等效电流法、等效转矩法或等效功率法进行确定。对短时运行的电动机要按其过载能力来确定其功率。对短时重复运行的电动机要按暂载率来考虑其功率，在进行负荷计算时，其额定功率应换算到统一规定暂载率的设备功率。

第二节　电气防火基本要求

一、电气防火概念

电气火灾和电的发现与广泛应用分不开，无论是电力行业的发电还是用电环节、高压输配电还是低压输配电，以及日常应用的电气线路和电气设备都可能存在电气火灾隐患。一般认为，由于电气方面原因（如过载、短路、漏电、电火花或电弧等）产生点火源而引起的火灾，称为电气火灾。为了抑制电气点火源的产生而采取的各种技术措施和消防安全管理措施，可以称之为电气防火。

电气防火是研究电气火灾形成机理、电气火灾预警方式和电气防火安全措施，防止电气火灾事故发生的一门科学。它是"安全工学"门类中的一个分支学科，与电气的设计、安装、运行和维护等工程问题密不可分，研究的问题非常广泛，涉及内容十分丰富。归纳起来，电气防火技术涵盖4个方面，即电气火灾预防技术、消防设备供电可靠性技术、电气火灾预警控制技术和电气火灾原因鉴别技术。从火灾预防及控制的角度看，电气防火以电气火灾预防、消防供电可靠性和电气火灾预警控制为主要技术内容，所涉及的学科有电机学、电器学、电子学、计算机科学、绝缘材料、高电压技术、工业企业供电、控制工程等。从这个意义上讲，电气防火是建立在多学科基础上的一门应用性较强的专业学科。它一方面要分析从变电所一直到用电设备的各环节，考虑引发火灾、扩散火灾的因素，提出有针对性的技术与管理措施；另一方面要分析考虑电气设计在火灾预防中的作用。例如，消防设备用电如何得到保证，其他电气设备如何保护或切除，供配电线路引发、扩散火灾的可能性，电子信息系统线路扩散火灾的可能性，消防配电线路与非消防配电线路如何敷设，其间是否应有不燃材料分隔等。

必须指出，电气防火与电气安全既密切相关又有所区别。电气安全涵盖了电气防火，电气防火是电气安全的重要内容。电气防火是站在消防安全的角度，以火灾预防及控制为基本出发点，研究如何防止火灾的发生、保证人的生命和财产安全，以及如何使火灾损失减到最低限度。而电气安全则是站在用电安全的角度，以安全生产及人身安全为基本出发点，研究如何用电气技术手段保障电气线路及设备在生产过程中的安全运转，为人们创造安全的劳动条件，从而提高劳动生产率。

二、电气防火设计原则

当前工业生产技术的发展和社会经济环境的不断改善，对电能的利用广泛而深入，电气火灾问题不可避免。因而，电气防火问题越来越受到人们的重视，作为火灾预防及控制技术体系的电气防火技术近年来也得到了快速发展。

为了提高电气防火的科学技术水平，近年来国内有关研究机构开展了下列一些工作：

1）电热或火灾热作用对电线、电缆的影响研究。

2）电线电缆的燃烧性能评价、燃烧产物分析和阻燃耐火技术研究。

3）电气设备的防爆性能研究。

4）充油电气设备的火灾预防技术研究。

5）消防电源与配电系统可靠性技术研究。

6）家用电器火灾预防技术研究。

7）雷电火灾预防技术研究。

8）静电火灾预防技术研究。

9）电气火灾预警控制技术研究。

10）电气火灾原因鉴别技术研究。

11）建筑电气防火与评估技术研究。

这些领域的研究成果，为电气防火提供了新的技术内容，促进了电气防火技术的工程应用。同时，遵循国家有关法律、法规和技术标准，研究机构通过广泛深入的调查研究和认真总结我国在民用建筑电气领域防火的实践经验，兼顾设计、监理、施工、产品制造、消防监督等各有关单位的意见，参考国内外相关标准规范，逐步形成了我国民用建筑电气防火体系框架，推动了当前的《民用建筑电气防火设计规范》编制工作。

正在编制的《民用建筑电气防火设计规范》将为建设项目的电气防火设计实现提供技术基础，它将建立涵盖变配电、低压配电、配电线路与控制线路、用电设备与用电保护、接地系统和等电位联结、用电管理等各方面的防火设计要求，并提出民用建筑电气防火设计时应遵循下列基本原则：

1）供配电设备、电缆和保护装置的选择应与用电设备的容量相匹配。

2）在同一供电线路中配置用电设备时，应综合考虑设备的负载类型、起动电流、起动时序等因素。

3）大型用电设备应单独配电。

4）应考虑动力供电线路引发火灾的可能性和弱电线路与通信线路扩散火灾的可能性。

5）应按防火分区配置配电设备、敷设配电线路。

6）强电与弱电、强电中的消防供电线路与非消防供电线路均应分开敷设，当必须在同一电缆隧道或竖井内敷设时应有不燃材料分隔，当消防供电线路为 A 级耐火电缆时可不分隔。

7）具有火灾扩散危险的电缆桥架、线槽等穿越防火墙和楼层处应封堵，封堵材料和工艺应符合相应的耐火极限要求。

8）消防配电设备和电线电缆的耐火极限应按照发生火灾时消防设备的工作时间配置，消防配电设备应有明显统一的红色标识。

9）人员可以接触到的明敷供电线路，应有保护人身安全的措施。

10）供配电设备、电缆和保护装置等产品应选用符合国家标准且节能、安全、环保的产品。

11）电气火灾监控系统和电力运行监控系统的设置不应改变原有的供配电系统，不宜影响供配电系统的正常运行。

12）电气防火设备的设计应符合用电负荷对供电可靠性的要求，同时应符合国家标准和地区有关部门的特殊规定。

13）按正常运行条件正确选用高低压电气设备，按短路条件校验。

14）正确选用继电保护和自动装置，具有一、二级用电负荷双电源供电的用户，当手动切换电源不能满足要求时，应装有备用电源自动投入装置。

15）防雷和接地保护应符合有关标准和规程要求。

上述可见，电气防火的技术内容包括：电气火源（含电气发热、电弧、绝缘击穿等）形成机理，变配电装置防火、电气线路火灾预防、电气设备和家用电器火灾预防、爆炸和火灾危险场所防爆电气设备选择、消防电源及其配电系统、电线电缆阻燃与耐火、电气保护装置选择、电气火灾预警、防雷和防静电技术等。它不但涉及电的基本知识，电气设备的设计原理、构造原理、安装方法及安全运行知识，电气线路及设备火灾预防，电气防火保护技术原理，还涉及国家颁布的有关规范、规程和标准，以及电气防火的实践性和社会性。显然，电气防火这一学科还在发展中，还有大量课题有待进一步去研究和探索。

三、电气防火基础工作

对建筑工程设计进行防火审核并参加竣工验收，对所辖区域企业、事业单位和居民住宅的消防工作进行监督检查，是国家赋予消防监督机构的一项职责。国家工程建设标准规定，工业和民用建筑在遵循国家规范和电气防火设计基本原则完成建设项目设计（包括电气设计）后，应取得防火审核合格方可开展项目建设，建设完工时应进行竣工验收方可投入使用。当前，我国工程建设标准中，《建筑设计防火规范》、《高层民用建筑设计防火规范》、《供配电系统设计规范》、《低压配电设计规范》等已经对电气防火设计提出了基础性要求，全国各地也不同程度地开展了建筑电气消防安全检测业务，制定了相关地方标准，有力推动了建筑电气消防安全管理工作，并推动了《民用建筑电气防火设计规范》的编制工作。所以，开展建筑电气设计防火审核与电气防火检查，是消防监督机构的监督职能中一项重要任务，是在建设工程的防火设计审核、项目竣工验收以及日常防火检查工作中必要的基础性工作。

为了抑制和减少电气火灾的发生，遵循电气防火设计基本原则进行工程电气设计、对工程设计进行电气防火审核并以检查或检测方式进行竣工验收和日常性监督检查，是构建民用建筑电气防火体系的必要基础。

（一）电气设计防火审核

电气设计防火审核主要包括电气设计防火审图和电气工程竣工验收两部分内容。建设单位应准备全套建筑工程设计正式图样和设计任务书、说明书、计算书等资料，之后方可进行电气防火审查工作。

1. 电气设计防火审图

电气设计防火审图主要是审查新建、扩建、改建工程的电气设计和施工图样中对电气防火安全技术措施的落实情况。通过对建设工程的变配电所、室内外动力照明、爆炸危险区域划分、接地系统、火灾自动报警与消防联动控制系统、防雷、防静电等平、立面设计施工图和设计、施工说明的查看，检查国家工程建设规范相关条款的落实情况，评估建设工程的防火安全性。

2. 电气设计防火审图依据

在进行电气设计防火审核工作时，主要依据下列工程建设规范、标准及规程：

1)《建筑设计防火规范》（GB 50016—2006）。

2)《高层民用建筑设计防火规范》（GB 50045—2005）。

3)《火灾自动报警系统设计规范》（GB 50116—2013）。

4)《火灾自动报警系统施工及验收规范》（GB 50166—2007）。

5)《供配电系统设计规范》（GB 50052—2009）。

6)《爆炸和火灾危险环境电力装置设计规范》（GB 50058—1992）。

7）《建筑物防雷设计规范》（GB 50057—2010）。

8）《建筑物电子信息系统防雷技术规范》（GB 50343—2012）。

9）《低压配电设计规范》（GB 50054—2009）。

10）《民用建筑电气设计规范》（JGJ/T 16—2008）。

11）其他有关国家设计防火规范和电气设计规范、规程。

3. 电气防火设计主要内容

依据正在编制的《民用建筑电气防火设计规范》提出的基本原则，进行电气防火设计的内容主要涵盖下列方面：

（1）变配电方面　内容包括：变配电所供电电压确定，负荷分级及供电要求，土建要求（其中包括电气防火分级、电气防火封堵），引入（出）线及其防火要求，高压配电装置，电气火灾监测，电气火灾灭火设备等。

（2）低压配电方面　内容包括：消防负荷分级情况，低压配电系统方案，低压配电线路防火保护，接地故障保护，低压配电装置（配电箱）和控制箱防火保护、消防设备配电线路和控制线路防火要求等。

（3）配电线路与控制线路方面　内容包括：电力电缆的选择与敷设，控制电缆的选择与敷设，通信电缆与光缆的选择与敷设，爆炸及火灾危险场所电线电缆的选择与敷设，阻燃耐火线缆的选型等。

（4）用电设备与用电保护方面　内容包括：用电设备及消防设备用电安全，开关、插座和照明灯具的防火要求，用电防火保护设计（设置电气火灾监控系统）等。

（5）接地和等电位联结方面　内容包括：低压系统接地、接零安全，等电位联结方案，电气火灾防护，雷击火灾防护，静电火灾防护等。

（6）用电管理方面　内容包括：日常运行管理，电能监控系统的消防应用，防火装置的产权划分和维护管理等。

4. 建筑电气设计竣工验收

建筑电气防火工程竣工后，在建设单位自检自验合格的前提下，建设单位将其与消防工程一起，向消防监督机构呈交书面验收申请报告，并提供有关文件和资料后，消防审核机构方能受理验收申请。消防监督机构的审核人员应在规定时间内，到达现场进行施工质量防火检查，并予复核，合格后提出验收意见。

（二）电气防火检查

电气防火检查的目的是发现和消除电气火灾隐患，抑制或控制电气火灾事故的发生。其本质是针对各行各业和居民住宅的电气防火安全现况，以有关法规、规范、标准为依据进行实地检验或校验。电气防火方面检查应就以下主要内容进行实地校验：

1）电能生产、输配和使用中的电气火灾隐患。

2）电气工程防火技术措施是否完整有效。

3）爆炸和火灾危险环境电气设备的防火、防爆措施，包括危险区域划分、易燃易爆物质的危险性、防爆电气设备的类型及防护形式、电气配线防爆措施和接地、防雷及防静电装置等。

4）建筑物防雷和工业防静电技术措施是否完整有效。

5）消防安全管理制度、防火责任制的落实情况，各种防火规章制度的建立情况，火灾隐患的整改情况等。

正在编制的《民用建筑电气防火设计规范》将为电气防火检查提供技术依据，为公安消防机构实施消防监督检查工作提供技术支持。

（三）电气防火检测

电气防火检测的对象是电气设备和线路，由于其运行状况和负荷状况随时变化，存在偶然性和可变性，即使在检测过程中情况也是变化的，特别是检测后其运行状况和负荷状况有可能发生较大的变化。因此，电气防火检测在客观上应该满足两点要求：一是对已经存在的电气火灾隐患应能够准确无误地通过检测查找出来，二是能够通过即时检测和定期检测预判可能出现的电气火灾隐患。可以说，电气防火检测是针对建筑电气装置或设备、电气线路以及电气连接状况的火灾危险性检测。

针对我国建筑电气火灾的特点和规律，正在制定的《建筑电气防火检测规程》在总结建筑电气装置或设备的火灾危险性和火灾发生特点的基础上，结合部分省市电气防火安全检测地方标准编制和实施的实际状况，参考吸收国内外相关技术标准，提出了我国建筑电气火灾预防性检测技术要求和方法，并建立火灾危险性等级分类方法和评定指标，为建筑电气火灾防治、监督检查工作提供技术依据。

从当前电气防火检测的工程实践看，电气防火检测的技术要求涵盖了配电变压器、高压电器、低压配电和控制电器、稳压整流设备、剩余电流动作保护器、低压成套配电柜、配电线路、照明器具、电动机、电热器具、空调器具、接地和等电位联结等方面。基于红外测温、超声波探测、电工测量等技术手段，形成了红外测温法、过热型火灾隐患判断法（如表面温度判断法、比较判断法、热像图判断法）、火花及电弧放电判断法（如超声波探测法、痕迹观察法、故障电弧监测报警），以及正弦电流及电压有效值测量、非正弦畸变电流真有效值测量、漏电电流有效值测量、导线绝缘电阻测量、接地电阻测量、导电连续性测量、故障电弧监测等电气防火检测技术方法。对于电气火灾危险性的判定，形成了单项条款电气火灾危险等级确定、建筑电气火灾危险系数测算和建筑电气火灾危险类别评定的综合性评估方法。

第三节 电气火灾原因分析

一、电气火灾趋势

随着经济建设的发展，生产和生活用电量大幅度增加。电气火灾作为一种新的灾害类型，在城乡经济繁荣的形势下，给人民的生命和财产造成的损失也与日俱增。从国外统计看，电气火灾起数在总火灾中占有相当大的比例。我国由于电气原因引起的火灾频繁发生，在一些重特大火灾中，有相当多的部分是电气原因引起的。尤其是进入 21 世纪后，我国的电气火灾形势愈加严峻，电气原因引发的火灾，无论是发生率，还是造成的生命财产损失，均居各类火灾之首。

根据《中国消防年鉴》统计，2002 年电气火灾在全国火灾总数中占 21.3%，而 2010 年已上升至 31.1%。按照起火原因划分，2010 年我国火灾总数为 66756 起，起火原因分布如图 1-6 所示，其中人为放火 1622 起，电气火灾 20414 起，生产作业 4357 起，生活用火不慎

14 282 起，吸烟 4282 起，玩火 3770 起，自燃 1434 起，雷击 125 起，静电 87 起，不明原因火灾 6008 起，其他 10 375 起。

根据《中国消防年鉴》统计，2002～2010 年间，我国共发生火灾 1 260 377起，其中电气火灾 2 097 09 起，约占火灾总起数的 25.4%。2002～2010 年间全国火灾和电气火灾总起数分布如图 1-7 所示。2002～2010 年间，电气火灾占全国火灾比例如表 1-2 所示，分布规律如图 1-8 所示。

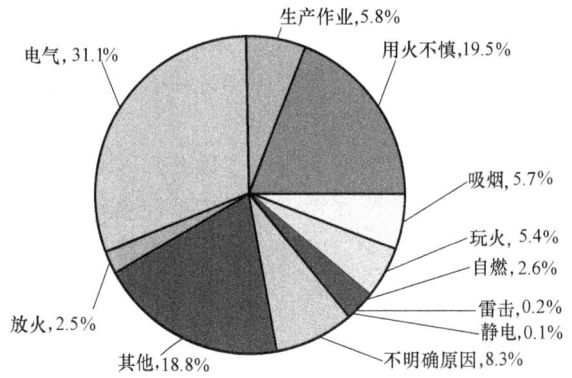

图 1-6　2010 年我国起火原因起数比例图

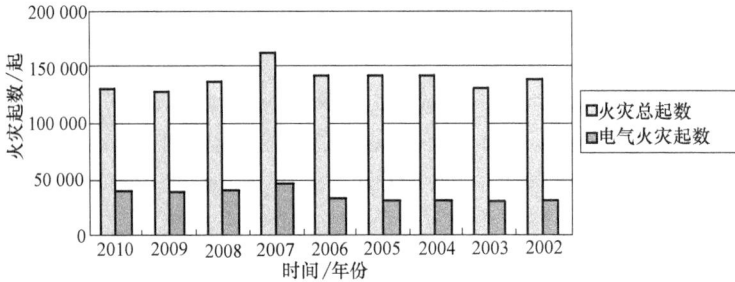

图 1-7　2002～2010 年我国火灾和电气火灾总起数年分布

表 1-2　电气火灾占全国火灾比例

年份	2002	2003	2004	2005	2006	2007	2008	2009	2010
火灾总起数/起	139 557	132 111	142 568	143 234	140 672	163 521	136 835	129 382	132 497
电气火灾起数/起	29 741	30 356	29 448	31 380	32 431	46 246	40 599	39 102	41 237
比例(%)	21.3	23	20.7	21.9	23.1	28.3	29.7	30.2	31.1

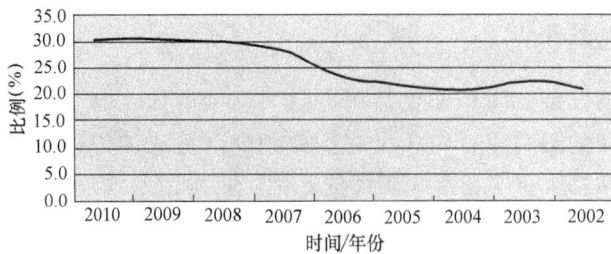

图 1-8　电气火灾占全国火灾比例分布规律

从图 1-7 可以看出，2002～2010 年这 9 年来无论是火灾发生起数，还是电气火灾发生起数，总体上有小幅降低，但总体上形势仍然比较严峻，火灾总起数和电气火灾总起数仍然处于高位。

从表 1-2 及图 1-8 可以看出,在近 9 年的火灾统计中,电气火灾占全国火灾的比例稳步攀升,电气火灾引发的火灾已发展到占全部火灾比例的 30% 以上。

需说明的是,2007 年我国调整了火灾等级的划分标准,由原来的一般火灾、重大火灾和特大火灾这 3 个等级,调整为一般火灾、较大火灾、重大火灾和特别重大火灾 4 个等级,同时也对各个级别的标准进行了调整。因此,在按火灾等级划分的数据对比中只选择了 2007~2010 年的统计数据进行分析。较大、重大及特别重大火灾对人民生命财产及社会经济造成的损失极为惨重,同时,带来的社会影响也最为重大,表 1-3 为依据较大及以上火灾统计数据对电气火灾进行的分析。

表 1-3 电气火灾在较大及以上火灾中所占比例

年份	2007	2008	2009	2010
较大及以上火灾/起	74	81	63	81
电气火灾中较大及以上火灾/起	33	33	33	29
电气火灾占较大及以上火灾比例(%)	44.6	40.7	52.4	35.8
电气火灾占全国火灾比例(%)	28.3	29.7	30.2	31.1

由表 1-3 可知,电气火灾占较大及以上火灾的比例相对于电气火灾占全国火灾比例要高出很多。这说明,在所有火灾成因中,电气原因一旦诱发火灾,造成较大以上火灾的几率要远高于其他火灾原因。由此可见,电气原因不仅我国火灾的第一形成原因,而且电气火灾导致严重后果的可能性要明显大于其他火灾类别。

按照《中国消防年鉴》的火灾统计分类,电气火灾的起火源分为电气线路、电器设备、电加热器具和其他,2007~2010 年我国发生的电气火灾按起火源统计的数据见表 1-4。在各类起火源引发的电气火灾中,以短路故障为主要表现形式,其次为接触不良、过负荷等故障;而在电加热器具统计数据中,多为使用不慎、长时间通电使用,引燃周围可燃物所致。

表 1-4 2007~2010 年我国电气火灾中按起火源分类统计的占比分布

年份	电气线路		电气设备		电加热器具		其他	
	起数/起	所占比例/%	起数/起	所占比例/%	起数/起	所占比例/%	起数/起	所占比例/%
2007	31252	67.6	7851	17.0	3563	7.7	3580	7.7
2008	27038	66.6	6882	17.0	3144	7.7	3535	8.7
2009	25620	65.5	7185	18.4	2504	6.4	3793	9.7
2010	26441	64.1	7744	18.8	2883	7.0	4169	10.1

从表 1-4 可以看出,电加热器具作为单一类别的用电器具,其所占比例高达 7%。究其原因,主要在于人们的用电安全常识和意识较为缺乏。

从表 1-4 还可以得出,虽然电气线路和电加热器具所占比例呈下降趋势,电气设备所占的比例呈上升趋势。但电气线路作为电气火灾中所占比例最高的起火源,所占比例高达 60% 以上,是所有电气火灾中诱发火灾最主要的因素。因此,当前我国电线电缆阻燃耐火技术的实际应用及相关条文规范的规定还存在很多隐患及问题,电缆的防火保护技术还急需提高。因此,研究电线电缆阻燃耐火技术、电线电缆火灾预防措施及工程应用解决方法,对于降低我国电气火灾发生起数及电气火灾发生率具有重要意义。

另外,以《中国消防年鉴》中仓储业 1997~2009 年的火灾统计数据分析为例,仓储业火灾直接经济损失随年份变化关系如图 1-9 所示,1997~2004 年整体呈下降趋势,2004~2009 年呈上升趋势;1997~2009 年的年均火灾直接经济损失达 4219 万元。仓储业火灾起数随年份变化的关系如图 1-10 所示,火灾起数随年份整体呈下降趋势,平均每年发生火灾

581 起。仓储业烧损建筑面积随年份变化的关系如图 1-11 所示，烧损建筑面积随年份整体呈上升趋势，平均每年烧损建筑面积 59825m² 。

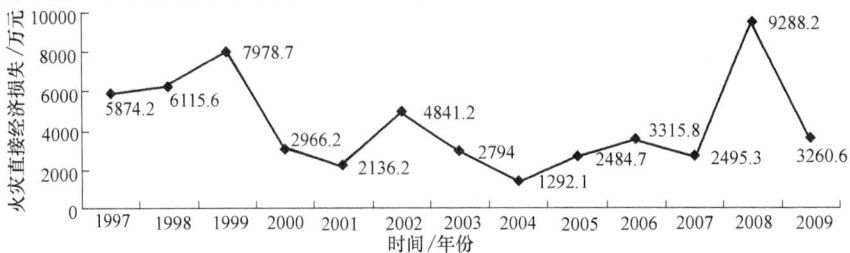

图 1-9　仓储业火灾直接经济损失随年份变化的关系

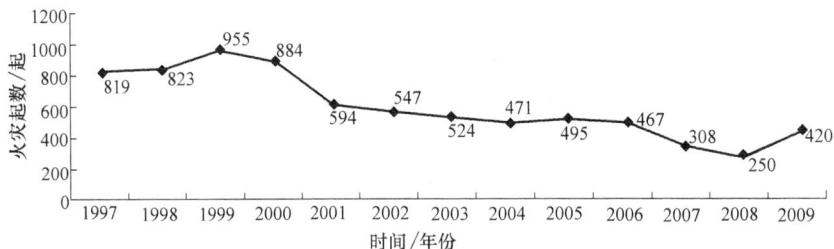

图 1-10　仓储业火灾起数随年份变化的关系

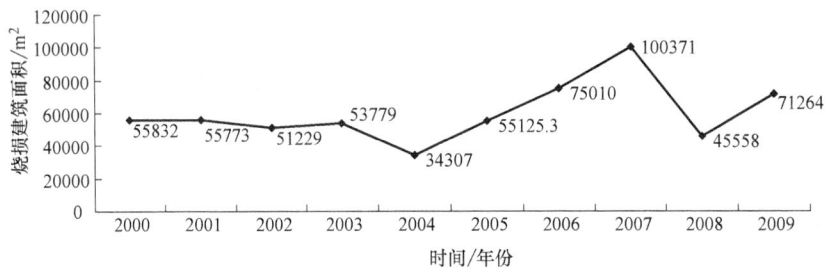

图 1-11　仓储业烧损建筑面积随年份变化的关系

　　特别要关注的是仓储业火灾原因随年份变化的关系，如图 1-12 所示。如果将 1997 ~ 2009 年每年不同火灾原因起数分别求平均值进行比较，可以得到仓储业火灾原因平均分布比例如图 1-13 所示。可见，不同火灾原因所占比例由高到低的顺序是：电气、用火不慎和不明原因、违章操作、其他、吸烟、自燃、纵火和玩火、雷击。由此可以得到，仓储业火灾事故中不同火灾原因发生的概率见表 1-5。显然，在仓储业消防安全管理过程中，应重点加强发生概率较高的火灾原因的应对措施。

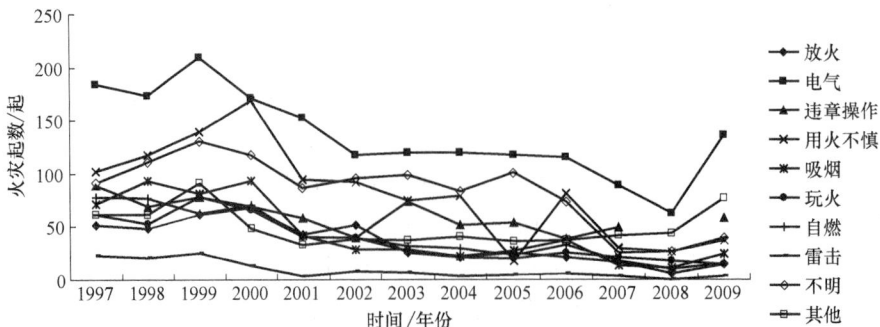

图 1-12　仓储业火灾原因随年份变化关系

可见，电气火灾不仅给人们的生命财产造成重大损害，还严重影响人们的生产、工作和生活，在政治和经济上造成的影响和损失有时是极为惨重的。因此，控制电气火灾的发生，是消防工作的一项经常性的重要内容，对减少火灾损失起着举足轻重的作用。电气防火不仅

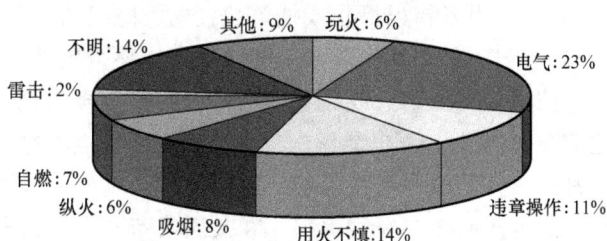

图 1-13　1997～2009 年仓储业火灾原因平均分布比例

对维护正常的生产和生活秩序具有重要的现实意义，同时也已成为保障社会公共安全的一个重大问题。

表 1-5　火灾事故中不同火灾原因发生概率

火灾原因	电气	用火不慎	不明	违章操作	其他	吸烟	自燃	纵火	玩火	雷击
概率	23%	14%	14%	11%	9%	8%	7%	6%	6%	2%

二、电气火灾的主要原因

引发电气火灾的直接原因是多种多样的，例如过载、短路、接触不良，电弧火花、漏电、雷电或静电等都能引起火灾。从电气防火角度看，电气火灾大都是因电气工程、电器产品质量以及管理等问题造成的。根据公安部沈阳消防研究所的分析研究，电气设备或线路的质量不高、安装使用不当、保养不良、雷击和静电等是造成电气火灾的几个重要原因，并可以归纳为下列 6 个方面：

1. 过载

所谓过载，是指电气设备或导线的功率或电流超过其额定值。造成过载的原因有以下几个方面：

1）设计、安装时选型不正确，使电气设备的额定容量小于实际负载容量。

2）电气设备或导线随意装接，增加负荷，造成超载运行。

3）检修、维护不及时，使电气设备或导线长期处于不良运行状态。

电气设备或导线的绝缘材料，大都是可燃有机绝缘材料，如绝缘油、纸、麻、丝和棉纺织品、树脂、沥青、漆、塑料、橡胶等，只有少数属于无机材料，如陶瓷、石棉、云母等。过载使导体中的电能转变成热能，当导体和绝缘物局部过热，达到一定温度时，就会形成电气火灾隐患，可能引起火灾。

2. 短路、电弧和火花

短路是电气设备或线路最严重的一种故障状态，其主要原因是电气设备或线路的载流部分绝缘破坏。造成电气设备或线路载流部分绝缘破坏的因素有：

1）电气设备的选用和安装与使用环境不符，致使其绝缘在高温、潮湿、酸碱环境条件下受到破坏；绝缘导线由于拖拉、磨擦、挤压、长期接触尖硬物体等，绝缘层造成机械损伤。

2）电气设备或线路使用时间过长，绝缘老化，耐压与机构强度下降。

3）电气设备或线路使用维护不当，长期处于不良运行，扩大了故障范围。

4）电气设备或线路受到过电压作用使绝缘击穿。

5）电气设备错误操作或把电源投向故障线路。

6）恶劣天气，如大风暴雨造成电气线路金属性连接。

短路时，在短路点或导线连接松动的电气接头处，会产生电弧或火花。电弧温度很高，可达6000℃以上，不但能够引燃电气设备或线路本身的绝缘材料，还可将它附近的可燃材料、易燃液体蒸气和粉尘引燃。电弧还可能是由于接地装置不良或电气设备与接地装置间距过小，过电压时击穿空气引起。在接通或断开大电流电路或大截面面积熔断器熔断时，也能产生电弧。

3. 接触不良

接触不良主要发生在电气连接部位，实际上是由于连接部位的接触电阻过大，形成局部过热，同时在间隙处也会出现电弧、电火花，造成潜在电气点火源。

电气连接部位接触电阻过大的根本原因是连接质量不好。接触不良主要发生在导线与导线或导线与电气设备连接处，常见的原因有：

1）电气接头表面污损，接触电阻增加。

2）电气接头长期运行，产生导电不良的氧化膜，未及时清除。

3）电气接头因振动或由于热的作用，使连接处发生松动和氧化。

4）铜铝连接处未按规定方法处理，发生电化学腐蚀，使接触电阻增大。

5）电气接头没有按规定方法连接，造成连接不牢。

4. 烘烤、摩擦、外部热作用

这类电气火灾形成原因与电热器具、机械传动装置、热源设备等的运行状态相关，主要有下列几种情况：

1）电热器具（如电炉、电熨斗等）、照明灯具在正常通电的状态下，相当于一个高温热源或点火源；当其安装不当或长期通电无人监管时，就有可能使附近的可燃物受高温作用而起火。表1-6是白炽灯灯泡烤燃可燃物的试验数据，可见电热源足以引起普通固体可燃物起火。

表1-6 白炽灯灯泡将可燃物烤至起火的时间、温度

白炽灯的功率/W	摆放形式	可燃物	与可燃物接触状态	烤至起火的时间/min	烤至起火的温度/℃
75	卧式	稻草	埋入	3	360～367
100	卧式	稻草	紧贴	12	342～360
100	垂式	稻草	紧贴	50	碳化
100	卧式	稻草	埋入	2	360
100	垂式	棉絮（被套）	紧贴	13	360～367
100	卧式	乱纸	埋入	8	333～367
200	卧式	稻草	紧贴	8	367
200	卧式	乱稻草	紧贴	4	342
200	卧式	稻草	埋入	1	360
200	垂式	玉米秸	埋入	15	365
200	垂式	纸张	紧贴	12	333
200	垂式	多层报纸	紧贴	125	333～360
200	垂式	松木箱	紧贴	57	398
200	垂式	棉被	紧贴	5	367

2）机械传动装置、皮带传输装置、输煤机械等的轴承润滑不良，发生干磨发热也能引

起火灾。

3）在电气设备或线路使用过程中，外部的热源设备与之间距过近或接触，会影响电气绝缘材料的性能，导致电气绝缘特性和材料机械特性降低甚至破坏，形成电气火灾隐患。

5. 雷电

雷电是大气自然现象之一。雷电是在大气中产生的，雷云是大气电荷的载体，当雷云与地面建筑物或突出物接近到一定距离时，雷云高电位会击穿空气放电，产生闪电、雷鸣现象。无论雷云是对地直接放电，还是使金属物感应放电，都会产生机械力、高温和强烈的火花，使建筑物遭到破坏并往往引起火灾。雷电主要是以过电压、大电流的形式作用于电气线路或电气设备，破坏电气设备或线路的正常工作条件或电气绝缘特性，造成电气火灾。

6. 静电

静电是物体中正、负电荷处于平衡状态或静止状态下的积累电荷。当平衡状态遭到破坏时，物体显现电特性。静电一般是由摩擦或感应产生。静电起电有两种方式。第一种方式是不同物体摩擦、接触、分离起电。例如传动带在带轮上滑动，当它们分离时，传动带上就会形成电荷，呈现带电现象；电荷不断积聚形成高电位，在一定条件下，则对金属物放电，产生具有足够能量的强烈火花，使飞花、麻絮、粉尘、可燃蒸气及易燃液体燃烧。第二种方式是静电带电体使附近的非带电体感应起电。例如处于石油储罐上方的带电雷云，会使油罐起电；当雷云迅速消失或对地发生瞬间放电后，油罐上的不平衡电荷就会发生移动形成电流，产生火花，点燃可燃或易燃液体。在工业生产中，人体带电也有类似的情况。

静电火灾和爆炸事故的发生，是由于不同物体相互摩擦、接触、分离、喷溅、静电感应、人体带电等原因，逐渐累积静不平衡电荷形成高电位，在一定条件下，将周围空气介质击穿，对金属放电并产生足够能量的放电火花。在容易聚集静电荷的有机高分子材料生产过程中，易产生静电并形成火灾隐患。近20年来，随着石油化工、塑料、橡胶、化纤制造、印刷、金属磨粉等工业的发展，静电火灾越来越受到人们的高度重视。

三、电气火灾预防基本策略

为预防或减少电气火灾事故的发生，主要可从以下几个方面考虑并实施应对策略：

1）安装电气设备和布设电气线路时，要做到正确选型、规范操作。尤其对于潮湿、有腐蚀性物质、高温及有火灾和爆炸危险的房间、仓库和场所，应严格按规定要求选型和安装电气设备及线路。

2）修建房屋或进行建筑物内部装修时，必须加强防范意识，保证电气安装质量，以免留下电气火灾隐患。

3）正确安装和使用照明灯具和家用电器，尤其是大功率电器、电热器具。

4）使用导线、电气设备和家用电器时，考虑用电功率的合理匹配，不可超出导线、电气设备和家用电器的允许限度。

5）合理选用电气安全保护装置，切实预防电气线路和电气设备的短路、过载事故发生。

6）取用电能时切实做好电气接头的连接工作，防止接触电阻过大引起的火灾。

第四节　电气发热及其危害

电气发热会使载流导体和周围介质温度升高，工作环境恶化，使绝缘老化损坏，导致电气设备的故障或事故。这种故障或事故往往是引发火灾的直接或间接原因。因此研究电气发热对载流导体及其绝缘材料的影响，对了解和预防电气火灾具有极其重要的现实意义。

一、电气发热的不良影响

电气发热对载流导体及其绝缘材料的不良影响，主要表现在绝缘材料的绝缘性能降低、导体的机械强度下降和导体接触部分的性能劣化 3 个方面。

（一）绝缘材料性能降低

1. 绝缘材料的耐热温度

导体和电器绝缘的耐热性是决定其绝缘性能的主要因素。导体的允许电流、电器的额定功率实际上决定于绝缘在运行中所能承受的最高工作温度。绝缘材料的耐热性可用耐热温度来衡量。所谓绝缘材料的耐热温度，是该类材料所能承受而不致使其机械特性和电气特性降低的最高工作温度。

按我国标准，电气绝缘材料按其耐热温度分为 7 级，并相应规定了绝缘材料在长期工作状况下的极限温度，见表 1-7。绝缘材料应在相应等级的耐热温度下工作 20000h 而不致损坏。

表 1-7　各级绝缘材料的耐热温度

等级	耐热温度/℃	相应的电气绝缘材料
Y	90	未浸渍过的棉纱、丝及电工绝缘纸等材料或组合物所组成的绝缘结构
A	105	浸渍过的 Y 等级绝缘结构材料
E	120	合成的有机薄膜、合成的有机瓷漆等材料或其组合物组成的绝缘结构
B	130	以合适的树脂粘合或浸渍、涂覆后的云母、玻璃纤维、石棉等
F	155	以合适的树脂粘合或浸渍、涂覆后的云母、玻璃纤维、石棉等，以及其他无机材料，合适的有机材料或其组合物所组成的绝缘结构
H	180	硅有机漆，云母、玻璃纤维、石棉等硅有机树脂粘合材料，以及一切经过试验能用在此温度范围内的各种材料
C	>180	以合适的树脂（如热稳定性特别优良的硅有机树脂）粘合、浸渍或涂覆后的云母、玻璃纤维等，以及未经浸渍处理的云母、陶瓷、石英等材料或其组合物所组成的绝缘结构

对大部分绝缘材料来说，可以用所谓的"八度规则"经验规律来估算其寿命，即以相应等级的耐热温度为基准，温度每上升 8 ~ 10℃，则其寿命降低一半。

必须指出，由于电气绝缘材料使用环境的复杂化，"八度规则"的推论只能用来估算寿命。绝缘材料的使用寿命与温度有极大的关系，温度增加则使用寿命降低，出现绝缘老化现象，在防火检查实践中可根据这些老化特征，对使用寿命做出判断。

2. 绝缘材料的允许温度

发热是影响电器寿命和工作状态的重要因素之一。为了限制发热对电器及载流导体带来的危害，在设计和运行时，人为规定了一个允许温度。

允许温度是用一定方法测定的电气装置器件的最热温度，在此温度下，整个电气装置可以保持连续工作。绝缘材料的允许温度通常规定小于其耐热温度。设备和导体上的任一部分都不能超过允许温度，以保证电气绝缘材料的性能不降低。所以，电器制造方面的有关规程做出如下几项规定：

1）考虑测量等诸方面不可避免的误差所带来的影响，允许温度必须小于电气绝缘材料损坏的极限允许温度（即电气绝缘材料的耐热温度）。

2）电气设备是由各种导体、器件组合而成，允许温度要考虑到它的最薄弱环节。

3）短路电流引起的发热的特征是发热时间极其短暂，而电气设备绝缘材料的老化和金属机械强度的变坏，除了温度的高低外，还取决于发热持续时间的长短。因此，短时电气发热允许温度比长时发热允许温度规定得要高。

（二）导体机械强度下降

当温度高达一定的允许值后，金属材料的机械强度将显著下降。这是因为载流导体长期处于高温状态，会使其慢性退火，亦可丧失其机械强度。当机械强度丧失之后，会导致变形或破坏。

为了保证通电导体可靠地工作，须使其发热温度不得超过一定数值，这个限值叫做最高允许温度。按照有关规定，通电导体正常运行的最高允许温度，一般不超过70℃；短路最高允许温度可高于正常最高允许温度，对硬铝可取200℃，硬铜可取300℃。

（三）导体接触部分性能劣化

发热使导体接触面氧化并生成氧化层薄膜，增加了接触电阻。氧化速度与触头表面温度有关，当发热温度超过某一临界温度时，这个过程就加速进行，接触部分的弹性元件会被退火，压力降低，接触电阻增加，恶性循环加剧，最后会导致连接状态遭到破坏，严重时造成局部过热火灾。

1. 接触电阻

当两个金属导体以机械方式互相接触时，在接触区域内存在一个附加电阻，称为接触电阻。接触电阻实际上指的是电接触电阻。

2. 接触电阻的组成

接触电阻由收缩电阻和表面膜电阻两部分组成。

（1）收缩电阻 两个接触的金属表面无论用什么工艺实行精加工，其接触区表面总是凹凸不平的。因此当两个接触面接触时，实际上只有若干个小块面积相接触，如图1-14所示。在每块小面积内，又只有若干小的突起部分相接触，它们被称为接触点。

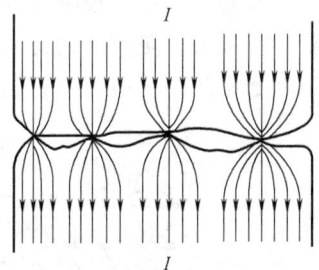

图1-14 电流收缩线

可见，金属的实际截面面积在切断处减小了，电流在流经电接触区域时，从原来截面面积较大的导体突然转入截面面积很小的接触点，电流线就会发生剧烈收缩现象。该现象所呈现的附加电阻称为收缩电阻。因为接触点由多个组成，所以整个接触的收缩电阻，为各个接触点收缩电阻的并列值。

进一步分析可发现收缩电阻与导体材料的电阻率成正比，与材料硬度的二次方根成正比，与接触点压力和接触点的数目的二次方根的乘积成反比。

（2）表面膜电阻　在电接触的接触面上，由于污染而覆盖着一层导电性很差的物质，这就是接触电阻的另一部分——表面膜电阻。它的存在使接触电阻增大，还会产生严重的接触不稳现象，也可能使电接触的正常导电性能遭到破坏。尤其对于控制容量较小的继电器触头，表面膜电阻成为发生故障的重要原因之一。表面膜电阻还可以分为尘埃膜、吸附膜、无机膜、有机膜4种类型。

二、载流导体的工作特点

（一）载流导体的工作状态
载流导体运行中的工作状态分为正常工作状态和短路工作状态。

1. 正常工作状态

当电压和电流都不超过额定值时，载流导体能够长期、安全、经济地运行。

2. 短路工作状态

当系统因绝缘故障发生短路时，流经导体的短路电流比额定值要高出几倍甚至几十倍。保护装置动作并将故障切除，在故障切除的短时间内，载流导体将承受短时发热和电动力的作用。

（二）载流导体运行中的损耗
1. 电阻损耗

电流流过导体时克服电阻作用消耗的功率称为电阻损耗。电阻损耗与电流的二次方、电阻和时间成正比。

2. 磁滞、涡流损耗

载流导体周围的铁磁物质在交变磁场反复磁化作用下，将产生磁滞、涡流损耗。铁磁物质在交变磁场反复磁化作用下由于内部的不可逆过程而使铁磁物质发热所造成的一种损耗，称为磁滞损耗。磁滞损耗与频率成正比，与最大磁感应强度的 n 次方成正比。

众所周知，当铁磁物质放置在变化着的磁场中，或者在磁场中运动时，铁磁物质内部会产生感应电动势（或感应电流）。从图 1-15 中可见，涡流是感应电流的一种，在铁心内围绕着磁感应强度呈旋涡状流动，其方向可按楞次定律来决定。涡流的产生要消耗一定的能量，并随即转变为热能，这就是涡流损耗。

涡流对许多电气设备来说是极为有害的，它消耗电能，使铁心发热，不仅会引起额外的大量功率损失，更严重的是还会使线圈温度过高，甚至损坏线圈的绝缘，造成设备的过热损坏，酿成事故。另一方面，它又削弱了原来磁场的强度。

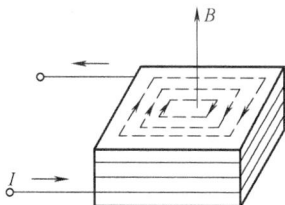

图 1-15　涡流的产生　　　　图 1-16　减小涡流的方法

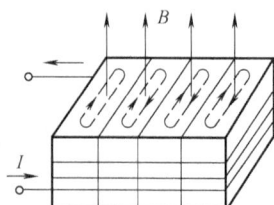

在电机、电器、变压器内部为了减少铁心的涡流损耗和去磁作用，通常采用增加铁磁材料电阻率的办法。例如用硅钢片迭片代替整块铁心材料，各片之间加上绝缘层，使涡流在各

层间受阻。硅钢片一般厚度为 0.35mm 或 0.4mm，如图 1-16 所示。这样就把涡流限制在许多狭长的小截面之中。尽管如此，在交流电机和变压器中，涡流损耗也还是不能忽视的。涡流损耗与电源频率的二次方成正比，与磁感应强度最大值的二次方和体积成正比。

交变磁通在铁心中产生的磁滞损耗和涡流损耗合起来称为铁磁损耗，简称铁损。它把从电源吸收的能量转化为热能，使铁心发热。

3. 附加损耗

当导体中通过交流电流时，产生使电流趋于表面的现象，这是趋肤效应。交流电流的频率越高，则趋肤效应越强。

由于两个相邻的载流导体之间磁场的相互作用，而使导体截面中电流线分布改变的现象是邻近效应。

附加损耗是导体中通过交流电流时，由于趋肤效应和邻近效应的作用而产生的额外损耗，一般用附加损耗系数 K_{fj} 来表示；$K_{fj} = K_j + K_l$，其中 K_j 是趋肤效应系数；K_l 是邻近效应系数。

所以，交流电流通过导体时的电阻损耗（或称焦尔损耗）可表示为

$$P = K_{fj} I^2 R \tag{1-2}$$

式中 I——导体流过的电流（A）；

      R——导体电阻（Ω）；

      P——损耗功率（W）。

因为导体的电阻可以表示为

$$R = \frac{\rho l}{S} \tag{1-3}$$

式中 ρ——导体的电阻率（$\Omega \cdot m$）；

      l——导体长度（m）；

      S——导体截面面积（m^2）。

将式（1-3）代入式（1-2）有

$$P = \frac{K_{fj} J^2 G \rho}{\gamma} \tag{1-4}$$

式中 J——电流密度（A/m^2）；

      γ——导体材料的密度（kg/m^3）；

      G——导体的质量（kg），$G = \gamma l S$。

导体的电阻率 ρ 与导体的温度有关，通常

$$\rho = \rho_0 (1 + \alpha \theta) \tag{1-5}$$

式中 ρ_0——在 $\theta = 0$℃时的电阻率；

      α——电阻温度系数。

4. 介质损耗

电气绝缘材料简称电介质，通电导体周围的电介质能建立电场，储存电场能量，也能消耗电场能量。在电场作用下，电介质会发生极化、电导、介质损耗和击穿 4 种基本物理过程，会引起电介质击穿破坏或导致电介质老化破坏。

电介质损耗是交流电场中的电介质特性，通常以介质材料的体表电阻率来表征电导损耗

的泄漏电流大小。一般低温下泄漏电流很小，而高温下可能很大。在交变电场下，除电导损耗外，还因周期性的极化存在，吸收电场能量，将电能转变为热能，故统称这两方面的损耗为介质损耗。

（三）导体和电器的散热形式

导体和电器的散热有热传导、热对流和热辐射3种基本形式。导体由于损耗产生的热量一部分使自身温度升高，另一部分通过这3种形式发散到周围介质中去。温度越高，这3种散热作用越强。如果散热条件遭到破坏，将使导体自身温度过高，则可能使电气绝缘受损，或可能烧毁绝缘，引起火灾。

热传导是物质内部的基本质点间的能量的相互作用，作用的结果使能量从一个质点传到另一个相邻的质点，这就是热传导的物理本质。热传导在固体、液体、气体中都存在。

热对流现象是由不断运动着的冷介质（液体或气体）将热量带走的过程，这种散热过程只在流体中产生。热对流又可分为自由（自然）对流和强迫对流。

热辐射是由电磁波传播能量的过程，两物体间的辐射换热不需要直接接触。

实际的热分析与计算中，通常是考虑几种散热形式综合在一起，用一个总散热系数 K_{zh} 表征，即牛顿公式法：

$$P_s = K_{zh} F \tau \tag{1-6}$$

式中　　P_s——散热功率（W）；

F——导体的散热面积（m²）；

τ——导体对周围环境的温升，$\tau = \theta - \theta_0$（℃）；

θ，θ_0——导体及周围环境的温度（℃）；

K_{zh}——总散热系数（W/cm²·℃），可在有关手册中查得。

三、均质导体的发热形式

（一）均质导体长时发热

1. 导体的温升

这里假设研究的导体为均质导体；均质导体即导体全长都具有相同的截面面积和材料，例如发电厂及变配电所的母线和电线电缆均属此列。所以，研究均质导体发热具有实际意义。

导体的温升遵循着能量守恒定律，即导体未通电流时，其温度与周围介质的温度相等；有电流通过之后，导体便会由于内部的各种损耗而发热。其热量一部分使导体自身温度升高，另一部分则由于导体温度高于周围环境介质的温度而散失到周围环境中。当电流流过时，对于导线和电缆引起其发热的主要损耗是电阻损耗，其他损耗由于很小可以忽略不计。在导体温度未达稳定时，其热平衡方程式可以写成

$$I^2 R dt = mC d\theta + K_{zh} F (\theta - \theta_0) dt = mC d\tau + K_{zh} F dt \tag{1-7}$$

式中　　I——通过导体的电流（A）；

R——导体的电阻（Ω）；

m——导体的质量（kg）；

C——导体材料的比热（J/kg·℃）；

K_{zh}——导体的总放热系数$[W/(m^2 \cdot \text{℃})]$；

θ，θ_0——导体及周围环境的温度（℃）；

τ——导体对周围环境的温升，$\tau = \theta - \theta_0$（℃）；

F——导体的散热面积（m^2）。

式（1-7）中只考虑对流和热辐射，并用总放热系数K_{zh}来表示。这是因为置于空气中的均质裸导体，全长截面面积相同，各处温度一样，沿导线纵向长度方向没有热传导，另外空气热传导性很差，也可忽略不计。

考虑到通过正常工作电流时，导体温度的变化范围不大，故可将R、C、K_{zh}当作与温度无关的常量，这样式（1-7）就为常系数线性非齐次一阶微分方程；在$t=0$时，设导体对周围空气的起始温升为τ_0，则方程式（1-7）变为

$$\tau = \frac{I^2 R}{K_{zh}F}\left(1 - e^{-\frac{K_{zh}Ft}{mC}}\right) + \tau_0 e^{-\frac{K_{zh}Ft}{mC}} = \tau_w\left(1 - e^{-\frac{1}{T}}\right) + \tau_0 e^{-\frac{1}{T}} \tag{1-8}$$

式中 T——发热时间常数，$T = \dfrac{m \cdot C}{K_{zh} \cdot F}$；

τ_w——稳定温升。

可以看出，均质导体的温升是按时间指数函数增长，如图1-17曲线所示。当$t=(3\sim4)T$时，导体温升即趋于稳定温升τ_w；且$I^2R = K_{zh}F\tau_w$ 即

$$\tau_w = I^2 R / K_{zh} F \tag{1-9}$$

式（1-9）即牛顿公式。

由式（1-9）可知，在稳定发热状态下，导体中产生的全部热量都散失到周围环境中。τ_w与电流二次方成正比，与导体放热能力（$K_{zh}F$）成反比，而与导体的起始温度τ_0无关。实际工程中，当$\tau = (3\sim4)T$时，均质导体发热亦趋于稳定温升。

2. 导体允许载流量的影响因素

进行导体长期发热过程分析的目的，是根据导体长期发热允许温度，确定导体长期允许电流（即导体载流量），研究提高导体允许电流或降低导体温度的各种措施。因为导体中电流超过允许值时，就可能引起事故，而事故就是引发电气火灾的直接或间接原因。

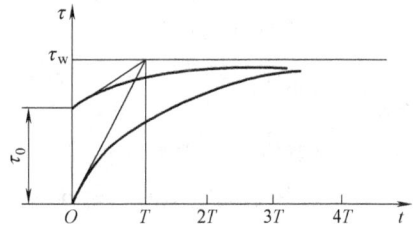

图1-17 均质导体温升曲线

设导体长期允许电流（导体载流量）为I_y，导体长期发热允许温度为θ_y，根据式（1-9）可得导体长期发热允许电流为

$$I_y = \sqrt{\frac{K_{zh}F(\theta_y - \theta_0)}{R}} = \sqrt{\frac{Sq}{R}} = \sqrt{\frac{Q}{R}} \tag{1-10}$$

式中 $\theta_y - \theta_0 = \tau_y$——导体长期发热允许温升（℃）；

q——导体放热率（W/m^2），$q = K_{zh}(\theta_y - \theta_0)$；

Q——单位时间内导体表面放出的总热量（W），$Q = Sq$。

从式（1-10）可以看出，导体长期发热条件下的允许电流，决定于均质导体表面的放热能力（或放热量）和导体电阻。

3. 导体电阻

严格地说，导体的电阻是温度的函数，在正常工作电流长期发热的情况下，温度变化范围不大，通常可以忽略温度对电阻的影响。但是，导体由于邻近效应和趋肤效应的影响，其交流电阻 R_{ac} 不等于直流电阻 R_{dc}，其交流电阻可以表示为

$$R_{ac} = K_j K_L R_{dc} = K_j K_L \rho \frac{L}{S} \tag{1-11}$$

式中　K_j——趋肤效应系数；

　　　K_L——邻近效应系数。

邻近效应将使电阻增加，导体的电阻 R_s 与单根导体的交流电阻 R_d 之比称为邻近效应系数，即 $K_L = R_s/R_d$。在高压配电装置中，母线的相间距离通常比母线尺寸大得多，其邻近效应系数可取为 1；当一相母线由多根导体组成时，因线间距离较近，应计及邻近效应的影响，邻近效应系数可由试验得出。趋肤效应系数 K_j 为单根导体的交流电阻 R_{ac} 与直流电阻 R_{dc} 之比，即 $K_j = R_{ac}/R_{dc}$。由前述知，趋肤效应与电流频率，导体材料的电阻系数以及导体形状和尺寸有关。

管形母线在直径一定时，其交流电阻还与管壁厚度有关。当管壁厚度增加时，导体截面面积增加，交流电阻下降，即达到某一最小值，此时如继续增加管壁厚度，由于截面面积增加，使趋肤效应系数 K_j 迅速增大，交流电阻不再降低而略有增加。对应于最小交流电阻的管壁厚度，称为临界厚度，它与圆管直径和材料的电阻系数及频率有关。铝管的临界厚度近似为 20mm，铜管近似为 14mm。显然，超过临界厚度的管壁是不合理的。屋外配电装置的多股绞线，由于各股导线表面都覆盖着氧化层，电流分布比较均匀，故趋肤效应系数 $K_j \approx 1$。

4. 均质长导体的放热

均质长导体的放热能力可以用其辐射换热能力（放热量）和对流放热能力（放热量）来表征。

（1）辐射换热　空气中的单根导体（或当三相母线的相间距离与导体尺寸相比甚大时），可以看作是大空间的辐射换热。均质长导体的辐射换热放热量 Q_f 可以表示为

$$Q_f = Sq \tag{1-12}$$

式中　S——导体对流放热面积（m^2）；

　　　q——导体放热率（W/m^2）。

一般地，实心母线和管形母线的辐射面积等于母线表面积；对于组合式有空隙的导体，则根据组合截面的包络线来决定辐射面积。例如，图 1-18 中矩形、槽形导体的组合母线，其辐射面积应由 abcdefgh 的周长来决定。

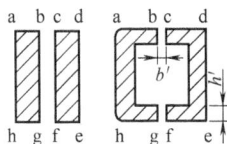

图 1-18　组合母线辐射表面

（2）对流放热　对流放热可以分为空气中自然对流放热和强迫水内冷却对流放热两种，发热量可按如下方法计算：

1）空气中自然对流放热　它是指屋内自然通风或屋外风速不大于 0.2m/s 的自然放热。在大空间放热条件下，导体的自然对流放热率 q_z 可以表示为

$$q_z = \alpha\tau = \alpha(\theta - \theta_0) \tag{1-13}$$

式中　τ——导体放热面对周围空气的温升（℃），$\tau = \theta - \theta_0$；

　　　α——自然对流放热系数（$W/m^2 \cdot ℃$）。

自然对流放热系数 α 与导体形状、置放方式、导体温度及流态等因素有关，可根据环境及导体温度及导体放热面的布置方式查表获得。

基于式（1-13），导体的自然对流放热量可以表示为

$$Q_z = S_z q_z \qquad (1-14)$$

式中 S_z——导体对流放热面积（m^2）。

当一根母线为多条矩形、双槽形导线组合时，如图1-18所示，组合导体的外表面的放热量应由 bahg 和 cdef 所确定的外表面及所对应的放热率确定。由于组合导体内表面也能放热，常用系数 K_z 来表示。K_z 与导体的尺寸、布置方式、缝隙位置以及母线缝隙宽度 b' 和高度 h' 之比有关，其值常由试验确定，因此组合导体总的自然对流放热量为 $K_z q_z$。

2）强迫水内冷却的对流放热　它是管形母线采用强迫水内冷却时的自然放热。管形母线内部水冷却的放热率 q_g 可以表示为

$$q_g = \alpha\tau \qquad (1-15)$$

式中 τ——同一处母线与冷却水的温升（℃）；

α——强迫对流的放热系数（$W/m^2 \cdot$ ℃）。

管形母线强迫水内冷却的放热量 Q_q 可以表示为

$$Q_q = S_q q_g \qquad (1-16)$$

因此得，载流导体的总放热量 Q 等于辐射换热放热量 Q_f 和强迫（或自然）对流放热量 Q_q（或 Q_z）之和，即

$$Q = Q_f + Q_q \text{（或 } Q_z\text{）} \qquad (1-17)$$

5. 载流导体长期发热允许电流的确定

根据式（1-10），导线或母线长期发热允许电流可以用下式确定：

$$I_y = \sqrt{\frac{Q}{R}} = \sqrt{\frac{Q_f + Q_q \text{（或 } Q_z\text{）}}{R}} = \sqrt{\frac{K_{zh}F(\theta_y - \theta_0)}{R}} \qquad (1-18)$$

根据国家标准规定，环境温度一般取 $\theta_0 = 25$℃。环境温度对导线电缆而言指的是空气温度，它是按最热月份下午1点的平均温度规定的；因此，电缆在空气中敷设使用时 $\theta_0 = 25$℃，在地下敷设时 $\theta_0 = 15$℃。当使用环境介质温度与规定的周围环境温度不符合时，导线电缆允许载流量还应按下式予以修正：

$$I_y' = KI_y = I_y\sqrt{\frac{\theta_y - \theta_1}{\theta_y - \theta_0}} \qquad (1-19)$$

式中 I_y'——允许载流量的修正值（A）；

I_y——对应允许工作温度的导线电缆载流量（A），可查手册获得；

K——温度修正系数；

θ_0——环境初始温度（℃），一般取25℃；

θ_y——允许工作温度（℃），一般按照电气绝缘材料耐热温度并考虑一定裕量确定；

θ_1——实际的周围环境温度（℃）。

由于放热过程比较复杂，且总放热系数往往又是温度的函数，因此，用式（1-19）计算的结果只是近似的，一般还要通过试验来校验。我国生产的矩形、双槽形和管形母线均已标准化，根据这些标准截面，按自然冷却条件（环境温度 θ_0 为25℃，导体最高允许工作温度 θ_y 为70℃）进行计算和试验，编制了标准截面母线长期允许电流表，可供设计时选用。

应指出，当母线安装在屋外，且母线直径较大时，如无遮阳措施，应考虑日照使母线温度升高，因此导体长期允许电流将要降低。此外，导线电缆也已标准化，同样编制有不同规格产品的长期允许电流表供设计时使用。

在工程应用中，θ_y、θ_0 均可从导线电缆载流量的相关表格中查到。导线穿管时其载流量约减少 30%，其他情况时的各种导线电缆载流量可从有关产品手册中查到。在电缆沟或廊道中，大多数是由 N 条 n 芯电缆并列敷设在一起的，由于电缆芯线电阻热损失功率的存在，电缆沟或廊道温度会升高，此时的电缆允许载流量取用一般比规定值要减少 10% ~ 27%。因此，按式（1-19）选择导线电缆截面面积的方法是，综合考虑导线电缆敷设方式及环境状况确定温度影响，计算实际周围环境温度条件下的允许载流量，进而查表选择导线电缆的截面面积。按此方法选择的导线电缆，当长期连续通过负荷电流时，其发热温度不会超过允许工作温度（一般是 65 ~ 70℃）。否则，导线电缆将可能过热，而且绝缘加速老化，严重时会引起火灾。

应指出，在已知 I_y 的情况下，也可用式（1-19）计算出导体正常发热允许温度 θ_y，或计算出对应导体的截面面积 S。这表明，当环境温度 θ_0 一定时，在 θ_y 条件下，对于不同截面面积的导体，都有一个允许载流量值与之对应。

（二）均质导体短路时发热

电器和载流导体因设计时考虑不周或在运行维护时违章操作，检修时不合要求或处理中的失误等都可能造成短路事故的发生。另一方面当短路事故发生时，本来应动作的保护继电器如果不动作（整定值不当或继电器本身故障拒动作），都会使事故持续时间延长，这就会给电气设备或电力网造成很大的威胁，其后果是使事故范围迅速扩大，被损坏的设备多而且严重，影响或破坏电力网的稳定性，甚至使整个系统崩溃，造成更大范围的停电。与此同时，在发电、变电、供电、配电及用户等任何一个环节都可能引起火灾和爆炸事故，给国民经济带来巨大损失。

无论是载流导体和电器都必须经受短路电流的考验。在电力网或电力系统中，短路是严重的事故状态，在极短的时间内载流部分要承受比正常运行时大许多倍的短路电流的热效应作用和电动力的冲击。导体的短路时发热，是指短路开始到短路故障被切除这一段很短的时间内导体的发热过程。

1. **短路时发热的特点**

图 1-19 可形象地描绘出导体中流过短路电流时，导体温度变化的过程。其物理过程是：在导体中没有电流通过时，导体的温度与环境的温度相同，设为 θ_0，此阶段用 PM 段表示。当在时间 t_1 时，导体通以恒定负荷电流，导体由 θ_0 开始上升，与周围介质形成温差 $\theta_w - \theta_0$；负荷电流所发出的热量的一部分，被导体吸收用以升高自身的温度，而另一部分因导体与周围介质有温差，即发散到

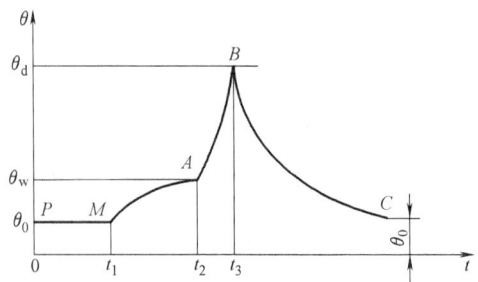

图 1-19 电流流过导体时的温度变化

介质中去。一面吸热，又一面散热的情况下，设备的导体通过恒定不变的电流时，其温度上升如图中曲线 MA 所示。起初因温差小而散热少，故吸热多，导体温度上升较快。以后则因

温差增大而使得散热增多，相应地吸热减少，而使导体温度上升减慢，最后当温差增大到单位时间内的发热与散热相平衡时，则全部的发热都散失掉。由于导体不再吸收热量，故温度不再升高，这时温度达到稳定值（相当于 A 点），这时温度为 θ_w。在时间 t_2 发生短路，导体被急剧加热，到时刻 t_3 时被加热到温度 θ_d，正好在此时短路被切断（除），之后导体温度由 B 点下降到 C 点，因这时导体中无任何负荷，故导体温度降到环境温度 θ_0。所以，导体短路时具有下列特点：

1）电流流过导体的时间短，一般为十分之几秒到几秒，故导体的加热过程时间亦很短；又由于短路电流比正常电流大许多倍，所以导体温度升高极快。在较短时间内，短路电流在导体中产生的大量热量来不及向周围环境发散，故可视为在短路持续时间内，所产生的全部热量都用来提高导体本身的温度。这即是把短路时的发热看作是所谓的绝热过程，该假定与实际情况出入不大，且便于计算。

2）短路时导体温度变化范围很大，不能把导体的电阻和比热（热容）视为常数，它随温度的变化而变化，是温度的函数。

3）短路电流瞬时值 i_d 变化规律复杂。

2. 短路热脉冲的度量

考虑上述导体短路时的特点，短路时的热平衡微分方程式可以表示为

$$I_d^2 R_\theta dt = C_\theta m d\theta + 0 = C_\theta m d\theta \tag{1-20}$$

式中　I_d——短路电流全电流有效值（A）；

R_θ——温度为 θ（单位为℃）时导体的电阻（Ω），$R_\theta = \rho_0(1 + \alpha\theta)\dfrac{l}{S}$；

C_θ——温度为 θ℃时导体的比热容（J/kg·℃），$C_\theta = C_0(1 + \beta\theta)$；

ρ_0——温度为 0℃时导体的电阻系数（Ω·m）；

C_0——温度为 0℃时导体的比热[J/（kg·℃）]；

α、β——ρ_0 和 C_0 的温度系数（1/℃）；

m——导体的质量（kg），$m = \gamma Sl$；

l——导体的长度（m）；

S——导体的截面面积（m^2）；

γ——导体材料的密度（kg/m^2）。

将 R_θ、C_θ、m 代入式（1-20）得

$$I_d^2 \rho_0(1 + \alpha\theta)\frac{L}{S}dt = C_0(1 + \beta\theta)\gamma SL d\theta \tag{1-21}$$

经过变换之后得

$$\frac{1}{S^2}I_d^2 dt = \frac{C_0\gamma}{\rho_0}\left(\frac{1 + \beta\theta}{1 + \alpha\theta}\right)d\theta \tag{1-22}$$

为了求出短路切除时导体最高温度 θ_d，两边积分。左边从 0 积到 t（短路切入时间）；右边代表了从导体起始温度 θ_h 积到 θ_d 得

$$\frac{1}{S^2}\int_0^t I_d^2 dt = \frac{C_0\gamma}{\rho_0}\int_{\theta_h}^{\theta_d}\frac{1 + \beta\theta}{1 + \alpha\theta}d\theta \tag{1-23}$$

式（1-23）左边代表了与由短路电流所产生的热量成正比例的数值，$\int_0^t I_d^2 t$ 称为短路电流

的热脉冲，以 Q_d 表示；右边代表了与导体吸热成比例的数值。积分整理后得

$$\frac{C_0\gamma}{\rho_0}\int_{\theta_h}^{\theta_d}\frac{1+\beta\theta}{1+\alpha\theta}d\theta = A_d - A_h \tag{1-24}$$

式（1-24）中，$A_d = \frac{C_0\gamma}{\rho_0}\Big[\frac{\alpha-\beta}{\alpha^2}\ln(1+\alpha\theta_d)+\frac{\beta}{\alpha}\theta_d\Big]$；$A_h = \frac{C_0\gamma}{\rho_0}\Big[\frac{\alpha-\beta}{\alpha^2}\ln(1+\alpha\theta_h)+\frac{\beta}{\alpha}\theta_h\Big]$。

于是式（1-24）可以写成

$$Q_d = S^2(A_d - A_h) \tag{1-25}$$

或

$$A_d = \frac{1}{S^2}Q_d + A_b \tag{1-26}$$

$S^2(A_d - A_h)$ 为对应于导体由 θ_h 升到 θ_d 的短路电流热脉冲，与导体的材料和温度有关。式（1-24）无法再简化，但计算又极为繁琐，如要计算其数值，就必须知道材料的有关特征数据（C_0、ρ_0、γ、α、β 等）以及导体的温度（θ_h、θ_d）数据。所以，对于短路电流热脉冲 $Q_d = \int_0^t I_d^2 t$ 的求取，一般不能用解析方法进行计算，工程上常用等值时间法。

等值时间法是依据等效发热的概念，设导体中通过短路电流的稳态值 I_∞，其时间为 t_1 时，导体中产生的热效应与短路电流有效值的热效应 $\int_0^t I_d^2 t$ 相等。t_j 就是短路电流作用的假想时间。于是热脉冲 Q_d 可用下式表示：

$$Q_d = \int_0^t I_d^2 t = I_\infty^2 t_j = I_\infty^2(t_{jz}+t_{jf}) \tag{1-27}$$

假想时间 t_j 应包括短路电流周期分量作用的假想时间 t_{jz} 和非周期分量的假想时间 t_{jf}。对于无限容量供电网络，发生短路时其周期分量保持不变。周期分量的假想时间 t_{jz}，就是短路电流在导体上的作用时间，这个时间等于保护装置动作时间 t_b 和断路器切断电流的机械动作时间 t_D 之和，即

$$t_{jz} = t_b + t_D \tag{1-28}$$

对于无限容量电源的非周期分量的假想时间，$t_{jf} = 0.05\mathrm{s}$。

t_{jf} 是否能够忽略，一般可根据短路电流切断时间来判断。当 $t > 1\mathrm{s}$ 时，导体发热主要由周期分量决定，故 t_{jf} 可不计；当 $t < 1\mathrm{s}$ 时，非周期分量造成的发热不可忽略，故必须计入 t_{jf} 的影响。

为了简化 A_d 及 A_h 的计算，工程上按铜、铝、钢的参数（C_0、ρ_0、γ、α、β）的平均值根据式（1-25）和式（1-26）作成 $\theta = f(A)$ 曲线，如图 1-20 所示。用曲线计算 θ_d 的步骤如下：

1）由已知的导体起始温度 θ_h（通常取正常运行最高允许温度），在相应导体材料（铜、铝、钢）的曲线上查出 A_h

2）将 A_h 及计算所得的 Q_d 值代入式（1-26），求出 A_d。

3）由 A_d 在图 1-20 中查得 θ_d。

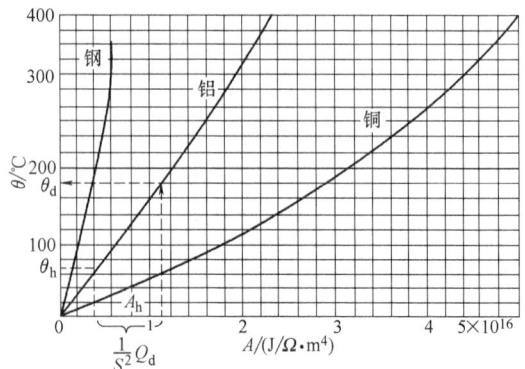

图 1-20 决定短路发热温度的曲线

3. 短路时导体的热稳定性

短路事故发生后，无论反应多灵敏的保护继电器，都需要一定的动作时间；在事故切除前，电器或导体在短路电流热效应的作用下温度仍有可能上升到很高的程度 θ_d。在工程中，电器或导体必须能承受短路电流的热效应而不致破坏，这种能力称为电器或导体的热稳定性；对其度量的方法即计算出导体通过短路电流时的最高温度 θ_d，判断是否超过导体规定的短时发热允许温度 θ_{dy}，当 $\theta_d \leqslant \theta_{dy}$ 时，则认为导体在短路时是热稳定的，否则就应采取相应的措施，如增加导体截面面积或限制短路电流等以保证 $\theta_d \leqslant \theta_{dy}$。表 1-8 给出了短路状态下一些载流导体短时发热的允许温度。其中较常用的是：未包绝缘的铝导体的短时发热允许温度 $\theta_{dy} = 200℃$，铜导体的 $\theta_{dy} = 300℃$。

表 1-8   短路状态下载流导体短时发热的允许温度

元件	极限允许温度 θ_{dy}/℃			
	铜	黄铜	铝	钢
未绝缘的导体	300	300	200	400
外包绝缘的导体，Y 级绝缘	200	200	200	200
外包绝缘的导体，A 级绝缘	250	250	200	250
外包绝缘的导体，B 和 C 级绝缘	300	300	200	400

在工程中，按短路电流校验导体的热稳定性时，通常采用导体能满足短路电流热稳定性的最小允许截面面积：

$$S_{min} = \frac{I_\infty}{C}\sqrt{t_j} \qquad (1-29)$$

式中 S_{min}——最小允许截面面积；

I_∞——短路电流（A）；

C——与导体材料有关的系数，铜线为 175，铝线为 92；

t_j——通过短路电流的假想时间（s）。

四、提高导体允许载流量的方法

根据式（1-19）可以得出，提高导体长期允许载流量的基本方法如下。

1. 减小导体的电阻

1）采用电阻率小的导体，如铜、铝等。

2）减小导体接触电阻。裸导体长期允许温度为 70℃，主要受导体接触连接部分限制，因此，减少接触电阻，如接触面镀银、搪锡等，可提高导体允许温度。

3）增加导体的横截面面积。导体截面面积增加，电阻减小，但趋肤效应也增加，为了限制趋肤效应和有效利用有色金属材料，单根标准矩形母线截面面积不应大于 $1200mm^2$；采用槽形、管形母线及绞线可减小趋肤效应。

2. 增大导体的散热面积

导体的散热面积和导体的几何形状有关，在截面面积相同的条件下，圆柱形外表面最小，矩形、槽形外表面较大，所以工程上很少使用圆柱形母线。管形母线内表面，只有在母线开相或强迫冷却时，才起放热作用。35kV 及以下自然放热的敞露式母线，多用矩形、槽形。而菱形及 3 根以上的多条矩形，由于安装费用高、机械强度低以及邻近效应较为严重，在短路冲击电流大的地方不宜采用。大电流母线多采用管形或双槽形。

3. 提高散热系数

提高通电导体散热系数的方法很多，主要有：

（1）采用强迫冷却　对 2000A 以上的大电流母线，可采用强迫水冷和风冷来提高母线的对流放热量。

（2）合理布置导体　通过合理布置导体，提高自然对流放热率，如矩形母线的长边垂直布置比水平布置的自然对流放热率高。

（3）导体表面涂漆　导体表面涂漆，可以提高辐射散热能力，故屋内配电装置母线涂漆，能增加载流量，并用以识别相序，便于操作巡视。对于屋外配电装置母线，为减少对太阳辐射的吸收，应采用吸收率较小的表面，故屋外配电装置母线不应涂漆，而保留其光亮表面（也有建议在封闭母线外壳下半部太阳照射不到的地方涂灰色漆，兼顾反射太阳能和辐射换热的要求）。

（4）加强自然通风　导线明敷应自然通风良好，不应覆盖；穿管时导线占积率不应超过 60%。对沟道电缆通风条件在设计时也要给予考虑，否则将使导体升温引起火灾。

4. 提高绝缘材料的耐热性能

导体采用耐热绝缘材料，可提高导体绝缘的耐热性能。如采用耐热聚氯乙烯塑料时，则导体绝缘材料的允许工作温度可提高到 80～105℃。

由于短路时电流流过导体的时间短，一般为十分之几秒到几秒，加热过程时间亦很短，可看作是所谓的绝热过程。所以提高导体短路允许电流的主要方法是减小导体电阻和提高绝缘材料的耐热性能。一般，可根据实际工程情况，按照表 1-7 选择确定绝缘材料耐热温度，进而确定电气线路及设备的绝缘等级。例如，一般民用建筑环境的电气线路及设备，包括家用电器和照明灯具，选用 Y 级绝缘；工矿企业具有长时连续工作需求的电动机采用 E 级绝缘。

自学指导

本章学习重点：电气火灾的主要原因；提高允许载流量的方法。

（1）电气火灾的主要原因：通过电气火灾统计分析和实验研究，归纳出 6 个方面的电气火灾主要原因：过载，短路、电弧和火花，接触不良，烘烤、摩擦、外部热作用，雷电，静电。

（2）提高允许载流量的方法：提高允许载流量的基本方法包括 4 个方面：减小导体的电阻，增大导体的散热面积，提高导体的散热系数，提高绝缘材料的耐热性能。

本章学习难点：均质导体的发热形式。

均质导体的发热形式有均质导体长时发热和均质导体短路时发热两种形式。

均质导体长时发热是基于通电导体发热过程的热平衡方程，通过对导体温升过程、导体允许载流量影响因素和导体电阻影响因素的分析，用其辐射换热能力（放热量）和对流放热能力（放热量）来表征均质长导体的发热能力，得到载流导体长期发热允许电流的计算公式及应用方法。

均质导体短路时发热是基于通电导体短路时发热平衡方程，通过分析均质导体短路时发热特点，采用短路热脉冲来表征均质导体短路时的发热能力，并按照短路时导体热稳定性和载流导体短时发热的允许温度限定值，得到短路电流热稳定性校验公式及应用方法。

复习思考题

一、填空题

1. 变电所是变换（　　）和交换（　　）的场所，主要由（　　）、（　　）和（　　）等组成。

2. 在电力系统中，只有受电、配电开关控制设备而没有变压器的均称为（　　），凡是担任把交流电能经过整流装置转换成直流电能的，称为（　　）。

3. 电力系统由（　　）、（　　）及（　　）组成。

4. 电力网的额定电压等级分为 3 类，第一类额定电压为（　　）的额定电压；第二类额定电压为（　　）的额定电压；第三类额定电压为（　　）的额定电压。

5. 习惯上，把电压为（　　）V 的电压称为低压，（　　）V 的电压称为高压；一般高压范围，又有中压（　　）V，高压（　　）V，超高压（　　）V，特高压（　　）V。

6. 用电设备按工作制可分为（　　）、（　　）和重复短时运行用电设备 3 类，其重复短时工作的特点，可用（　　）来表征。

7. 发热对载流导体的不良影响，主要表现在（　　）、（　　）和（　　）3 个方面。

8. 在电气绝缘材料中，B 级材料的耐热温度为 130 ℃，在这个温度下，能长期工作 15 ~ 20 年，但当达到 146 ~ 150℃时，能工作（　　）年。

9. 载流导体工作中，将产生各种损耗，即（　　）、（　　）、（　　）和（　　）等。

10. 接触电阻是由（　　）和（　　）两部分组成的，影响接触电阻的因素主要有接触形式、（　　）、（　　）、（　　）、触头密封结构、（　　）和温度等。

11. 在电场作用下，电介质会发生（　　）、（　　）、（　　）和击穿 4 种基本物理过程。

12. （　　）是为了抑制电气火源的产生而采取的各种技术措施和安全管理措施；而（　　）是研究如何用电气手段保障电气设备在生产过程中的安全运转。

13. 电气火灾的直接原因是多样的，常见的电气火灾原因主要有（　　），（　　），（　　）以及烘烤、摩擦及外部热作用，雷电，静电等。

14. （　　）实际上是接触电阻过大，会形成局部过热；（　　）是指电气设备或导线的功率或电流超过其额定值。

二、选择题（在选项中选出正确的答案，1 个或多个答案）

1. 电力供电，一般会组成电力网络系统，这样做的优点是（　　）。

A. 当局部发生故障时，可以通过调度系统，采取切除次要负荷的措施来保障供电可靠性

B. 增加备用机组，增大单位机组的容量

C. 减少了运输工作量，降低电能成本

D. 互相补充调剂，提高运行的经济性

2. 下列属于生产和转换电能的电气设备的是（　　）。

A. 发电机　　　　　B. 电动机　　　　　C. 隔离开关　　　　　D. 电线电缆

3. 下列有关耐热温度和允许温度的描述，正确的是（　　）。

A. 电气绝缘材料按其允许温度可分为 7 级

B. 导体和电器绝缘材料的耐热性是决定其绝缘性能的主要因素

C. 导体的耐热温度和电器的额定功率实际上决定于绝缘材料在运行中所能承受的允许温度

D. 允许温度通常要大于耐热温度

4. 可以减少接触电阻的方法有（　　　）。

A. 减少接触压力　　　　　　　　　B. 降低表面粗糙度

C. 限制接触面处长期允许温度　　　D. 采用表面覆盖银、铜、锡等方法

5. 可以提高导体的散热系数的方法有（　　　）。

A. 采用强迫冷却　　　　　　　　　B. 水平布置矩形母线

C. 表面涂漆　　　　　　　　　　　D. 穿管导线占积率不应小于60%

6. 对于一般导体的稳定温升，说法正确的是（　　　）。

A. 随着起始温升的增大而增加　　　B. 一般30～40min达到稳定温升

C. 与电流和电阻成正比　　　　　　D. 与导体的散热情况无关

7. 有关导体热稳定性，正确的描述是（　　　）。

A. 计算出导体通过短路电流时的最高温度 θ_d 就可以判断导体在短路时是否是热稳定的。即当 $\theta_d \geq \theta_{dy}$ 时，则认为导体在短路时是热稳定的

B. 未包绝缘的铝导体 $\theta_{dy}=300℃$，铜导体 $\theta_{dy}=200℃$

C. 导体的热稳定性指的是导体能承受过载发热而不致于破坏的能力

D. 导体要能满足热稳定性，最小横截面面积必须满足一定要求

8. 关于导体的允许载流量说法正确的是（　　　）。

A. 与敷设方式无关　　　　　　　　B. 穿管后允许载流量变小

C. 随着环境温度的升高而增加　　　D. 与导体的材料无关

9. 已知截面面积为 $10mm^2$ 绝缘铝导线，其允许的最高温度为65℃，在环境温度为25℃时的允许载流量为59A，则环境温度为35℃时此导线的允许载流量为（　　　）。

A. 48A　　　　　B. 51A　　　　　C. 59A　　　　　D. 46A

10. 导致过载的火灾原因，主要有（　　　）

A. 设计、安装时选型不当，使电气设备的额定容量大于实际负载容量

B. 设备或导线随意装接，增加负荷

C. 检修、维护不及时，设备长期带病运行

D. 大风暴雨造成线路金属性连接

11. 导致短路的火灾原因，主要有（　　　）

A. 过电压绝缘击穿　　　　　　　　B. 错误操作或把电源投向故障线路

C. 接头表面污损　　　　　　　　　D. 绝缘导线造成机械损伤

12. 导致接触不良的主要原因有（　　　）

A. 接头长期运行，产生导电不良的氧化膜

B. 铜铝连接处未按规定方法处理，发生电化学腐蚀

C. 铜铝导线连接时，采用铜铝过渡连接管

D. 采用触头密封结构

三、名词解释

1. 电气防火　2. 电气火灾　3. 过载　4. 短路　5. 一次设备　6. 二次设备

7. 暂载率　　8. 耐热温度　　9. 允许温度　　10. 八度规则　　11. 接触电阻

12. 附加损耗　　13. 趋肤效应　14. 邻近效应　15. 导体热稳定性

四、简答题

1. 电力系统由哪几部分组成，各部分分别有何作用？

2. 导体的允许温度与耐热温度之间有何联系？

3. 导体的允许载流量与哪些因素有关？提高导体的允许载流量有哪些方面？

4. 短路发热有哪些特点？短路发热有哪些危害，并且与长期发热有哪些不同？

5. 什么是导体的热稳定性，满足导体的热稳定性的最小允许截面面积应该满足什么条件？

6. 已知，绝缘铝导线横截面面积 $S = 25\text{mm}^2$，环境温度 $\theta_0 = 25\text{℃}$，其允许温度 $\theta_y = 65\text{℃}$，总放热系数 $K_{zh} = 18\text{W/m}^2 \cdot \text{℃}$，电阻率 $\rho = 0.036\Omega \cdot \text{mm}^2/\text{m}$，求 I_y 的值。

7. 请分析接触不良容易引起火灾的原因。

8. 请运用发热理论分析过载容易引起火灾的原因。

9. 电气设备在通以交流电时，为什么会发热？发热量会导致温度升高，是否会导致电气设备表面的温度越来越高？为什么？

10. 电气火灾的主要原因有哪些？

11. 电气防火的基础工作有哪些？

12. 电气防火检查包括哪些内容？

第二章 消防供配电

学习目标

1. 应了解、知道的内容：

◇ 应急电源的形式。

2. 应理解、清楚的内容：

◇ 首端切换和末端切换的区别及优缺点；

◇ 阻燃电缆和耐火电缆的分级；

◇ 消防应急灯具的分类；

◇ 消防负荷的分级方法；

◇ 消防应急照明和疏散指示系统的分类。

3. 应掌握、会用的内容：

◇ 应急电源的选择要求；

◇ 消防用电设备配电线路的选用原则；

◇ 消防应急照明的设置部位；

◇ 消防疏散指示标志的设置部位。

4. 应熟练掌握的内容：

◇ 不同等级消防负荷的供电原则；

◇ 消防用电设备配电线路的敷设要求。

自学时数 8学时。

老师导学

本章从消防电源和消防配电两个角度分别介绍了消防电源系统可靠运行应满足的要求。对于消防电源部分，介绍了消防负荷分级方法、不同负荷等级的供电形式、不同电源实现形式以及对消防设备供电的其他要求。对于消防配电部分，介绍了消防设备配电线路的类型、选用原则以及敷设要求。最后，对消防应急照明和疏散指示系统的概念、分类、主要设备，以及消防应急照明和疏散指示标志的设置部位、设置要求做了详细的介绍。

第一节 消防负荷分级及供电要求

一、消防用电负荷分级

消防用电设备的供电方式各有不同，应根据消防用电负荷的分级进行区分。消防用电负荷等级的划分可以正确地反映它对供电可靠性要求的界限，以便恰当地选择符合我国实际水平的供电方式，贯彻执行国家的技术经济政策，满足建设的需要，提高投资的效益，做到保障人身安全、供电可靠、技术先进和经济合理。

消防用电负荷是工业与民用建筑用电负荷的一部分，它的分级原则参照了工业与民用建筑用电负荷的分级方法。

1. 用电负荷分级原则

电力网上用电设备所消耗的功率称为电力负荷。工业与民用建筑电力负荷，根据其重要性以及中断供电在政治、经济上可能造成的损失或影响的大小，将其可靠性分为3级，即：

1）符合下列情况之一者，应为一级负荷：

① 中断供电将造成人身伤亡者；

② 中断供电将在政治、经济上造成重大影响或损失者；

③ 中断供电将影响有重大政治、经济意义的用电单位的正常工作，或造成公共场所秩序严重混乱者。

例如：重要通信枢纽、重要交通枢纽、重要的经济信息中心、特级或甲级体育建筑、国宾馆、承担重大国事活动的国家级会堂、经常用于重要国际活动的大量人员集中的公共场所等的重要用电负荷。

在一级负荷中，当中断供电将发生中毒、爆炸和火灾等情况的负荷，以及特别重要场所中不允许中断供电的负荷，应视为特别重要的负荷。如特级体育场馆的应急照明就属于一级负荷中的特别重要负荷。

2）符合下列情况之一者，应为二级负荷：

① 中断供电将造成较大政治影响及较大经济损失者。

② 中断供电将影响重要用电单位的正常工作，或造成公共场所秩序混乱者。

3）不属于一级和二级的用电负荷应为三级负荷。

2. 消防用电负荷等级划分

电力网上消防用电设备消耗的功率为消防用电负荷。不同类型建筑中的消防用电负荷分级方法不同，可参考各种设计防火规范的相关规定。

（1）《高层民用建筑设计防火规范》（GB 50045—2005）对消防用电负荷等级的划分　《高层民用建筑设计防火规范》是根据高层建筑的使用性质、火灾危险性、疏散和扑救难度划分的类别对消防用电负荷进行分级的，即考虑到高层民用建筑发生火灾时，主要利用建筑本身的消防设施进行灭火，疏散人员、物资。如果没有可靠的电源，就不能及时报警、灭火，不能有效地疏散人员、物资和控制火灾的蔓延，势必造成重大损失。

高层民用建筑的消防用电负荷等级分为两级。高层建筑的消防控制室、消防水泵、消防电梯、防烟排烟设施、火灾自动报警、漏电火灾报警系统、自动灭火系统、应急照明、疏散指示标志和电动的防火门、窗、卷帘、阀门等消防用电，一类高层建筑应按一级负荷要求供电，二类高层建筑应按二级负荷要求供电。高层民用建筑分类见表2-1。

（2）《建筑设计防火规范》（GB 50016—2006）对消防用电负荷等级的划分　《建筑设计防火规范》是根据各种建筑物、构筑物的火灾扑救难度、使用性质和重要性将其消防用电负荷分为3级。

1）一级负荷。除粮食仓库及粮食筒仓工作塔外，建筑高度超过50m的乙、丙类厂房和丙类库房的消防用电负荷。

2）二级负荷。

① 室外消防用水量超过 30L/s 的工厂、仓库的消防用电负荷；

② 室外消防用水量超过 35L/s 的可燃材料堆场、甲类和乙类液体储罐（区）、可燃气体储罐（区）的消防用电负荷；

表 2-1　高层民用建筑分类

名称	一类	二类
居住建筑	19 层及 19 层以上的住宅	10～18 层的住宅
公共建筑	1. 医院 2. 高级旅馆 3. 建筑高度超过 50m 或 24m 以上部分的任一楼层的建筑面积超过 1000m² 的商业楼、展览楼、综合楼、电信楼、财贸金融楼 4. 建筑高度超过 50m 或 24m 以上部分的任一楼层的建筑面积超过 1500m² 的商住楼 5. 中央级和省级（含计划单列市）广播电视楼 6. 网局级和省级（含计划单列市）电力调度楼 7. 省级（含计划单列市）邮政楼、防灾指挥调度楼 8. 藏书超过 100 万册的图书馆、书库 9. 重要的办公楼、科研楼、档案楼 10. 建筑高度超过 50m 的教学楼和普通的旅馆、办公楼、科研楼、档案楼等	1. 除一类建筑以外商业楼、展览楼、综合楼、电信楼、财贸金融楼、商住楼、图书馆、书库 2. 省级以下的邮政楼、防灾指挥调度楼、广播电视楼、电力调度楼 3. 建筑高度不超过 50m 的教学楼和普通的旅馆、办公楼、科研楼、档案楼等

③ 座位数超过 1500 个座位的影剧院、超过 3000 个座位的体育馆、任一层建筑面积超过 3000 m² 的商店、展览建筑、省（市）级及以上的广播电视楼、电信楼和财贸金融楼和室外消防用水量大于 25L/s 的其他公共建筑的消防用电负荷。

3）三级负荷。除一、二级负荷外的民用建筑物、储罐（区）和露天堆场等消防用电设备，可按三级负荷要求供电。

（3）其他规范对消防用电负荷等级的划分　《民用建筑电气设计规范》（JGJ/T 16—2008）中规定了民用建筑中消防用电负荷的等级，除了规定一类高层民用建筑和二类高层民用建筑的消防用电分别为一级负荷和二级负荷外，还规定了剧场和体育场馆的消防用电负荷。规范中规定，特、甲等剧场的消防用电应为一级负荷，乙、丙等剧场的消防用电应为二级负荷；特级体育场馆的应急照明为一级负荷中的特别重要负荷；甲级体育场馆的应急照明应为一级负荷。

《人民防空工程设计防火规范》（GB 50098—2009）中规定，建筑面积大于 5000m² 的人防工程的消防用电应按一级负荷要求供电，建筑面积小于或等于 5000m² 的人防工程可按二级负荷要求供电。

《汽车库、修车库、停车场设计防火规范》（GB 50067—1997）中规定，Ⅰ类汽车库的消防水泵、火灾自动报警、自动灭火、排烟设备、消防应急照明、疏散指示标志等消防用电和机械停车设备以及采用升降梯作车辆疏散出口的升降梯用电应按一级负荷供电；Ⅱ、Ⅲ类汽车库和Ⅰ类修车库的消防水泵、火灾自动报警、自动灭火、排烟设备、消防应急照明、疏散指示标志等消防用电应按二级负荷供电。

消防用电负荷级别的确定，应根据消防用电设备所处的环境、位置、使用情况等因素来确定。为了达到消防法规对负荷等级的规定，又能做到技术、经济合理，所以必须对消防用电设备进行周密的调查研究。

二、消防负荷供电要求

1. 一级负荷

一级负荷应由两个电源供电,当一个电源发生故障时,另一个电源不应同时受到损坏。而且,当一个电源中断供电时,另一个电源应能承担全部一级负荷设备的供电。

一级负荷中特别重要的负荷,除由两个电源供电外,尚应增设应急电源,并严禁将其他负荷接入应急供电系统。大多数情况下,消防用电负荷比其他动力负荷小,但其可靠性要求却很高,因此可以根据消防用电负荷要求设立柴油发电机等作为应急电源。

2. 二级负荷

二级负荷应由二回路线路供电,二级负荷的供电系统应做到当发生电力变压器故障或线路发生常见故障时不致中断供电(或中断后能迅速恢复)。二回路线路应尽可能引自不同的变压器或母线段,并在最末一级配电箱处自动切换。在负荷较小或地区供电条件困难时,二级负荷可由一回 6 kV 及以上专用架空线路或电缆供电。当采用架空线时,可为一回路架空线供电;当采用电缆线路时,应采用两根电缆组成的线路供电,其每根电缆应能承受 100% 的二级负荷。

3. 三级负荷

三级负荷无特殊的供电要求,最好是设有两台变压器,采用暗备或一用一备的方式供电。

第二节　消防设备供配电实现

一、一级负荷供电实现

一级负荷的供电实现应该按照相关规范的规定要求进行设置。

《供配电系统设计规范》(GB 50052—2009)第 3.0.2 条规定,一级负荷应由双重电源供电,当一电源发生故障时,另一电源不应同时受到损坏。第 3.0.3 条规定,一级负荷中特别重要的负荷供电,应符合下列要求:①除应由双重电源供电外,尚应增设应急电源,并严禁将其他负荷接入应急供电系统;②设备的供电电源的切换时间,应满足设备运行中断供电的要求。

(一) 第一电源

消防用电负荷的一级负荷应由双重电源供电,将平时和火灾情况下保证消防用电设备正常工作用电的电源称为第一电源。第一电源一般取自电力系统。

(二) 第二电源

对于消防用电负荷的一级负荷,为保证平时和火灾情况下消防用电设备的可靠持续供电,除作为第一电源的电力系统电源外设置的另一电源称为第二电源。第二电源的形式可以为电力系统电源、自备柴油发电机组、蓄电池组、消防应急电源(FEPS)和不停电电源(UPS)。

当一级负荷设备容量在 200kW 以上或者有高压用电设备时,其第二电源也应为高压电源。第一、二电源应由当地电力系统的两个区域变电站分别引来，电压等级宜相同。当一级负荷设备容量在 100kW 及以下时，又难以从地区电力网取得第二电源时，可以从邻近单位取低压电源作为第二电源；也可以设置消防应急电源（FEPS）、柴油发电机组或不停电电源（UPS）作为第二电源。

1. 电力系统电源

第二电源的形式可以为电力系统电源。但是由于要求第一电源发生故障时，第二电源不应同时受到损坏，因此当第二电源采用电力系统电源形式时，应来自于城市电网中独立于第一电源的专用馈电回路。

带有自动投入装置的独立于正常电源的专门馈电线路适用于允许中断时间大于 1.5s 的场合。

2. 自备柴油发电机组

柴油发电机由柴油机、发电机、起动装置、配电装置、燃油系统以及冷却系统等组成。柴油发电机组操作简单、运行可靠、维护方便，容易实现自动控制，并能长期运行，适应长期停电的供电要求。它在运行中不受电力系统运行状态的影响，是独立的可靠电源。当柴油发电机组作为消防用电负荷的备用电源时，要求其具有自起动性能，即当主电源停电后，发出起动信号给机组的自起动装置时，机组在 30s 内即可向负荷供电。主电源恢复后，延时自动停机。

柴油发电机组的容量与台数应根据负荷的大小和投入顺序以及单台电动机最大的起动容量等因素综合考虑确定。柴油发电机组总台数不宜超过两台。

快速自动启动的柴油发电机组适用于允许中断供电时间大于 15s 的场合。

3. 蓄电池组

蓄电池组是一种独立而又十分可靠的电源。蓄电池（组）可用作小容量设备的备用电源，如火灾自动报警系统的直流备用电源、应急照明的备用电源、变电所的直流操作电源、不间断电源装置的直流电源等。按照电解液的性质不同，蓄电池分为酸性蓄电池和碱性蓄电池。酸性蓄电池主要有铅酸蓄电池，其电极为铅，电解液为硫酸溶液。碱性蓄电池主要有镉镍蓄电池和铁镍蓄电池等，其电解液是氢氧化钾或氢氧化钠溶液。蓄电池的充电分为充（放）电制和浮充电制两种工作方式。充（放）电制为蓄电池在使用前充足电，当使用时第一电源电压不足后再放电，放完电（但其端电压不得低于规定的终止电压）后再充电使用。浮充电制蓄电池一直由交流电源经整流器以微小充电电流充电，充电电流补偿自放电的损失，使之保持完全充电状态。用于小容量消防设备（如应急照明）的蓄电池常采用浮充电制工作方式。蓄电池组的优点是供电可靠、转换快；缺点是容量不大，持续时间有限，放电过程中电压不断下降，需经常检查维护。

蓄电池组的容量应根据市电停电后由其维持供电的消防设备的供电时间来确定。蓄电池组在电力系统电源失去后可以立即投入使用，适用于允许中断供电时间为毫秒级的场合。

4. 消防应急电源

消防应急电源（Fire Emergency Power Supply，FEPS）是一种允许短时电源中断的应急电源装置，是一种以弱电控制强电变换的备用交流电源装置，具有可靠性高、带负载能力强、供电时间长、切换时间短、使用方便、噪声小、节能等优点。在交流市电正常时，由交流市电经过互投装置给重要负载供电；当交流市电断电时，互投装置将立即切换至应急电源供电；供电时间由蓄电池的容量决定；当市电电压恢复时，应急电源将恢复为市电供电。当主电源故障时，消防应急电源为消防负荷和其他重要供电负荷提供集中供电，可用于应急照明灯、标志灯、消防电梯、消防水泵、消淋水幕、报警系统、排烟风机等。

消防应急电源的容量应根据其承担的用电负荷种类进行具体计算确定，同时其容量还应满足所带消防用电设备在火灾发生时的最少持续供电时间的要求。

消防应急电源适用于允许中断供电时间为毫秒级的场合。

5. 不停电电源

不停电电源（Uninterrupted Power Systems，UPS）具有供电可靠、供电质量高、抗干扰能力强、性能稳定、体积小、无旋转噪声、维护费用少等优点，广泛应用于自动控制和数据处理系统。不足之处是，长时过载能力较低，但短时过载能力可达125%～150%额定电流。不停电电源的基本结构由3部分组成，即整流器、逆变器和蓄电池组。在满足可靠性的前提下，不停电电源可采用单台供电系统、多台并联供电系统或时序备用系统。不停电电源一般用于精密仪器负载（如计算机、服务器等IT业负载），及要求供电质量较高的场合。

不停电电源的容量应根据其承担的用电负荷种类进行具体计算确定，同时其容量还应满足所带消防用电设备在火灾发生时的最少持续供电时间的要求。

不停电电源适用于允许中断供电时间为毫秒级的场合。

（三）应急电源

一级负荷中特别重要的负荷，除应由双重电源供电外，尚应增设应急电源。消防用电负荷中，特级体育场馆的应急照明为一级负荷中的特别重要负荷，其应急电源的形式包括电力系统电源、自备柴油发电机组、蓄电池组、消防应急电源和不停电电源。其选择依据和容量确定方法在上述第二电源的内容中已经阐述，不再赘述。

（四）消防用电设备的持续供电时间

当一级负荷的第二电源采用自备电源时，其容量应能满足消防用电设备的容量和消防用电设备火灾时最少持续供电时间的要求。根据《民用建筑电气设计规范》（JGJ 16—2008）的要求，各类消防用电设备在火灾发生期间，最少持续供电时间应符合表2-2的规定。

表2-2　消防用电设备在火灾发生期间的最少持续供电时间

消防用电设备名称	保证供电时间/min
火灾自动报警装置	≥10
人工报警器	≥10
各种确认、通报手段	≥10
消火栓、消防泵及水幕泵	>180
自动喷水系统	>60
水喷雾和泡沫灭火系统	>30
CO_2灭火和干粉灭火系统	>30
防排烟设备	>180
火灾应急广播	≥20
火灾疏散标志照明	≥30
火灾暂时继续工作的备用照明	≥180
避难层备用照明	>60
消防电梯	>180
直升飞机停机坪照明	>60

注：表中所列持续供电时间是最低标准，有条件时宜延长。

（五）实现方案

一级负荷供电的常见方案如图 2-1 所示。

当建筑物的消防用电负荷为一级负荷时，要求供电由两个独立电源实现。一般从变压器低压出口处引出消防用电设备的专用线路，与普通用电负荷分开自成供电体系，保证消防用电设备的供电。图 2-1 中从变压器 BY_1 和变压器 BY_2 低压侧分别引出的两条供电线路是消防用电设备为一级负荷时的两个供电电源。当然，为 BY_1 和 BY_2 提供高压供电的高压 1 和高压 2 应能满足来自两个不同发电厂或两个不同区域变电站的要求。

对于高压受电的建筑物，宜从变压器低压侧出口处分开自成供电体

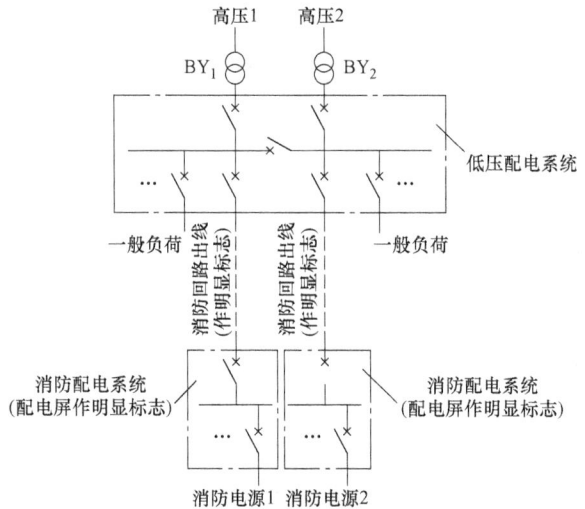

图 2-1　一级负荷供电的常见方案

系，独立形成消防供配电系统。高层建筑如果使用柴油发电机组作为第二电源，一般以低压（220/380V）同应急母线段相接。而当建筑物高度非常高，其供电半径难以满足要求时，如超高层建筑，宜采用 10kV 中压深入负荷中心的供电方案。

二、二级负荷供电实现

二级负荷的供电实现也应该按照相关规范的规定要求进行设置。《供配电系统设计规范》（GB 50052—2009）第 3.0.7 条规定，"二级负荷的供电系统，宜由两回线路供电。在负荷较小或地区供电条件困难时，二级负荷可由一回 6kV 及以上专用的架空线路供电"。《民用建筑电气设计规范》（JGJ 16—2008）第 3.2.10 条规定，"在负荷较小或地区供电条件困难时，二级负荷可由一回路 6kV 及以上专用的架空线路或电缆供电。当采用架空线时，可为一回路架空线供电；当采用电缆线路时，应采用两根电缆组成的线路供电，其每根电缆应能承受 100% 的二级负荷"。

二级负荷供电的方案也可以用图 2-1 来示意，只是对图中为 BY_1 和 BY_2 提供高压供电的高压 1 和高压 2 的要求有所降低，无需满足来自两个不同发电厂或两个不同区域变电站的要求，也可是来自同一个变电站的不同变压器。

三、消防电源的监控与切换

（一）消防设备电源监控

消防电源的设置是用来保证消防用电设备的可靠供电。但是在实际的运行中，由于消防电源故障而造成消防用电设备失效，火灾得不到有效控制的实例屡有发生，特别是在社会供电紧张、设备质量不佳、安全意识淡薄的时期，这一问题尤为突出。为了避免类似事情的发生，应对消防电源的工作状态进行实时监测。

1. 概念

利用消防设备电源监控系统可以对消防电源的工作状态进行实时监测。消防设备电源监控系统是用于监控消防设备电源的工作状态，在电源发生过电压、欠电压、过电流、断相等故障时能发出报警信号的监控系统，由消防设备电源状态监控器、电压传感器、电流传感器、电压/电流传感器等部分或全部设备组成。

2. 消防设备电源状态监控器

监控器应能显示当前中断供电的消防设备总数，可显示并且手动查询故障部位及信息。除此之外，监控器应能为与其连接的部件提供供电。监控器自身设有主电源和备用电源，并且在自身出现故障时可发出故障声光报警信号。

3. 系统的功能要求

《消防控制室通用技术要求》（GB 25506—2010）中消防控制室的控制和显示要求是："消防电源监控器应能显示消防用电设备的供电电源和备用电源的工作状态和故障报警信息；应能将消防用电设备的供电电源和备用电源的工作状态和欠电压报警信息传输给消防控制室图形显示装置"。

（二）电源切换

消防用电设备的正常电源断电时，应由第二电源及时投入提供可靠供电。按照切换形式分，电源之间的切换分为手动切换和自动切换两种。

按照切换的位置不同，电源之间的切换方式有首端切换和末端切换两种方式。

1. 首端切换

如图 2-2 所示，各消防用电设备的电源由应急母线集中提供，从专用的回路向消防用电设备供电。应急母线电源来自柴油发电机组和主电源。为此应急母线侧以一条单独馈线经自动开关（称为联络开关）与主电源变电所低压母线相连接。正常情况下，该自动开关是闭合的，消防用电设备经应急母线由主电源供电，当主电源出现故障时，主电源低压母线失电，联络开关经延时后自动断开，柴油发电机组经 10 ~ 15s 起动后，仅向应急母线供电，从而实现了电源切换，保证了消防用电设备的可靠供电。这里引入延时的目的是为了避免柴油发电机组因瞬间的电压骤降而进行不必要的起动。

这种接线方式，正常时应急电网实际变成了主电源供电电网的一个组成部分。消防用电设备馈电线路在正常情况下和应急时都由一条完成，这样就节约了导线，比较经济。但馈线一旦有故障时，它所连接的消防用电设备则将失去电源。另外，柴油发电机组容量的选择是依据消防泵等大电动机的起动容量来定的，备用能力较大。应急时只能供应消防电梯、消防泵、事故照明等少量消防负荷，这样就造成了柴油发电机组设备利用率很低。

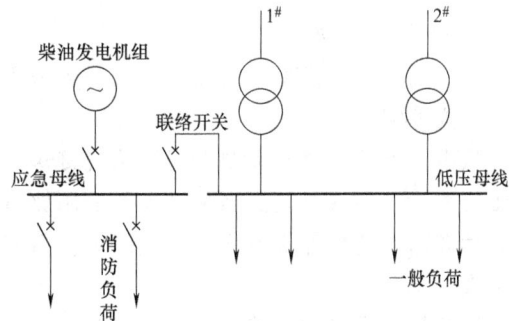

图 2-2　电源的首端切换方式

2. 末端切换

引自应急母线和主电源低压母线段的两条各自独立的馈线，在各自末端切换箱内实现切换，即末端切换，如图 2-3 所示。

图 2-3 中，由于各馈线是独立的，从而提高了供电的可靠性，但其馈线比首端切换增加了一倍。火灾时当主电源切断，柴油发电机组起动供电后，如果应急馈线故障，同样有使消防用电设备失去电能供应的可能。对于不停电电源（UPS）装置，由于已经两级切换，两路馈线无论哪一回路故障对消防负荷或计算机负荷都是可靠的。

3. 切换时间

消防用电负荷电源之间的切换应该及时可靠，切换的时间越短，消防用电设备中断供电的时间也就越短，对消防工作的影响也就越小。

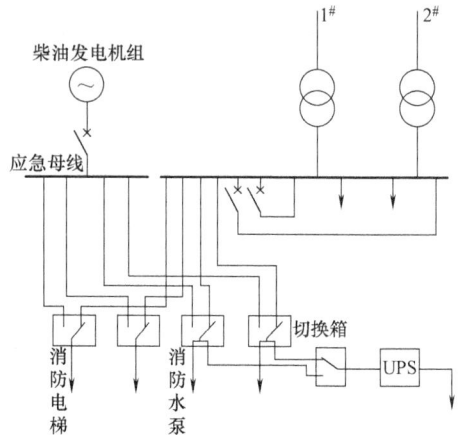

图 2-3　电源的末端切换方式

消防用电负荷为一级负荷的建筑，当采用自备发电设备作备用电源时，自备发电设备应设置自动和手动启动装置，且自动启动方式应能在 30s 内供电。

而对于消防应急照明的供电，当正常供电电源停止供电后，其应急电源供电转换时间应满足：备用照明不应大于 5s，金融商业交易场所不应大于 1.5s，疏散照明不应大于 5s。

根据《建筑设计防火规范》（GB 50016—2006）和《高层民用建筑设计防火规范》（GB 50045—2005）的要求，建筑物一级和二级消防负荷中的消防设备应在其配电线路的最末一级配电箱处设置自动切换装置，即应采用末端切换，同时应采用自动切换。

四、消防设备配电实现

（一）配电方式

对于消防用电设备，其配电方式一般采用放射式、树干式和混合式，如图 2-4 所示。

1. 放射式

从电源点用专用开关及专用线路直接送到用户或设备的受电端，沿线没有其他负荷分支的接线称为放射式接线。当配电系统采用放射式接线时，引出线发生故障时互不影响，供电可靠性较高，切换操作方便，保护简单。但其有色金属消耗量较多，采用的开关设备较多，投资大。

消防用电设备中，消防水泵、消防电梯等大容量用电设备，宜采用放射式配电。

2. 树干式

树干式接线是指由电源母线上引出的每条出线分别连到若干个负荷点或用电设备的接线方式。树干式配电时有色金属消耗量较少，采用的开关设备较少，比较经济。但干线故障时影响范围大，一般适用于容量不大而且分布比较均匀的用电设备。

公共建筑或高层建筑中的消防应急照明、排烟风机、防火卷帘等消防用电设备宜采用树干式配电。

3. 混合式

如图 2-4 所示，混合式系统是放射式和树干式配电的结合形式。混合式配电方式兼顾了放射式和树干式两种配电方式的特点，是将两者进行组合的配电方式。

许多大型公共建筑或综合楼等，其消防用电设备形式多样、数量多、容量大，此时会根据实际的情况采用混合式配电。

（二）专用供电回路

有了可靠电源，而消防设备的配电线路不可靠，则仍不能保证消防用电设备的安全供电。如果消防用电设备的配电线路与一般配电线路敷设在同一个配电柜中，当发生火灾时，为保障安全扑救火灾拉闸断电时，就有可能发生一般用电负荷和消防用电负荷的电源同时被切

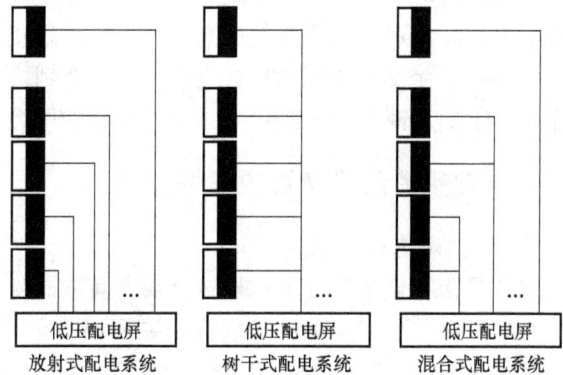

图 2-4 低压配电系统的形式

断的情况，消防设备供电仍不能得到保障，因此，消防用电设备均应采用专用的（即单独的）供电回路。

《建筑设计防火规范》（GB 50016—2006）第 11.1.4 条规定，"消防用电设备应采用专用的供电回路，当生产、生活用电被切断时，应仍能保证消防用电"。《高层民用建筑设计防火规范（2005 版）》（GB 50045—1995）第 9.1.3 条规定，"消防用电设备应采用专用的供电回路"。

因此在消防设备的供电中，消防设备与普通用电负荷不可以分配在同一个配电柜中，如图 2-5a 所示。图中动力配电柜 AP_1 中既有为非消防用电设备配电的线路，也有为消防用电设备配电的线路，发生火灾时，可能造成消防用电设备的误切，这种供电方式不符合规范的要求。图 2-5b 为消防用电设备采用专用的供电回路。

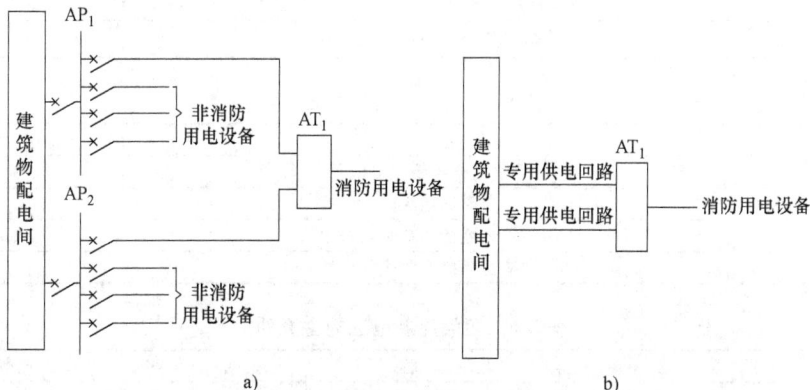

图 2-5 专用供电回路供电示意图

a）未采用专用供电回路　b）采用专用供电回路

第三节 消防设备配电措施

为了提高消防电源供电系统的可靠性，除了对电源种类、供配电方式作出要求之外，还要考虑火灾高温对配电线路的影响，采取措施防止发生短路、接地故障，从而保证消防设备的安全运行，使安全疏散和扑救火灾的工作顺利进行。要提高消防用电设备配电线路的供电可靠性，主要从两方面入手：一是选择可靠的电缆；二是选择可靠的敷设方式及敷设路径。

一、常用消防设备配电线缆

（一）阻燃电线电缆

阻燃是指在规定条件下试样被燃烧所具有的阻止或延缓火焰蔓延的性能。阻燃电线电缆是指难以着火并具有阻止或延缓火焰蔓延能力的电线电缆。通常指能通过《电缆和光缆在火焰条件下的燃烧试验 第三部分：垂直安装的成束电线或电缆火焰垂直蔓延试验 试验装置》（GB/T 18380.31—2008）试验合格的电线电缆。阻燃电线电缆根据通过 GB/T 18380.31—2008 规定的不同等级标准的试验，可分为 A、B、C、D 4 种阻燃级别。其要求应符合表 2-3 的规定。阻燃电缆的种类见表 2-4，阻燃电线的主要种类见表 2-5，阻燃控制电缆的主要种类见表 2-6。

表 2-3　阻燃试验

标准	GB/T 18380.31—2008（阻燃试验）			
阻燃级别	供火时间 /min	试验容量 /(L/m)	合格判定	
			焦化高度/m	自熄时间/min
A	40	7	≤2.5	≤60
B	40	3.5	≤2.5	≤60
C	20	1.5	≤2.5	≤60
D	20	0.5	≤2.5	≤60

注：D 级标准只适用于直径小于等于 12mm 的电线电缆。

表 2-4　阻燃电缆的主要种类

型 号	名 称	阻燃级别
Z-YJV	交联聚乙烯绝缘、聚氯乙烯护套阻燃电缆	A、B、C、D
Z-VV	聚氯乙烯绝缘和护套阻燃电缆	A、B、C、D

表 2-5　阻燃电线的主要种类

型 号	名 称	阻燃级别
Z-BV	聚氯乙烯绝缘阻燃电线	B、C、D
Z-BYJ	交联聚乙烯绝缘阻燃电线	B、C、D
Z-BVV	聚氯乙烯绝缘和护套阻燃电线	A、B、C、D
Z-BVR	聚氯乙烯绝缘阻燃软电线	C、D

表 2-6　阻燃控制电缆的主要种类

型 号	名 称	阻燃级别
Z-KYJV	交联聚乙烯绝缘、聚氯乙烯护套阻燃控制电缆	A、B、C、D
Z-KYJVP	交联聚乙烯绝缘、聚氯乙烯护套阻燃屏蔽控制电缆	A、B、C、D
Z-KVV	聚氯乙烯绝缘和护套层阻燃控制电缆	B、C、D
Z-KVVP	聚氯乙烯绝缘和护套层阻燃屏蔽控制电缆	B、C、D

（二）耐火电线电缆

耐火是指在规定条件下试样被燃烧而在一定时间内仍能保持正常运行，即保持线路完整性的性能。耐火电线电缆是指在规定温度和时间的火焰燃烧下仍能保持线路完整性的电线电缆。通常指通过《在火焰条件下电缆或光缆的线路完整性试验　第 21 部分：试验步骤和要求　额定电压 0.6/1.0kV 及以下电缆》（GB/T 19216.21—2003）试验合格的电线电缆。耐火电线电缆根据通过上述标准的情况而确认，其要求应符合表 2-7 的规定。

表 2-7　耐火试验

供火温度/℃	供火时间/min	合格判定
750^{+50}_{-0}	90	2A 熔丝不断

耐火电线电缆根据其非金属材料的阻燃性能，可分为阻燃耐火电线电缆和非阻燃耐火电线电缆。阻燃耐火电缆的主要种类见表 2-8，阻燃耐火电线的主要种类见表 2-9，阻燃耐火控制电缆的主要种类见表 2-10。

表 2-8　阻燃耐火电缆的主要种类

型　号	名　称	阻燃级别
ZN-YJV	交联聚乙烯绝缘、聚氯乙烯护套阻燃耐火电缆	A、B、C、D
ZN-VV	聚氯乙烯绝缘和护套阻燃耐火电缆	A、B、C、D

表 2-9　阻燃耐火电线的主要种类

型　号	名　称	阻燃级别
ZN-BV	聚氯乙烯绝缘阻燃耐火电线	B、C、D
ZN-BYJ	交联聚乙烯绝缘阻燃耐火电线	B、C、D
ZN-BVV	聚氯乙烯绝缘和护套阻燃耐火护套电线	B、C、D
ZN-BVR	聚氯乙烯绝缘阻燃耐火软电线	C、D

表 2-10　阻燃耐火控制电缆的主要种类

型　号	名　称	阻燃级别
ZN-KYJV	交联聚乙烯绝缘、聚氯乙烯护套阻燃耐火控制电缆	A、B、C、D
ZN-KYJVP	交联聚乙烯绝缘、聚氯乙烯护套阻燃耐火屏蔽控制电缆	A、B、C、D
ZN-KVV	聚氯乙烯绝缘和护套阻燃耐火控制电缆	B、C、D
ZN-KVVP	聚氯乙烯绝缘和护套阻燃耐火屏蔽控制电缆	B、C、D

（三）无卤低烟电线电缆

无卤是指不含卤素，燃烧产物的腐蚀性较低；低烟是指燃烧时产生的烟尘较少，即透光率（能见度）较高。无卤低烟阻燃电线电缆是指材料不含卤素，燃烧时产生的烟尘较少并且具有阻止或延缓火焰蔓延的电线电缆。通常把能通过《取自电缆或光缆的材料燃烧时释出气体的试验方法　第 2 部分：用测量 pH 值和电导率来测定气体的酸度》（GB/T 17650.2—1998、《电缆或光缆在特定条件下燃烧的烟密度测定　第 2 部分：试验步骤和要求》（GB/T 17651.2—1998）、《电缆和光缆在火焰条件下的燃烧试验　第 3 部分：垂直安装的成束电线或电缆火焰垂直蔓延试验　试验装置》（GB/T 18380.31—2008）3 项标准试验合格的电线电缆称为无卤低烟阻燃电线电缆。无卤低烟电线电缆试验方法应符合表 2-11 的规定。

表 2-11　无卤试验和低烟试验

GB/T 17650.2—1998（无卤试验）		GB/T 17651.2—1998（低烟试验）
pH 加权值	电导率	最小透光率
pH≥4.3	$r≤10μs/mm$	$T≥60\%$

无卤低烟阻燃耐火电线电缆是指材料不含卤素，燃烧时产生的烟尘较少并且具有阻止或延缓火焰蔓延、可保持线路完整性的电线电缆。通常把能通过《取自电缆或光缆的材料燃烧时释出气体的试验方法　第 2 部分：用测量 pH 值和电导率来测定气体的酸度》（GB/T 17650.2—1998）、《电缆或光缆在特定条件下燃烧的烟密度测定　第 2 部分：试验步骤和要求》（GB/T 17651.2—1998）、《电缆和光缆在火焰条件下的燃烧试验　第 3 部分：垂直安装的成束电线或电缆火焰垂直蔓延试验　试验装置》（GB/T 18380.31—2008）及《在火焰条件下电缆或光缆的线路完整性试验　第 2 部分：试验步骤和要求——额定电压 0.6/1kV 及以下电缆》（GB/T 19216.21—2003）4 项试验合格的电线电缆称为无卤低烟阻燃耐火电线电缆。无卤低烟阻燃电线电缆的主要种类见表 2-12，无卤低烟阻燃耐火电线电缆的主要种类见表 2-13。

表 2-12　无卤低烟阻燃电线电缆的主要种类

型 号	名 称	阻燃级别
WDZ-YJY	交联聚乙烯绝缘、聚烯烃护套无卤低烟阻燃电缆	A、B、C、D
WDZ-BYJ	交联聚乙烯绝缘无卤低烟阻燃电线	B、C、D

表 2-13　无卤低烟阻燃耐火电线电缆的主要种类

型 号	名 称	阻燃级别
WDZN-YJY	交联聚乙烯绝缘、聚烯烃护套无卤低烟阻燃耐火电缆	A、B、C、D
WDZN-BYJ	交联聚乙烯绝缘无卤低烟阻燃耐火电线	B、C、D

（四）矿物绝缘电缆

矿物绝缘电缆是指用矿物（如氧化镁）作为绝缘的电缆，通常由铜导体、矿物绝缘、铜护套构成，不含有机材料，具有不燃、无烟、无毒和耐火的特性。矿物绝缘电缆除了应通过 GB/T 19216.21—2003 外，还应具有一定抗喷淋水和抗机械撞击的能力。矿物绝缘电缆可采用有机材料包覆作为外护套，但其外护套应满足无卤、低烟、阻燃的要求。矿物绝缘电缆的主要种类见表 2-14。

表 2-14　矿物绝缘电缆的主要种类

型 号	名 称
BTTZ	矿物绝缘电缆（重载）
BTTQ	矿物绝缘电缆（轻载）

二、消防设备配电线缆选用

消防设备供电及控制线路线缆的选用，应根据建筑物所属的火灾自动报警系统保护对象级别不同进行，应符合下列规定：

1）火灾自动报警系统保护对象分级为特级的建筑物，其消防设备供电干线及分支干线，应采用矿物绝缘电缆。

2）火灾自动报警系统保护对象分级为一级的建筑物，其消防设备供电干线及分支干线，宜采用矿物绝缘电缆；当线路的敷设保护措施符合防火要求时，可采用有机绝缘耐火类电缆。

3）火灾自动报警系统保护对象分级为二级的建筑物，其消防设备供电干线及分支干线，应采用有机绝缘耐火类电缆。

4）消防设备的分支线路和控制线路，宜选用比消防供电干线或分支干线耐火等级降一类的电线或电缆。

三、消防设备配电线缆敷设

（一）一般规定

1）在垂直井道内敷设电缆时，宜采用电缆梯架敷设；在吊顶或地板内敷设时，宜采用金属管、金属线槽或金属托盘敷设；在电缆桥架敷设时，应考虑散热，不宜在耐火金属线槽内敷设。

2）在电线电缆敷设时，应对电缆桥架和电缆井道采取有效的防火封堵或分隔措施，在有防火封堵或分隔措施的通道中，应考虑防火封堵或分隔措施对电缆载流量的影响。

3）电力电线电缆与非电力电线电缆宜分开敷设，如必须在同一电缆桥架内敷设时，宜采取隔离措施。

4）阻燃电线电缆和阻燃耐火电线电缆可在同一电缆桥架内敷设，引至消防设备的二路电源线路可在同一电缆桥架内敷设。

5）敷设在同一电缆桥架内的电缆，当其非金属材料容量大于 14L/m 时，宜采用隔离措施。

（二）敷设要求

消防用电设备供电及控制线路的敷设应满足下列要求。

1）当采用矿物绝缘电缆时，应采用明敷设或在吊顶内敷设。

2）难燃型电缆或有机绝缘耐火电缆，在电气竖井内或电缆沟内敷设时可不穿导管保护，但应采取与非消防用电电缆隔离的措施。

3）当采用有机绝缘耐火电缆为消防设备供电的线路，采用明敷设、吊顶内敷设或架空地板内敷设时，应穿金属导管或封闭式金属线槽保护；所穿金属导管或封闭式金属线槽应采取涂防火涂料等防火保护措施；当线路暗敷设时，应穿金属导管或难燃型刚性塑料导管保护，并应敷设在不燃烧结构内，且保护层厚度不应小于30mm。

4）火灾自动报警系统传输线路采用绝缘电线时，应采用穿金属导管、难燃型刚性塑料管或封闭式线槽保护方式布线。

5）消防联动控制、自动灭火控制、通信、应急照明及应急广播等线路暗敷设时，应采用穿导管保护，并应暗敷在不燃烧体结构内，其保护层厚度不应小于30mm；当明敷时，应穿金属导管或封闭式金属线槽保护，并应在金属导管或金属线槽上采取防火保护措施；采用绝缘和护套为难燃性材料的电缆时，可不穿金属导管保护，但应敷设在电缆竖井内。

6）横向敷设的火灾自动报警系统传输线路如果采用穿导管布线，不同防火分区的线路不应穿入同一根导管内；探测器报警线路采用总线制布设时不受此限。

7）火灾自动报警系统用的电缆竖井，宜与电力、照明用的电缆竖井分别设置；当受条件限制必须合用时，两类电缆宜分别布置在竖井的两侧。

四、典型消防用电设备配线措施

（一）火灾自动报警系统

火灾自动报警系统的供电线路应采用耐火铜芯电线电缆。采用 AC220/380 V 供电的交流用电设备的供电线路，应采用耐压值不低于 AC500V 的电线或电缆。线路暗敷设时，宜采用金属管、可挠（金属）电气导管或 B1 级以上的刚性塑料管保护，并应敷设在不燃烧体的结构层内，且保护层厚度不宜小于 30mm；线路明敷设时，应采用金属管、可挠（金属）电气导管或金属封闭线槽保护。矿物绝缘类不燃性电缆可明敷。火灾自动报警系统的供电线路设置在室外时，应埋地敷设；设置在地（水）下隧道或湿度大于 90% 的场所时，线路及接线处应做防水处理。

（二）消火栓泵、喷淋泵等

消火栓系统、水喷淋系统、水幕系统等固定灭火系统的消防水泵一般集中设在水泵房，其水泵电动机配电线路常采用阻燃电线穿金属管并埋设在非燃烧体结构内，或采用耐火电缆并配以耐火型电缆桥架，或选用铜皮电缆。水泵房供电电源一般由高层建筑变电所直接提供。当变电所与水泵房邻近并属于同一防火分区时，采用耐火电缆或耐火母线沿防火型电缆桥架明敷；当变电所与水泵房距离较远并穿越不同防火分区时，可采用铜皮防火电缆。

（三）防排烟装置

防排烟装置包括送风机、排烟机、各类阀门、防火阀等，一般布置较分散，其线路防火设计要考虑供电主回路和联动控制线路。防排烟装置配电线路明敷时应采用耐火型交联低压电缆或铜皮防火电缆，暗敷时可采用一般耐火电缆；联动和控制线路应采用耐火电缆。线路在敷设时应尽量缩短长度，避免穿越不同的防火分区。

（四）防火卷帘门

高层建筑中，防火卷帘门电源通常引自带双电源切换的楼层配电箱，经防火卷帘门专用配电箱采用放射式或环式向其控制箱供电。当防火卷帘门的水平配电线路较长时，宜采用耐火电缆并在吊顶内使用耐火型电缆桥架明敷。

（五）消防电梯

在消防工程中，消防电梯一般由高层建筑底层的变电所敷设两路专线配电至位于顶层的电梯机房。由于线路较长且路由较复杂，因此消防电梯配电线路应采用耐火电缆；当有可靠性特殊要求时，两路配电专线中一路可选用铜皮防火型电缆。

（六）消防应急照明

消防应急照明线路一般采用阻燃型电线穿金属管暗敷于不燃结构内且保护层厚度不小于 30mm。在装饰装修工程中，当应急照明线路只能明敷于吊顶内时，应采用耐热型或耐火型电线并考虑前述耐火耐热配线措施。

（七）其他消防设备

火灾事故广播、消防电话、火灾警铃等设备的电气配线，在条件允许时可优先采用阻燃型电线穿保护管暗敷或采用前述耐火耐热配线措施；当采用明敷线路时，应对线路做耐火处理或考虑前述耐火耐热配线措施。

第四节　消防应急照明和疏散指示系统

当建筑物发生火灾时，正常照明电源将被切断。在黑暗的环境中，人员可能会无法辨别疏散方向或看不清疏散通道，从而发生拥挤、碰撞、跌倒和踩踏事故。在黑暗的环境中，进入到受灾建筑物内的消防人员也无法有效地开展灭火、抢救伤员和疏散物资等行动。因此为保证受困人员的安全疏散和消防人员的有效救援，除保持疏散通道的畅通外，还应设置有效的消防应急照明和疏散指示系统。

一、系统概述

（一）基本概念

消防应急照明与疏散指示系统是为人员疏散、消防作业提供照明和疏散指示的系统，它由各类消防应急灯具及相关装置组成。

（二）系统的分类

按照系统形式进行分类，消防应急照明和疏散指示系统可分为自带电源集中控制型、自带电源非集中控制型、集中电源集中控制型和集中电源非集中控制型 4 种类型。

1. 自带电源集中控制型系统

自带电源集中控制型系统是由自带电源型消防应急灯具、应急照明控制器、应急照明配电箱及相关附件等组成的消防应急照明和疏散指示系统，其组成示意图如图 2-6 所示。

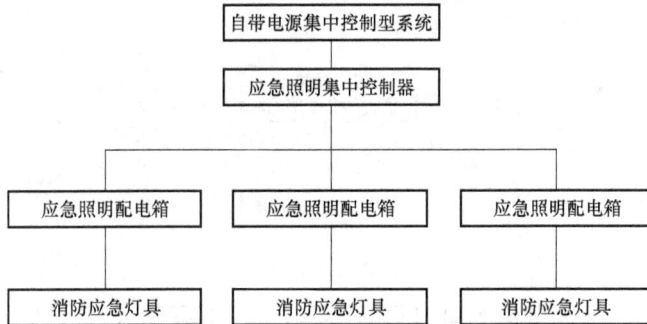

图 2-6　自带电源集中控制型系统组成示意图

2. 自带电源非集中控制型系统

自带电源非集中控制型系统是由自带电源型消防应急灯具、应急照明配电箱及相关附件等组成的消防应急照明和疏散指示系统，其组成示意图如图 2-7 所示。

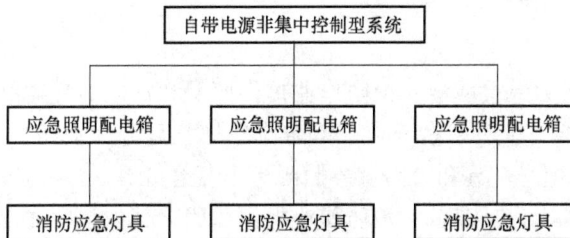

图 2-7　自带电源非集中控制型系统组成示意图

3. 集中电源集中控制型系统

集中电源集中控制型系统是由集中控制型消防应急灯具、应急照明控制器、应急照明分配电装置及相关附件组成的消防应急照明和疏散指示系统，其组成示意图如图 2-8 所示，该系统中，应急照明集中电源和应急照明控制器可以做成一体机。

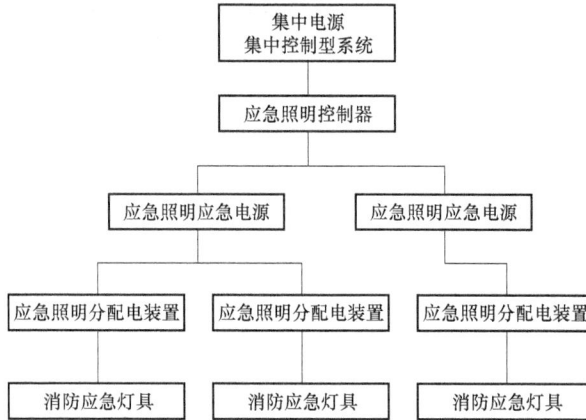

图 2-8 集中电源集中控制型系统组成示意图

4. 集中电源非集中控制型系统

集中电源非集中控制型系统是由集中控制型消防应急灯具、应急照明集中电源、应急照明分配电装置及相关附件组成的消防应急照明和疏散指示系统，其组成示意图如图 2-9 所示。

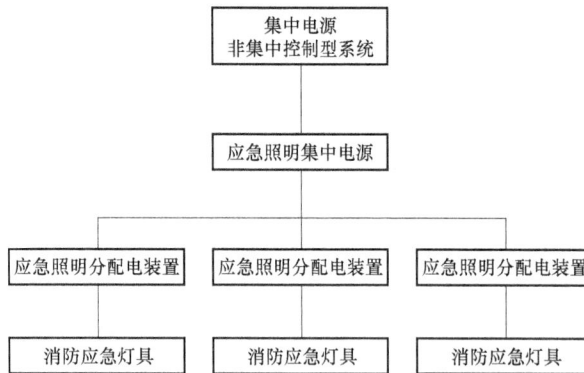

图 2-9 集中电源非集中控制型系统组成示意图

(三) 系统的主要设备

1. 消防应急灯具

消防应急灯具是指为人员疏散、消防作业提供照明和标志的各类灯具。

(1) 按照用途分类 按用途分类，消防应急灯具可分为消防应急照明灯具 (含疏散用手电筒)、消防应急标志灯具和消防应急照明标志复合灯具。

消防应急照明灯具为人员疏散、消防作业提供照明，其中，发光部分为便携式的消防应急照明灯具也称为疏散用手电筒。

消防应急标志灯具可以采用图形和 (或) 文字指示安全出口、楼层和避难层，可以指示疏散方向，可以指示灭火器材、消火栓箱、消防电梯、残疾人楼梯位置及其方向，还可以指示禁止入内的通道、场所及危险品存放处。

消防应急照明标志复合灯具是指同时具备消防应急照明灯具和消防应急标志灯具功能的消防应急灯具。

（2）按照工作方式分类　按照工作方式分类，消防应急灯具可分为持续型消防应急灯具和非持续型消防应急灯具两类。

持续型消防应急灯具是指光源在主电源和应急电源工作时均处于点亮状态的消防应急灯具。

非持续型消防应急灯具是指光源在主电源工作时不点亮，仅在应急电源工作时处于点亮状态的消防应急灯具。

（3）按照应急供电形式分类　按照应急供电形式分类，消防应急灯具可分为自带电源型消防应急灯具、集中电源型消防应急灯具和子母型消防应急灯具。

自带电源型消防应急灯具是指电池、光源及相关电路装在灯具内部的消防应急灯具。

集中电源型消防应急灯具是指灯具内无独立的电池而由应急照明集中电源供电的消防应急灯具。

子母型消防应急灯具是指子消防应急灯具内无独立的电池而由与之相关的母消防应急灯具供电，其工作状态受母灯具控制的一组消防应急灯具。

（4）按照应急控制方式分类　按照应急控制方式分类，消防应急灯具可分为集中控制型消防应急灯具和非集中控制型消防应急灯具两大类。集中控制型消防应急灯具是指工作状态由应急照明控制器控制的消防应急灯具。

2. 应急照明控制器

应急照明控制器是控制并显示控制型消防应急灯具、应急照明集中电源、应急照明分配电装置、应急照明配电箱及相关附件等工作状态的控制与显示装置。

3. 应急照明集中电源

应急照明集中电源是在火灾发生时，专门为集中电源型消防应急灯具供电，以蓄电池为能源的电源。

4. 应急照明配电箱

应急照明配电箱是指为自带电源型消防应急灯具供电的供配电装置。

5. 应急照明分配电装置

应急照明分配电装置是指为应急照明集中电源应急输出进行分配电的供配电装置。

（四）系统主要设备的功能

1. 一般要求

消防应急照明和疏散指示系统的应急转换时间小于5s，在高危险区域使用的系统的应急转换时间可以小于0.25s。系统的应急工作时间不小于90min，并且不小于灯具本身标称的应急工作时间。

2. 消防应急灯具的功能

自带电源型和子母型灯具（地面安装的灯具和集中控制型灯具除外）具有状态指示灯，可以用不同颜色表示不同状态，用绿色表示主电状态，用红色表示充电状态，用黄色表示故障状态。非持续型的自带电源型和子母型灯具在故障的条件下可以点亮故障状态指示灯，正常光源接入后能恢复到正常工作状态。集中控制系统中的自带电源型和子母型灯具的状态除了在灯具上显示之外，还应集中在应急照明控制器上显示。自带电源型和子母型灯具（集中控制型灯具除外）还设有模拟主电源供电故障的自复式试验按钮和控制关断应急工作输出的自复式按钮。

集中电源型灯具（地面安装的灯具和集中控制型灯具除外）设有主电源和应急电源状态指示灯，主电源状态用绿色显示，应急电源状态用红色显示，主电源和应急电源共用供电线路的灯具只用红色指示灯，即只显示应急状态。

地面安装及其他场所封闭安装的灯具的状态指示灯设置在灯具内部。非闪烁持续型或导向光流型的标志灯具可以不在表面设置状态指示灯，灯具发生故障或不能完成自检时，光源可以闪烁，导向光流型灯具在故障时的闪烁频率与正常闪烁频率有明显区别。

3. 应急照明集中电源的功能

应急照明集中电源设有状态指示灯，可以显示主电源、充电、故障和应急4种状态，用绿色显示主电源状态，用黄色显示故障状态，用红色显示充电和应急状态。应急照明集中电源设有模拟主电源供电故障的自复式试验按钮。当充电器和电池之间的连接线开路、应急输出回路开路或应急状态下电池电压低于过放保护电压值时，应急照明集中电源可以发出故障声、光信号，并指示故障的类型。故障声信号可以手动消除，当有新的故障信号时，故障声信号可以再次启动，故障光信号在故障排除前一直都保持。

4. 应急照明配电箱的功能

双路输入型的应急照明配电箱在正常供电电源发生故障时能自动投入到备用供电电源，并在正常供电电源恢复后自动恢复到正常供电电源供电。应急照明配电箱可以接收应急转换联动控制信号，切断供电电源，使连接的灯具转入应急状态，并发出反馈信号。应急照明配电箱的每路电源均设有绿色电源状态指示灯，指示正常供电电源和备用供电电源的供电状态。在应急转换时，应急照明配电箱可以保证灯具在5s内转入应急工作状态，高危险区域的应急转换时间不大于0.25s。

5. 应急照明分配电装置的功能

应急照明分配电装置为应急照明集中电源应急输出进行分配电，可以完成主电源工作状态到应急工作状态的转换。

6. 应急照明控制器的功能

应急照明控制器有主、备用电源的工作状态指示，并能实现主、备用电源的自动转换，其备用电源至少可以保证应急照明控制器正常工作3h。应急照明控制器可以控制并显示与其相连的所有灯具的工作状态，并显示应急启动时间。

应急照明控制器的主电源欠电压，控制器备用电源的充电器与备用电源之间的连接线开路、短路或控制器与为其供电的备用电源之间的连接线开路、短路时，可以发出故障声、光信号，并指示故障类型。故障期间，与其连接的灯具可以转入应急状态。

应急照明控制器在与其相连的灯具之间的连接线开路、短路时，可以发出故障声、光信号，并指示故障部位。应急照明控制器在与其相连的任一灯具的光源开路、短路，电池开路、短路或主电源欠电压时，都可以发出故障声、光信号，并显示、记录故障部位、故障类型和故障发生时间。

可以手动消除故障声信号，当有新的故障时，故障声信号能再次启动，故障光信号在故障排除前将一直保持。

当应急照明控制器控制自带电源型灯具时，能显示应急照明配电箱的工作状态。当应急照明控制器控制应急照明集中电源时，应急照明控制器可以显示每台应急电源的部位、主电源工作状态、充电状态、故障状态，可以显示各应急照明分配电装置的工作状态，可以控制每台应急电源转入应急工作状态，还可以在与每台应急电源和各应急照明分配电装置之间连接线开路或短路时，发出故障声、光信号，指示故障部位。

二、消防应急照明的设计要求

（一）分类

消防应急照明是指发生火灾时，因正常照明的电源失效而启用的照明。在消防应急照明和疏散指示系统中，使用消防应急照明灯具来实现消防应急照明。消防应急照明包括消防疏散照明和消防备用照明。

1. 消防疏散照明

消防疏散照明用于安全出口、疏散出口、疏散走道、疏散楼梯间等部位，是确保疏散通道被有效地辨认和使用的照明。

2. 消防备用照明

消防备用照明用于消防控制室、消防水泵房、自备发电机房、配电室、防烟与排烟机房以及发生火灾时仍需坚持工作的房间或场所，是确保消防作业继续进行的照明。

（二）消防疏散照明

1. 消防疏散照明的设置部位

1）除住宅外的低多层民用建筑、厂房和丙类仓库的下列部位，应设置消防疏散照明：

① 封闭楼梯间、防烟楼梯间及其前室、消防电梯间的前室或合用前室；

② 观众厅，建筑面积超过 $400m^2$ 的展览厅、营业厅、多功能厅、餐厅，建筑面积超过 $200m^2$ 的演播室；

③ 建筑面积超过 $300m^2$ 的地下、半地下建筑或地下室、半地下室中的公共活动房间；

④ 公共建筑中的疏散走道；

⑤ 按国家规范、标准应设消防疏散照明的建筑物内，公共疏散通道或前室内的手动火灾报警按钮、消火栓按钮、消防电话插孔以及其他重要消防设施的附近，应设置消防疏散照明；其他场所的手动火灾报警按钮、消火栓按钮等重要消防设施的附近，宜设置消防疏散照明。

2）高层民用建筑的下列部位，应设置消防疏散照明：

① 楼梯间、防烟楼梯间及其前室、消防电梯间的前室或合用前室、避难层（间）；

② 观众厅、展览厅、多功能厅、餐厅和商业营业厅等人员密集的场所；

③ 公共建筑内的疏散走道和居住建筑内走道长度超过20m的内走道；

④ 公共疏散通道或前室内的手动火灾报警按钮、消火栓按钮、消防电话插孔以及其他重要消防设施的附近。

3）除机械式立体汽车库外，汽车库的下列部位应设置消防疏散照明：疏散走道、楼梯间、防烟前室等部位。

4）人防工程的下列部位应设置消防疏散照明：疏散走道、楼梯间、防烟前室、公共活动场所等部位。

2. 消防疏散照明的设置要求

1）消防疏散照明电源应急转换时间应不大于5s。

2）采用符合消防负荷等级的双电源（或双回路）自动切换方式为消防疏散照明供电时，其双电源自动转换开关电器（ATSE）的应急转换时间应不大于5s。

采用FEPS集中电源型应急照明系统供电时，其应急转换时间宜选用安全级（不大于0.25s），可选用一般级（不大于5s）。

3）采用蓄电池作为备用电源时，消防疏散照明灯具（包括消防应急照明灯和消防应急照明标志灯）或集中电源型消防应急照明系统的最少持续供电时间应不小于30min；新装应急电源在额定负载下的应急工作时间应不小于90min。

4）疏散楼梯的消防疏散照明（包括疏散楼梯的消防疏散照明灯和火灾疏散指示标志灯）应采用独立的供电回路，不应与楼层平面的消防疏散照明合用同一个供电回路。

5）消防疏散照明采用独立型火灾应急灯具（自带蓄电池）时，其配电回路可不采用耐火导线，允许按普通用电设备配管配线。

6）消防疏散照明的地面最低水平照度要求及最少持续供电时间要求应符合表2-15的要求。

表2-15 消防疏散照明的地面最低水平照度要求及最少持续供电时间要求

序号	疏散场所		地面最低水平照度/lx	最少持续供电时间/min
1	疏散走道		0.5	≥30
	疏散楼梯间		5.0	
2	观众厅、展览厅、多功能厅、餐厅和商业营业厅、歌舞娱乐放映游艺场所等人员密集的场所及地下疏散区域		5.0	
3	汽车库的疏散走道、公共活动场所	地上汽车库	1.0	
		地下汽车库	5.0	
4	人防工程的疏散走道、楼梯间、防烟前室、公共活动场所		5.0	

（三）消防备用照明

消防控制室、消防水泵房、防烟排烟机房、配电室和自备发电机房、电话总机房以及发生火灾时仍需坚持工作的其他房间的消防备用照明，仍应保证正常照明的照度。在这里，保证正常照明的照度是指消防备用照明在消防作业（包括避难）时应达到的一般照明最低照度，必须保证消防作业的正常进行，不是指必须达到正常情况下的一般照明照度标准值。

1. 消防备用照明的设置部位

在消防控制室、消防值班室、消防水泵房、防烟排烟风机房、为消防设备提供供电的蓄电池室、配电装置室、自备发电机房、电话总机房等火灾时仍然需要坚持工作的场所，以及超高层建筑中的避难层（间）和屋顶直升飞机停机坪需要设置消防备用照明。

2. 消防备用照明设置要求

1）消防备用照明电源应急转换时间应不大于5s。

2）采用FEPS集中电源型应急照明系统供电时，其应急转换时间宜选用安全级（不大于 0.25s），可选用一般级（不大于 5s）。

采用符合消防负荷等级的双电源自动切换方式为消防备用照明供电时，其双电源自动转换开关电器（ATSE）的应急转换时间应不大于 5s（注意金融商业交易场所的非火灾应急备用照明，其备用照明电源的应急转换时间应不大于 1.5s）。

3）需要消防备用照明的场所应满足最低照度要求，见表 2-16。

表 2-16　消防备用照明设置部位及最低照度要求

建筑类型	消防备用照明设置部位	一般照明/lx		
		参考平面	最低照度	照度标准值
消防作业场所	消防控制室	0.75m	150	500
	消防值班室	0.75m	75	300
	消防水泵房、防排烟风机房	地面	20	100
	为消防用电设备供电的蓄电池室	地面	20	200
	配电装置室	0.75m	30	200
	自备发电机房	地面	30	200
	电话总机房	0.75m	50	500
超高层民用建筑	避难层（间）	地面	1	—
	直升飞机停机坪	地面	20	—

（四）消防应急照明的供电要求

为消防应急照明供电的电源应符合下列规定：

1）当建筑物消防用电负荷为一级，且采用交流电源供电时，宜由主电源和应急电源提供双电源，并以树干式或放射式供电。应按防火分区设置末端双电源自动切换应急照明配电箱，提供该分区内的备用照明和疏散照明电源。

当采用集中蓄电池或灯具内附电池组时，宜由双电源中的应急电源提供专用回路采用树干式供电，并按防火分区设置应急照明配电箱。

2）当消防用电负荷为二级并采用交流电源供电时，宜采用双回线路树干式供电，并按防火分区设置自动切换应急照明配电箱。当采用集中蓄电池或灯具内附电池组时，可由单回线路树干式供电，并按防火分区设置应急照明配电箱。

3）高层建筑楼梯间的应急照明，宜由应急电源提供专用回路，采用树干式供电。宜根据工程具体情况，设置应急照明配电箱。

4）备用照明和疏散照明，不应由同一分支回路供电，严禁在应急照明电源输出回路中连接插座。

三、疏散指示标志的设计要求

疏散指示标志是在火灾情况下，既提供一定照度，又同时以显眼的文字、鲜明的箭头标志指明疏散方向的安全标志。在消防应急照明和疏散指示系统中，使用消防应急标志灯具作为疏散指示标志。它为人员疏散指示安全出口、疏散出口及其疏散方向，指示楼层、避难层及其他安全场所。

（一）疏散指示标志分类

按照发光原理，疏散指示标志包括电致发光型疏散指示标志（如灯光型、电子显示型等）和光致发光型疏散指示标志（如蓄光自发光型等）两大类。

按照标志内容，疏散指示标志可以分为出口指示标志、疏散指示标志、楼层指示标志和避难层指示标志，在某些特殊场合也可以指示灭火器具存放位置及其方向和指示禁止入内的通道、场所及危险品存放处。后者需要由设计人员根据特殊场合具体情况与当地消防主管部门协商确定处理方法。

（二）疏散指示标志设置部位

1. 公共建筑，高层厂房（仓库）及甲、乙、丙类厂房应设置疏散指示标志的部位

1）疏散走道及其转角处、安全出口和疏散出口，应设灯光疏散指示标志。

2）在人员密集、疏散通道复杂的环境中，保持视觉连续的电致发光型或光致发光型疏散指示标志可以更有效地帮助人们在浓烟弥漫的情况下，及时识别疏散位置和方向，迅速沿发光型火灾疏散指示标志的指示方向顺利疏散，更有效地避免造成人身伤亡事故。

下列建筑或场所应在其内疏散走道和主要疏散路线的墙面上或地面上增设能保持视觉连续的电致发光型或光致发光型疏散指示标志：

① 总建筑面积超过 8000m² 的展览建筑；

② 总建筑面积超过 5000m² 的地上商店；

③ 总建筑面积超过 500m² 的地下、半地下商店；

④ 歌舞娱乐放映游艺场所；

⑤ 座位数超过 1500 个的电影院、剧院，座位数超过 3000 个的体育馆、会堂或礼堂。

2. 高层民用建筑应设置疏散指示标志的部位

除二类居住建筑外，高层建筑的疏散走道及其转角处、疏散出口和安全出口处，应设灯光疏散指示标志。

3. 汽车库（除机械式立体汽车库外）应设置疏散指示标志的部位

疏散走道及其拐角处、楼梯间和疏散出口、安全出口处，应设灯光疏散指示标志。

4. 人防工程应设置疏散指示标志的部位

疏散走道及其拐角处、楼梯间和疏散出口、安全出口处，应设灯光疏散指示标志。

（三）疏散指示标志设置要求

1）疏散指示标志灯电源转换时间应不大于 5s。

2）采用集中电源型应急照明系统供电时，其转换时间宜选用安全级（不大于 0.25s），可选用一般级（不大于 5s）；采用符合消防负荷等级的双电源（或双回路）自动切换方式为疏散指示标志灯供电时，其双电源自动转换开关电器（ATSE）转换时间应不大于 5s。

3）采用蓄电池作备用电源时，疏散指示标志灯或集中电源型供电系统最少持续供电时间应不小于 30min；新装应急电源在额定负载下的应急工作时间应不小于 90min。

4）疏散指示标志灯应满足其地面最低水平照度不低于 1.0lx（指标志灯上边缘距地面不大于 1.0m 时，标志灯下方地面 0.5m 范围以内）。

5）疏散指示标志灯应采用不燃烧材料制作，否则应在其外面加设由玻璃或其他不燃烧透明材料制成的保护罩。

6）出口标志一般应设在安全出口、疏散出口的上部，严禁安装在可移动的门、窗上。

标志的下边缘距门框应不大于0.3m。设在安全出口、疏散出口上部确有困难时（如顶棚高度与安全出口、疏散出口处的门框高度相差无几时），也可设在门框侧边缘，出口诱导标志灯侧边缘距门框应不大于0.15m，宜在门的两侧安装且不能被门遮挡，标志的中心应距地面1.3～1.5m。

7）疏散走道上的疏散指示标志（灯）应有指示疏散方向的箭头标志，箭头所指方向应与疏散方向一致；当疏散指示标志（灯）有向两侧疏散的可能性时，应选用向两侧指示疏散方向的箭头标志；临近安全出口、疏散出口时的疏散指示标志（灯），箭头应指向该安全出口、疏散出口。疏散指示标志（灯）一般设在疏散走道的墙面上，标志的上边缘距地高度应不大于1.0m（一般情况1.0～0.5m为宜，疏散光流灯中心距地0.5～0.3m为宜）。设在疏散走道墙面上有困难或不具备设置条件时，也可设在顶棚的下面。除特殊情况外，标志灯不应吸顶安装，其上边缘离顶棚宜不小于0.25m。

8）疏散走道上的疏散指示标志安装间距不应大于20m；对于袋形走道，不应大于10m；在走道转角区，不应大于1.0m，如图2-10所示。

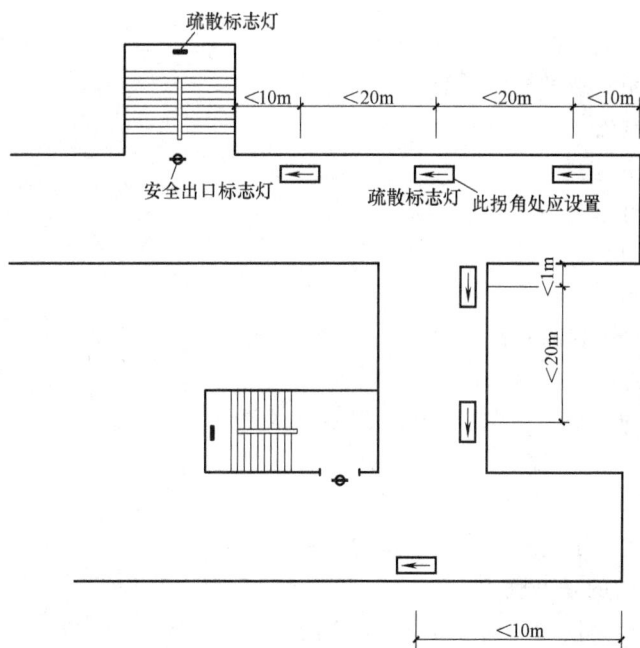

图2-10 疏散通道上疏散指示标志的设置方法

自学指导

本章学习重点：消防设备供配电的实现要求和消防设备的配电措施。

1. 消防设备的供配电实现

消防设备的供配电实现包括消防设备的供电实现和配电实现。根据消防用电负荷分级不同，供电实现的形式也是不同的。根据消防用电设备的特点不同，其配电方式有所不同。消防用电设备配电实现时还要注意末端切换和专用供电回路的实现。

2. 消防设备的配电措施

消防设备的配电措施包括配电线缆类型的选择、不同类型线缆的敷设要求以及具体消防设备的配电要求。

本章学习难点：消防用电设备的供电实现。

1）一级负荷应由双重电源供电，当一电源发生故障时，另一电源不应同时受到损坏。一级负荷中特别重要的负荷供电，应符合下列要求：①除应由双重电源供电外，尚应增设应急电源，并严禁将其他负荷接入应急供电系统；②设备的供电电源的切换时间，应满足设备运行中断供电的要求。

2）二级负荷的供电系统，宜由两回线路供电。在负荷较小或地区供电条件困难时，二级负荷可由一回 6kV 及以上专用的架空线路供电。

3）三级负荷没有特殊的供电要求。

应注意不同用电负荷的供电实现方案。

复习思考题

一、名词解释

1. 阻燃电缆

2. 耐火电缆

3. 应急电源

4. 消防应急照明和疏散指示系统

5. 应急照明控制器

6. 应急照明集中电源

7. 应急照明配电箱

8. 消防应急照明

9. 疏散指示标志

10. 消防设备电源监控系统

二、单项选择题

1. 下列建筑物的消防用电设备属于一级负荷的是（   ）。

A. 18 层住宅   B. 高等学校重点实验室

C. 省邮政楼   D. 藏书为 80 万册的图书馆

2. 下列选项不可以成为一级负荷供电电源的是（   ）。

A. 来自两个不同的发电机的电源

B. 来自同一个电力网中的两个 35kV 的变配电所的电源

C. 一个来自电力系统，另一个自备柴油发电机组

D. 来自两个不同的变压器的电源

3. 下列选项不能作为应急电源装置的是（   ）。

A. 应急发电机组

B. UPS 或 EPS

C. 带有自动投入装置的独立于正常电源的专用馈电线路

D. 与主电源来自同一变压器的电源

4. 下列场所不用设置备用照明的位置是（   ）。

A. 消防控制室

B. 消防水泵房

C. 建筑高度超过100m的高层民用建筑的避难层

D. 高层建筑的宾馆客房

5. 允许中断供电时间为（　　　）以上的供电，可选用快速自启动的发电机组。

A. 10s   B. 15s   C. 20s   D. 30s

6. 不可以作为应急电源的是（　　　）。

A. 独立于正常电源的发电机组

B. 供电网络中独立于正常电源的专用的馈电线路

C. 风力发电设备

D. 蓄电池

7. 应急电源与正常电源之间（　　　）采取防止并列运行的措施。

A. 宜   B. 应该   C. 可以   D. 必须

8. 对于一级负荷中特别重要的负荷，（　　　）。

A. 可由两路电源供电   B. 可不由两路电源供电

C. 必须由两路电源供电   D. 除由两个电源供电外，尚应增设应急电源

9. 二级负荷的供电系统，宜由（　　　）供电。

A. 两回线路   B. 一回线路   C. 可靠线路   D. 专用线路

10. 在负荷较小或地区供电条件困难时，二级负荷的供电系统可由一回6kV及以上专用的电缆供电，而且应采用两根电缆组成的线路供电，其每根电缆应能承受（　　　）的二级负荷。

A. 50%   B. 80%   C. 90%   D. 100%

11. 一级负荷中特别重要的负荷，除由两个电源供电外，尚应增设应急电源，并（　　　）将其他负荷接入应急供电系统。

A. 可以   B. 不宜   C. 严禁   D. 适度

12. 一类高层建筑的消防控制室、消防水泵、消防电梯、防烟排烟设施、火灾自动报警、自动灭火系统、应急照明、疏散指示标志等消防用电，应按（　　　）要求供电。

A. 一级负荷   B. 一级负荷中特别重要的负荷

C. 二级负荷   D. 三级负荷

13. 二类高层建筑的消防控制室、消防水泵、消防电梯、防烟排烟设施、火灾自动报警、自动灭火系统、应急照明、疏散指示标志等消防用电，应按（　　　）要求供电。

A. 一级负荷中特别重要的负荷   B. 一级负荷

C. 二级负荷   D. 三级负荷

14. 下列建筑物、储罐和堆场的消防用电，应按二级负荷供电的是（　　　）。

A. 室外消防用水量超过30L/s的工厂、仓库

B. 室外消防用水量超过35L/s的易燃材料堆场

C. 甲类和乙类液体储罐或储罐区

D. 可燃气体储罐或储罐区

15. 建筑高度超过50m的乙、丙类厂房和丙类库房，其消防用电设备应按（　　　）供电。

A. 一级负荷中特别重要的负荷   B. 一级负荷

C. 二级负荷   D. 三级负荷

16. 室外消防用水量超过30L/s的工厂、仓库的消防用电，应按（　　　）供电。

A. 一级负荷中特别重要的负荷   B、一级负荷

C. 二级负荷   D. 三级负荷

17. 建筑高度超过（　　　）的乙、丙类厂房和丙类库房，其消防用电设备应按一级负荷供电。

A. 18m   B. 24m   C. 30m   D. 50m

18. 室外消防用水量超过35L/s的易燃材料堆场的消防用电，应按（　　　）供电。

A. 一级负荷   B. 二级负荷

C. 三级负荷   D. 一级负荷中特别重要的负荷

19. 甲类和乙类液体储罐或储罐区的消防用电，应按（　　　）供电。

A. 一级负荷中特别重要的负荷   B. 一级负荷

C. 二级负荷   D. 三级负荷

20. 可燃气体储罐或储罐区的消防用电，应按（　　　）供电。

A. 一级负荷   B. 二级负荷

C. 三级负荷   D. 一级负荷中特别重要的负荷

三、简答题

1. 主、备电源的切换方式中，首端切换和末端切换有什么不同？

2. 简述消防设备配电线缆敷设的一般规定。

3. 简述不同等级消防用电负荷的供电要求。

4. 简述消防设备配电线缆的选用原则。

5. 简述消防应急照明和疏散指示系统的分类。

6. 试绘图表示自带电源集中控制型消防应急照明和疏散指示系统的组成。

7. 试绘图表示自带电源非集中控制型消防应急照明和疏散指示系统的组成。

8. 试绘图表示集中电源集中控制型消防应急照明和疏散指示系统的组成。

9. 试绘图表示集中电源非集中控制型消防应急照明和疏散指示系统的组成。

10. 简述消防应急灯具的分类。

11. 简述低多层民用建筑中消防疏散照明的设置部位。

12. 简述高层民用建筑中消防疏散照明的设置部位。

13. 简述消防备用照明的设置部位。

14. 简述疏散指示标志的分类。

15. 简述疏散指示标志的设置部位。

四、综合题

1. 请回答下列问题。

1）请写出图2-11所示的是何种供电方式。

2）该供电方式是否可以满足总层数为13层的住宅建筑中消防负荷的供电要求？为什么？

3）对于总层数为13层的住宅建筑，对消防负荷的供电系统除满足电源要求外，还要满足哪些方面的要求？

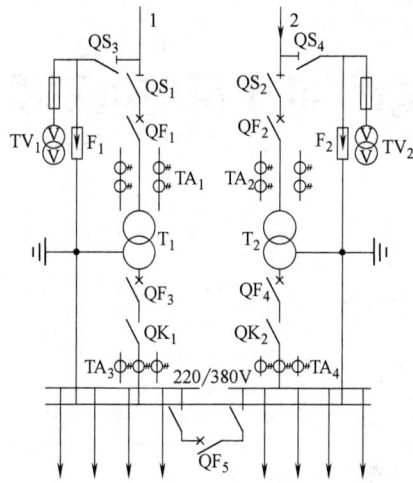

图 2-11

第三章　低压供配电系统防火

学习目标

1. 应了解、知道的内容：

◇ 负荷、计算负荷和负荷计算的概念；

◇ 导线电缆的常见类型。

2. 应理解、清楚的内容：

◇ 短路电流的计算目的；

◇ 低压供配电系统中短路电流计算方法。

3. 应掌握、会用的内容：

◇ 导线电缆类型选择；

◇ 变配电所主要装置的防火要点；

◇ 低压接地系统的基本形式；

◇ 接地与接零的一般要求和应用范围；

4. 应熟练掌握的内容

◇ 利用需要系数法和估算法进行负荷计算；

◇ 按发热条件、电压损失选择导线电缆截面面积；

◇ 保护装置的选用。

自学时数　10 学时。

老师导学

　　本章首先介绍了负荷计算、短路电流计算以及导线电缆选择、保护装置选择等电气安全技术基础，然后介绍了电气线路防火、用电设备防火的基本措施，接着介绍了变配电所建筑防火及主要装置防火的措施，最后介绍低压配电系统的接地与接零保护和低压接地系统形式，并分析了接地故障的火灾危险性，以及故障监测与预防措施。本章的内容主要是对低压配电系统的电气安全问题展开全面地介绍。在学习本章的过程中，应重在能够掌握根据负荷计算选择导线电缆截面面积和保护装置选择的方法，熟悉电气线路火灾的危险性及预防措施，熟悉变配电所建筑防火和主要装置防火的措施，掌握低压接地系统的基本形式，接地保护的一般要求及应用范围。

第一节　电线电缆与装置选择

一、负荷计算

计算负荷

　　电力负荷可以指用电设备，也可以指导线、电缆和电气设备（变压器、断路器等）中通过的功率和电流。电力负荷计算是指电力负荷的容量和电流的计算。负荷计算是正确选择供配电系统中电线、电缆、开关电器、变压器等设备的基础，也是保障供配电系统安全可靠运行必不可少的环节。

在电力系统中，实际的电力负荷不是恒定值，而是随时间而变化的变动值。因此，设计时用一个按发热条件选择导体和电气设备时所使用的假想负荷来表征系统的总负荷，称为计算负荷。计算负荷持续运行所产生的热效应，与按实际变动负荷持续运行所产生的最大热效应相等。通常是用日半小时平均负荷绘制的负荷曲线上的"最大负荷"作为计算负荷。

常用的确定计算负荷的方法有需要系数法、二项式法和估算法。

1. 需要系数法

需要系数法一般用来求多台三相用电设备的计算负荷，适用于工厂和车间变电所的负荷计算。计算方法是：在所计算的范围内（如一条干线、一段母线或一台变压器），将用电设备按其设备性质的不同分成若干组；对每一组选用合适的需要系数，算出每组用电设备的计算负荷，然后由各组计算负荷求出总的计算负荷。

（1）单台用电设备的计算负荷

1）不同工作制的用电设备的计算负荷。

每个用电设备的铭牌上都有一个额定功率 P_N，但是由于各用电设备的额定工作条件不同（如连续工作制、短时工作制、短时重复工作制），因此不能直接将这些铭牌上规定的额定功率相加作为全厂的电力负荷，而必须换算成统一的设备功率 P_e。单台用电设备的设备功率 P_e 就是其计算负荷 P_{j1}，即：

$$P_{j1} = P_e \tag{3-1}$$

连续工作制电动机的设备功率等于额定功率，即 $P_e = P_N$，因此其计算负荷为

$$P_{j1} = P_e = P_N \tag{3-2}$$

断续工作制下的设备应将铭牌上的额定功率换算到标准暂载率下，作为其设备功率。断续或短时工作制电动机的设备功率，当采用需要系数法计算时，是将额定功率统一换算到暂载率为 25% 时的有功功率。电焊机的设备功率是指将额定功率换算到暂载率为 100% 时的有功功率。

例如，吊车的计算负荷为

$$P_{j1} = P_e = P_N \sqrt{\frac{JC}{JC_{25}}} = 2P_N \sqrt{JC} \tag{3-3}$$

电焊机的计算负荷为

$$P_{j1} = P_e = P_N \sqrt{\frac{JC}{JC_{100}}} = P_N \sqrt{JC} \tag{3-4}$$

【例 3-1】 某炼钢厂有一起重机铭牌标明的额定功率为 30kW，暂载率为 40%，试求该起重机的计算负荷。

【解】 起重机为断续工作制电气设备，其设备功率是将额定功率换算到暂载率为 25% 时的有功功率，因此其计算负荷为

$$P_{j1} = P_e = P_N \sqrt{\frac{JC}{JC_{25}}} = 2P_N \sqrt{JC} = 2 \times 30 \times \sqrt{0.4} \text{kW} = 37.95 \text{kW}$$

2）照明用电设备的计算负荷。

对于单个白炽灯、高压卤钨灯（碘钨灯等）有 $P_{j1} = P_e = P_N$

对于低压卤钨灯，除灯泡功率外，还应考虑变压器的功率损耗。一般取灯泡功率的 1.05 ~ 1.1 倍，即 $P_{j1} = P_e = 1.05 \sim 1.1 P_N$

对于气体放电灯（如荧光灯）、金属卤化物灯（如高压汞灯），除灯泡的功率外，还应考虑镇流器的功率损耗。对荧光灯，因镇流器有 20% 的损耗，故有 $P_{j1} = P_e = 1.2 P_N$；对高压汞灯，考虑 10% 的镇流器损耗后有 $P_{j1} = P_e = 1.1 P_N$；对高压钠灯，考虑镇流器的功率损失后有 $P_{j1} = P_e = 1.1 \sim 1.2 P_N$，灯泡功率小的取偏大值。

3）对于需要计算效率的单台用电设备（如电动机），则有

$$P_{j1} = P_e = \frac{P_N}{\eta} \tag{3-5}$$

式中　P_N——电动机铭牌额定功率（kW）；

　　　η——电动机在额定负荷时的效率。

（2）单组用电设备的计算负荷

每一组的用电设备的计算负荷为

$$P_{j2} = K_x \sum P_e \tag{3-6}$$

式中　K_x——用电设备组的需要系数；

　　　$\sum P_e$——该用电设备组的设备功率之和。

需要系数 K_x 是在确定计算负荷的过程中，考虑同组用电设备存在不同时运行或不同时达到满载的状况，且设备效率、台数、线损、劳动组织等影响计算负荷大小，而将这些影响归并而成的一个系数。需要系数 K_x 是通过对各用电设备组进行测试、调查、分析后确定的。当用电设备台数多时，K_x 可取小一点；当台数少时，可取大一点；当只有一台设备时，$K_x = 1$。工艺性质相同的用电设备分组情况及需要系数的取值，见表 3-1。

此外，在计算成组用电设备的计算负荷时，不应包括备用设备。

（3）多组用电设备的计算负荷

将各单组用电设备的计算负荷相加后，再乘以表 3-2 的同期系数 K_Σ，则得多组用电设备的计算负荷，即

$$P_{j3} = K_\Sigma \sum P_{j2} \tag{3-7}$$
$$Q_{j3} = K_\Sigma \sum P_{j2} \tan\varphi \tag{3-8}$$

（4）建筑低压母线和建筑总负荷的计算

建筑低压母线和建筑总负荷的计算要逐级进行。但要注意各配电点负荷相加时，要乘以不同的同期系数。

在计算低压供配电系统总负荷时，当消防用电的计算有功功率大于火灾时可能同时切除的一般电力、照明负荷的计算有功功率时，应按未切除的一般电力、照明负荷加上消防负荷计算低压总的设备功率、计算负荷；否则，不应考虑消防负荷；当消防负荷中有与平时兼用的负荷时，该部分负荷尚应计入一般电力、照明负荷。季节性设备（如制冷设备和取暖设备）应选择其中较大者计入总设备功率。

在配电点之间有变压器时，应加入变压器损耗。一般变压器损耗为

$$\Delta P_b = 0.012 S_j \tag{3-9}$$
$$\Delta Q_b = 0.06 S_j \tag{3-10}$$

式中　ΔP_b——变压器的有功损耗（kW）；

ΔQ_b——变压器的无功损耗（kVar）；

S_j——变压器的视在功率（kV·A）。

表 3-1　各用电设备组的需要系数 K_x 及功率因数 $\cos\varphi$

用电设备组名称	K_x	$\cos\varphi$	$\tan\varphi$
单独传动的金属机床 1. 冷加工车间 2. 热加工车间	0.14 ~ 0.16 0.20 ~ 0.25	0.50 0.55 ~ 0.6	1.73 1.52 ~ 1.33
连续运输机械 1. 连锁的 2. 非连锁的	0.65 0.60	0.75 0.75	0.88 0.88
通风机 1. 生产用 2. 卫生用	0.75 ~ 0.85 0.65 ~ 0.70	0.8 ~ 0.85 0.80	0.75 ~ 0.62 0.75
泵、活塞式压缩机、鼓风机、电动发电机组、排风机等	0.75 ~ 0.85	0.80	0.75
起重机 1. 锅炉房、修理、金工装配车间 2. 铁铸车间、平炉车间 3. 轧钢车间、脱锭工部等	0.05 ~ 0.15 0.15 ~ 0.30 0.25 ~ 0.35	0.50 0.50 0.50	1.73 1.73 1.73

注：本表摘自《工厂设计手册》（上册）。

表 3-2　需要系数法的同期系数 K_Σ

应用范围	K_Σ
一、确定车间变电所低压母线的最大负荷时,所采用的有功负荷同期系数 　1. 冷加工车间 　2. 热加工车间 　3. 动力站	 0.7 ~ 0.8 0.7 ~ 0.9 0.8 ~ 1.0
二、确定配电所母线的最大负荷时,所采用的有功负荷同期系数 　1. 计算负荷小于 5000kW 　2. 计算负荷为 5000 ~ 10000kW 　3. 计算负荷超过 10000kW	 0.9 ~ 1.0 0.85 0.80

注：1. 无功负荷的同期系数一般采用与有功负荷的同期系数相同数值,

2. 当由全厂各车间的设备容量直接计算全厂最大负荷时,应同时乘以表中两种同期系数。

单相负荷应均衡分配到三相上,当单相负荷的总计算容量小于计算范围内三相对称负荷总计算容量的 15% 时,应全部按三相对称负荷计算;当超过 15% 时,应将单相负荷换算为等效三相负荷,再与三相负荷相加。

2. 二项式法

由于需要系数法忽略了用电设备台数及容量对计算负荷的影响,因此,在确定连接设备台数不太多的车间干线或支线计算负荷时,其中大容量用电设备对计算负荷的影响就很大。二项式法就是表征这种变化规律的计算方法。二项式法适用于机加工车间有较大容量用电设

备影响的干线和分支干线的负荷计算。二项式法的基本公式为

$$P_j = cP_x + bP_{e\Sigma} \qquad (3\text{-}11)$$

式中　c，b——系数，见表3-3；

　　　P_x——该组中 x 台容量最大的用电设备的设备功率之和（W）；

　　　$P_{e\Sigma}$——该组中所有用电设备的设备功率之和（W）。

不同工作制的不同类用电设备，规定取用的最大功率设备的台数并不相同，金属加工机床一般采用 $x=5$，但当 $x \leqslant 3$ 时，可将用电设备功率之和作为计算负荷，反复短时工作制采用 $x=3$，加热炉采用 $x=2$，电焊设备采用 $x=1$。

式（3-11）是单组用电设备的二项式表达式。几个性质不同的用电设备的二项式表达式为

$$\left.\begin{array}{l} P_j = (cP_x)_{max} + \sum bP_{e\Sigma} \\ Q_j = (cP_x)_{max}\tan\varphi_x + \sum bP_{e\Sigma}\tan\varphi \end{array}\right\} \qquad (3\text{-}12)$$

式中　$(cP_x)_{max}$——各组用电设备算式中第一项 cP_x 的最大值；

　　　$\sum bP_{e\Sigma}$——各组用电设备算式第二项总和；

　　　$\tan\varphi_x$——与 $(cP_x)_{max}$ 相对应的功率因数的正切值；

　　　$\tan\varphi$——与 $\sum bP_{e\Sigma}$ 相对应的功率因数的正切值。

表3-3　用电设备组二项式系数

用电设备组名称	c	x	b	$\cos\varphi$	$\tan\varphi$
小批生产金属加工车床	0.4	5	0.14	0.5	1.73
通风机、泵、压缩机及电动发电机组	0.25	5	0.65	0.8	0.75
连续运输机(不连锁)	0.4	5	0.4	0.75	0.88
锅炉房、机修、装配、机械车间吊车	0.2	3	0.06	0.5	1.73
自动装料的电阻炉(连续)	0.3	2	0.7	0.95	0.33
非自动装料的电阻炉(不连续)	0.5	1	0.5	0.95	0.33

3. 估算法

常见的估算法有用需要系数法估算和用单位面积法估算两种。

（1）用需要系数法估算

$$P_j = K_x \sum P_N \qquad (3\text{-}13)$$

式中　P_j——总计算负荷（W）；

　　　$\sum P_N$——设备铭牌功率的总和（W）；

　　　K_x——总需要系数。对生产车间按工艺的不同取 $0.2 \sim 0.8$；对工厂按生产性质不同可取 $0.15 \sim 0.35$；对民用建筑的照明负荷，一般住宅楼取 $0.4 \sim 0.6$，教学楼取 $0.8 \sim 0.9$，商业、服务楼取 $0.75 \sim 0.85$，旅游宾馆取 $0.6 \sim 0.7$，展览厅取 $0.5 \sim 0.7$ 等。

（2）用单位面积法估算

$$P_j = PS \qquad (3\text{-}14)$$

式中　P_j——总计算功率（W）；

　　　P——单位面积安装功率（W/m²）；

　　　S——建筑面积（m²）。

由于建筑类型不同，电气设备使用情况差异较大，因此单位面积安装功率也不相同，一般有电热水器的住宅楼单位面积安装功率取 $20W/m^2$，科研楼取 $10 \sim 40W/m^2$，商业、服务楼取 $20 \sim 40W/m^2$，展览馆取 $30 \sim 50W/m^2$，剧场的舞台照明取 $30 \sim 70W/m^2$。

需要系数和单位面积功率的详细资料在应用时可查阅有关手册。

二、短路电流计算

所谓短路故障，是指电力网（或电气设备）中不同相的导线直接金属连接或经过小阻抗连接在一起。在中性点接地的供电系统中，短路故障的基本形式有：三相短路 $d^{(3)}$、两相短路 $d^{(2)}$、单相短路 $d^{(1)}$ 和两相接地短路 $d^{(1.1)}$，其中三相短路为对称短路、其他短路均为不对称短路。

短路故障对电力系统的正常运行影响很大，所造成的后果也十分严重。短路电流远大于正常工作电流，短路点处可能产生电弧，电弧高温危及人身安全，也易引发火灾；短路故障电流也可以使导线和电气设备绝缘受损，甚至把电气设备烧坏，酿成火灾和爆炸事故；短路电流产生的力效应和热效应还可以使设备受到破坏；短路故障出现时，短路点附近母线电压严重下降，接在母线上的其他回路电压严重低于正常工作电压，影响电气设备的正常工作，甚至可能造成电机烧毁等事故；不对称短路还可能在系统中产生复杂的电磁过程，从而产生过电压等新的危害，会影响通信系统和电子设备的正常工作，造成空间电磁污染。因此，无论从设计、制造、安装、运行和维护检修等各方面来说，都应着眼于防止短路故障的发生，以及在短路故障发生后要尽量限制所影响的范围。这就要求必须了解短路电流的产生和变化规律，掌握分析计算短路电流的方法。在实际工程中，在选择校验电气设备、载流导体和整定继电保护装置时都应计算短路电流，且均按三相短路计算。

（一）短路电流计算的基本原则

在进行短路电流计算时，通常假定三相短路发生在一个由无限大容量电源供电的三相交流电力系统内。当这个系统中某一部分发生短路时，系统等值发电机的供电母线端电压实际维持不变，即端电压是一个幅值恒定不变的正弦波。短路电流的变化曲线，如图 3-1 所示。短路电流的全电流 i_d 在暂态过程中任意时刻都是由周期分量 i_{zq} 和非周期分量 i_f 叠加而成，即 $i_d = i_{zq} + i_f$。

短路全电流是一个变化的非周期函数，当非周期分量衰减到零时，过渡过程结束，电路

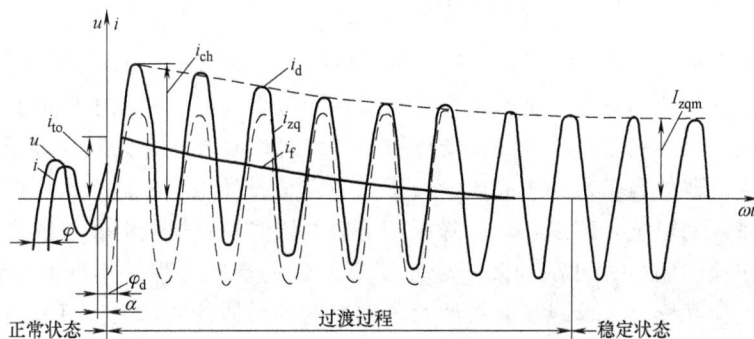

图 3-1　由无限容量系统供电的电路内发生短路时，短路电流的波形

中的电流进入稳定状态，稳态电流就是短路电流的周期分量 i_{zq}。

在工程计算中如果系统阻抗不超过短路网络总阻抗的 5%～10%，或变压器在二次侧发生短路，用户总安装容量小于系统总容量的 1/50 时，系统阻抗可不予考虑，可按无限大容量电源来处理。

（二）短路电流计算

1. 短路电流计算方法

在工程计算中，常用短路发生后 $t=0.2\mathrm{s}$ 时的三相短路电流的有效值 $I_{0.2}$ 校验断路器切断短路电流的断流能力。此时认为非周期分量已经衰减殆尽，所以 $I_{0.2}$ 中就只包含有短路电流的周期分量，所以在无限大容量系统中，在电压维持恒定不变的情况下，$I_{0.2}=I_\infty=I_{zq}$。于是要求出冲击电流的有效值 I_{ch} 和稳态电流 I_∞，只需要求出短路电流周期分量的有效值 I_{zq}。

由欧姆定律知，三相短路电流的周期分量有效值为

$$I_{zq}=\frac{U_p}{\sqrt{3}Z_d} \tag{3-15}$$

式中　U_p——网络的平均电压（考虑线路始端到线路终端电压有一个允许的最大偏差范围（即 $110\%U_e$），于是线路的平均电压 U_p 为 $U_p=105\%U_e$）；

Z_d——由电源到短路点的总阻抗。（在工程计算和选择设备时，短路阻抗 $Z_d=\sqrt{R_d{}^2+X_d{}^2}$ 在考虑简化计算及允许的偏差的情况下，在高压系统中 $R_d<\frac{1}{3}X_d$ 时可不计及电阻 R_d，在低压系统中 $X_d<\frac{1}{3}R_d$ 时，可不计及 X_d）。

冲击电流 i_{ch} 是短路全电流 i_d 的最大瞬时值，出现在短路后、经过半个周期时，其表达式为

$$i_{ch}=\sqrt{2}I_{zq}K_c \tag{3-16}$$

式中　K_c 为短路电流的冲击系数（高压电网中电抗较大，取 $K_c=1.8$，$i_{ch}=2.55I_{zq}$；低压网络中，一般是取 $K_c=1.3$，$i_{ch}=1.84I_{zq}$）。

冲击电流 i_{ch} 的有效值 I_{ch} 相应有：

在高压供电系统中 $K_c=1.8$ 时

$$I_{ch}=1.52I_{zq} \tag{3-17}$$

在低压供电系统中 $K_c=1.3$ 时

$$I_{ch}=1.09I_{zq} \tag{3-18}$$

1000V 以下低压供电系统的线路比较简单，可采用有名值法计算短路电流。有名值法是将系统中各元器件的实际阻抗都折算到短路点所在等级平均额定电压下的欧姆值，再按实际电路算出总阻抗，最终完成短路计算。低压供电网络可以看成是由无限大容量电源供电。低压电网中降压变压器的容量远小于高压电力系统的容量，降压变压器阻抗和低压短路回路阻抗远大于电力系统的阻抗，所以在计算降压变压器低压侧短路电流时，一般不计电力系统到降压变压器高压侧的阻抗，可认为降压变压器高压侧的端电压保持不变。在低压配电回路中，不能忽略电流互感器、母线、开关等及其连接的各元器件的阻抗。只有当各元器件的电阻之和满足 $R_\Sigma\leqslant\frac{1}{3}X_\Sigma$ 时，才不计入电阻的影响。低压网络中的电压只有一级，阻抗以

mΩ、电压以 V、电流以 kA、容量以 kV·A 为单位。

（1）三相短路电流 $I_{\mathrm{d}}^{(3)}$ 的计算 低压网络发生的三相短路，是一种对称性短路，此时的短路电流最大，而与网络的中性点是否接地无关，其短路电流的周期分量（单位为 kA）可按式（3-19）计算：

$$I_{\mathrm{d}}^{(3)} = \frac{U_{\mathrm{p}}}{\sqrt{3}Z_{\Sigma}} = \frac{U_{\mathrm{p}}}{\sqrt{3}\sqrt{R_{\Sigma}^2 + X_{\Sigma}^2}} \tag{3-19}$$

式中　　　U_{p}——平均额定线电压（V），对 380V 网络取 $U_{\mathrm{p}} = 400\mathrm{V}$，对 220V 网络取 $U_{\mathrm{p}} = 230\mathrm{V}$。

R_{Σ}、X_{Σ}、Z_{Σ}——依次为短路回路每相的总电阻、总电抗、总阻抗（mΩ）。

（2）两相短路电流 $I_{\mathrm{d}}^{(2)}$ 的计算 工程上两相短路电流可以通过计算三相短路电流而求得，按下式计算：

$$I_{\mathrm{d}}^{(2)} = \frac{\sqrt{3}}{2}I_{\mathrm{d}}^{(3)} = 0.87I_{\mathrm{d}}^{(3)} \tag{3-20}$$

（3）单相短路电流 $I_{\mathrm{d}}^{(1)}$ 的计算 低压单相短路电流多用相零回路电流法，其算式如下：

$$I_{\mathrm{d}}^{(1)} = \frac{U_{\phi}}{Z_{\mathrm{xl}\Sigma}} = \frac{U_{\phi}}{\sqrt{R_{\mathrm{xl}\Sigma}^2 + X_{\mathrm{xl}\Sigma}^2}} \tag{3-21}$$

式中　　　　　　U_{ϕ}——低压网络平均额定相电压（V）；

$Z_{\mathrm{xl}\Sigma} = \sqrt{R_{\mathrm{xl}\Sigma}^2 + X_{\mathrm{xl}\Sigma}^2}$——单相短路中各元器件（变压器、线路等）的相零总阻抗（mΩ）；

$R_{\mathrm{xl}\Sigma}$——各元器件的相零总电阻（mΩ），$R_{\mathrm{xl}\Sigma} = \dfrac{1}{3}(R_{1\Sigma} + R_{2\Sigma} + R_{0\Sigma})$，

1、2、0 下标分别表示相零回路正序、负序、零序。

$X_{\mathrm{xl}\Sigma}$——各元器件的相零总电抗（mΩ），$X_{\mathrm{xl}\Sigma} = \dfrac{1}{3}(X_{1\Sigma} + X_{2\Sigma} + X_{0\Sigma})$，

1、2、0 下标分别表示相零回路正序、负序、零序。

三相短路时，短路点电压为零，系统仍是对称的。在发生单相接地（接零）时，短路点电压不为零，出现系统不对称。不对称电流流经回路阻抗时，产生不对称电压降。应用对称分量法，可以将三相不对称电流，分解成 3 个对称的三相系统，即正序、负序、零序电流系统，各相电流则为 3 个分量之和。

$$\left.\begin{array}{l}\text{相零回路零序电抗}\quad X_0 = X_{0\mathrm{x}} + 3X_{01} \\ \text{相零回路零序电阻}\quad R_0 = R_{0\mathrm{x}} + 3R_{01}\end{array}\right\} \tag{3-22}$$

式中　$X_{0\mathrm{x}}$、$R_{0\mathrm{x}}$——相线的零序电抗和电阻；

X_{01}、R_{01}——零线的零序电抗和电阻。

2. 低压电网短路回路中各元器件的阻抗

（1）变压器的阻抗 变压器每相绕组的电阻和电抗（单位均为 mΩ）为

$$R_{\mathrm{b}} = \frac{\Delta P_{\mathrm{d}} U_{\mathrm{be}}^2}{S_{\mathrm{be}}^2} \tag{3-23}$$

$$X_{\mathrm{b}} = \sqrt{\left(\frac{U_{\mathrm{d}}\%}{100}\right)^2 - \left(\frac{\Delta P_{\mathrm{d}}}{S_{\mathrm{be}}}\right)^2} \frac{U_{\mathrm{be}}^2}{S_{\mathrm{be}}} \tag{3-24}$$

式中　ΔP_d——变压器的额定短路损耗（kW）；

　　$U_\mathrm{d}\%$——变压器短路电压的百分数；

　　S_be——变压器的额定容量（kV·A）；

　　U_be——变压器低压侧的额定电压（V）。

（2）母线阻抗　长度在 10~15m 以上的母线电阻和阻抗（单位为 mΩ）按下式计算：

$$R_\mathrm{m} = 10^3 \frac{L}{\gamma S} \tag{3-25}$$

$$X_\mathrm{m} = 0.145 L \lg \frac{4D_\mathrm{cp}}{b} \tag{3-26}$$

式中　L——母线长度（m）；

　　γ——电导率（m/Ω·mm²），对于铝母线 $\gamma = 32$，铜母线 $\gamma = 53$；

　　S——母线截面面积（mm）；

　　b——母线宽度（mm）；

　　D_cp——母线相间几何均距（mm），与母线排列方式有关。当三相母线水平等间距排列时，
　　　　$D_\mathrm{cp} = 1.26D$（D 为相邻母线的中心距离）；三角形排列时，$D_\mathrm{cp} = \sqrt[3]{D_\mathrm{ab}D_\mathrm{ac}D_\mathrm{cb}}$。

在实际计算中，当母线截面面积 $S < 500\mathrm{mm}^2$ 时，一般 $X_\mathrm{m} = 0.17L$（单位为 mΩ）；$S > 500\mathrm{mm}^2$ 时，$X_\mathrm{m} = 0.13L$（单位为 mΩ）。母线阻抗也可查有关表格。

（3）其他元器件的阻抗　在低压电网的短路回路中，还存在着架空线及电缆的阻抗、刀开关及断路器触头的接触电阻、断路器过电流线圈的阻抗、电流互感器原绕组的阻抗等，这些均可查表求得。

在低压电网短路阻抗计算中，还常常遇到从变压器到短路点，由几种不同截面面积的电缆组成的电路（S_1、S_2、S_3），此时应将它们归算到同一截面面积（如 S_1），电缆线路的等效计算长度 L 可按下式近似计算：

$$L = L_1 + L_2 \frac{\rho_2 S_1}{\rho_1 S_2} + L_3 \frac{\rho_3 S_1}{\rho_1 S_3} \tag{3-27}$$

式中　L_1、L_2、L_3——不同截面面积电缆的长度（m）；

　　S_1、S_2、S_3——不同电缆的截面面积（mm²）；

　　ρ_1、ρ_2、ρ_3——不同材料电缆在20℃时的电阻系数（Ω·mm²/m）。其中，铜的电阻
　　　　系数 $\rho_\mathrm{Cu} = 0.0189$，铝的电阻系数 $\rho_\mathrm{Al} = 0.031$。

三、电线电缆选择

电线电缆在规定的允许载流量下有较大的过载能力，在一定的工作条件下，是能够安全运行的。但是，当电线电缆发生短路、过载、局部过热、电火花或电弧等故障状态时，或者在外热作用下，电线电缆绝缘材料的绝缘电阻会下降，失去绝缘能力，甚至燃烧，并引燃周围可燃物，引发火灾。由于电线电缆组成的供电网络，线路长、分支线多，并有更多的机会与可燃物或建筑物相接触，为了确保网络的安全经济运行和防火安全，在工程设计时，必须考虑其类型、使用环境、敷设方法和截面面积选择。

（一）类型选择

1. 电线的选择

常用电线有裸导线和绝缘导线。裸导线没有任何绝缘和保护层，常用的裸导线有钢芯铝绞线（GLJ）、铜绞线（TJ）、铝绞线（LJ）等，主要用于室外架空线。绝缘导线是由内部的线芯和外部的绝缘材料、保护层组成，主要用于室内、外线路的敷设。

按线芯材料不同，绝缘导线可分为铜芯和铝芯两种，相同截面面积下铜芯导线比铝芯导线的载流量大、强度大、不易被腐蚀，因此在爆炸危险场所、腐蚀性严重的地方、移动设备处和控制回路，宜用铜芯线。在高层建筑中，由于负荷比较集中，为提高截面面积的载流能力，便于敷设，也多采用铜芯线。

按绝缘和保护层的不同，绝缘导线又分为橡胶绝缘导线和塑料绝缘导线。橡胶绝缘线用玻璃丝或棉纱作保护层，主要有铜芯橡胶绝缘棉纱或其他纤维编织导线（BX）、铝芯橡胶绝缘棉纱或其他纤维编织导线（BLX），其特点是柔软性好，但耐热性差，易受油类腐蚀，且易延燃，可用于室内外明敷、暗敷。塑料绝缘导线用塑料作为绝缘和保护层，如铜芯聚氯乙烯绝缘导线（BV）、铝芯聚氯乙烯绝缘导线（BLV）等，塑料绝缘导线绝缘性能良好、价格低，但气候适应性差，低温下会变硬发脆，高温下增塑剂易挥发，加速绝缘老化，主要用于室内明敷、穿管等场合；铜芯聚氯乙烯绝缘聚氯乙烯护套导线（BVV）、铝芯聚氯乙烯绝缘聚氯乙烯护套导线（BLVV）主要用于要求机械防护较高及潮湿场合固定敷设用，可明敷、暗敷和直接埋地敷设。

2. 电缆的选择

电缆的基本结构主要包括导体线芯、绝缘层和保护层 3 个部分。导体线芯一般采用导电性能良好的铜、铝材质，以减少输电线路上的电能损耗和压降损失，有单芯、双芯和多芯电缆；绝缘层一般采用绝缘性能良好、经久耐用、有一定的耐热性能的材料（如油浸纸、塑料和橡胶），以将导体和相邻的导体以及保护层隔离。保护层又可分为内保护层和外保护层两部分，它用来保护绝缘层，使电缆在运输、储能、敷设和运行中不受外力的损伤，并防止水分浸入，并且具有一定的机械强度。电力电缆采用的护套有聚氯乙烯护套、氯丁橡胶护套和铝护套。

电缆按缆芯、绝缘层和保护层的不同可分为多种型号。常见的类型有：油浸纸绝缘电缆、聚氯乙烯绝缘电缆、交联聚乙烯绝缘电缆、橡胶绝缘电力电缆。

（1）油浸纸绝缘电缆 油浸纸绝缘电缆主要有黏性油浸纸绝缘电力电缆和不滴流油浸纸绝缘电力电缆，主要用于 35kV 及以下的电力线路。

黏性油浸纸绝缘电缆采用电缆纸绕包和黏性浸渍剂（电缆油和松香混合而成）形成组合绝缘。其优点是耐压强度高、介电性能可靠稳定、热稳定性能好、不易受电晕影响而氧化、工作寿命长、结构简单；其缺点在于绝缘易老化变脆，可弯曲性差，绝缘油易在绝缘层内流动，不宜倾斜和垂直安装，况且带负荷运行后，绝缘油会受热膨胀，从电缆头或中间接头外渗漏出，久而久之，便可能导致电缆头绝缘性能降低，发生相间短路，酿成火灾事故。

不滴流油浸纸绝缘电缆与黏性油浸纸绝缘电力电缆的结构完全相同，只是其浸渍剂采用电缆油和某些混合物（如聚乙烯粉料、聚异丁胶料及合成的蜡）混合而成。这种浸渍剂在浸渍温度下黏度相当低，能保证充分浸渍，但在电缆的工作温度下，呈塑料蜡状不易流动，特别宜于高落差敷设或垂直敷设。其工作寿命比黏性油浸纸电缆更长，适用于热带地区，但其制造成本高于黏性油浸纸电缆。

（2）聚氯乙烯绝缘电缆 中、低压聚氯乙烯绝缘电缆通常采用聚氯乙烯护套或聚乙烯护套。当电缆的机械性能需要加强时，则采用内铠装护层，亦即护套分内外两层，并在两层之间用钢带或钢丝铠装。聚氯乙烯绝缘及扩套电缆 VLV（VV）的结构，如图 3-2 所示。

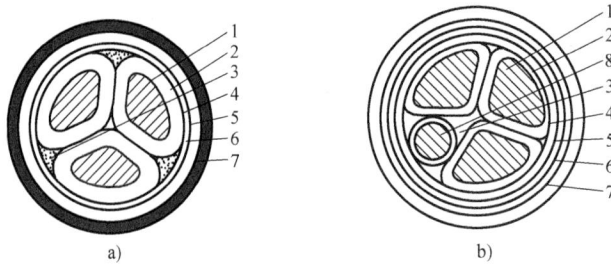

图 3-2　聚氯乙烯绝缘聚氯乙烯护套电缆结构示意图
a）1kV、VV22、3 芯电缆　b）1kV、VV22、4 芯电缆
1—扇形导体　2—聚氯乙烯绝缘　3—非湿性填充物　4—聚氯乙烯包带　5—聚氯乙
烯挤包或绕包衬垫　6—钢带铠装　7—聚氯乙烯外护套　8—中性线芯

聚氯乙烯绝缘电力电缆加工简单、质量小，没有敷设落差的限制，又较好的耐油、耐酸、耐碱、耐腐蚀等化学性能，并具有非延燃性、维护方便、价格低廉等特点，因而基本取代了油浸纸绝缘电力电缆。目前，我国生产的聚氯乙烯绝缘电力电缆的额定电压为 1kV 和 6kV，长期工作温度不超过 70℃，敷设时环境温度应不低于 0℃。它适于固定敷设在交流 50Hz、额定电压为 6kV 及以下的输配电线路中。

（3）交联聚乙烯绝缘电缆　交联聚乙烯绝缘电缆可分为中、低压交联电缆和高压及超高压交联电缆。

交联聚乙烯绝缘电缆导电线芯的屏蔽（内屏蔽层）是通过半导电交联聚乙烯挤包的方式，形成热固性的交联聚乙烯绝缘线芯。交联聚乙烯绝缘电力电缆的外护层一般采用聚乙烯护套或聚氯乙烯护套，而不采用金属护套。当电缆的机械性能需要加强时，可在外护层内用钢带或钢丝铠装，并在铠装层内加装内衬层。由于高压交联聚乙烯绝缘电力电缆一般为单芯电缆，当机械性能或其他特殊性能加强时，可用铠装铅包的方式进行处理。

交联聚乙烯绝缘电缆具有较好的电绝缘性能，耐击穿强度高、绝缘电阻大、介电常数小，特别是具有较高的热稳定性，允许工作温度较高，长期允许的工作温度可达 90℃；由于其载流量大，传输容量可以大大提高，尤其对于电压等级高的电缆，经济效果更为显著。另外，质量小，宜用于高落差敷设和垂直敷设，耐化学性能好。在中、低压系统中，交联聚乙烯绝缘电缆完全可以取代油浸纸绝缘电缆。

（4）橡胶绝缘电力电缆　橡胶绝缘电力电缆绝缘层的常用材料为天然丁苯橡胶、丁基橡胶和乙丙橡胶等。护套主要是聚氯乙烯护套、氯丁橡胶护套和铝护套 3 种。当电缆的机械性能需要加强时，可采用内钢带铠装护层。6kV 及以上的橡胶绝缘电力电缆，导线表面均有屏蔽层。橡胶绝缘电力电缆适用于固定敷设在额定电压 6kV 及以下的输配电线路中。

橡胶绝缘电力电缆柔软性好，可弯曲度大；在很大温度范围内具有弹性，适宜作多次拆装的线路；适用于高落差或弯曲半径小的场合；敷设安装简单，特别适合于移动性的用电和供电装置；有较好的耐寒性和电气性能，但耐电晕、耐臭氧、耐热和耐油性较差。

（二）截面面积的选择

选择电线电缆的截面面积时，一般应考虑满足 3 个方面要求：满足长期工作运行的发热条件，电路电压损失在允许范围之内及满足机械强度要求。按照以上条件选择导线截面面积的结果可能不同，应选择其中最大的截面面积作为导线选择截面面积。此外，导体的截面面积还应满足短路故障时的热稳定性校验和动稳定性校验。

1. 按发热条件选择截面面积

由于电气线路存在电阻，当电流通过电气线路电阻时会发热，当电气线路发热超过一定限度时，其绝缘物会老化、损坏，甚至发生电火灾。所以根据电气线路敷设方式不同、环境温度不同，电气线路允许的载流量也不同。通常把允许通过的最大电流值称为安全载流量。在选择电气线路时，可依据用电负荷，参照电气线路的规格型号及敷设方式来选择截面面积，见表 3-4。

表 3-4 聚氯乙烯绝缘导线明敷的载流量（$\theta_2 = 65℃$）

载流量/A 截面面积/mm^2	BLV（铝芯）				BR、BVR（铜芯）			
	25℃	30℃	35℃	40℃	25℃	30℃	35℃	40℃
1.0					19	17	16	15
1.5	18	16	15	14	24	22	20	18
2.5	25	23	21	19	32	29	27	25
4	32	29	27	25	42	39	36	33
6	42	39	36	33	55	51	47	43
10	59	55	51	46	75	70	64	59
16	80	74	69	63	105	98	90	83
25	105	98	90	83	138	129	119	109
35	130	121	112	102	170	158	147	134
50	165	154	142	130	215	201	185	170
70	205	191	177	162	265	247	229	209
95	250	233	216	197	325	303	281	257
120	285	266	246	225	375	350	324	296
150	325	303	281	257	430	402	371	340
185	380	355	328	300	490	458	423	387

按发热条件选择截面面积时，只要电线电缆允许载流量 I_{ux} 大于计算负荷电流 I_j 就可以了，即

$$I_{ux} \geq I_j \tag{3-28}$$

当使用环境介质温度与表 3-4 中规定的周围介质温度不符合时，导线电缆允许载流量，应按下式予以修正：

$$\left. \begin{array}{l} I'_{ux} = KI_{ux} \\ K = \sqrt{\dfrac{\theta_2 - \theta_0}{\theta_2 - \theta_1}} \end{array} \right\} \tag{3-29}$$

式中　K——温度修正系数；

　　θ_1——实际的周围介质温度（℃）；

　　θ_2——导线的最大允许工作质温度（考虑到导线电缆连接部位等薄弱环节，聚氯乙烯绝缘导线、电缆的 θ_2 均取 65℃）（℃）；

I'_{ux}——实际的导线允许载流量（A）。

θ_0——表 3-4 中对应截面面积导线与允许载流量的实验温度（℃）。

θ_1、θ_0 均可从导线电缆载流量表格中查到，导线穿管时载流量约减少 30%。其他各种导线电缆的载流量可从有关手册中查到。在电缆沟道内，多将 N 条 n 芯电缆并列敷设在一起，由于电缆芯线存在电阻热损失功率，沟道温度会升高，此时电缆允许载流量比规定值也要减少 10% ~ 27%。

按上述方法选择的导线电缆截面面积，长期连续通过负荷电流时，发热温度不会超过允许工作温度。否则，导线电缆将过热，而且绝缘加速老化，严重时引起火灾。

2. 按电压损失选择截面面积

电流通过电线电缆时，在电阻和电抗上除消耗电能外，还有电压损失。这样就可能造成用电设备的端电压小于额定电压的现象，从而影响用电设备的正常运行，甚至发生火灾。

电压损失常以其额定电压的百分数表示：

$$\Delta U\% = \frac{\Delta U}{1000 U_e} \times 100\% \tag{3-30}$$

电压损失主要由两部分组成：有功负荷及电阻引起的电压损失和无功负荷及电抗引起的电压损失，即

$$\Delta U\% = \Delta U_a\% + \Delta U_r\% \tag{3-31}$$

式中　$\Delta U_a\%$——有功负荷及电阻引起的电压损失；

　　　$\Delta U_r\%$——无功负荷及电抗引起的电压损失。

如图 3-3 所示，线路接有分布负荷，设图中为 n 段干线，r_1、r_2、…、r_i 及 x_1、x_2、…、x_i 分别为各段干线的电阻和电抗；p_1、p_2、…、p_n，q_1、q_2、…、q_n 为通过各段支线上的有功功率和无功功率；R_1、R_2、…、R_i 及 X_1、X_2、…、X_i 分别为从电源到各支线间的干线电阻和电抗；P_1、P_2、…、P_n，Q_1、Q_2、…、Q_n 为通过各段干线上的有功功率和无功功率；l_1、l_2、…、l_n，L_1、L_2、…、L_n 所表示的长度如图 3-3 所示。

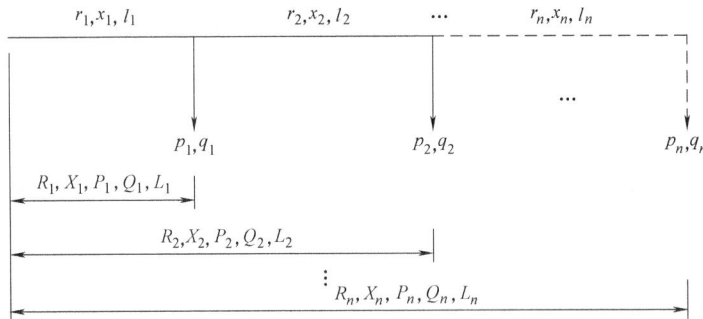

图 3-3　分布负荷电压损失计算图

线路总电压损失为

$$\Delta U = \sum_{i=1}^{n} \frac{P_i}{U_e} r_i + \sum_{i=1}^{n} \frac{Q_i}{U_e} x_i \tag{3-32}$$

或

$$\Delta U = \sum_{i=1}^{n} \frac{p_i}{U_e} R_i + \sum_{i=1}^{n} \frac{q_i}{U_e} X_i \tag{3-33}$$

$$\Delta U\% = \frac{1}{10 U_e^2} \sum_{i=1}^{n} p_i R_i + \frac{x_0}{10 U_e^2} \sum_{i=1}^{n} q_i X_i \tag{3-34}$$

当各干线截面面积相同时，电线电缆每千米的电阻和电抗用 r_0、x_0 表示，则式（3-34）

可写成下列形式，即

$$\Delta U\% = \frac{r_0}{10U_e^2}\sum_{i=1}^{n} P_i l_i + \frac{x_0}{10U_e^2}\sum_{i=1}^{n} Q_i l_i \tag{3-35}$$

$$\Delta U\% = \frac{r_0}{10U_e^2}\sum_{i=1}^{n} p_i L_i + \frac{x_0}{10U_e^2}\sum_{i=1}^{n} q_i L_i \tag{3-36}$$

虽然电阻值随截面面积的加大而降低，但截面面积的变化对电抗影响不大，架空线 x_0 约为 $0.35 \sim 0.4\Omega/\text{km}$，电缆 x_0 约为 $0.08\Omega/\text{km}$。对 380/220V 低压电路，整条线路的导线截面面积、材料、敷设方法均相同，且 x_0 很小，$\Delta U_r\% \ll \Delta U_a\%$，故 $\Delta U_r\%$ 可略去不计，且导线单位长度的电阻值与导体材料和横截面面积有关，即 $r_0 = \frac{1}{\gamma S}$（γ 为导体材料的电导率，铝的电导率 $\gamma = 32\text{m}/\Omega \cdot \text{mm}^2$，铜的电导率 $\gamma = 53\text{m}/\Omega \cdot \text{mm}^2$）则有

$$\Delta U\% = \Delta U_a\% = \frac{r_0}{10U_e^2}\sum_{i=1}^{n} p_i L_i = \frac{1}{10\gamma S U_e^2}\sum_{i=1}^{n} p_i L_i \tag{3-37}$$

配电设计中，按电压损失校验截面面积时，应使各种用电设备端电压符合电压偏差允许值，令 $\Delta U\% = \Delta U_{ux}\%$，$\Delta U_{ux}\%$ 为允许电压损失百分数，代入式（3-37），整理可得 380/220V 低压导线截面面积公式：

$$S = \frac{\sum_{i=1}^{n} p_i L}{10\gamma\Delta U_{ux}\%} \tag{3-38}$$

当计及 $\Delta U_r\%$ 的影响时，电压损失由两部分组成。由式（3-31）和式（3-38）可推导出：

$$S = \frac{1}{10\gamma(\Delta U_{ux}\% - \Delta U_r\%)}\sum_{i=1}^{n} p_i L_i \tag{3-39}$$

选择耐火电缆应注意，因着火时导体温度急剧升高导致电压损失增大，应按着火条件核算电压损失，以保证重要设备连续运行。只要将按正常情况（即电压偏差允许值按 $-5\% \sim 5\%$）选择的电线、电缆截面面积放大一至两级就可以。原来选择 50mm^2 及以下时，放大一级截面面积；70mm^2 及以上时放大两级截面面积通常就可以满足着火条件下的电压偏差不大于 -10% 的条件。

3. 按机械强度选择截面面积

电气线路的导体最小截面面积应满足机械强度的要求，如固定敷设的导线最小芯线截面面积应符合表 3-5 的规定。

表 3-5　导体最小允许截面面积

布线系统形式	线路用途	导体最小允许截面面积/mm²	
		铜	铝
固定敷设的电缆和绝缘电线	电力和照明线路	1.5	2.5
	信号和控制线路	0.5	—
固定敷设的裸导体	电力（供电）线路	10	16
	信号和控制线路	4	—
用绝缘电线和电缆的柔性连接	任何用途	0.75	—
	特殊用途的特低压电路	0.75	—

4. 短路热稳定性校验

母线、导线、电缆必须能承受短路电流的热效应而不致破坏，这种能力称为导体的短路热稳定性。因此在电线电缆配电线路中，电线电缆截面面积的大小与断路器的切断时间有关。

当短路持续时间不大于 5s 时，导线截面面积应满足（单位为 mm^2）：

$$S \geqslant \frac{I_\infty}{K}\sqrt{t_j} \tag{3-40}$$

式中　I_∞——短路电流（A）；

　　　K——与导体材料有关的热稳定系数，取值见表 3-6；

　　　t_j——通过短路电流的假想时间（s），一般取短路保护时间与断路器动作时间之和，断路器动作时间油断路器取 0.2s，真空断路器取 0.1~0.15s。

表 3-6　不同导体材料和绝缘的 **K** 值

材料 \ 绝缘		导 体 绝 缘					
		70℃ PVC	90℃ PVC	85℃橡胶	60℃橡胶	矿物绝缘	
						带 PVC	裸的
初始温度/℃		70	90	85	60	70	105
最终温度/℃		160/140	160/140	220	200	160	250
导体材料	铜	115/103	100/86	134	141	115	135
	铝	76/68	66/57	89	93	—	—

当配电线路采用低压断路器作保护时，可按断路器的短路电流热效应（I^2t）曲线进行校验，并符合下式要求：

$$(SK)^2 \geqslant I^2 t$$

式中　$(SK)^2$——电缆允许的最大热效应；

　　　I^2t——断路器保护范围内最大短路电流产生的热效应。

5. 中性线截面面积的选择

1）单相两线制电路中，无论相线截面面积大小，中性线截面面积都应与相线截面面积相同。

2）三相四线制配电系统中，N 线的允许载流量不应小于线路中最大的不平衡负荷电流，且应计入谐波电流的影响。当相线导体截面面积不大于 $16mm^2$（铜）或 $25mm^2$（铝）时，中性线应选择与相线相等的截面面积。当相线导体截面面积大于 $16mm^2$（铜）或 $25mm^2$（铝）时，若中性线电流较小可选择小于相线截面面积；但不应小于相线截面面积的 50%，且不小于 $16mm^2$（铜）或 $25mm^2$（铝）。

四、电气装置的保护配合

（一）电气装置选择原则

电气装置在供电系统中的装设地点、工作环境及运行要求尽管各不相同，但在设计和选择这些电气装置时都应遵守以下几个共同原则：

1. 按环境条件选择

在确定电气装置的规格型号时，必须考虑环境特征，如户外、户内、潮湿、高温、高寒、高海拔、易燃易爆危险环境等，有时还应考虑防火要求以及安装运行、维修、操作方便。

2. 按正常工作条件选择

为了保证电气装置的可靠运行，必须按正常工作条件选择。所谓正常工作条件，指的是正常工作电压和工作电流。按正常工作条件选择一般遵循如下原则：

1）装置的额定电压 U_{eg} 应和安装地点网络的额定电压 U_e 匹配，即

$$U_{eg} \geq U_e \tag{3-41}$$

2）装置的额定电流 I_{eg} 应大于或等于正常工作时的最大负荷电流 I_{gmax}，即

$$I_{eg} \geq I_{gmax} \tag{3-42}$$

3）我国电气装置的额定电流，是按一定的环境温度确定的（如载流导体为25℃，电气设备为40℃）。当安装地点的实际温度与该环境温度不一致时，必须对 I_{eg} 给予温度修正，即

$$I'_{eg} = I_{eg}\sqrt{\frac{\theta_{eg} - \theta_0}{\theta_{eg} - \theta_1}} \tag{3-43}$$

式中　I'_{eg}——环境温度为 θ_0 时，电器装置的允许电流（A）；

　　　θ_0——实际环境温度（℃）；

　　　θ_{eg}——电器装置的额定温度或允许的最高温度（℃）；

　　　θ_1——规定的环境温度（℃）。

3. 按短路条件选择

对断开短路电流的电器（如断路器、熔断器等），要满足一定的断流能力。对可能通过短路电流的电器（如负荷开关、刀开关等）还应按下列公式进行动稳定和热稳定校验。

$$\left.\begin{array}{l}
\text{动稳定校验} \quad I_{egmax} \geq I_{ch} \text{或} i_{egmax} \geq i_{ch} \\
\text{热稳定校验} \quad I_t^2 t \geq I_\infty^2 t_{jx} \text{或} I_t \geq I_\infty\sqrt{\dfrac{t_{jx}}{t}}
\end{array}\right\} \tag{3-44}$$

式中　I_{egmax}，i_{egmax}——设备允许通过最大电流的有效值、峰值（A）；

　　　I_{ch}，i_{ch}——短路冲击电流的有效值、峰值（A）；

　　　I_t——t 时间（单位为s）内的热稳定电流（A）；

　　　t——与 I_t 对应的时间（s）；

　　　t_{jx}——假想时间（s）；

　　　I_∞——稳态短路电流（A）。

用熔断器保护的设备可以不进行动稳定和热稳定校验。

（二）熔断器的选择

熔断器是电气设备长期过负荷或短路的一种保护装置，一般由熔体及熔管或熔体座组成。熔断器一般安装在被保护设备或网络的电源端，只用于短路保护，当被保护的线路或设备发生短路故障时，熔断器的熔体立即熔断，实现短路保护。只有在下列情况下才考虑装设过负荷保护：①居住建筑、重要的仓库以及公共建筑中的照明线路；②有可能引起绝缘导线或电缆长期过负荷的电力线路；③当有延燃性外层的绝缘导线明敷在易燃体或难燃体的建筑物结构上时。

对于熔断器的选择，采用下列简单算式，可满足正常和短时过负荷的要求：

1. 按正常工作电流选择

$$I_{er} \geqslant I_j \tag{3-45}$$

2. 按起动电流选择，躲过短时过负荷

1) 单台电动机回路：

$$I_{er} \geqslant \frac{I_{dq}}{a} \tag{3-46}$$

2) 链式供给数台电动机的支线：

$$I_{er} \geqslant \frac{I_{dq1} + I_{ed(n-1)}}{a} \tag{3-47}$$

3) 配电干线（即引至用电设备组的线路）：

$$I_{er} \geqslant k[I_{dq1} + I_{j(n-1)}] \tag{3-48}$$

4) 照明线路：

$$I_{er} \geqslant k_m I_j \tag{3-49}$$

式中 I_{er}——熔体的额定电流（A）；

      I_j——线路计算电流（A）；

     I_{dq}——电动机起动电流（A）；

    I_{dq1}——线路中起动电流量大的一台电动机的起动电流（A）；

$I_{j(n-1)}$——除起动电流最大的一台电动机以外的线路计算电流（A）；

     a——熔断器选择的安全系数，由熔断器起动状况和特性决定，见表3-7；

    k——配电线路熔体选择计算系数（取决于最大一台电动机的起动状况、线路计算电流与尖锋电流之比和熔断器特性，当 I_{dq1} 很小时取 1，I_{dq1} 较大时取 0.5 ~ 0.6，当 $I_{j(n-1)}$ 很小时可按 $\frac{1}{a}$ 考虑；

   k_m——照明线路熔体选择计算系数（取决于电源起动状况和熔断器特性，见表3-8）。

表 3-7   熔断器选择系数 a 的值

名称	型号	熔体材料	熔体电流 /A	a	
				电动机轻载起动	电动机重载起动
有填料封闭管式	RTO	铜	≤50	2.5	3
			60 ~ 200	3.5	3
			>200	4	3
无填料封闭管式	RM10	锌	≤60	2.5	2
			80 ~ 200	3	2.5
			>200	3.5	3
无填料封闭管式	RM1	锌	10 ~ 350	2.5	2
螺旋式	RL1	铜、银	≤60	2.5	2
			80 ~ 200	3	2.5
瓷插式	RC1A	铅、铜	10 ~ 200	3	2.5

注：1. 此表是根据熔断器特性曲线分析而得。

    2. 轻载起动时间按 6 ~ 10s 考虑，重载起动时间考虑为 15 ~ 20s。

采用保护装置对电气线路进行保护时，还应考虑保护装置与电气线路允许载流量之间的配合关系。在短路保护时，当被保护的配电干线末端发生短路故障时，为保证熔断器的动作灵敏度，同时节约金属、降低经济投入，要考虑导体或电缆的允许载流量与熔体的额定电流之间的关系。我国设计规范规定 I_{er} 不应大于电缆或穿管绝缘导线允许载流量的 2.5 倍，或明敷绝缘导线允许载流量的 1.5 倍，即明敷时，$I_{er} \leq 1.5 I_{ux}$；采用电缆、或绝缘导线穿管敷设时，必须满足 $I_{er} \leq 2.5 I_{ux}$ 的关系。若进行过负荷保护则要求 $I_{er} \leq 0.8 I_{ux}$。

表 3-8　照明线路熔体选择计算系数 K_m 的值

熔断器型号	熔体材料	熔体额定电流/A	K_m		
			白炽灯、荧光灯、卤钨灯、金属卤化物灯	高压汞灯	高压钠灯
RL1	铜、银	≤60	1	1.3 ~ 1.7	1.5
RC1A	铅、铜	≤60	1	1 ~ 1.5	1.1

（三）断路器的选择

断路器的灭弧性能较好，故在正常运行时可接通和切断负荷电流，并具有短路、过负荷和欠电压保护特性，因此广泛地应用于低压供配电系统中。

断路器的选择除满足电器设备选择的一般原则外，要注意断路器有 3 个额定电流，即断路器的额定电流 I_e、电磁脱扣器的额定电流 I_{ez}、热脱扣器的额定电流 I_{er}。如果线路计算电流为 I_j，导线安全允许载流量为 I_{ux}，则它们之间应符合下列关系：

$$I_e \geq I_{er} ; I_{ez} \geq I_{er} ; I_{er} \geq I_j ; I_j \leq I_{ux} \tag{3-50}$$

第二节　电气线路防火要求

一、电气线路敷设的安全要求

（一）架空线路

1. 对路径的防火要求

架空线路不得跨越屋顶为燃烧材料的建（构）筑物，线路下面或附近不得堆放柴草等可燃物品。建（构）筑物、储罐和物资堆垛等与架空线路的防火间距按规定不应小于电杆高度的 1.5 倍，以防倒杆、发生断线事故时，导线短路产生火花电弧，引起爆炸和燃烧。与散发可燃易燃气体的甲类生产厂房的防火间距，则不应小于 30m。受条件限制时，则应采取其他有效措施。

2. 安全距离

架空线路有高压和低压两种，为确保其安全运行，架空线路应与地面、建筑物、树木等保持一定的水平和垂直距离。

（1）垂直距离　架空线路导线对地面、水面和跨越物的最小允许间隔距离见表 3-9。为防止架空线与树木之间相碰放电引起火灾和危及人身安全，1kV 以下架空线至树木顶部的垂直距离一般不应小于 1m。

（2）水平距离　在最大风偏情况下，架空线路的边导线与城市中多层建筑物或新建扩建的建筑物的规划线之间的水平距离，1kV以下线路不应小于1m，在无风的情况下，边导线与城市中现有建筑物之间的净距离不应小于0.5m。

表3-9 架空配电线路导线对地面、水面和跨越物的最小允许间距 （单位：m）

经过地区或跨越项目	线路额定电压/kV	
	0.22～0.38	1～10
1. 地面（水面）		
1）居民区	6	6.5
2）非居民区	5	5.5
3）居民密度小，交通困难的地区	4	4.5
4）不能通航及不能浮运的河、湖（冬季至冰面）	5	5
5）不能通航及不能浮运的河、湖至最高水位	3	3
2. 对铁路		
1）公用及非公用标准轨铁路，至轨道	7.5	7.5
2）非公用窄轨铁路，至轨道	6	6
3. 对公路、城市道路	6	7
4. 对河流	6	6
1）长年洪水（至水面）	6	6
2）至最高航行水位时的高船桅顶和长年洪水位时的浮运物顶	1	1.5

（3）线间距离 1kV以下架空配电线路的导线与导线之间的距离一般为0.3～0.5m。

（4）交叉距离 电力线路互相跨越时，一般较高电压线路在上，并不应有导线接头；较低电压在下，且应保持一定允许距离。

（二）接户线与进户线

从架空线路的电杆到用户线第一个支持点之间的引线叫接户线。从用户屋外第一个支持点到屋内第一个支持点之间的引线叫进户线。

为防止接户线和进户线引起火灾，接户线和进户线均应采用绝缘导线，各支持点的支架和绝缘子应完好无损。对于接户线，一般不宜超过25m（超过时应在中间加装辅助电杆），对地距离不小于2.5m，导线之间的距离不小于150mm，导线截面面积视具体情况按要求选择。对于进户线，一般长度不宜超过1m，进户点距地面不应低于2.5m，进户时要用塑料管、防水弯头或瓷管套好，以防电线磨损、雨水倒流，造成短路或产生漏电引起火灾。进户线不得使用软线，中间不宜有接头，严禁将电线从腰窗、天窗、老虎窗，或从草、木层顶直接引入建筑内。

爆炸物品库的进户线，宜用铠装电缆埋地引入；进户处宜穿管，并将电缆外皮接地，从电杆引入电缆的长度 $L \geqslant 2\rho^{1/2}$，一般不小于15m。电杆上设置低压避雷器，以防感应雷电波沿进户线侵入库内，引起爆炸事故。

（三）室内、室外线路

室内线路指安装在房屋内的线路。室外线路是指安装在遮檐下，或沿建筑物外墙，或外墙之间的配线，穿过广场、道路、空地等处电压在1kV以下，档距不超过25m的用绝缘导线架设的线路也属于室外线路。室内、外线路应采用绝缘线。敷设时要注意导线间、导线固定点间以及线路与建筑物、地面之间必须保持一定距离。导线固定点间的最大允许距离，随着敷设方式、敷设场所和导线截面面积的不同而不同。要防止导线机械受损，以避免绝缘性能下降。导线连接也要避免接触电阻过大造成局部过热。

1. 按环境确定敷设方式

在实际生产、生活中，电气设备所处的环境各异。为了保证导线在各种环境下的安全运行，防止火灾发生，不同环境要求使用的导线、电缆类别也不同，安装敷设方法也要与其相适应。表 3-10 列出了按环境选择导线、电缆及其敷设方式，供参考。

表 3-10 按环境选择导线、电缆及其敷设方式

环境特征	线路敷设方式	常见电线、电缆类型
正常干燥环境	1. 绝缘线鼓形绝缘子、瓷夹板或铝皮卡明配线 2. 绝缘线、裸线瓷瓶明配线 3. 绝缘线穿管明敷或暗敷 4. 电缆明敷或放在沟中	BBLV、BLXF、BLVV、BLVA、BLX BBLX、BLXF、BLV、LV、LMV BBLX、BLXF、BLX ZLL、ZLL$_{11}$、VLV、VJV、XLV、ZLQ
潮湿和特别潮湿的环境	1. 绝缘线瓷瓶明配线（敷设高度 > 3.5m） 2. 绝缘线穿塑料管、钢管明敷或暗敷 3. 电缆明敷	BBLX、BLXF、BLV、BLX BBLX、BLXF、BLV ZLL$_{11}$、VLV、YJV、VLX
多尘环境	1. 塑料线鼓形绝缘子、瓷瓶明配线 2. 绝缘线穿塑料管明或暗敷 3. 电缆明敷	BLV、BLVV BBLX、BLXF、BLV、BV、BLX VLV、VJV、ZLL11、XLV
有火灾危险的环境	1. 绝缘线鼓形绝缘子明配线 2. 绝缘线穿管明敷或暗敷 3. 电缆明敷或放在沟中	BBLX、BLV、BLX BBLX、BLV、BLX ZLL$_{11}$、ZLQ、VLV、YJV
有爆炸危险的环境	1. 绝缘线穿钢管明敷或暗敷 2. 电缆明敷	BBX、BV、BX ZL$_{120}$、ZQ$_{20}$、VV$_{20}$

此外，高温场所应采用以石棉、玻璃丝、鼓形绝缘子、瓷管、云母等作为绝缘的耐热配线；有闷顶的三、四级耐火等级建筑物，在闷顶上应采用金属管配线或带有金属保护层的绝缘导线；经常移动的电气设备，应采用软线或移动用电缆等。

2. 室外布线的防火要求

由于室外布线具有其自身的特点，因此在敷设时应注意以下几点：

1）室外布线要求采用绝缘导线，当电压超过 1kV 时，一般不允许用绝缘导线沿外墙敷设。

2）室外沿墙用鼓形绝缘子布线时，沿墙垂直敷设的电气线路至阳台，窗户的水平距离不小于 750mm，水平敷设时应距窗户上边缘 300mm，或窗户下边缘 800mm。

3）室外布线的导线水平排列时，零线应靠墙壁敷设；导线垂直排列时，零线应敷设在最下方。在引线时，零线和相线交叉处应用绝缘套管隔离。

3. 室内布线的防火要求

在一般情况下，室内布线应采取绝缘导线，电源电压为 380V 的应采用耐压值为 500V 的绝缘导线。电源电压为 220V 的应采用耐压值为 250V 的绝缘导线。室内导线采用其他敷设方式时，应满足以下防火要求：

1）绝缘导线明敷时，应防止受机械损伤，如导线穿过墙壁或可燃建筑构件时，应采用砌在墙内的绝缘管子，且每只管子只能穿一根导线。从地面向上安装的绝缘导线，距地面高

度为 2m 以内的一段应加钢管保护，以防止绝缘受损造成事故。

2）凡明敷于潮湿场所或埋在地下的线管均应采用水、煤气钢管。明敷或暗敷于干燥场所的线管可采用一般钢管。线管内导线的绝缘强度不应低于交流 500V。用金属管保护的交流线路，当负荷电流大于 25A 时，为避免涡流产生，应将同一回路的所有导线穿于同一根金属管内。

3）办公室、生活间等干燥的场所采用槽板布线时，槽板应设在明处，不得直接穿过楼板或墙壁，必要时，须改用瓷套管或钢管保护。安装槽板时，要防止导线绝缘层被破坏，造成漏电或短路事故。槽板若为木板，应采用干燥坚硬的，并涂漆防潮，以达到防止机械损伤和增强绝缘的目的。木槽板在有尘埃或有燃烧、爆炸危险场所，不得使用。

4. 对导线连接和封端的技术要求

导线相互连接或导线与电气设备连接的接头处，是造成电阻过大，产生局部过热的主要部位，是产生火灾的引火源。

（1）对连接的基本要求

1）导线连接接触处，应接触可靠、稳定，接触电阻应不大于同样长度、截面面积的电阻。

2）连接接头要牢固，其机械强度不得小于同截面面积导线的 80%。

3）接头应耐腐蚀；铝线连接采用焊接时，要防止焊料和溶渣的化学腐蚀；铝线与铜线连接要防止接触面松动、受潮、氧化，以及防止在铜铝线之间产生电化腐蚀。

4）接头处包缠的绝缘材料的绝缘强度应与原导线相同。

（2）对铜（铝）芯导线的中间连接和分支连接的要求　应用熔焊、线夹、瓷接头或压接法连接。在实际施工中，$2.5mm^2$ 以下的单芯导线多用绞接；$4mm^2$ 的单芯铜导线可用缠绕法连接；多芯铜线多用压接或缠绞连接。铝芯线可用铝管进行压接。铜导线和铝导线连接时，可用铜铝过渡连接管。

（3）对导线出线端子的装接要求　$10mm^2$ 以下的单股铜芯线，$2.5mm^2$ 以下的多股铜芯与电气设备的接线端子可直接连接，但多股铜线宜先拧紧，搪锡后再连接。多股铝芯线和截面面积大于 $2.5mm^2$ 的多股铜芯线的终端，应在其端子焊接或压接后，再与电气设备的接线端子连接。铜线接线端子，俗称铜接头、线鼻子，常用锡焊接，焊接时涂无酸焊接膏。

（4）对恢复接头外绝缘的要求　绝缘导线中间和分支接头，绝缘应包缠均匀、严密，并不低于原有绝缘强度；接线端子端部与导线绝缘层空隙处，应用绝缘带包缠严密。

二、电缆敷设及其防火要求

（一）电缆敷设一般要求

1）电缆线路路径要短，且尽量避免与其他管线（管道、铁路、公路和弱电电缆）交叉。敷设时要顾及已有的或拟建房屋的位置，不使电缆接近易燃易爆物及其他热源，尽可能不使电缆受到各种损坏（机械损伤、化学腐蚀、地下流散电流腐蚀、水土锈蚀、蚁鼠害等）。

2）不同用途的电缆（如工作电缆与备用电缆、动力控制电缆等）宜分开敷设，并对其进行防火分隔。

3）电缆支持点之间的距离、电缆弯曲半径、电缆最高点低点间的高差等不得超过规定数值，以防机械损伤。

4）电缆在电缆沟内、隧道内及明敷时，应将麻包外皮剥去，并应采取防火措施。

5）交流回路中的单芯电缆应采用无钢铠的或非磁性材料护套的电缆。单芯电缆要防止引起附近金属部件发热。

6）其他要求可参考有关电气设计手册。

（二）电缆敷设方式

常用的敷设方式有电缆隧道、电缆沟、排管、壕沟（直埋）、竖井、桥架、穿管等，分别介绍如下：

1. 电缆隧道和电缆沟

电缆隧道适用于有大量电缆的配置处，电缆沟适用于敷设电缆数量较多的地方。电缆隧道（沟）在进入建筑物（如变配电所）处，或电缆隧道每隔100m处，应设带门的防火隔墙，对电缆沟只设隔墙，以防止电缆发生火灾时烟火向室内蔓延扩大，且可防小动物进入室内。电缆隧道应尽量采用自然通风，当电缆热损失超过 150～200W/m 时，需考虑机械通风。

2. 电缆排管

电缆敷设在排管中，可以免受机械损伤，并能有效防火，但散热条件差，需要降低电缆载流量。电力电缆排管孔眼直径应大于100mm，控制电缆排管孔眼直径应大于75mm，孔眼电缆占积率为66%。高于地下水位1m以上的可用石棉水泥管或混凝土管；对潮湿地区，为防电缆铅层受到化学腐蚀，可用PVC（塑料管）。

3. 壕沟（直埋）

将电缆直接埋在地下，既经济、方便，又可防火，但易受机械损伤、化学腐蚀、电腐蚀，故可靠性差，且检修不便，多用于工业企业中电缆根数不多的地方。

电缆埋深不得小于700mm，壕沟与建筑物基础间距要大于600mm。为防止机械损伤，电缆引出地面2m范围内应用金属管或保护罩加以保护，电缆不得平行敷设于管道的上方或下面。

4. 电缆竖井

竖井是电缆敷设的垂直通道。竖井多用砖和混凝土砌成，在有大量电缆垂直通过处采用，如发电厂的主控室、高层建筑的层间。竖井在地面或每层楼板处，设有防火门，通常做成封闭式，底部与隧道或沟相连。高层建筑竖井一般位于电梯井道两侧和楼梯走道附近。竖井易产生烟囱效应，容易使火势扩大，蔓延成灾，因此每层楼板都应隔开；穿行管线或电缆孔洞，必须用防火材料封堵。

5. 电缆桥架

电缆架空敷设在桥架上，其优点是无积水问题，避免了与地下管沟交叉相碰，成套产品整齐美观、节约空间，封闭槽架有利于防火、防爆、抗干扰。其缺点是耗材多，施工、检修和维护困难，受外界引火源（油、煤粉起火）影响的几率较大。

6. 电缆穿管

电缆一般在出入建筑物，穿过楼板和墙壁，从电缆沟引出地面2m、地下深0.25m内，以及铁路、公路交叉时，均要穿管给予保护。保护管可选用水煤气管，腐蚀性场所可选用PVC（塑料管）。管径要大于电缆外径的1.5倍。保护管的弯曲半径不应小于的所穿电缆的最小允许弯曲半径。

（三）对电缆头的要求

电缆头是影响电缆绝缘性能的关键部位，最容易成为引火源。因此，确保电缆头的施工质量是极为重要的。油浸绝缘电缆两端位差太大时，由于油压的作用，低端将会漏油，电缆铅包甚至会胀裂。为避免此故障的发生，往往采用电缆中间堵油接头和干包头将电缆油路分隔成几段。电缆头在投入运行前要做耐压试验，测量出的绝缘电阻应与电缆头制作前没有大的差别，其绝缘电阻一般在 50 ~ 100MΩ。运行时要检查电缆头有无漏油、渗油现象，有无积聚灰尘、放电痕迹等。

三、电线电缆防火阻燃措施

（一）电线电缆防火措施

常见的电线电缆火灾的原因一是本身故障；二是外界原因。具体原因归纳如下：电线电缆绝缘损坏；电线接头、电缆头故障使绝缘物自燃；堆积在电缆上的粉尘自燃起火；电焊火花引燃易燃品；充油电气设备故障时喷油起火；电线电缆遇高温起火并蔓延。电线、电缆着火延燃的同时，往往伴随产生大量有毒烟雾，使扑救困难，导致事故的扩大，损失严重，因此需对电线电缆采取一系列的防火措施。

1. 远离热源和火源

电缆道沟应尽可能远离蒸气及油管道，其最小允许距离见表 3-11。当现场实际距离小于表中数值时，应在接近或交叉段前后 1m 处采取措施。可燃气体或可燃液体管沟，不应敷设电缆。若敷设在热力管沟中，应采取隔热措施。电缆在具有爆炸和火灾危险的环境不应明敷电缆。

表 3-11　电缆与管道的最小允许距离　（单位：mm）

名称	电力电缆		控制电缆	
	平行	垂直	平行	垂直
蒸气管道	1000	500	500	250
一般管道	500	300	500	250

2. 隔离易燃易爆物

在容易受到外界着火影响的电缆区段，架空电缆应采用防火槽盒，涂刷阻燃材料等，以防止火灾蔓延；或埋地、穿管敷设电缆。对处于充油电气设备（如高压电流、电压互感器）附近的电缆沟，应密封好。

3. 封堵电缆孔洞

对通向控制室电缆夹层的孔洞、沟道、竖井的所有墙孔，楼板处电缆穿孔和控制柜、箱、表盘下部的电缆孔洞等，都必须用耐火材料（如防火堵料、防火包和防火网）严密封堵。

4. 防火分隔

设置防火隔墙、阻火夹层及阻火段，将火灾控制在一定电缆区段，以缩小火灾范围。在电缆隧道、沟及托架的下列部位：不同厂房或车间交界处，进入室内处，不同电压配电装置交界处，不同机组及主变压器的缆道连接处，隧道与主控、集控、网控室接连处，以及长距离缆道每隔 100m 处等，均应设置防火隔墙或带门的防火隔墙。

5. 防止电缆因故障自燃

对电缆建筑物要防止积灰、积水；确保电缆头的工艺质量，对集中的电缆头要用耐火板隔开，并对电缆头附近电缆刷防火涂料；高温处选用耐热电缆，对消防用电缆作耐火处理；加强通风，控制隧道温度，明敷电缆不得带麻被层。

6. 设置自动报警与灭火装置

可在电缆夹层、电缆隧道的适当位置设置自动报警与灭火装置。

（二）电线电缆阻燃措施

应用防火材料组成各种防火阻燃措施，是国内外防止电缆着火延燃的主要方法。它可提高电缆绝缘的引燃温度，降低引燃敏感性，降低火焰沿表面燃烧的速率，提高阻止火焰传播的能力。

1. 防火涂料

为保证发生火灾时消防电源及控制回路能够正常供电和控制操作，如消防水泵和事故照明线路、高层建筑内的消防联动系统的控制回路等的电缆线路，沿电缆全线涂膨胀型防火涂料。局部涂覆是为增大隔火距离，防止窜燃，在阻火墙一侧或两侧，根据电缆的数量、型号的不同，分别涂长度为 0.5 ~ 1.5m 的涂料。局部长距离、大面积涂覆是指对邻近易着火电缆部位涂覆。膨胀型防火涂料的涂覆厚度，根据不同场所、不同环境、电缆数量及其重要性，可适当增减，一般以 1.0mm 左右为宜，最少 0.7mm，多则 1.2mm。涂覆比为 1 ~ 2kg/m²。

2. 电缆用难燃槽盒

当负荷密度达 70W/m² 时，20 层及以上的高层与超高层民用建筑配电线路，宜选用密集型母线槽。密集型母线槽体积小、结构紧凑、传输电流大，并能很方便地通过母线槽插接式开关箱引出电源分支线，具有较好的电气及机械性能，外壳接地好，安全可靠，防火性能好。普通多层民用建筑的大负荷机电设备的配电干线可选用普通型或阻燃型密集型母线槽，消防泵、消防电梯、应急发电机等低压配电干线应选用耐火型密集型母线槽，保证在火灾时电源的供应，以利火灾的扑救。

3. 耐火隔板

耐火隔板由难燃玻璃纤维增强塑料制成，隔板两面涂覆防火涂料，具有耐火隔热性能。隔板可用来对敷设电缆的层间作防火分隔，防止电缆群中，因部分电缆着火而波及到其他层，缩小着火范围，降低燃烧强度，防止火灾蔓延。

4. 防火堵料

防火堵料主要用来对建筑物的电缆贯穿孔洞进行封堵，从而抑制火势向邻室蔓延。

5. 防火包

防火包形似枕头，内部填充无机物纤维、不燃和不溶于水的扩张成分，以及特殊耐热添加剂，外部由玻璃纤维编织物包装而成。防火包主要用于电缆或管道穿越墙体或楼板贯穿孔洞的封堵，阻止电缆着火后向邻室蔓延。用防火包构成的封堵层，耐火极限可达 3h 以上。

6. 防火网

防火网是以钢丝网为基材，表面涂刷防火涂料而成。防火网遇明火时，网上的防火涂料即刻膨胀发泡，网孔被致密泡沫炭化层封闭，从而可阻止火焰穿透和蔓延。防火网适用于既要求通风，又要求防火的地方。

7. 阻燃、耐火电线电缆

具有阻燃性能的 PVC 绝缘和护套电线电缆，耐热有 70℃、90℃、105℃，氧指数大于 32。阻燃型电线、电缆不易着火或着火后不延燃，离开火源可以自熄。但阻燃材料作导体的绝缘有一定的局限性，它仅适用于有阻燃要求的场所。铜芯铜套氧化镁绝缘耐火电缆适用于特别重要的一级负荷，如消防控制室、消防电梯、消防泵、应急发电机等的电源线。

第三节　电气设备防火

一、动力设备（电动机）防火

电动机是重要的动力拖动设备。无论何种电动机，都由两个基本部分组成，即定子和转子。定子由硅钢片铁心、绕组、机座外壳、散热风槽组成，转子由硅钢片转子铁心、转子绕组、风扇组成。

（一）引发火灾的原因

（1）绕组短路　由于平时保养不善，线圈受潮、绝缘能力下降；螺母、垫圈、小石子等硬物不慎落入机体，损坏了绝缘；检修、安装时操作不慎，碰坏绝缘层，这些都会形成匝间短路，使其迅速发热。

（2）超负荷　一定功率的电动机能带动的设备也是有限度的，如果带动的设备超过允许负荷的范围，也会引起发热。

（3）三相电动机两相运行，俗称断相　有时，三相线路中有一相熔丝熔断，或者是绕组断路，只剩下两相通电，这时电路上的电流将增至正常时的 1.73 倍，发热量增加。此时，由于有大电流通过，电动机会迅速发热。

（4）转动不灵　由于轴承磨损、润滑油缺少，使机轴转动不灵，甚至被卡住，也会使电动机发热起火。

此外，纤维、粉尘被吸入电动机，通风槽被堵，定子与转子摩擦打出火花等，都可能引起燃烧。一般说来，电动机起火只是将绕组烧毁。但是，如果使用可燃物作底座，或者附近有可燃物，就可能引起火灾。

（二）预防措施

1）根据电动机使用环境的特征，同时考虑防潮、防腐蚀、防尘等情况，选择相应的电动机。

2）要经常做好电动机保养工作。暂时不用的电动机，要放在干燥、清洁的场所。重新使用前，要测量绝缘电阻，如低于标准阻值，不能投入使用。

3）对转轴等要勤加润滑油，轴承磨损要及时更换，保持运转灵活。

4）电动机的功率应略大于被拖动的机械设备，使其匹配相当，防止超负荷。

5）三相线路上的用电量要保持均衡，电源线上的 3 只熔断器必须采用相同规格的熔丝。大功率电动机应在电源线上分别安装指示灯，以便及时发现断相。

6）安装合适的保护装置。电动机起动电流比额定电流大 5～7 倍。因此，安装保护装置要考虑到这种情况，有些电动机还可采用双保险接线。运行开关的熔丝要按额定电流来选定，起动开关的熔丝要按大于额定电流选定。

7）对运行中的电动机要加强监视，注意声音、温升、电流和电压的变化情况。如温度过高，应采取降温措施或暂停使用；如温度急剧上升，应断电检查。

8）电动机启动时电流大，短时间启动次数过多，会使绕组发热，甚至烧毁。因此，连续启动次数一般不得超过 5 次，发热状态下不得超过 2 次。特种电动机除外。

9）电动机周围要保持清洁，远离可燃物，防止纤维、粉尘吸入电动机。电动机的底座必须用不燃材料制作，也不可靠近木板墙壁，四周要保持清洁，不可堆放可燃物。尤其是在棉、麻、毛、麦秸、稻草等易燃材料的加工车间、堆场等，电动机一定和这些材料保持一定的防火间距或采取屏蔽措施。对落在电动机上的棉绒、飞絮和可燃粉尘必须及时清扫，以防积聚。

二、照明装置防火

照明装置广泛应用于生产和生活的各个领域，人们司空见惯，往往容易忽视其防火安全，所以更增大了发生火灾的可能性。

（一）引发火灾的原因

常见的照明装置引发火灾的原因如下：

（1）白炽灯　在散热良好的条件下工作时，灯泡的表面温度往往与功率大小直接相关，并且功率越大，升温的速度也越快。灯泡距可燃物越近，则引起燃烧的时间越短。白炽灯耐振性较差，灯泡易破碎。碎后，高温玻璃碎片和高温的灯丝溅落于可燃物上，也会引起火灾。

（2）荧光灯　荧光灯的火灾危险性主要是镇流器发热使可燃物燃烧。镇流器是由铁心和线圈再加上外壳组成，正常工作时，由于铜损和铁损使其有一定的温度，如果制造粗劣、散热不良或与灯管选配不合理，以及其他附件发生故障，都会使其温度进一步升高，超过允许值。这样就会破坏线圈的绝缘强度，甚至形成匝间短路，产生高温、电弧或火花，将会使周围可燃物发生燃烧，形成火灾。

（3）高压汞灯　高压汞灯正常工作时，其灯泡表面温度比同功率的白炽灯低。但通常情况下高压汞灯功率都比较大，因此发出的热量较高、温升速度快、表面温度高，如 400W 的高压汞灯，其表面温度为 180～250℃。另外，高压汞灯镇流器的火灾危险性与荧光灯镇流器基本相似。

（4）卤钨灯　卤钨灯一般功率较大，温度较高。1000W 卤钨灯的石英玻璃外表面温度可达 500～800℃，其内壁温度则更高，约为 1600℃。因此卤钨灯不仅能在短时间内点燃接触灯管外壁的可燃物，而且在其高温热辐射长时间下，还能使距灯管一定距离的可燃物燃烧。卤钨灯的火灾危险性，比其他照明灯具更大，事实上它在公共场所和建筑工地引起的火灾较多，必须予以足够的重视。

（5）霓虹灯　霓虹灯所用变压器的高压端，其绝缘接线柱有油污等，在潮湿天气发生漏电，常出现电弧性短路，也可以烧毁变压器，引发火灾。同时，长时间通电亦会因温升过高融化变压器上封灌的沥青而发生意外。

（6）特效用灯　如蜂巢灯、双向飞碟灯以及本身不发光的雪球灯，其驱动电动机在阻力增大或卡住时会增加发热，甚至引起火灾；吸顶灯由于通风、散热条件差，也很容易引起火灾。

（7）灯的附属设备如开关、灯座、挂线盒等，这些设备出现故障、接触不良、接头松动、短路等均可产生电火花，引起火灾或爆炸。

（二）预防措施

各类照明装置的功能不同，其引发火灾的危险性也不相同，要根据环境场所的火灾危险性来选择照明灯具。在有爆炸或火灾危险的场所，应根据有爆炸和火灾危险的介质分类等级选择灯具，并符合《爆炸和火灾危险环境电力装置设计规范》的相关要求；在多灰尘的房间，应根据灰尘的数量和性质选择灯具，通常采用防水防尘灯具；在有化学腐蚀和特别潮湿的房间也可采用防水防尘灯具，灯具的各部分宜采用耐腐蚀材料制成；在有水淋或可能浸水，以及有压力的水冲洗灯具的场所，应选用水密型灯具，防护等级为 IPX5、IPX6 以至 IPX8 等；在高温场所，宜采用散热性能好、耐高温的灯具；在装有锻锤、大型桥式吊车等振动、摆动较大场所使用的灯具，应有防振和防脱落措施。除此之外，还应符合下列防火要求：

1）照明装置应与可燃物、可燃结构之间保持一定的安全距离，严禁用纸、布或其他可燃物遮挡灯具。灯泡的正下方不宜堆放可燃物品。灯泡距地面高度一般不应低于 2m，如必须低于此高度时，应采取必要的防护措施。可能会遇到碰撞的场所，灯泡应有金属或其他网罩防护。

可燃吊顶上所有暗装、明装的灯具其功率不宜过大，并应以白炽灯或荧光灯为主。

2）卤钨灯灯管附近的导线应采用耐热绝缘导线（如玻璃丝、石棉、鼓形绝缘子等护套的导线）和耐热绝缘护套，而不应采用具有延燃性的绝缘导线，以免灯管高温破坏绝缘，引起短路。

3）室外或某些特殊场所的照明灯具应有防溅设施，防止水滴溅到高温的灯泡表面，使灯泡炸裂。灯泡破碎后，应及时更换。

4）镇流器与灯管的电压和容量相符合。安装镇流器时应注意通风散热，不准直接固定在可燃物上，否则应用不燃的隔热材料进行隔离。

5）可燃吊顶内暗装的灯具功率不宜过大，并应以白炽灯或荧光灯为主，而且灯具上方应保持一定的空间，以利散热。另外，暗装灯具及其发热附件周围应用不燃材料（石棉板或石棉布）做好防火隔热处理，否则可燃材料上应刷防火涂料。

6）在可燃材料装修的场所敷线时，应穿金属套管、阻燃硬塑套管，转弯处应装接线盒，套管长度超过 30m 时中间应加接拉线盒做好保护。吊装彩灯的导线穿过龙骨处应有胶圈保护。舞台暗装彩灯、舞池脚灯、可燃吊顶内灯具的导线均应穿钢管或阻燃硬塑套管敷设。在重要场所安装暗装灯具和安装特制大型吊装灯具时，应在全面安装前做出同类型"试装样板"，经核定无误后再组织专业人员全面安装。

7）严格照明电压等级和负载量。照明电压一般采用 220V，携带式照明灯具的供电电压不应超过 36V，在潮湿地区作业则不应超过 12V，且禁止使用自耦变压器。36V 以下的和 220V 以上的电源插座应有明显的差别和标志。

8）合理控制电气照明。照明电流应分别有各自的分支回路，而不应接在动力总开关之后。各分支回路都要设置短路保护设施。为避免过载发热引起事故，一些重要场所及易燃易爆物品集中地还必须加装过载保护装置。非防爆型的照明配电箱及控制开关严禁在 0 级

（Q-1级）、10（G-1级）级爆炸危险场所使用。配电盘后尽量减少接头，盘面应有良好的接地。

9）照明装置其他部分也存在一定的火灾危险性，故要做好照明线路、灯座、灯具开关、挂线盒等设备的防火。

三、家用电器及电气装置件防火

（一）家用电器防火

电器火灾的原因主要是：用户疏忽大意，或缺乏安全用电知识和正确使用家用电器的常识；产品粗制滥造，质量低劣；产品设计不合理或缺少防火措施。可见，家用电器的防火贯穿于产品的设计、生产和使用的全过程，只有各个环节共同努力才能减少甚至杜绝家用电器火灾。

1. 电视机

1）电视开关引起电视机火灾。电源开关在电视机电源电路中的位置有时是引发电视机火灾的直接原因。其位置一般有两种：一种是电源开关设计在电源变压器的一次侧回路中，它可直接切断电视机电源；另外一种设计在变压器二次侧，切断电源开关，电源变压器仍然通有电，造成发热，长时间下去就可能引起火灾。如遇这种情况，在关闭电源开关后，还需要拔掉电源插头。

2）高压包放电打火。电视机显像管第二阳极需要的电压很高。由于机内电压高，机内若积灰、受潮，容易引起高压包放电打火，引燃周围的可燃零件。

3）电视机长期在通风条件差的环境中工作，机内的热量得不到散发，会加速电视机零件的老化，进而引起故障，甚至短路起火。液晶电视近年来时有起火燃烧、甚至爆炸事件发生，跟其尺寸越来越大、机身越来越薄有着密切关系。由于液晶电视的轻薄化、大尺寸化趋势明显，排线越发密集、紧凑，散热就成为突出的问题，若长时间开机运行，就会导致排线老化加速。一旦液晶电视不堪重负、散热困难，就可能导致起火燃烧、甚至爆炸。在遭受外力撞击、潮湿、雷雨天气等外部不安全影响的情况下，大尺寸、大屏幕的液晶起火燃烧的危险性更大。

4）用户不慎将液体滴入机内，或有小昆虫钻入机内，造成电视机线路漏电，发热起火。

5）雷击起火。安装室外电视天线及室外共用天线的用户越来越多，但室外天线或共用天线不装避雷器或避雷接地不良，都有招致雷击的可能。

预防电视机火灾的措施有：

1）连续收看时间不宜过长。时间越长，电视机的工作温度越高。一般连续收看4~5h后应关机休息一段时间，待温度降低后再打开。特别是气温高的季节更应如此。

2）选择适当的安放位置，确保良好的通风。

3）防止电视机受潮，长期不用时要每隔一段时间使用几小时，以驱散机内潮气。

4）室外天线和共用天线要装设避雷器，并应良好地接地。雷雨天最好不收看电视，并拔掉电源和天线插头。

5）看完电视后不要忘记切断电源，拔出电源插头。

2. 洗衣机

近几年来，洗衣机爆炸起火发生的主要原因有：

1）电动机线绝缘损坏。电动机是洗衣机最主要的部件，当电动机线圈受潮、绝缘电阻降低时，会发生漏电，轻则人在洗衣服时感到麻手，重则会使线圈冒烟起火。

2）当衣服放得太多，负荷加大或波轮被卡住，电动机停转时，线圈电流增大，就会发热引起火灾。当电源电压低于198V时，线圈电流会增大，导致线圈发热，引起火灾。

3）洗衣机内导线接头多，若接触不良，接触电阻过大，就会发生放热、打火现象。

4）电容器爆燃。若电容器质量低劣或受潮绝缘性能降低，漏电流逐渐增大，就会发生爆燃。

5）定时器、选择开关的触头长期通断，弹簧片疲劳，易失灵，致使不能断电，使洗衣机长时间工作，发生事故。

预防洗衣机火灾的措施有：

1）经常检查洗衣机电源线的绝缘层是否完好，若已磨破或老化、有裂纹应随时更换旧线。

2）接好地线。把地线接在地下金属材料上，若发生漏电现象，漏电流会引入地下，并降低机壳对地电压。安装漏电保护装置，漏电流大时，会自动断电，保护人身安全。

3）经常检查洗衣机波轮轴是否漏水。若漏水会顺皮带流入电动机内部，造成线路短路。一旦发现漏水，应停止使用，尽快修理。

4）机内导线接头要牢固。接好后还要进行良好的绝缘处理，最好采用胶封，以确保安全。接头采用胶布绝缘时，易老化；若采用塑料套，易滑脱造成线间短路。

5）接通电源，电动机不转，并发出"嗡嗡"响时，应立即断电，排除故障后再使用。电源电压不能太低或太高。若电源电压波动超过10%，即低于198V或高于242V时，应停止使用。

6）若定时器、选择开关接触不良，说明触头烧蚀或弹片压力减退。可用金属砂纸磨修触头，并用镊子调整弹片，使其保证正常接触或断开。

7）不要将50℃以上的热水直接倒入洗衣机内，以免洗衣桶和防水密封圈老化变形。使用结束后，必须将电源插头拔下，以免使洗衣机长期处于待机状态。

3. 电冰箱

电冰箱主要由制冷系统和控制系统组成，一般长期连续工作，故当其发生故障时易造成过热，从而导致火灾的发生。

电冰箱的压缩机和冷凝器表面温度较高，一般在50℃以上，甚至达到100℃以上。如此高的温度，在散热不良的情况下，易引起可燃物的燃烧。所以，为了防止火灾必须保证电冰箱后部干燥通风，切勿在电冰箱后面堆放可燃物；防止电冰箱电源线与压缩机、冷凝器接触，以防电源线绝缘层老化，引起漏电，导致火灾。短时间内持续地开、停会使压缩机温升过大被烧毁而起火。

另外，电冰箱的温度控制器位于电冰箱内侧，其开关在工作时会产生电火花，故电冰箱不能储放如乙醚那样的易挥发易燃液体，以防发生可燃气体爆炸。再者，不能用水冲洗电冰箱，防止温控开关进水受潮，产生漏电打火，从而引起内胆及保温的塑料燃烧。

4. 电热毯

电热毯是利用电流通过导体发热的原理制成，其导体（电热线）是由被绝缘材料包裹的金属电热丝构成。如果经常在固定的位置折叠，会造成电热线断裂而产生火花，引燃电热毯的可燃物。即使没有折叠，由于不适合地揉扭，长期高温下使绝缘老化，以及其他原因造成损坏等，都会使绝缘包层破裂。其后果，一则会引起人体触电，再者会造成局部过热引起火灾。

为了防止电热毯起火，首先要选择优良产品，然后要正确地使用，避免长时间通电使用；不用时一定要切断电源，而且要注意散热，避免在使用时其上面堆放被褥。

5. 电熨斗

电熨斗使用广泛，由于它温度较高，很容易引起火灾。据统计每年全国各地都有电熨斗火灾发生，特别是服装厂发生电熨斗火灾，损失特别严重。

电熨斗是由电热元件、底板、压板、罩壳、手柄及电源线等组成。其零部件大部分为不燃材料，故它本身不会自行燃烧。但各种规格的电熨斗都是由相应规格的合金电热丝作为发热元件的，通电后，电热丝表面温度可达 700 ~ 1000℃，如果通电时间较长，电熨斗的底板和外壳温度可达 400 ~ 700℃。显然电熨斗的辐射热和传导热可使许多可燃物燃烧。温度过高或经使用的电熨斗在拔去电源后，其表面温度在一定时间内还会超过许多物质的燃点和自燃点，且降温速率比升温速率要小。因此，有"余热"的电熨斗也有可能引起可燃物的燃烧，特别是对熨烫的织物。

电熨斗不管是在长时间通电的情况下，还是在断电有"余热"的情况下，都具有较大的火灾危险性。为此，使用电熨斗必须有人监视，使用时切勿长时间通电，用完后不要忘记切断电源，同时要放置在专用的架子上，让其自然降温，防止余热引起火灾。

（二）电气装置件防火

电气装置件是电气控制设备的总称，是一个很广泛的概念。其中开关是接通和切断或隔离电源的控制设备，它广泛应用于生产和生活的各个领域。下面着重研究电气开关的防火问题，而其他电气装置件的防火可参阅有关资料。

电气开关是极其普遍的电气设备，它对电能的生产、输送、分配与应用起着重要作用。即使被控设备完善，若电气开关的规格型号、性能参数等选用不当、元件失灵、操作失误，仍会导致设备不能有效地投入运行或不能充分发挥效能，也会导致整个系统故障，甚至引起火灾或触电等重大事故。开关设备可分为高压开关设备和低压开关设备，下面讨论几种常见的低压开关设备。

1. 断路器

断路器主要在低压供电系统中用于分合和保护电气设备，使之免受过电流、短路、欠电压等的危害。它也常被用于不频繁起动电动机以及操作或转换电路。

断路器是一种比较复杂的开关设备，若操作使用维护保养不当，出现脱扣器或操作机构失灵、接触不良、断相运行等故障，将烧坏电气设备，引燃附近可燃物，酿成火灾。为防止火灾事故的发生，断路器不应安装在易燃、受振、潮湿、高温或多尘的场所；应装在干燥明亮、便于进行维修及保证施工安全、操作方便的地方。断路器的操作机构、各脱扣器的电流整定值和延时时限均应定期检查；已经使用1/4机械寿命时以及触头磨损至原来厚度的1/3时都应进行及时的处理。定期清除落在断路器上的灰尘，在因短路分断或较长期使用后，要检查触头的烧损情况，并应清除灭弧室内壁和栅片上的金属颗粒、积炭，使之保持在良好的工作状态下。

2. 开启式开关熔断器组

瓷底胶盖刀开关（简称刀开关）结构简单、使用方便，普遍应用于工农业生产的各个方面，是日常生活中经常接触到的一种电器。它本身不能切断电流，采用熔断器组合电器，则可以接通和分断电路。这里熔断器是作为长期过载或短路保护元件，故必须正确选用熔断器。

如果刀开关的刀口接触不良，刀开关与导线连接松动，将会造成接触电阻过大，使刀片和导线发生熔化引起火灾。三相刀开关如有一相刀片失去作用或一相熔体熔断而未及时更换，又会引起其控制的电动机单相运行或单相起动，在分合开关后，还会出现火花和电弧，也会造成火灾或引起爆炸。

为防止火灾事故的发生，刀开关应根据实际使用情况合理选用，一般其触头的额定电流应为线路计算电流的2.5倍以上。刀开关应安装于有化学腐蚀、灰尘、潮湿场所的室外或专用配电室内，或安装在开关箱内，并按规定正确安装，即电源进线接在静触头上，熔断器装于出线端。要注意，拉开或推合时动作要迅速，以减弱电弧，并且接合紧密。为保证人身安全，操作人员在操作刀开关时不可面对开关，以防电弧伤人。当发现刀开关胶盖损坏，刀触头接触松动、氧化严重、接触面积过小，或瓷底座、手柄损坏以及熔体熔断，都应及时检查修理或更换。

3. 封闭式开关熔断器组

封闭式开关熔断器组主要由刀开关、熔断器和钢板（或铸铁）外壳等构成，一般它还装有灭弧室，以提高分断能力，减弱电弧、电火花。封闭式开关熔断器组操作机构装有机械连锁，以保证合闸时不能打开外壳；并且操作机构采用弹簧储能式，使开关快速分合。这种开关安全可靠、使用寿命长，又能防止电火花、电弧及高温颗粒飞溅，故其应用范围较广。虽然其安全性高，如疏忽大意同样会引起火灾。为此，要正确选用封闭式开关熔断器组；为保证安全外壳必须接地；不能长期过载使用；如果发现机械连锁装置或外盖损坏或插入式熔断器损坏，应及时修复或更换。

4. 接触器

接触器是生产和生活中常见的控制用电器设备，由主触头、辅助触头、灭弧装置、电磁系统、支架和外壳等组成。接触器适用于远距离、频繁接通和分断电路及大容量控制电路，可以用其实现自动或联锁控制。

接触器是现代工业中比较关键的电器控制设备，故必须保证其安全可靠。接触器触头弹簧的压力不能过小，触头接触要良好，防止接触电阻过大；要防止线圈过热或烧毁；还要保证灭弧装置完好无损。此外，还应定期检查，如发现零部件有损坏，应及时修理或更换，同时还要保持接触器表面清洁。

5. 控制继电器

控制继电器广泛用于电路保护及生产过程自动化的控制系统中。控制继电器本身的火灾危险性并不大，但因其在自动控制和供电系统中居重要地位，一旦误动或失灵，其后果不堪设想。因而对其应特别注意，不仅要认真按照规定选用，而且要经常维修，严密监视其运行状态，还要注意其安装场所，不能设于多尘、潮湿场所，更不能设在有火灾危险性及易燃、易爆的场所。

第四节　变配电所防火

变电所是电力系统的一个重要组成部分，是变换电压和接受分配电能的场所。只有受电、配电开关控制设备，而没有变压器的场所称为配电所。配电所只对电能起着分配的作用，通过开关进行控制。变电所主要由变压器、高低压配电装置、母线和开关控制设备等组成。变配电所按所处位置可分为室外变电所、室内配电所、地下变配电所和移动式变配电所。变配电所内变压器、配电装置以及断路器和电容器等都能引发火灾，并威胁建筑防火安全，因此必须采取相应的防火措施。

一、变配电所总平面布置及建筑防火

（一）变配电所的位置
在总平面图中，确定变配电所位置时，应该考虑下列问题。

1. 考虑风向

为防止火灾蔓延或易燃易爆物侵入变配电所，生产或贮存易燃易爆物的建筑宜布置在变配电所常年盛行风向的下风侧或最小风频的上风侧。

2. 考虑与民用建筑的贴邻

燃煤、燃油或燃气锅炉、油浸电力变压器、充有可燃油的高压电容器和多油开关等用房宜独立建造。当确有困难时可贴邻民用建筑布置，并采用防火墙隔开，且不应贴邻人员密集场所，与高层建筑贴邻时，还应设置在耐火等级不低于二级的建筑内。燃油或燃气锅炉、油浸电力变压器、充有可燃油的高压电容器和多油开关等用房受条件限制必须布置在民用建筑内时，不应布置在人员密集场所的上一层、下一层或贴邻，并应符合下列规定：

1）燃油和燃气锅炉房、变压器室应设置在首层或地下一层靠外墙部位，但常（负）压燃油、燃气锅炉可设置在地下二层，当常（负）压燃气锅炉距安全出口的距离大于6.0m时，可设置在屋顶上。燃油锅炉应采用丙类液体作燃料。采用相对密度（与空气密度的比值）不小于0.75的可燃气体为燃料的锅炉，不得设置在地下或半地下建筑（室）内。

2）锅炉房、变压器室的门均应直通室外或直通安全出口；外墙开口部位的上方应设置宽度不小于1.0m的不燃烧体防火挑檐或高度不小于1.2m的窗槛墙；

3）锅炉房、变压器室与其他部位之间应采用耐火极限不低于2.00h的不燃烧体隔墙和1.50h的不燃烧体楼板隔开。在隔墙和楼板上不应开设洞口，当必须在隔墙上开设门窗时，应设置甲级防火门窗。

4）当锅炉房内设置储油间时，其总储存量不应大于$1m^3$，且储油间应采用防火墙与锅炉间隔开；当必须在防火墙上开门时，应设置甲级防火门。

5）变压器室之间、变压器室与配电室之间，应采用耐火极限不低于2.00h的不燃烧体墙隔开。

6）油浸电力变压器、多油开关室、高压电容器室，应设置防止油品流散的设施。油浸电力变压器下面应设置贮存变压器全部油量的事故贮油设施。

7）锅炉的容量应符合现行国家标准《锅炉房设计规范》（GB 50041—2008）的有关规定。油浸电力变压器的总容量不应大于1260kV·A，单台容量不应大于630kV·A。

8）应设置火灾报警装置。

9）应设置与锅炉、油浸变压器容量和建筑规模相适应的灭火设施。

10）燃气锅炉房应设置防爆泄压设施，燃气、燃油锅炉房应设置防爆泄压设施和独立的通风系统，并应符合《建筑设计防火规范》（GB 50016—2006）第10章的有关规定。

11）在高层民用主体建筑中，设置在首层或地下层的变压器不宜选用油浸变压器，设置在其他层的变压器严禁选用油浸变压器。布置在高层民用主体建筑中的配电装置，亦不宜选用具有可燃性能的断路器。

3. 考虑与爆炸危险环境的毗连

变配电所不应设置在甲、乙类厂房内或贴邻建造，且不应设置在爆炸性气体、粉尘环境的危险区域内。供甲、乙类厂房专用的10kV及以下的变配电所，当采用无门窗洞口的防火墙隔开时，可一面贴邻建造，并应符合现行国家标准《爆炸和火灾危险环境电力装置设计规范》（GB 50058—1992）等规范的有关规定。并且变压器室的进风口，应尽可能通向屋外，若设在屋内时，不允许与尘埃多、温度高或其他有可能引起火灾、爆炸的车间连通。

4. 其他

变配电所的位置还应接近负荷中心，靠近电源侧，方便进出线及设备的吊装运输。并且不应设在有剧烈振动的场所；不应设在多尘、多雾或有腐蚀性气体的场所，如无法远离时，不应设在污染源的下风侧；变配电所为独立建筑时，不宜设在地势低注和可能积水的场所；不应设在厕所、浴室或其他经常积水场所的正下方或贴邻。高层建筑地下层的变配电所的位置，宜选择在通风、散热条件较好的场所，不宜设在最底层。当地下仅有一层时应采取适当抬高该所地面等防火措施，不应设在耐火等级为三、四级的建筑中。

（二）变配电所的耐火等级

一般电压等级为35kV以上的油断路器都是安装在具有防爆隔墙的防爆小间内，以防止电气设备故障时扩大事故范围，影响相邻电路；同时也避免检修电路电器时，与邻近电路接触。

油浸电力变压器、充有可燃油的高压电容器和多油开关等用房受条件限制必须布置在民用建筑内时，变压器室之间、变压器室与配电室之间，应采用耐火极限不低于2.0h的不燃烧体墙隔开，蓄电池必须放在专用不燃房间内，并分别用耐火极限不低于2.5h的非燃烧体墙和极限不低于1.5h的非燃烧体楼板与其他部位隔开。为防止室内形成通风不良的死角，顶棚宜作成平顶，不宜采用折板屋盖和槽形天花板。室内地坪要能耐酸。墙壁、顶棚和台架应涂以耐酸油漆。门窗应向外开并涂耐酸漆。入口处宜经过套间，大蓄电池室应设有贮藏酸及配制电解液的专门套间。

变配电所内建（构）筑物的耐火等级见表3-12。

表 3-12　建（构）筑物的火灾危险性分类及其耐火等级

建(构)筑物的名称		火灾危险性分类	耐火等级
主控通信楼		戊	二级
继电器室		戊	二级
电缆夹层		丙	二级
配电装置楼(室)	单台设备油量60kg以上	丙	二级
	单台设备油量60kg及以下	丁	二级
	无含油电气设备	戊	二级
屋外配电装置	单台设备油量60kg以上	丙	二级
	单台设备油量60kg及以下	丁	二级
	无含油电气设备	戊	二级
油浸变压器室		丙	一级
气体或干式变压器室		丁	二级
电容器室(有可燃介质)		丙	二级
干式电容器室		丁	二级
油浸电抗器室		丙	二级
干式铁心电抗器室		丁	二级
总事故贮油池		丙	一级
生活、消防水泵房		戊	二级
雨淋阀室、泡沫设备室		戊	二级
污水、雨水泵房		戊	二级

注：1. 当主控通信楼未采取防止电缆着火后延燃的措施时，火灾危险性应为丙类。

2. 当地下变电站、城市户内变电站将不同使用用途的变配电部分布置在一幢建筑物或联合建筑物内时，则其建筑物的火灾危险性分类及其耐火等级除另有防火隔离措施外，需按火灾危险类别高者选用。

3. 当建筑夹层采用 A 类阻燃电缆时，其火灾危险性可为丁类。

（三）变配电所的防火间距

为确保变配电所的安全运行，变配电所与建筑物的防火间距，应根据建筑物在生产或贮存物品过程中的火灾危险性类别，及建筑物应达到的最低耐火等级来进行设计。

室外变配电所中的变压器、配电装置及其所有电器和载流导体都是露天安装的。室外配电装置除了满足最小安全间距（即不同相载流导体间或载流部分与接地结构间的空间净距离）外，还应该满足防火间距的要求。防火间距是根据建筑物的火灾危险性类别及最低耐火等级确定的。室外变配电所与建筑物、堆场、贮罐的防火间距，发电厂内各建筑的防火间距，变电所内建（构）筑物及设备的防火间距分别见表 3-13、表 3-14 和表 3-15。

（四）贮油池

为了防止充油设备发生喷油、爆裂漏油故障时，因燃油流失，使火灾蔓延扩大，对室外单台油量大于 1000kg 或室内大于 100kg 的油浸电力变压器，室内单台断路器，总油量在 60kg 以上的电流互感器及 10kV 以上的油浸式电压互感器，应设置贮油或挡油设施。挡油设

表 3-13　室外变配电所与建筑物、堆场、贮罐的防火间距

防火间距/m 建筑物名称		变压器总油量/t	≥5, ≤10	>10, ≤50	>50
民用建筑	耐火等级	一、二级	15	20	25
		三级	20	25	30
		四级	25	30	35
单层、多层丙、丁、戊类厂房(仓库)		一、二级	12	15	20
		三级	15	20	25
		四级	20	25	30
高层厂房(仓库)			12	15	20
甲类厂房;单层、多层乙类厂房(仓库)			25		
甲类仓库及 其储量/t	甲类储存物品第3、4项	≤5	30		
		>5	40		
	甲类储存物品第1、2、5、6	≤10	25		
		>10	30		
露天、半露天稻草、麦秸、芦苇、打包废纸等材料堆场			50		
甲、乙类液体	一个罐区或堆场的 总储量 V/m³	1≤V<50	30		
		50≤V<200	35		
		200≤V<1000	40		
		1000≤V<5000	50		
丙类液体		5≤V<250	24		
		250≤V<1000	28		
		1000≤V<5000	32		
		5000≤V<25000	40		
液化石油气		30<V≤50	45		
		50<V≤200	50		
		200<V≤500	55		
		500<V≤1000	60		
		1000<V≤2500	70		
		2500<V≤5000	80		
		V>5000	120		
湿式可燃气体	储罐的总容积 V/m³	V<1000	20		
		1000≤V<10 000	25		
		10 000≤V<50 000	30		
		50 000≤V<100 000	35		
湿式氧气	储罐的总容积 V/m³	V≤1000	20		
		1000<V≤50 000	25		
		V>50 000	30		

注:1. 防火间距应从距建筑物、堆场、贮罐最近的变压器外壁算起,但室外变配电所构架距堆场、贮罐和甲、乙类的厂房、库房不宜小于25m,距其他建筑物不宜小于10m。

　　2. 本表的室外变配电所是指电力系统电压为 35~500kV 且每台变压器容量在 10MV·A 以上的室外变配电所,以及工业企业的变压器总油量超过 5t 的室外总降压变电所。

　　3. 发电厂内的主变压器的油量可按单台确定。

　　4. 干式可燃气体贮罐的防火间距应按本表可燃气体贮罐增加 25%。

表 3-14　火力发电厂区各建（构）筑物之间的防火间距

（单位：m）

建（构）筑物名称		丙、丁、戊类建筑		室外配电装置	露天卸煤装置或贮煤场	供氢站	贮氢罐	点火油罐区贮油罐		办公、生活建筑		铁路中心线		厂外道路(路边)	厂内道路(路边)	
		一、二级	三级					露天油库	贮油罐	一、二级	三级	厂外	厂内		主要	次要
丙、丁、戊类建筑	一、二级	10	12	10	8	12	12	12	20	10	12	30	20	15	10	5
	三级	12	14	12	10	14	15	15	25	12	14	25	20	15	10	5
室外配电装置		10	12	—	—	25	25	25	25	10	12	—	—	—	—	—
主变压器或室外厂用变压器 油量(t/台)	<10	12	15	15	25(褐煤)	25	25	25	25	15	20	—	—	—	—	—
	10~50	15	20	15	25(褐煤)	25	25	25	25	20	25	—	—	—	—	—
	>50	20	25	15	25(褐煤)	25	25	30	40	25	30	—	—	—	—	—
露天卸煤装置或贮煤场		8	10	—	25(褐煤)	25	25	25	25	8	25(褐煤)	—	—	—	—	—
供氢站		12	14	25	25	—	12	25	25	12	25	25	20	15	10	5
贮氢罐		12	15	25	15	12	—	15	注3	15	25	25	20	15	10	5
点火油罐区贮油罐		20	25	25	25	25	注3	注4	注6	25	32	30	20	15	10	5
露天油库		12	15	25	25	15	15	注4	—	15	20	30	20	15	10	5
办公、生活建筑	一、二级	10	12	—	8	12	15	15	25	6	7	25	20	15	10	5
	三级	12	14	—	10	14	25	20	32	7	8	25	20	15	10	5

注：
1. 防火间距应按相邻两建（构）筑物外墙的最近距离计算，当外墙有凸出的燃烧构件时，应从其凸出部分外缘算起；建（构）筑物与室外配电装置的防火间距应从最近的燃烧构件算起。
2. 表中油浸变压器外缘至丙、丁、戊类建（构）筑物之间的防火间距由工艺确定。
3. 室外油浸变压器外缘至相邻较大贮氢罐间的防火间距应为相邻较大贮氢罐的直径。
4. 一组露天卸煤装置的总贮油量不大于1000m³，且可按数个贮油罐分两行成组布置，不包括汽机房、主控制楼及网络控制楼。
5. 贮氢罐总贮量是以贮罐总水容积（m³）与其工作压力（绝对压力）与大气压力的比值计算的。当贮氢罐总储量大于1000m³时，贮氢罐与建筑物的防火间距不宜小于1.5m。
6. 点火油罐之间的防火间距应符合现行国家标准《建筑设计防火规范》（GB 50016—2006）和《氢氧站设计规范》（GB 50177—2005）中的有关规定，贮氢罐与建筑物的防火间距应放现行国家标准《石油库设计规范》（GB 50074—2002）中的规定执行。

表 3-15　变电所内建（构）筑物及设备的防火间距　　　　　　（单位：m）

建（构）筑物名称			丙、丁、戊类生产建筑		室外配电装置		可燃介质电容器（室、棚）	总事故贮油池	生活建筑	
			耐火等级		每组断路器油量/t				耐火等级	
			一、二级	三级	<1	≥1			一、二级	三级
丙、丁、戊类生产建筑	耐火等级	一、二级	10	12	—	10	10	5	10	12
		三级	12	14					12	14
室外配电装置	每组断路器油量/t	<1	—		—		10	5	10	12
		≥1	10							
油浸变压器	单台设备油量/t	5~10	10				10	5	15	20
		>10~50							20	25
		>50							25	30
可燃介质电容器（室、棚）			10		10			5	15	20
总事故贮油池			5		5		5	—	10	12
生活建筑	耐火等级	一、二级	10	12	10		15	10	6	7
		三级	12	14	12		20	12	7	8

注：1. 防火间距应按相邻两建（构）筑物外墙的最近距离计算，当外墙有凸出的燃烧构件时，应从其凸出的部分外缘算起。

2. 相邻两座建筑两面的外墙为非燃烧体且无门窗洞口、无外露的燃烧屋檐时，其防火间距可按本表减少25%。

3. 相邻两座建筑较高一面的外墙如为防火墙时，其防火间距不限，但两座建筑门窗之间的净距不应小于5m。

4. 生产建（构）筑物侧墙外5m以内布置油浸变压器或可燃介质电容器等电气设备时，该墙在设备总高度加3m的水平线以下及设备外廓5~10m时，在上述范围内的外墙可设甲级防火门，设备高度以上可设防火窗，其耐火极限不应小于0.9h。

5. 设置带油电气设备的建（构）筑物与贴邻或靠近该建（构）筑物的其他建（构）筑物之间应设置防火墙。

施可按20%的油量设计，并能将事故油排向安全处，排油管内径不得小于100mm，事故排油一律不考虑回收，当不能满足上述要求且变压器未设置水喷雾灭火系统时，应设计能容纳100%油量的贮油设施。当设置有油水分离措施的总事故贮油池时，其容量宜按最大油箱容量的60%确定。不能用电缆沟道排油。地下变电所的变压器应设置能贮存最大一台变压器油量的事故贮油池。

贮油设施应用非燃材料做成。挡油槛，其长、宽尺寸应比设备外形尺寸每边相应大1m，贮油池内一般铺设厚度不小于250mm的卵石层，卵石直径为50~80mm。为防止下雨使泥水流入贮油池，贮油池四墙宜高出地面50~100mm，并用水泥抹面。

（五）变配电所的安全疏散

当变配电所位于高层主体建筑（或裙房）内时，通向其他相邻房间的门应为甲级防火门，通向过道的门应为乙级防火门；当变配电所位于多层建筑物的二层或更高层，通向其他相邻房间的门应为甲级防火门，通向走道的门应为乙级防火门；当变配电所位于普通多层民用建筑一层内时，通向相邻房间或过道的门应为乙级防火门；当变配电所位于地下层或下面有地下层时，通向相邻房间或过道的门应为甲级防火门；变配电所附近堆有易燃物品或通向汽车库的门应为甲级防火门。此外，可燃性油浸变压器室通向配电装置室或变压器室之间的门应为甲级防火门；变配电所直接通向室外的门，应为丙级防火门。配变电所的通风窗，应采用非燃烧材料。乙类厂房的配电所必须在防火墙上开窗时，应设置密封固定的甲级防火窗。

变压器室、电容器室、蓄电池室、电缆夹层、配电装置室的门应向疏散方向开启；当门通向公共走道或其他房间时，该门应采用乙级防火门，配电装置室的中间隔墙上的门应采用由不燃材料制作的双向弹簧门。

建筑面积超过 250m² 的主控通信室、配电装置室、电容器室、电缆夹层的疏散出口不宜少于 2 个，楼层的第 2 个出口可设在固定楼板的室外平台处。当配电装置室的长度超过 60m 时，应增设 1 个中间疏散出口。

地下变电所的每个防火分区的建筑面积不应大于 1000m²。设置自动灭火设施的防火分区，其防火分区面积可增大 1 倍；当局部设置自动灭火系统时，增加面积可按该局部面积的 1 倍计算。

地下变电所安全出口的数量不应少于 2 个。地下室与地上层不应共用楼梯间，当必须共用楼梯间时，应在地上首层采用耐火极限不低于 2h 的不燃烧体隔墙和乙级防火门将地下或半地下部分与地上部分的连通部分完全隔开，并应用明显标志。

地下变电所楼梯间应设乙级防火门，并应向疏散方向开启。

（六）消防通道

为满足消防需要，考虑到火灾时能使消防车顺利出入，方便扑救工作，应在主要设备近旁铺设行车道路。大、中型变电所内一般均铺设宽为 3m 的环行道路。当变电所内建筑的火灾危险性为丙类且建筑的占地面积超过 3000m² 时，变电所内的消防车道宜布置成环形；当为尽端式车道时，应设回车场或回车道。消防车道宽度及回车场的面积应符合现行国家标准《建筑设计防火规范》（GB 50016—2006）的有关规定。

（七）火灾自动报警系统

火力发电厂及变配电所的下列场所和设备应采用火灾自动报警系统，并且火灾自动报警系统的设计应符合现行国家标准《火灾自动报警系统设计规范》（GB 50116—2013）的有关规定，户内、外变电所的消防控制室应与主控制室合并设置，地下变电所的消防控制室宜与主控制室合并设置。

① 主控通信室、配电装置室、可燃介质电容器室、继电器室；

② 地下变电所、无人值班的变电所，其主控通信室、配电装置室、可燃介质电容器室、继电器室应设置火灾自动报警系统，无人值班变电所应将火警信号传至上级有关单位；

③ 采用固定灭火系统的油浸变压器；

④ 地下变电所的油浸变压器；

⑤ 220kV 及以上变电所的电缆夹层及电缆竖井；

⑥ 地下变电所、户内无人值班的变电所的电缆夹层及电缆竖井。

变电所主要设备用房和设备火灾自动报警系统应符合表 3-16 的规定。

表 3-16　变电所主要建（构）筑物和设备火灾自动探测报警系统

建筑物和设备	火灾探测器类型	备注
主控通信室	感烟或吸气式感烟	
电缆层和电缆竖井	线型感温、感烟或吸气式感烟	

（续）

建筑物和设备	火灾探测器类型	备注
继电器室	感烟或吸气式感烟	
电抗器室	感烟或吸气式感烟	如选用含油设备时,采用感温
可燃介质电容器室	感烟或吸气式感烟	
配电装置室	感烟、线型感烟或吸气式感烟	
主变压器	线型感温或吸气式感烟(室内变压器)	

（八）灭火设施

高层建筑内的燃油、燃气的锅炉房和柴油发电机房宜设自动喷水灭火系统；单台容量为125MV·A 及以上的主变压器应设置水喷雾灭火系统、合成型泡沫喷雾系统或其他固定灭火系统；可燃油油浸电力变压器、充可燃油的高压电容器应设置水喷雾或排油注氮灭火系统；多油开关室宜设水喷雾或气体灭火系统；其他带油电气设备，宜采用干粉灭火器。地下变电所的油浸变压器，宜采用固定式灭火系统。

变电所的规划和设计，应同时设计消防给水系统。消防水源应有可靠的保证。但当变电所内建筑满足耐火等级不低于二级，体积不超过 $3000m^3$，且火灾危险性为戊类时，可不设消防给水。消防用水量及水泵的设置参见《火力发电厂与变电站设计防火规范》（GB 50229—2006）。

二、变压器防火

变压器是根据电磁感应原理，以互感现象为基础，将一定电压的交流电能转变为不同电压交流电能的设备，是变电所中最重要的电力设备。电力变压器按相数分，有单相和三相两大类；按冷却方式分，有油浸式、干式和充气式（SF_6）等。

（一）油浸电力变压器防火

1. 油浸电力变压器的结构

油浸式是电力变压器中应用最普遍的一种。如图 3-4 所示，油浸电力变压器主要是由铁心、绕组、油箱及冷却系统、绝缘套管和其他部件等5 大部分构成的。

（1）铁心　变压器铁心是变压器的磁路部分，它是由变压器硅钢片冲裁后叠装而成的，硅钢片厚为 0.35mm 或 0.5mm，硅含量为 4% ~ 5%，两面涂有绝缘漆或使之形成氧化膜以减少损耗。硅钢片叠装到所需厚度时，就用夹紧螺栓夹紧使之成为一个整体，硅钢片与夹紧螺栓之间保持绝缘。变压器运行中，铁心及固定铁心的金属结构都处在较强的电磁场之中，在电场作用下

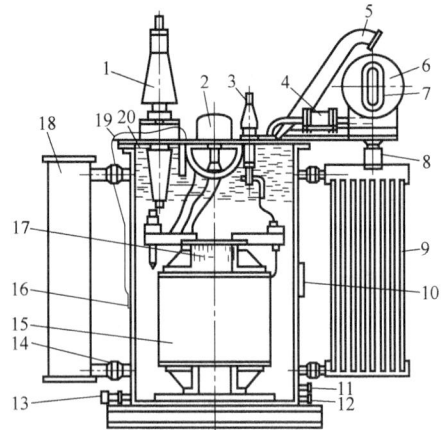

图 3-4　油浸变压器结构示意图

1—高压套管　2—分接开关　3—低压套管
4—气体继电器　5—安全气道　6—贮油柜
7—油表　8—吸湿器　9—散热器　10—铭牌
11—接地螺栓　12—油样活门　13—放油阀门
14—活门　15—绕组　16—信号温度计
17—铁心　18—净油器　19—油箱
20—变压器油

将有较高的电位，因此铁心应接地，否则它与接地的夹件及油箱之间就会有电位差存在，在电位差的作用下，会产生断续的放电现象。大型变压器铁心接地通过套管引出，铁心及其固定铁心的金属结构和油箱等都处于地电位。

（2）绕组　绕组是套在铁心柱上的，它是变压器的电路部分，由绝缘铜（铝）圆线或扁线绕成。按高、低压绕组在铁心柱上的相对位置不同，变压器绕组可分为同心式和交叠式。

同心式绕组是做成同心圆筒，将低压绕组靠近铁心柱放置，外面安装高压绕组，有利于绝缘。高、低压绕组间，以及低压绕组与铁心柱间都留有绝缘间隙和散热油道，并用电木纸板制成的绝缘筒隔开。有的绕组匝数多，需要绕好多层，层间都要用绝缘纸隔开，以增强层间绝缘。即使匝数少但电流大时，也需加绝缘层。

交叠式绕组是将高、低压绕组做成盘形线圈，交替叠放在铁心柱上，高、低压绕组间用绝缘圆盘隔开。

（3）油箱及冷却系统　油箱是变压器的外壳，器身就放在油箱内，油箱内盛放的变压器油，一方面作为绝缘介质，另一方面作为散热媒介。油箱四侧焊装有一定数量的散热管（又称散热器），根据冷却方式不同，变压器分油浸自冷式、强迫空气冷却式和强迫油循环水冷却式。油浸自冷式是指热油从油箱四侧的散热管上部流出，经冷却后，从散热管下部进入油箱，这样周而复始地循环流动，从而使变压器温升不致超过额定温升。强迫空气冷却式是在散热片上安装数个风扇，增加散热效果。强迫油循环水冷却式是通过油泵把变压器油输入螺旋形油管中进行循环，油管外面通过与水的热交换把热量带走，但油压比水压要大一些，应防止油管破损时，水进入油内，降低油质。

（4）绝缘套管　绝缘套管设置在变压器油箱盖上，其作用是将变压器高、低压绕组从油箱内引至箱外，使其分别与电源及负载相连，并使引线与接地的油箱绝缘。高、低压绝缘套管要有足够的绝缘强度、机械强度和热稳定性。

（5）其他部件　分接开关是改变变压器电压比的一种机构，通常装置在变压器绕组的高压侧，通过改变高压绕组的匝数，以调节变压器的输出电压。此外，变压器还装有贮油柜（油枕）、安全气道（防爆管）、气体继电器（瓦斯继电器）等安全保护装置。

贮油柜（油枕）是油对空气"呼吸"的装置。变压器运行时，油温增高，体积膨胀；油温降低，则体积收缩，因此空气吸入油中，会使油受潮、氧化、油质劣化，降低使用年限。大、中型变压器的贮油柜是经吸湿器与空气相通的，空气经过吸湿器中的油封，首先对其所含杂质进行过滤，然后再经硅胶吸湿后进入柜内。这样既减小了空气与变压器油的接触面，又防止了空气中杂质和湿气进入油中。吸湿器内装有吸湿剂，如变色硅胶，它在干燥状态下呈蓝色，吸潮后变为红色。在140 ℃高温下干燥6～8h后，可还原为蓝色，供重复使用。

安全气道（防爆管）是一根较粗的管子，安装在变压器的箱盖上，与箱盖成65°～70°倾斜角，并与变压器内部相通。安全气道上端焊一法兰框罩，用一定厚度的玻璃或酚醛膜片、橡胶垫和压紧环密封着。当变压器内部发生故障压力骤增时，油和气体将冲破保护膜片，向外喷出，从而起到排气泄压作用，避免油箱爆裂、变形等事故。

气体继电器（瓦斯继电器）是油浸式变压器的一种保护装置，它安装在变压器油箱与贮油柜的连接管上。当变压器内因短路或接触不良等发生故障时，产生的气体便经气体继电器向贮油柜流动。轻微故障产生的气体少，聚集在气体继电器上部，压迫油面下降，会使触头动作，发出信号。严重故障产生的大量气体，会使形成的油流冲动气体继电器挡板，使触头动作接通变压器的跳闸回路。当变压器因漏油而造成油面下降时，也可通过气体继电器将变压器电源切断，从而达到对变压器内部发生故障时的保护。

2. 油浸电力变压器的火灾危险性

油浸电力变压器内部充有大量绝缘油，同时还有一定数量的可燃物，如油浸电力变压器内部的绝缘衬垫和支架，大多用纸板、棉纱、布、木材等有机可燃物组成，如果遇到高温、火花和电弧，容易引起火灾和爆炸，从而导致变压器发生火灾。引起油浸电力变压器发生火灾的原因主要有：

1）由于变压器产品制造质量不良、检修失当、长期过负荷运行等，使内部线圈绝缘损坏，发生短路，电流剧增，从而使绝缘材料和变压器油过热。

2）线圈间、线圈与分接头间、端部接线处等，由于连接不好，发生接触不良的现象，从而造成局部接触电阻过大，导致局部高温。

3）铁心绝缘损坏后，涡流加大，温升增高。

4）变压器油质劣化、雷击或操作过电压使油中产生电弧闪络；油箱漏油，也会影响油的热循环，从而使散热能力下降，导致过热。

5）用电设备过负荷、故障短路、外力使鼓形绝缘子损坏。在此情况发生时，如果变压器保护装置设置不当，就会引起变压器的过热。

3. 油浸电力变压器的防火措施

1）设计选型时，要注意选用优质产品，并进行严格的检查试验。特别是油箱强度、各部位强度要相同，这对承受较大内压，及切除故障后及时灭弧是十分有效的。按照规定，变压器应能承受二次线端的突发短路作用无损坏。另外，防爆管的直径、形状也要与容量相适应，尽可能避免急剧弯曲或截面面积的变化。

2）设置完善的变压器保护装置，按照相应的设计规范，对不同容量等级和使用环境的变压器选用熔断器、过电流继电器、气体继电器及信号温度计，从而使变压器故障时，能及时发现并切除电源。

3）注意运行、维护工作。定期对绝缘油进行化验分析，控制油温在 85 ℃ 以下，室内温度不宜超过 45 ℃，如果室温过高，宜采用机械通风方式。搞好巡视检查，及时发现异常声音、温度等，并要保持变压器良好的通风条件。变压器不宜过负荷运行，事故过负荷不得超过有关规定值。

（二）干式变压器防火

1. 干式变压器的结构

干式变压器指的是铁心和绕组均不浸于绝缘液体中的变压器。干式变压器按其结构分可分为浸渍式与环氧树脂式两大类型。浸渍式干式变压器与油浸变压器的结构非常相似，就像一个没有油箱的油浸变压器的器身，它的低压绕组一般采用箔式线圈或层式线圈，高压绕组一般为饼式绕组。这种干式变压器极易受潮，同时绝缘水平也较低，从而降低了运行可靠性，另外投运前还需要预先加热干燥，也使运行复杂化。环氧树脂变压器是指主要用环氧树脂作为绝缘材料的干式变压器，该类变压器可以提高其防潮性能，另外对线圈还可采用无溶剂树脂漆进行真空压力浸渍，也可进一步提高绝缘系统的可靠性。

2. 干式变压器的火灾危险性

1）变压器超负荷运行，引起温度升高，造成绝缘不良，变压器铁心叠装不良，心片间绝缘老化，引起铁损增加，造成变压器过热。如此时保护系统失灵或整定值调整过大，就会烧毁变压器。

2）变压器绕组受机械损伤或受潮，引起层间、匝间或对地短路；或硅钢片之间绝缘老化，或者夹紧铁心的螺栓套管损坏，使铁心产生很大的涡流，引起发热而温度升高，引发火灾。

3）线圈内部的接头、线圈之间的连接点和引至高、低压绝缘套管的接点及分接开关上的各接点，由于螺栓松动、焊接不牢、分接开关接点损坏等原因造成接触点不良会产生局部过热，破坏线圈绝缘，发生短路或断路。

4）环氧树脂类干式变压器电气性能上的火灾危险性依然存在，而且环氧树脂本身是可燃的，当变压器内部发生故障时，仍会燃烧。

3. 干式变压器的防火措施

1）注意检查变压器绝缘情况，保证各部分绝缘良好。

2）要注意接线牢固、接地可靠，变压器大部分接头要采取焊接方式，焊接前必须将焊接面清洗干净，焊接后认真检查焊接质量，防止出现脱落事故。

3）要加强对变压器电流、电压的检测，防止过负荷运行，引线接头、电缆、母线应无过热迹象，最高允许温度应符合相关规定，测温装置应齐全、完好。

4）加强对变压器各个零部件的检查，防止套管、绝缘子等电气连接点外部破损，各电气连接点应无裂纹、放电痕迹等异常，要注意引线的距离，防止引线距离不够发生闪络。

5）检查变压器声响、风冷装置运行应正常。干式变压器还应具有不低于 IP2X 防护等级的外壳。

6）变压器的线圈浇注体应无裂纹和附着脏物，铁心、套管表面应无严重积污现象。

三、高、低压配电室防火

1. 高压配电柜与低压配电柜防火

高压配电柜内的高压电器，如少油断路器油位应正常，无渗漏油现象；电流互感器、电压互感器接线正确；所用变压器无异常现象；避雷器完好；高压母排及其支持绝缘子外部无破损、裂纹和放电痕迹；柜内各高压电器无过热和异常放电声音；高压电缆沟内无小动物尸体和异物，孔洞封堵良好。

低压配电柜内各低压电器，包括刀开关、断路器、电流互感器、熔断器以及电瓷件等完好、无破损、灭弧罩齐全。接线排列整齐，接线端子（包括主母排和小母排）的连接正确而且无锈蚀、松动、过热现象。相线和中性线无过负荷，地线连接良好，柜内无异声和火花放电现象。低压电缆沟内电缆排列整齐，无积水和杂物，盖板不得为可燃材料，缆沟孔洞封堵良好。

2. 高压断路器防火

高压断路器是电力系统配电装置中的主要控制元件，正常时用以接通和切断负荷电流，短路时通过保护装置可自动切断短路电流。根据其灭弧介质的不同，常见的主要有油断路器、SF_6 断路器和真空断路器。

油断路器和变压器一样，是一种内部储油的电气设备，因此较易着火，并且一旦着火很容易蔓延或引起爆炸，因此油断路器在目前已经很少应用。对于现有的油断路器，应采取以下措施预防火灾和爆炸发生：

1) 室内通风良好，有防火设施。

2) 在日常巡视检查过程中，注意油位变化，发现问题应及时处理。

3) 定期检查油质变化，发现油色发黑老化，有杂质等应及时更换。每次短路跳闸后应取油样化验。

4) 加强运行管理，认真做好故障跳闸和正常操作次数的统计工作，并根据系统短路容量的大小和实际运行经验确定一定的临时检修周期和制度。

SF_6 断路器与油断路器相比，具有断流能力强、灭弧速度快、绝缘性能好和检修周期长的特点，适于频繁操作，且无易燃易爆危险。该类断路器主要适用于需频繁操作及有易燃易爆危险的场所，特别适用于全封闭式组合电器。

真空断路器是一种利用真空绝缘和灭弧的断路器。由于真空中几乎没有什么气体分子可供游离导电，且弧隙中少量导电粒子很容易向周围真空扩散，绝缘及灭弧性能特别好，具有结构简单、体积小、质量小、寿命长、使用安全、维护方便等优点，而且无火灾和爆炸危险。

3. 蓄电池室防火

变配电所蓄电池组的作用是为操作回路、信号回路和保护回路提供直流电源，也可用在其他地方作直流电源。蓄电池是电能与化学能互相转化的装置。充电时，它将电能转变为化学能储存起来；放电时，它又将化学能转变为电能，供用电设备使用。蓄电池在充电过程中，尤其是在接近充电末期时，由于电流对水的分解作用，放出大量氢、氧气体，同时也逸出许多硫酸雾气。当室内含有的氢气浓度达到 2% 时，遇到火花，极易引起爆炸。由于硫酸蒸气比空气重，大部分集聚在室内靠近地面处，氢气比空气轻，大都集聚在室内顶棚下面。应采取以下措施预防蓄电池室发生火灾：

1) 加强蓄电池室的通风。蓄电池室应有通风装置，通风方式可采用自然通风或轴流式抽风设备。因此，抽气通风系统应能同时从室内的上部和下部抽气；通风系统应是独立系统，通风管道应为非燃烧材料并良好接地。对小容量蓄电池，通风换气次数应保证每小时不少于 10 次，对大容量开口蓄电池不少于 15 次。通风所用的进气口应距地 1.5m，以保证吸入新鲜空气。

2) 控制蓄电池室的温度。蓄电池室的温度不应低于 10℃，不高于 40℃。计算蓄电池容量时，如已考虑了允许降低容量，可适当降低室温的要求，但不宜低于 5℃。当蓄电池室和调酸室的温度低于 10℃ 时，可采用蒸汽或热水装置采暖。

3) 采取电气防爆措施。蓄电池室内的蓄电池、通风机和照明灯具及其他设备应采用相应的防爆措施。电源开关箱应安装在蓄电池外，配电线路采用钢管布线。室内管道应为无接缝或焊接的光圆管，并不允许设置法兰盘或阀门，以防漏气、漏水。室内一般不可安装电炉，必须安装时应采取防护措施。

4) 室内穿墙的导线应在穿墙的地方安装瓷套管，并应用耐酸材料将管口堵住，室门外应备有防火用具。

5）蓄电池室的母线采用焊接连接，并涂耐酸油漆和凡士林油，各连接处要接触牢靠，严禁带电接线，以免打出火花。此外，还要防止金属物体落入蓄电池内造成短路。室内要禁止吸烟，禁止各种火花进入室内，以防爆炸。

4. 电容器室防火

电容器在变配电所用于功率因数补偿，1kV 以上的电容器常安装在专用的电容器室，1kV 以下的电容器或数量较少时，可安装在低压配电室或高压配电室。

电容器是由厚度为 1～3mm 的薄板作外壳和芯子组成的。芯子常用铝箔作极板，两极板之间用电容纸作介质，也有用聚丙烯、聚苯乙烯等塑料薄膜作介质的。芯子装入油箱内，并充以电容器油，起绝缘和散热作用。电容器油的闪点在 130～140℃ 间。电容器运行中常见的故障是渗漏油、鼓肚和喷油等，如不及时处理会引起火灾。其防火安全措施是：

1）防止过电压，运行电压不超过 1.1 倍的额定电压，运行电流不宜超过 1.3 倍额定电流。

2）保持良好的通风条件，室内温度不宜超过 40 ℃。

3）加强维护，做到无鼓肚、渗漏油、套管松动和裂损、火花放电等不良现象。

4）接地线要连接良好。

5）设置可靠的保护装置，用熔断器保护时，熔丝不应大于电容器额定电流的 130%。

对于供高压开关试验用的电容器堆，由于电容器数量多、总油量大、占地面积和空间大，所以一旦发生火灾，扑救困难，造成的损失大。因此，除采取上述措施外，还应设置适于扑灭电气火灾的固定灭火装置。

5. 柴油发电机防火

柴油发电作为应急电源的一种，在供配电系统中起着提供备用电源的作用。柴油发电机中的燃料为柴油，柴油作为可燃液体，具有较高的火灾危险性。柴油发电机房布置在民用建筑内时，宜布置在建筑物的首层及地下一、二层；柴油发电机应采用丙类柴油作燃料，机房内应设置贮油间，其总贮存量不应大于 8.0h 的需要量，且贮油间应采用防火墙与发电机间隔开；当必须在防火墙上开门时，应设置甲级防火门；应采用耐火极限不低于 2.00h 的不燃烧体隔墙和 1.50h 的不燃烧体楼板与其他部位隔开，门应采用甲级防火门。此外，柴油发电机房应设置火灾报警装置和与柴油发电机容量和建筑规模相适应的灭火设施。

设置在建筑物内的柴油发电机，其进入建筑物内的燃料供给管道应在进入建筑物前和设备间内，设置自动和手动切断阀。贮油间的油箱应密闭且应设置通向室外的通气管，通气管应设置带阻火器的呼吸阀。油箱的下部应设置防止油品流散的设施。燃气供给管道的敷设还应符合现行国家标准《城镇燃气设计规范》（GB 50028—2006）的有关规定。

四、电缆建（构）筑物防火

电力电缆是在配电装置的间隔中，通过陶瓷管或金属管引向室外，但在出管之前，是敷在电缆沟中的，当数目较多时敷设在地下隧道中。控制电缆也是敷设在电缆沟或隧道中的，大型变电所的控制室下面可建造控制电缆层，控制电缆安放在支架上。为防止变配电所内发生电力、控制电缆火灾，应采取以下有效措施：

1）为防止火灾蔓延，建（构）筑物中电缆引至电气柜、盘或控制屏、台的开孔部位，电缆贯穿隔墙、楼板的空洞应采用电缆防火封堵材料进行封堵，其防火封堵组件的耐火极限不应低于被贯穿物的耐火极限，且不应低于 1h。

2）在电缆竖井中，每间隔约 7m 宜设置防火封堵。电缆沟内引接的分支处，电缆沟内每间距 100m 处、通向建筑物的入口处及厂区围墙处，应设置防火墙，防火墙上的电缆孔洞应采用电缆防火封堵材料进行封堵，并应采取防止火焰延燃的措施，其防火封堵组件的耐火极限为 3h。

3）电缆故障主要有绝缘老化、受潮以及接头爆炸等，其中电缆中间接头由于制作不良、接触不良等原因故障率较高。因此为尽量减少电缆关键部位的火灾事故，在电缆中间接头处也可用耐火防爆槽盒将其封闭，加装电缆中间接头温度在线监测系统，对电缆中间接头温度实施在线监测，防火措施可采用防火涂料或防火包带等。

4）在电缆隧道和电缆沟道中，严禁有可燃气、油管路穿越。在密集敷设电缆的电缆夹层中，不得布置热力管道、油气管以及其他可能起火的管道和设备。位于变压器下面的地下电缆隧道必须与变压器电坪、油坑严密隔开，以杜绝变压器油流入隧道的可能性。

5）架空敷设的电缆与热力管路应保持足够的距离，控制电缆、动力电缆与热力管道平行时，两者距离分别不应小于 0.5m 及 1m；控制电缆、动力电缆与热力管道交叉时，两者距离分别不应小于 0.25m 和 0.5m。当不能满足要求时，应采取有效的防火隔热措施。

第五节　低压配电接地安全

一、低压配电系统的接地形式

在电力系统中，为保证电气设备运行的可靠性将电路中的某一点接地，称为工作接地。

在电源中性点不接地的系统中，为了防止电气设备的金属外壳意外带电而造成触电事故，为防止因绝缘破坏而发生触电危险，将与电气设备带电部分相绝缘的金属外壳或架构与接地体之间做良好的连接，称为保护接地。

与变压器直接接地的中性点相连接并作为电流回路的中性线，或直流回路中作为电流回路的接地中性线，称为中性导体（或工作零线），用字符 N 表示。专门为保护人身和设备安全而设置的、与变压器直接接地的中性点相连接的导线，或直流回路中的接地导线，称为保护导体（或保护接地线、保护零线），用字符 PE 表示。在中性点直接接地的低压电网中，通过保护零线将电力设备的金属外壳与电源端的接地中性点连接，称为保护接零。

在变压器低压侧中性点接地的配电系统中，将零线上一处或多处通过接地装置与大地再次连接，称为重复接地，如图 3-5 所示。重复接地的作用是在保护接零系统中性线断路时，仍能保证人与断路处后面的电气设备接触时的安全，以及确保接零的安全可靠。

在低压配电系统中，为了避免人的触电危险和限制事故范围，除了系统侧工作接地外，还要考虑负荷侧的保护接地。按照国际电工委员会（IEC）和国家标准的规定，低压配电系统常见的接地形式有 3 种：TT 系统、IT 系统和 TN 系统。

1. TT 系统

TT 系统的电源中性点直接接地，用电设备的金属外壳直接接地，且与电源中性点的接地无关。第一个大写英文字母"T"表示配电网接地，第二个大写英文字母"T"表示电气设备金属外壳接地，如图 3-6 所示。TT 系统是供电部门规定城市公用低压电网向用户供电

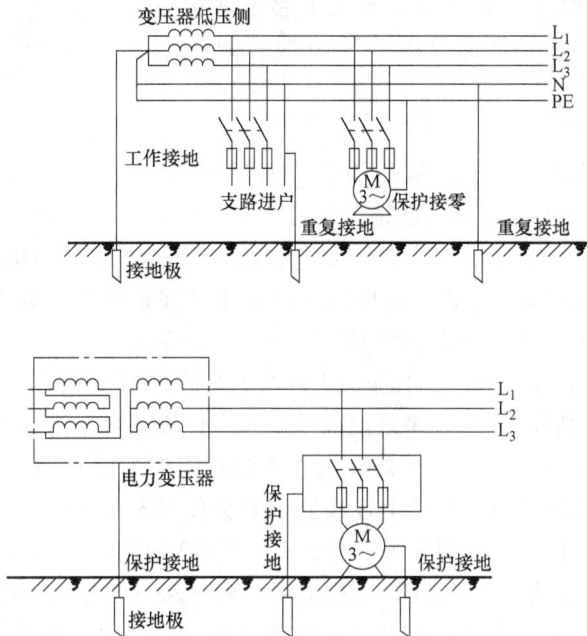

图 3-5　工作接地、保护接地、保护接零与重复接地

的接地系统，广泛应用于城镇、农村居民区、工业企业和由公用变压器供电的民用建筑中。由于其和电源的接地在电气上无联系，也适用于对接地要求较高的数据处理和电子设备的供电。

采用 TT 系统的电气设备发生单相碰壳故障时，接地电流并不是很大，往往不能使保护装置动作，这将导致线路

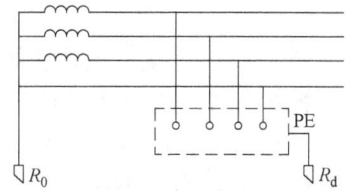

图 3-6　TT 系统

长期带故障运行。当 TT 系统中的用电设备只是由于绝缘不良引起漏电时，因漏电电流往往不大（仅为毫安级），不可能使线路的保护装置动作，这也导致漏电设备的外壳长期带电，增加了人身触电的危险。因此，在 TT 系统中必须加装漏电保护开关，使其成为较完善的保护系统。

2. IT 系统

IT 系统是中性点不接地，系统中所有设备的外露可导电部分经各自的 PE 线分别接地。第一个大写英文字母 "I" 表示配电网不接地或经高阻抗接地，第二个大写英文字母 "T" 表示电气设备金属外壳接地，如图 3-7 所示。由于 IT 系统中设备外露可导电部分的接地 PE 线也是分开的，互无电气联系，因此相互之间不会发生电磁干扰的问题。IT 系统适用于环境条件不良，易发生单相接地故障的场所，以及易燃、易爆的场所，如医院、煤矿、化工厂、纺织厂等，多用于井下和对不间断供电要求较高的场所。近几年，IT 系统逐步应用于重要建筑物内的应急电源系统，以及医院手术室等重要场所的动力和照明系统。

由于 IT 系统中性点不接地或经高阻抗接地，因此当系统发生单相接地故障时，三相用电设备及接线电压的单相用电设备仍能继续运行。但是发生单相接地故障时，接地电流将同时沿着人体和接地装置流过，流经人体和接地装置的电流大小，与电阻成反比关系。由于人体电阻远大于接地装置的接地电阻，则在发生单相碰壳时，大部分的接地电流被接地装置分

流，流经人体的电流很小，从而对人身安全起了保护作用。IT系统必须装设绝缘监视及接地故障报警或显示装置。

图 3-7　IT 系统

3. TN 系统

TN 系统是三相四线制配电网低压中性点直接接地，电气设备金属外壳采取接零措施的系统。字母"T"表示配电网中性点直接接地；字母"N"表示电气设备在正常情况下不带电的金属部分与配电网中性点之间有金属性的连接，亦即与配电网保护零线（保护导体）紧密连接。TN 系统按照中性点（N）与保护线（PE）组合的情况，又分为 3 种形式。

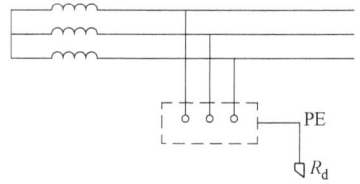

（1）TN-C 系统　该系统中，中性点（N）与保护线（PE）合用一根导线。合用导线称为 PEN 线，如图 3-8a 所示。TN-C 系统的保护线与中性线是合二为一的，因此具有更简单、经济的优点，该线称为 PEN 线（该系统在过去称为三相四线制）。TN-C 的优点是节省了一条导线，但在三相负载不平衡或保护中性线断开时会使所有接 PEN 线的外露可导电部分都带上危险电压。在一般情况下，如果扩充装置和导线截面面积选择适当，TN-C 系统是能够满足要求的。TN-C 系统适用于三相负荷基本平衡的一般工业企业建筑，不适用于具有爆炸、火灾危险的工业企业的建筑、矿井、医疗建筑和无专职电工维护的住宅和一般民用建筑。由于 PEN 线带有电位，供电给数据处理设备的精密电子仪器设备的配电系统不宜采用此系统。

（2）TN-S 系统　该系统如图 3-8b 所示。TN-S 系统中 PE 线与 N 线是分开的，过去称为三相五线制，PE 线不通过正常电流，因此不会对接在 PE 线上的其他设备产生电磁干扰，由于 N 线与 PE 线分开，N 线断线也不会影响 PE 线的保护作用，所以该系统多用于对安全可靠性要求较高（如潮湿易触电的浴室和居民住宅等）、设备对抗电磁干扰要求较严或环境条件较差的场所使用，也适用于供电给数据处理设备和精密电子仪器设备的配电系统，如计算机房等，对新建的大型民用建筑、住宅小区，特别推荐使用 TN-S 系统。但该系统耗用导电材料较多，投资大。

a)

b)

（3）TN-C-S 系统　该系统靠电源侧的前一部分中性点与保护线是合一的，而后一部分则是分开的，如图 3-8c 所示。

该系统即三相四线与三相五线混合系统，是民用建筑中最常见的接地系统，通常电源线路中用 PEN 线，进入建筑物后分为 PE 线和 N 线，此结构简单，又保证一定的安全水平，耗材也不是很多，最适用于分散的民用建筑（小区建筑）。由于建筑物内设有专门的 PE 线，因而消除了 TN-C 系统的一些不安全因素。有一点应注意，在 PEN 线分为 PE 和 N 线后，N 线应使之对地绝对绝缘，且再也不能与 PE 线合并或互换，否则它仍然属于 TN-C 系统。该系统适用于小区

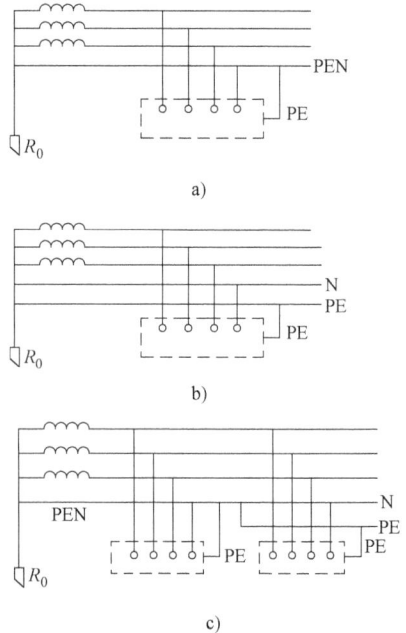

c)

图 3-8　TN 系统
a）TN-C 系统　b）TN-S 系统
c）TN-C-S 系统

民用建筑，也常用于配电系统末端环境较差或对电磁抗干扰要求较高的场所。

在 TN 系统中，电气设备在采取保护接零的同时，必须与熔断器或断路器等保护装置配合应用，才能起到保护作用。

二、电气设备接地的一般要求

1）电气设备一般应接地或接零，以保护人身和设备的安全。一般三相四线制供电的系统应采用保护接零，重复接地。但是由于三相负载不易平衡，零线会有电流，导致触电，因此推荐使用三相五线制，工作零线和保护零线（有时人们往往称其为地线）都应重复接地。三相三线供电系统的电气设备应采用保护接地。三线制直流回路的中性线宜直接接地。

2）不同用途、不同电压的电气设备，除另有规定者外，应使用一个总的接地体，接地电阻应符合其中最小值的要求。

3）如因条件限制，接地有困难时，允许设置操作和维护电气设备用的绝缘台。其周围应尽量使操作人员没有偶然触及外物的可能。

4）低压电网的中性点可直接接地或不接地。220/380V 低压电网的中性点应直接接地。中性点直接接地的低压电网，应装设能迅速自动切除接地短路故障的保护装置。

5）中性点直接接地的低压电网中，电气设备的外壳应采用接零保护，中性点不接地的电网，电气设备的外壳应采用保护接地。由同一发电机、同一变压器或同一段母线供电的低压线路，不应同时采用接零和接地两种保护。在低压电网中，全部采用接零保护确有困难时，也可同时采用接零和接地两种保护方式，但不接零的电气设备或线段，应装设能自动切除接地故障的装置，一般为漏电保护装置。城防、人防等潮湿场所或条件特别恶劣场所的电网、电气设备的外壳应采用保护接零。

6）在中性点直接接地的低压电网中，除另有规定和移动式电气设备外，零线应在电源进户处重复接地；在架空线路的干线和分支线的终端及沿线每 1km 处，零线应重复接地。电缆和架空线在引入车间或大型建筑物入口处，零线应重复接地，或在屋内将零线与配电屏、控制屏的接地装置相连。高、低压线路同杆架设时，在终端杆上，低压线路的零线应重复接地。中性点直接接地的低压电网中以及高、低压同杆的电网中，钢筋混凝土杆的铁横担和金属杆应与零线连接，钢筋混凝土杆的钢筋应与零线连接。

三、接地保护的应用范围

保护接地适用于各种不接地电网，包括交、直流不接地电网，低、高压不接地电网等。凡是因绝缘破坏或其他原因而可能出现危险电压的金属部分，均应实行保护接地。主要包括：

1）电机、变压器、照明器具、携带式或移动式用电器具和其他电器的金属底座和外壳。

2）电气设备的传动装置。

3）室内、外配电装置的金属构架和靠近带电部分的金属遮栏和金属门。

4）配电、控制和保护用的盘、台、箱的框架。

5）交、直流电力电缆的接线盒和终端盒的金属外壳及电缆的金属护层和穿线的钢管。

6）架空线路和架空地线的金属杆塔及装在杆塔上的开关、电容器等的外壳和支架。

7）电流互感器和电压互感器的二次绕组。

8）工作电压超过安全电压而未采用隔离变压器的手持电动工具或移动式电气设备的外壳。

9）避雷器、保护间隙、避雷针和耦合电容器的底座。

10）铠装控制电缆的外皮，非铠装保护电缆的1、2根屏蔽芯线。

11）民用电器的金属外壳，如电风扇、洗衣机、电冰箱等。

12）机床。对机床接地的要求是机床床身、独立安装的控制柜以及装有电气元件的附属设备，都必须备有接地线座或接地母线，其附近要有接地标志。对所有电气设备的非载流的金属外壳、底座和支架，如控制柜的外壳、金属导线管、金属安装板、操纵台的金属外壳和面板，独立安装的电气元件和手提式或悬挂式电器附近的金属外壳，都必须设法使它们与机床总接地母线相连。

13）安装在已接地的金属构架上的设备，如穿墙套管，但应保证其底座与构架接触良好。爆炸危险场所除外。

但需注意以下几点：

1）在不良导电地面（木制、沥青）的干燥房间内，当交流额定电压为380V及以下和直流额定电压400V及以下时，电气设备金属外壳不需要接地，但当维护人员因某种原因同时可能触及到其他电气设备中已接地部位时，则仍应接地；在干燥的地方，当交流电压为36V及以下和直流额定电压为110V及以下时，电气装置不需要接地，但有爆炸危险的设备另外考虑。

2）在保护接零的系统中，电气设备不可再接地保护。因为当接地的电气设备绝缘损坏而与外壳相碰时，由于大地的电阻较大，保护开关或保护熔丝可能不会断开，于是电源中性点电位升高，以致所有接零的电气设备都带电，反而增加触电危险性。

3）由低压公用电网供电的电气装置，只能采用保护接地，不能采用接零。否则，当电气装置的绝缘损坏碰壳而造成一相短路时，将会引起公用电网供电系统严重的不平衡现象。

4）在由同一台变压器供电的线路中，不允许一部分电气设备采用接地保护，而另一部分电气设备采用接零保护措施。

要求接零的设备与保护接地的设备大致相同，就不再重复叙述。

四、接地装置的安全要求

（一）接地装置

接地是通过接地装置来实现的，接地装置是由埋在地下的接地体和连接接地体与电气设备的接地线组成。

1. 接地体

接地体又称为接地极。接地体分为自然接地体和人工接地体。电气设备的接地应尽量利用自然接地体，以便节约钢材和节省接地安装费用。

1）自然接地体有埋设在地下与土壤紧密接触的金属管道（有可燃或易燃介质的管道除外）、建筑物的金属结构以及埋在地下的电缆金属外皮等。

2）人工接地体是由钢材或镀锌材料制成的形状各异的钢条。最简单的一种人工接地体是垂直圆钢管。在一般情况下，人工接地体多采用垂直埋设。

2. 接地线

1）电气设备的金属外壳保护接地线的选用应符合规定。

2）输配电系统工作接地线应按下列规定选用：配电变压器低压侧中性点的接地支线，要用截面面积为 $35mm^2$ 的裸铜绞线；容量在 $100kV \cdot A$ 以下的变压器中性点接地支线可用截面面积为 $25mm^2$ 的裸铜绞线；$10kV$ 避雷器的接地线可采用铜芯、铝芯的裸线或绝缘线；若选用扁钢、圆钢做接地线，其截面面积应不小于 $16mm^2$；用作避雷针的接地线，其截面面积不应小于 $25mm^2$。

3. 接地电阻

接地电阻越小越好，因此规定了各接地系统最大允许接地电阻值。交流中性点接地的工作接地、低压电力设备的保护接地以及常用低压电力设备的共同接地的接地电阻不大于 4Ω，PE 或 PEN 线的重复接地电阻不大于 10Ω，防静电接地电阻不应大于 100Ω。

（二）安全要求

接地与接零是防止电气设备意外带电造成触电事故和火灾爆炸事故的基本技术措施，它们应用十分广泛。接地装置可靠而良好地运行，对保障人身安全有十分重要的意义，因此对接地装置应保持导电的连续性、连接可靠，并有足够的机械强度和足够的载流量和热稳定性。

1）采用建筑物的钢结构、行车钢轨、工业管道、电缆金属外皮等自然导体做接地线时，在其伸缩缝或接头处应另加跨接导线，以保证连续可靠。自然接地体与人工接地体之间必须连接可靠，并保证良好的接触。

2）接地装置之间一般连接时均采用搭接焊接，若不能采用焊接时，可采用螺栓或卡箍连接，但必须防止锈蚀，保证有良好的接触，在有振动的地方，应采取防松动的措施。接地线最好用中间没有接头的整线，一般宜采用钢接地线，有困难时可采用铜、铝接地线以保证有足够的机械强度。

3）对于小接地短路电流系统中，与设备和接地极连接的钢、铜、铝接地线，在流过单相短路电流时，由于作用的时间较长，会使接地线温度升高，所以规定接地线敷设在地上部分不超过 $150℃$，敷设在地下时不超过 $100℃$，且以此允许温度校验其载流量和选择截面面积。

对中性点不接地系统的低压电气设备，接地干线的截面面积按供电网中容量最大的线路相线允许载流量的 1/2 确定；单独用电设备接地支线的截面面积不应低于分支供电相线的 1/3。实际上接地线的截面面积一般不大于下列数值：钢为 $100mm^2$、铝为 $35mm^2$、铜为 $25mm^2$。这样无论从机械强度还是热稳定角度，都能满足要求。

对于大接地短路电流系统的接地装置，应校核发生单相接地短路时的热稳定性，即校核其是否足以承受单相接地短路电流释放的大量热能的考验。对中性点接地系统的接地线的截面面积应按下式进行热稳定校验：

$$S_{jd} \geq I_{jd} / C \sqrt{t_d} \tag{3-51}$$

式中　S_{jd}——接地系统的最小截面面积（mm^2）；

　　　I_{jd}——流过接地线的单相短路电流（A）；

　　　t_d——短路的等效持续时间（s）；

　　　C——接地线材料的热稳定系数（铝为 155，铜为 270，钢为 90）

4）防止机械损伤。接地线应尽量安装在人不易接触到的地方，以免意外损坏；但又必须安装在明显处，以便检查维护。接地线穿过墙壁时，应敷设在明孔、管道或其他保护管中，与建筑物伸缩缝交叉时，应弯成弧状或增设补偿装置；当与铁路交叉时，应加钢管或角钢保护或略加弯曲并向上拱起，以便在振动时有伸缩的余地，避免断裂。

5）防腐蚀。为防止腐蚀，接地装置最好采用镀锌或镀铅的钢制元件制成，焊接处涂以沥青油防腐。明设的接地线或接零线可涂以黑色的防锈漆（黑色是一种标志，地下接地体不能涂漆）。在有强烈腐蚀性土壤中，接地体应适当增大其截面面积。当采用化学方法处理土壤时，应注意控制其对接地体的腐蚀性。

6）与其他物体之间的距离。接地体与建筑物的距离不应小于1.5m，与独立避雷针的接地体之间的地下距离不应小于3m。接地装置的地上部分与独立避雷针的接地线之间的空间距离不应小于3m。

7）接地线不得串联。为了提高接地的可靠性，电气设备的接地支线应单独与接地干线或接地体相连，不得经设备本身串联，即不得将用电设备本身作为接地线的一部分，而必须并排分别接向接地干线或接地体。接地干线应有两处同接地体直接相连，以提高可靠性。

一般工矿企业的变电所接地，既是变压器低压侧的中性点工作接地，又是高压设备的保护接地，还是低压配电装置的重复接地，各部分应单独与接地体相连，不得串联。变配电装置最好也有两条接地线与接地体相连，以提高可靠性。

8）埋设深度适当。为了减少季节及其他自然因素对接地电阻的影响，接地体最高点离地面深度一般不应小于0.6m（农田地带不应小于1m），也不宜太深，太深则会造成施工困难，但应在大地冰土层以下。

9）等电位连接。低压配电系统实行等电位连接对防止触电和电气火灾事故的发生具有重要作用，等电位连接可降低接地故障的接触电压，从而减轻由于保护电器动作失误带来的危险。

等电位连接有总等电位连接和辅助等电位连接两种。总等电位连接是在建筑物的电源进户处将PE干线、接地干线、总水管、总煤气管、采暖和空调立管相连接，建筑物的钢筋和金属构件等也与上述部分相连，从而使以上部分处于同一电位。总等电位连接是一个建筑物或电气装置在采用切断故障电路防人身触电和火灾事故措施中必须设置的。辅助等电位连接则是在某一局部范围内将上述管道构件作再次相同连接，它作为总等电位连接的补充，用于进一步提高用电安全水平。

五、接地故障火灾及预防

接地故障是指相线和电气装置的外露导电部分（包括电气设备金属外壳、敷线管槽和电气装置的构架等）、装置的外导电部分（包括水、暖、煤气、空调的金属管道和建筑的金属结构等）以及大地之间的短路，它属于单相短路。这种短路故障与相线和中性线间的单相短路故障，与相线之间产生的相间短路故障相比，无论在危害后果，还是在保护措施上都不相同。按IEC术语，将这种短路故障称为接地故障。

与一般短路相比，接地故障引起的电气火灾具有更大的复杂性和危险性。一般短路起火主要是短路电流作用在线路上的高温或电弧火花引起火灾，而接地故障则有以下3个原因引起火灾，且危险性更大，其防范工作也十分复杂。

1. 故障电流起火

接地故障回路的环节较多，除PE线、PEN线外，还有金属设备外壳、敷设管槽以及电气装置外的导电部分，而 TT 系统还以大地为通路。接地回路中大地的接地电阻大，PE 线、PEN 线（接地线）连接端子的电阻由于疏于检验，其阻值也较大，因此接地故障电流比一般短路电流小得多，常常不能使过电流保护电器及时切断故障，且故障点多不熔焊而出现电弧、电火花。而电弧作为一个大阻抗，它限制故障电流流过，使过电流保护电器难以动作，不能保护故障线路。电弧的局部温度很高，2A 的电弧温度可以超过 2000℃，0.5A 的电弧能量即可引燃近旁可燃物质起火，所以不大的接地故障电流往往能导致一场大火灾。另外，由于不重视 TN 系统中 PE 线、PEN 线在故障条件下的热稳定，在设计安装时往往将 PE 线、PEN 线错误地选用过小的截面面积，一旦发生接地故障，系统中有较大的接地故障电流通过，易导致线路高温起火。因此，接地故障具有很大的火灾危险性。

2. PE（PEN）线接线端子连接接触不良起火

设备接地的 PE 线、PEN 线平时不通过负荷电流或通过较小电流，只有在发生接地故障时才通过故障电流。因受振动、腐蚀等原因，导致连接松动、接触电阻增大，但设备仍照常运转而问题不易觉察。一旦发生接地故障，接地故障电流需通过 PE 线返回电源时，大接触电阻限制了故障电流，使保护电器不能及时动作切断电源，连接端子处因接触电阻大而产生的高温或电弧、电火花就可能导致火灾的发生。

3. 故障电压起火

接地故障除产生故障电流外，还能使电气装置的外露导电部分带对地故障电压。此电压沿 PE 线、PEN 线传导，使电气装置的所有外露导电部分带对地电压。发生接地故障后四处传导的故障电压是危险的起火源，如果不及时切断，除发生常见的电击事故外，还会造成与带地电位的各种金属管道、金属构件之间的打火、拉弧而成为火源或引爆源。实验表明：十几 V 的维持电压就可以使电弧连续，周围若有可燃物，很容易引起火灾。

故障电压可来自电气装置的内部，也可来自电气装置的外部。例如来自发生接地故障的其他电气装置、电源线路以及变电所。

发生接地故障时，接地短路电流一般较小，不足以使一般的低压断路器动作跳闸。这种故障电流会一直存在，对设备周围人身安全造成很大的威胁。一般情况下，这种泄漏电流的发热功率为 $60\sim100W$，该功率如果释放在几 mm^2 的面积上，就会引燃绝缘，此时只要周围有可燃材料就会引起电气火灾。

接地故障可以通过对泄漏电流进行检测实现及时报警和消除，以确保人员和设备的安全。剩余电流保护装置（即漏电保护装置）就是这样一种专用的保护装置，它可以切除很小的接地故障电流，可以防止由漏电引起的火灾，还可以用于检测和切断各种一相接地故障。装设剩余电流保护装置，可进一步提高用电安全水平；可以大大提高 TN 系统和 TT 系统单相接地故障保护灵敏度；可以解决环境恶劣场所的安全供电问题；可以解决手握式、移动式电器的安全供电问题；可以避免相线接地故障时设备带危险的高电位以及避免人体直接接触相线所造成的伤亡事故。此外，近些年，具有温度探测和剩余电流探测功能的电气火灾监控系统也逐渐应用于接地故障火灾的预防。

自学指导

本章学习重点：导线截面面积选择，保护装置选择，电气线路防火措施，变配电所防火要点，低压接地系统安全。

1）选择导线截面面积的方法有：按照发热条件选择，按电压损失选择，按机械强度选择。

2）保护装置选择：保护装置选择的一般原则，熔断器的选择方法。

3）电气线路防火措施：架空线路、进户线与接户线、室内和室外配线及电缆的敷设要求及防火措施。

4）变配电所防火要点：变配电所的平面布置、防火间距、贮油（挡油）设施、消防设施设置等建筑防火要求，变压器、电容器、蓄电池室的火灾危险性及预防措施。

5）低压接地系统安全：低压接地系统常见型式，常见的接地故障及其危害。

本章学习难点：对多组设备供电干线按照发热条件选择导线截面面积。

对多组设备供电干线按照发热条件选择导线截面面积的关键是：

1）利用需要系数法对多组设备供电的线路进行负荷计算：首先确定不同工作制下的电力设备的计算负荷，再利用需要系数确定一组电力设备的计算负荷，然后利用同期系数求得多组设备的计算负荷，最后计算出总的计算负荷。

2）根据计算电流选择导线截面面积：注意环境温度与所查数据的规定环境温度不同时，对导线的允许载流量要进行温度修正。

3）如果线路中设有保护装置时，还应考虑导线截面面积与保护装置的配合关系。

复习思考题

一、选择题（在选项中选出 1 个正确的答案）

1. 可以用来选择导线的截面面积的原则是（　　）

A. 导线发热条件　　　B. 机械强度　　　C. 标幺值法　　　D. 电压损失

2. 已知一明敷铝芯导线上的计算电流为 $I_\mathrm{j}=85\mathrm{A}$，该导线上的允许载流量为 $I_\mathrm{ux}=105\mathrm{A}$，如果按短路保护选择熔断器，则该熔断器熔体的额定电流应该满足（　　）条件。

A. $85\mathrm{A}\leqslant I_\mathrm{er}\leqslant 105\mathrm{A}$ 　　　　　　B. $85\mathrm{A}\leqslant I_\mathrm{er}\leqslant 157.5\mathrm{A}$

C. $85\mathrm{A}\leqslant I_\mathrm{er}\leqslant 262.5\mathrm{A}$ 　　　　　D. $65\mathrm{A}\leqslant I_\mathrm{er}\leqslant 105\mathrm{A}$

3. 对一建筑面积为 $5000\mathrm{m}^2$ 的教学楼进行防火检查，需估算教学楼的总计算负荷，从手册中可查出：对于单位面积安装功率 $P(\mathrm{W/m}^2)$，住宅楼为 $20\mathrm{W/m}^2$，科研楼为 $10\sim40\mathrm{W/m}^2$，剧场的舞台照明为 $30\sim70\mathrm{W/m}^2$，商业、服务楼为 $20\sim40\ \mathrm{W/m}^2$。由以上数据，我们可以估算出教学楼的总计算负荷为（　　）。

A. 100kW　　　　B. 50kW ~ 200kW

C. 150kW ~ 350kW　　D. 100kW ~ 200kW

4. 下列不是电缆的防火设施的是（　　）

A. 隔离易燃易爆物　　B. 设置自动报警与灭火装置

C. 封堵电缆孔洞　　D. 电缆接地

5. 图 3-9 为油浸变压器的结构示意图，（　　）是正确的选项。

A. 6 是油箱　　　B. 5 是防爆管

C. 3 是气体继电器　　D. 1 是贮油柜（油枕）

6. 有关变配电所防火的问题，正确的描述是（　　）。

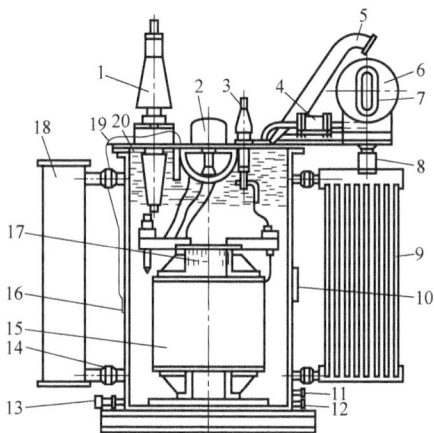

图 3-9

A. 变压器室的耐火等级应为一级，配电室的耐火等级应不低于二级

B. 配电室多布置在靠近变压器的地方，以便硬母线接入

C. 变配电所宜布置在常年盛行风向的上风侧或最小风频的下风侧

D. 室外配电装置除满足最小安全间距，即不同相载流导体间或载流部分与接地结构间的空间净距离外，还应该满足防火间距的要求

7. 柴油发电机房布置在民用建筑内时，机房内应设置贮油间，其总贮存量不应大于（　　）的需要量，且贮油间应采用（　　）与发电机间隔开。

A. 24h　防火隔墙　　B. 24h　防爆墙　　C. 8h　防火隔墙　　D. 8h　防爆墙

8. 不是接地故障火灾的防火措施的是（　　）。

A. 等电位连接　　　　　　　　　　B. 保证接地装置的安全

C. 中性线安装隔离开关　　　　　　D. 装设漏电火灾监控系统

9. 图 3-10 的接地方式是（　　）。

A. TT 系统　　　　　　B. IT 系统

C. TN-C 系统　　　　　D. TN-S 系统

10. 有关接地的基本要求，下列描述正确的是（　　）。

A. 采用 TN-C-S 系统时，当保护线与中性从某点分开后就不能再合并

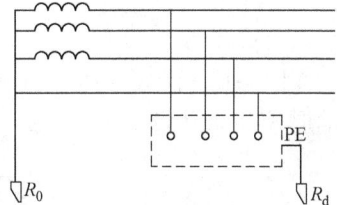

图 3-10

B. 保护线上不应设置保护电器及隔离开电器

C. 在 TT 系统中，共用同一接地保护装置的可导电部分，必须用保护线与共用的接地极连在一起

D. 由同一台发电机、配电变压器或同一段母线供电的低压电力网，可以同时采用两种系统接地形式

11. 烟花爆竹生产厂低压配电系统应采取的接地形式是（　　）。

A. TN-C　　　　B. IT　　　　C. TT　　　　D. TN-S

12. 不是接地故障火灾的防火措施的是（　　）。

A. 等电位连接　　　　　　　　　　B. 保证接地装置的安全

C. 中性线安装隔离开关　　　　　　D. 装设剩余电流火灾监控系统

13. 适合消防设备的供电线路配线导线的类型是（　　）。

A. BLV　　　　B. BX　　　　C. BBLV　　　　D. BLX

二、名词解释

计算负荷、重复接地、保护接地、保护接零、接地故障、等电位连接

三、简答题

1. 电气保护装置的选择应满足哪些要求？

2. 油浸电力变压器有哪些火灾危险性？导致变压器的火灾原因通常会有哪些？

3. 变配电所的建筑防火有哪些要求？

4. 我国常见的接地形式有 3 种，请分别说明 TT 系统、TN 系统和 IT 系统分别适用于哪些场所，并且各有哪些火灾隐患。

5. 对于接地故障火灾，应该采取哪些火灾预防措施？

6. 什么是导体的热稳定性？导体能满足短路电流的热稳定性最小截面面积与哪些量有

关？有什么关系？

四、计算题

如图 3-11 所示，干线 A 为 B、C、D 三台设备供电，B 为电动机：$P_N = 30$ kW，$\cos\varphi = 0.8$；C 为电动机：$P_N = 22$kW，$\cos\varphi = 0.85$；D 为吊车，$P_N = 25$kW，$\cos\varphi = 0.8$，$JC\% = 50$；干线 A 的需要系数为 $K_x = 0.75$，试按导体发热条件选择干线 A（BLV 导线）的导线截面面积（环境温度为 $25℃$，导线的长期允许载流量见表 3-17）。（注：各设备的电压均为 380V。）

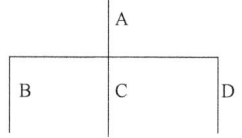

图 3-11

表 3-17 环境温度为 25℃时的长期允许载流量（BLV 明敷，$\theta_2 = 65℃$）

截面面积/mm²	4	6	10	16	25	35	50
载流量/A	32	42	59	80	105	130	165

五、论述题

如图 3-12 所示，在电源中性点接地系统中的电气设备，可不可以有的设备采用 TT 保护接地形式（如 B 设备），有的设备采用 TN-S 保护接地形式（如 A 设备）？为什么？

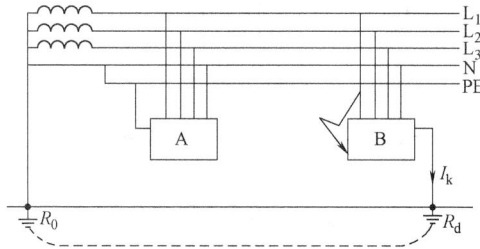

图 3-12

第四章 防爆电气设备及其选型

学习目标

1. 应了解、知道的内容：

◇爆炸性危险环境的基本概念、燃爆条件、防爆措施；

◇电气设备的防爆途径；

◇爆炸性危险场所电气设备的安全应用问题，包括线路防爆、接地安全等。

2. 应理解、清楚的内容：

◇选择防爆电气设备的一般要求、原则和方法；

◇防爆电气设备的类型和型式。

3. 应掌握、会用的内容：

◇爆炸性危险环境的区域划分；

◇会运用所学知识划分危险区域并选择合适的防爆电气设备。

4. 应熟练掌握的内容：

◇爆炸性混合物的分类、分级和分组方法；

◇电气设备防爆标志及其防护型的标志方法。

自学时数 8 学时。

老师导学

本章首先介绍爆炸性危险环境的基本知识和防爆电气设备的分类和型式，然后介绍爆炸性气体环境和爆炸性粉尘环境如何划分区域等级并确定区域范围，最后介绍在爆炸性危险环境应如何选择适用的防爆电气设备，以及应用防爆电气设备时应注意的问题。本章主要对爆炸性危险环境电气设备的使用作一个全面的介绍。在学习本章时，应重在应用，能够熟悉爆炸性危险环境区域划分和防爆电气设备选用的方法。

第一节 电气设备防爆基础

一、爆炸性环境基本概念

爆炸性环境是指在大气条件下，可燃性物质以气体、蒸气、粉尘、纤维或飞絮的形式与空气形成混合物，引燃后能够保持燃烧自行传播的环境。爆炸性环境按可燃性物质的不同分为爆炸性气体环境和爆炸性粉尘环境。

1. 爆炸性气体环境

指含有爆炸性气体混合物的环境。爆炸性气体混合物是在大气条件下，气体或蒸气状的可燃物质与空气混合，引燃后燃烧将在全范围内传播的混合物。具体包括：可燃气体与空气形成的爆炸性混合物；易燃液体蒸气与空气的混合物；闪点低于或等于场所环境温度的可燃液体的蒸气与空气的混合物；操作温度高于可燃液体闪点的情况下泄漏的可燃液体蒸气与空气的混合物。

2. 爆炸性粉尘环境

在大气条件下可燃性物质以粉尘、纤维或飞絮的形式与空气形成混合物，被点燃后，燃烧将在未燃混合物中继续扩散的环境称为爆炸性粉尘环境。粉尘是在大气中依其自身重量可沉淀下来，但也可持续悬浮在空气中一段时间的固体微小颗粒，粒径为 $500\mu m$ 及以下。飞絮是指粒径大于 $500\mu m$，可悬浮在空气中，也可依靠自身重量沉淀下来的包括纤维在内的固体颗粒，如人造纤维、棉花（包括棉绒纤维、棉纱头）、剑麻、黄麻、麻屑、可可纤维等。

为了防止在爆炸性环境发生爆炸和火灾事故，当在生产、加工、处理、转运及贮存过程中出现爆炸性混合物时，必须根据预防为主的方针，对电力装置采取必要的防范措施。爆炸性混合物出现或预期可能出现的数量达到足以要求对电气设备的结构、安装和使用采取预防措施的区域称为爆炸危险区域；爆炸性混合物出现的数量不足以要求对电气设备的结构、安装和使用采取预防措施的区域称为非爆炸危险区域。

二、爆炸性混合物分类、分级和分组

1. 爆炸性混合物的分类

爆炸性混合物的危险性，是由它的爆炸极限、传爆能力、引燃温度和最小点燃电流决定的。根据爆炸性混合物的危险性并考虑实际生产过程的特点，一般是将爆炸混合物分为 3 类：

Ⅰ类——矿井甲烷；

Ⅱ类——工业气体（如工厂爆炸性气体、蒸气、薄雾）；

Ⅲ类——工业粉尘（如爆炸性粉尘、易燃纤维）。

在分类的基础上，各类爆炸性混合物又进行了分级、分组，主要是为了配置相应的电气设备，以达到安全生产和经济合理的目的。

2. 爆炸性气体混合物的分级、分组

（1）按最大试验安全间隙（MESG）分级　最大试验安全间隙是在常温常压（20℃、0.1MPa）条件下，壳内所有浓度的被试验气体或蒸气与空气的混合物点燃后，通过 25mm 长的结合面均不能点燃壳外爆炸气体混合物的外壳空腔两部分之间的最大间隙。最大安全试验间隙的大小反映了爆炸气体混合物的传爆能力，间隙越小，其传爆能力就越强；反之，间隙越大，其传爆能力越弱，危险性也越小。爆炸气体混合物，按其最大试验安全间隙的大小分为ⅡA、ⅡB、ⅡC共3级。

（2）按最小点燃电流比（MICR）分级　气体或蒸气可按最小点燃电流与实验室用甲烷的最小点燃电流的比值（MICR）进行分级。最小点燃电流是在温度为 20 ~ 40℃，0.1MPa，电压为 24 V，电感为 95mH 的试验条件下，采用 IEC 标准火花发生器对空气电感组成的直流电路进行 3000 次火花发生试验，能够点燃最易点燃混合物的最小电流。最易点燃混合物，是在常温常压下，需要最小引燃能量的混合物。例如，甲烷最易点燃的混合物浓度为 8.3 ± 0.3%，最小引燃能量为 0.28mJ。

大多数气体和蒸气只需按测定的最大试验安全间隙（MESG）或最小点燃电流比（MICR）进行分级即可，但当在下列情况时，则需同时测定最大试验安全间隙（MESG）和最小点燃电流比（MICR）后综合考虑，才能进分级。

① 测定的 MICR 值为 0.8 < MICR ≤ 0.9 时；

② 测定的 MICR 值为 0.45 ≤ MICR < 0.5 时；

③ 测定的 MESG 值为 0.5 ≤ MESG < 0.55 时。

（3）按引燃温度分组　爆炸性混合物，不需要用明火即能引燃的最低的温度称为引燃温度。引燃温度越低的物质越容易引燃。爆炸性气体混合物按引燃温度的高低，分为 T1、T1、T3、T4、T5、T6 共 6 组。

爆炸性气体混合物分级分组举例见表 4-1。

表 4-1　爆炸气体混合物的分类、分级分组举例

类和级	最大试验安全间隙（MESG）/mm	最小点燃电流比 MICR	引燃温度（℃）与组别					
			T1	T2	T3	T4	T5	T6
			$T > 450$	$450 \geqslant T > 300$	$300 \geqslant T > 200$	$200 \geqslant T > 135$	$135 \geqslant T > 100$	$100 \geqslant T > 85$
I	MESG = 1.14	MICR = 1.0	甲烷（矿井）					
II A	MESG ≥ 0.9	MESG > 0.8	甲烷、乙烷、苯、甲苯	丙烷、丁烷、丙烯、甲醇、乙醇、丙醇	戊烷、己烷、庚烷、辛烷、壬烷、石脑油、煤油、柴油	三甲胺、乙醛		亚硫酸乙酯
II B	0.5 < MESG < 0.9	0.45 ≤ MESG ≤ 0.8	丙炔、环丙烷	乙烯	二甲醚	乙基甲基醚、二乙醚、二丁醚		
II C	MESG ≤ 0.5	MESG < 0.45	水煤气、氢	乙炔			二硫化碳	硝酸乙酯

3. 爆炸性粉尘混合物的分级

爆炸性粉尘按其特性可进一步再分级。

1）III A 级：可燃性飞絮。如棉花纤维、麻纤维、丝纤维、毛纤维、木质纤维、人造纤维等。

2）III B 级：非导电性粉尘。如聚乙烯、苯酚树脂、小麦、玉米、砂糖、染料、可可、木质、米糠、硫磺等粉尘。

3）III C 级：导电性粉尘。如石墨、炭黑、焦炭、煤、铁、锌、钛等粉尘。导电性粉尘导致电火花的危险性较非导电性粉尘高。

爆炸性粉尘特性举例见表 4-2。

表 4-2　爆炸性粉尘特性举例

粉尘种类	粉尘名称	高温表面堆积粉尘层(5mm)的引燃温度/℃	粉尘云的引燃温度/℃	爆炸下限质量浓度/(g/m³)	粉尘平均粒径	危险性质	粉尘分级
金属	铝（含脂）	230	400	37 ~ 50	10 ~ 20	导	III C
	镁	340	470	44 ~ 59	5 ~ 10	导	III C
	红磷	305	360	48 ~ 64	30 ~ 50	非	III B
	电石	325	555		< 200	非	III B

（续）

粉尘种类	粉尘名称	高温表面堆积粉尘层（5mm）的引燃温度/℃	粉尘云的引燃温度/℃	爆炸下限质量浓度/（g/m³）	粉尘平均粒径	危险性质	粉尘分级
化学药品	肥皂粉	熔融	575		80～100	非	ⅢB
	青色染料	350	465		300～500	非	ⅢB
农产品	小麦粉	炭化	410		20～40	非	ⅢB
	裸麦粉	325	415	67～93	30～50	非	ⅢB
纤维鱼粉	鱼粉	炭化	485		80～100	非	ⅢB
	烟草纤维	290	485		50～100	非	ⅢA
	木质纤维	250	445		40～80	非	ⅢA
燃料	有烟煤粉	235	595	41～57	5～11	导	ⅢC
	褐煤粉	230	185		3～7	导	ⅢC

注：危险性质栏中，用"导"表示导电性粉尘，用"非"表示非导电性粉尘。

三、燃爆条件与防爆基本措施

1. 易燃易爆物质的燃爆条件

1）电气设备周围存在有一定数量的易燃易爆物质。

2）这些易燃易爆物质与空气混合，其浓度在爆炸极限以内，并具有与电气设备的危险因素相接触的可能性。

3）电气设备产生的火花、电弧或高温热量足以点燃爆炸性混合物。

3个条件必须同时具备，缺一不可。

2. 防爆基本措施

为了防止易燃易爆物质的燃烧和爆炸，一般要采取下列基本措施：

1）要把燃爆的3个条件同时出现的可能性减到最小程度。

2）通过生产工艺设计来消除或减少可燃气体、易燃液体的蒸气或薄雾、爆炸或可燃粉尘的产生及积累。如在工艺流程中采用较低的压力和温度，将易燃物质限制在密闭容器内，防止泄漏；工艺布局中尽量限制和缩小危险区域范围；爆炸危险区要与非爆炸危险区实行分隔；用氮气或其他惰性气体使易燃物质与空气隔离等。

3）限制易燃易爆物质在空气中的含量，减少其达到爆炸极限的概率。如加强自然或机械通风；设置正压室；设置自动检测装置；对爆炸性混合物的含量进行检测，当其接近爆炸浓度下限的50%时，发出信号或切断电源。

4）消除或控制电气设备产生火花、电弧或高温的可能性，并使其与易燃易爆物隔离，并在低于引燃温度下运行。

5）定期清除沉积粉尘，给物料增湿，防止沉积和悬浮。

四、电气设备防爆途径

为了消除和控制电气设备产生的火花、电弧或高温危险因素，一般通过如下途径来达到电气防爆的目的。

1. 用外壳限制爆炸

用外壳限制爆炸又称隔爆，此方法多用于电机、电器等动力设备的防爆。隔爆电气设备的特点是外壳坚固，当设备内部爆炸时，产生的爆炸压力不致使外壳变形。当火焰从间隙逸出时，也能受到足够的冷却，不足以引燃爆炸性混合物，即把爆炸限制在壳内。隔爆的基本思路是采取结构防爆思想，利用隔爆外壳来获得安全特性。隔爆外壳的性能包括耐爆性、隔爆性两部分。

1）耐爆性是指外壳强度。当外壳内发生最严重的爆炸性混合物爆炸时，或因高温引起壳内有机绝缘分解，生成可燃性高压气体时，其压力都不致于使外壳变形和损坏，其高温也不致使外壳损伤。

2）隔爆性是指外壳各部件的接合面要符合一定要求，使壳内爆炸时向外喷出的火焰或灼热金属颗粒不会引起壳外的爆炸性混合物的爆炸。

2. 用外壳隔离引燃源

1）采用熔化、挤压或胶粘的方法将外壳密封起来，阻止外部可燃性气体进入壳内，而与引燃源隔离，达到防爆的目的。

2）采用密封性能良好的外壳来限制可燃性气体或蒸气进入，使外壳内部聚积的可燃性气体或蒸气浓度达到下限值的时间比外部环境中可燃性气体或蒸气可能存在的时间要长。

3）采用密封性能达到规定要求的外壳使可燃性粉尘不能或难于进入外壳内，而与引燃源隔离，达到防爆的目的。

3. 控制电气点火源

（1）限制正常工作的温度　对于正常运行时不产生火花电弧和危险高温的电气设备，可以采取一些附加措施来提高设备的安全可靠性，如采用高质量绝缘材料、加大导线截面积、降低使用容量、改善散热条件、提高导线连接质量等方法把电气设备正常时的运行温度控制在引燃温度以内，同时也大大减少火花、电弧和危险高温现象出现的可能性，使之可以用于危险场所。

（2）限制火花能量　通过合理地选择电气参数，使电气系统在正常或故障状态下，产生的电火花变得相当小，不能点燃周围的爆炸性混合物。但这种电气设备电路的电压和电流都较小，只适于信号通信、测量仪表、遥控和自动控制系统。

4. 用介质隔离引燃源

该方法的原理是把电气设备的导电部件放置在安全介质内，使引燃源与外面的爆炸性混合物隔离来达到防爆的目的。

（1）用气体介质隔离引燃源　当采用的介质是气体（一般是新鲜空气或惰性气体）时，应使设备内部的气体相对于外面大气有一定的正压，从而阻止外部大气进入，使正常或故障时产生的危险因素不与爆炸性混合物直接接触。

（2）用液体介质隔离引燃源　这种方法采用的隔离介质是液体（一般是变压器油）。

（3）用固体介质隔离引燃源　采用的介质是颗粒状的固体（一般是石英砂）作为隔离介质，或采用的介质是固化物填料（一般是环氧树脂），把引燃源浇封在填料里面，而与外面爆炸性混合物隔离。

5. 采用超前切断电源保护

超前切断电源保护的基本原理是在设备可能出现故障之前，即自行把电源切除，使热源不致于与爆炸性混合物接触，从而达到防爆目的。如矿用电缆大部分为橡胶软电缆，由于井下工作条件恶劣，橡胶电缆经常容易发生机械性损坏造成短路，易引起瓦斯爆炸。但它又不能采用隔爆外壳结构加以保护。为了解决普通橡胶电缆在机械性损坏时造成的火花外露，采用了特殊构造的屏蔽电缆与漏电保护装置相配合构成超前切断保护。当电缆受砸压时，在它的主芯线绝缘未完全损坏之前，其漏电流经屏蔽层首先入地，使检漏继电器动作，超前切断电源。

这些安全措施的采用，要调查研究、综合设防，才能在到安全可靠、技术先进、经济合理的目的，应整体防爆，单一设防是不行的。

五、电气设备防爆型式

防爆电气设备是指这种设备按国家规定的标准设计制造而不能引起周围爆炸性混合物爆炸的电气设备。防爆电气设备具有良好的防爆特性，防止爆炸事故的发生。

1. 爆炸性气体环境用电气设备型式

爆炸性气体环境用电气设备应符合《爆炸性气体环境用电气设备》（GB 3836）系列规范中设计、制造和试验的要求。根据气体防爆电气设备产生火花、电弧和危险温度的特点，为防止其点燃爆炸性气体混合物而采取的措施有下列 10 种型式。

（1）隔爆型（标志为 d） 隔爆型气体防爆电气设备是一种具有隔爆外壳的电气设备，其外壳能够承受通过外壳任何接合面或结构间隙渗透到外壳内部的可燃性混合物在内部爆炸而不损坏，并且不会引起外部由一种、多种气体或蒸气形成的爆炸性环境的点燃。多用于强电设备，如电机、变压器、开关等。

电气设备外壳的内部由于呼吸作用会进入周围的爆炸性气体混合物，当设备产生电火花及危险高温时，将引燃壳内的爆炸性气体混合物，形成巨大的爆破力及冲击波。一方面隔爆外壳应能承受内部的爆炸压力而不破损；另一方面隔爆外壳的接合面应能阻止爆炸火焰向壳外传播而点燃周围的爆炸性气体混合物。因此隔爆外壳应有耐爆性及隔爆性两种特性。

（2）增安型（标志为 e） 对在正常运行条件下不会产生电弧或火花的电气设备进一步采取措施，提高其安全程度，防止电气设备产生危险温度、电弧和火花的可能性的防爆型式。它没有隔爆外壳，多用于笼型异步电动机等。

增安型电气设备主要是在一般电气设备原有性能的基础上采取了以下措施来提高电气设备的防爆安全性能：

① 有效的外壳防护；

② 电路的可靠连接；

③ 增大电气间隙和爬电距离；

④ 限制设备的温升；

⑤ 提高绝缘性能。

（3）本质安全型（标志为 i） 将设备内部和暴露于潜在爆炸性环境的连接导线可能产生的电火花或热效应能量限制在不能产生点燃爆炸性气体混合物的水平。本质安全型电气设备要实现防爆的目的，除了自身的本安电路的安全外，还要考虑与其关联的非本安电路、设备对其安全性能的影响，也就是通过安全栅（能量限制器）来进行相对隔离，以阻止危险电流或电压由非本安电路窜入本安电路，破坏其本安防爆性能。这种电气设备按使用场所和安全程度分为 ia、ib 和 ic 共 3 个等级。

ia 级设备在正常工作、一个故障点和两个故障点时均不能点燃爆炸性气体混合物。

ib 级设备在正常工作和一个故障点时不能点燃爆炸性气体混合物。

ic 级设备在正常工作时不能点燃爆炸性气体混合物。

（4）正压型（标志 p）　这种型式的设备具有正压外壳，可以保持内部保护气体，即新鲜空气或惰性气体的压力高于周围爆炸性环境的压力，阻止外部混合物进入外壳。正压型电气设备有连续气流正压、泄漏补偿正压、静态正压 3 种结构型式。用正压保护的防爆型式细分为 3 种型式（px、py 和 pz），它们分别是以外部的爆炸性环境是否有内释放，以及正压外壳内的电气设备是否有点燃能力为依据进行划分。

（5）油浸型（标志为 o）　该种防爆型式是将电气设备或电气设备的部件整个浸在保护液中，使设备不能够点燃液面上或外壳外面的爆炸性气体，其中保护液是符合规定的矿物油或其他液体。

（6）充砂型（标志为 q）　这种型式是将能点燃爆炸性气体的导电部件固定在适当位置上，且完全埋入填充材料中，以防止点燃外部爆炸性气体环境。

这种防爆型式不能阻止爆炸性气体进入设备和元器件，但是，由于填充材料中空隙小，且火焰通过填充材料中的通路时被熄灭，从而防止了点燃爆炸。填充材料为标称值为 0.5 ~ 1mm 的石英或玻璃颗粒。

（7）"n"型（标志为 n）　采用这种型式的设备过去称无火花型电气设备。这是一种在正常运行时或规定的异常条件下，不能点燃爆炸性气体混合物的电气设备。这种电气设备按安全原理分为 5 种。

nA：无火花设备。装置的结构将在正常使用条件下产生能引起点燃危险的电弧、火花的危险减至最小。正常使用不包括移去或插入带电元器件。

nC：有火花设备。触头采用除限制呼吸外壳、能量限制和正压之外的适当保护。

nR：限制呼吸外壳。设计成能限制气体、蒸气和薄雾进入的一种外壳。

nL：限制能量设备。电路和元器件的设计符合能量限制原理的电气设备。

nZ：具有正压外壳，用保护气体充入外壳，并保持压力高于周围环境，以阻止外壳内部形成爆炸性环境。

（8）浇封型（标志为 m）　将可能产生点燃爆炸性混合物的火花或过热的部分封入复合物中使它们在运行或安装条件下不能点燃爆炸性气体环境。浇封型电气设备应分为 ma 保护等级或 mb 保护等级。对于 ma 保护等级，电路中任意一点的工作电压不应超过 1kV。

ma 保护等级的浇封保证在正常运行、安装和最多两个故障条件下可靠地防止引燃发生。

mb 保护等级的浇封保证在任何运行、安装和一个故障条件下非常可靠地防止引燃发生。

（9）气密型（标志为 h）　具有用熔化、挤压或胶粘的方法进行密封的外壳，这种外壳能防止壳外部气体进入壳内。

（10）特殊型（标志为 s）　指在结构上不属于上述任何一类，而采取其他特殊防爆措施的电气设备。

《爆炸性气体环境用电气设备通用要求》（GB 3836）系列规范中并未给出特殊型"s"的相关要求，有关这种防爆型式在爆炸危险场所的使用须经检验机构认可。

2. 可燃性粉尘环境用电气设备型式

可燃性粉尘环境用电气设备应符合《可燃性粉尘环境用电气设备》（GB 12476）系列规

范中设计、制造和试验的要求。

（1）浇封保护型（标志 mD） 这种型式是将可能产生点燃爆炸性环境的火花或发热部件封入复合物中，使它们在运行或安装条件下避免点燃粉尘层或粉尘云。粉尘保护型电气设备分为 maD 等级或 mbD 等级。

maD 级设备在正常操作和安装、任何规定的异常条件和规定的故障条件（两个故障）时均不能点燃爆炸性粉尘混合物。浇封电路中任意一点的工作电压不应超过 1kV。

mbD 级设备在正常运行和安装、规定的故障条件（一个故障）时不能点燃爆炸性粉尘混合物。

（2）本质安全型（标志为 iD） 本质安全型电气设备指内部的所有电路都是本质安全电路的电气设备。本质安全电路指的是在标准规定条件（包括正常工作和规定的故障条件）下产生的任何电火花或任何热效应均不能点燃规定的爆炸性粉尘环境的电路。这种电气设备分为 iaD 和 ibD 两个等级。

iaD 级设备在正常工作、一个故障点和二个故障点时均不能点燃爆炸性气体混合物。

ibD 级设备在正常工作和一个故障点时不能点燃爆炸性气体混合物。

（3）正压保护型（标志为 pD） 保持外壳内部高于周围环境的过压，以避免在外壳内部形成爆炸性粉尘环境。

（4）外壳保护型（标志为 tD） 能防止所有可见粉尘颗粒进入的尘密外壳或不完全阻止粉尘进入但其进入量不足以影响设备安全运行的外壳。

外壳保护型有两种不同的型式；A 型（欧洲类型）和 B 型（美国类型）。这两种型式具有相同的保护水平。欧洲和北美对粉尘的分类、点燃温度的分组、结构参数和试验方法各持己见，故 IEC 规定了两种防爆型式，以及相应的两种试验方法和两种标志。

3. 设备保护级别（EPL）

EPL 是根据防爆电气设备成为点燃源的可能性和爆炸性气体环境、爆炸性粉尘环境及煤矿甲烷爆炸性环境所具有的不同特征而对设备规定的保护级别。

（1）Ma 级 安装在煤矿甲烷爆炸性环境中的设备，具有"很高"的保护级别。该级别具有足够的安全性。使设备在正常运行、出现预期故障或罕见故障，甚至在气体突然出现设备仍带电的情况下均不可能成为点燃源。

（2）Mb 级 安装在煤矿甲烷爆炸性环境中的设备，具有"高"的保护级别。该级别具有足够的安全性，使设备在正常运行中或在气体突然出现和设备断电的时间内出现的预期故障条件下不可能成为点燃源。

（3）Ga 级 爆炸性气体环境用设备，具有"很高"的保护级别。在正常运行、出现的预期故障或罕见故障时不是点燃源。

（4）Gb 级 爆炸性气体环境用设备，具有"高"的保护级别。在正常运行或预期故障条件下不是点燃源。

（5）Gc 级 爆炸性气体环境用设备，具有"一般"的保护级别。在正常运行中不是点燃源，也可采取一些附加保护措施，保证在点燃源预期经常出现的情况下（如灯具的故障）不会形成有效点燃。

（6）Da 级 爆炸性粉尘环境用设备，具有"很高"的保护级别。在正常运行、出现预期故障或罕见故障条件下不是点燃源。

（7）Db 级　爆炸性粉尘环境用设备，具有"高"的保护级别。在正常运行或出现的预期故障条件下不是点燃源。

（8）Dc 级　爆炸性粉尘环境用设备。具有"一般"的保护级别，在正常运行过程中不是点燃源，也可采取一些附加保护措施，保证在点燃源预期经常出现的情况下（如灯具的故障）不会形成有效点燃。

电气设备保护级别（EPL）与电气设备防爆结构的关系应符合表 4-3 的规定。

表 4-3　电气设备保护级别（EPL）与电气设备防爆结构的关系

设备保护级别（EPL）	电气设备防爆结构	防爆型式
Ga	本质安全型	ia
	浇封型	ma
Gb	隔爆型	d
	增安型	e
	本质安全型	ib
	浇封型	mb
	油浸型	o
	正压型	px、py
	充砂型	q
Gc	本质安全型	ic
	增安型	e
	无火花	nA
	限制呼吸	nR
	限能	nL
	火花保护	nC
	正压型	pz
Da	本质安全型	iD
	浇封型	mD
	外壳保护型	tD
Db	本质安全型	iD
	浇封型	mD
	外壳保护型	tD
	正压型	pD
Dc	本质安全型	iD
	浇封型	mD
	外壳保护型	tD
	正压型	pD

注：增安型设备只有部分级别为 Gb，如荧光灯、测量仪表等。

六、电气设备防护型式

安装在爆炸危险区域的防爆电气设备不仅要具有防爆性能，还应具有一定的外壳防护性能。外壳防护性能是指设备外壳对防止人接近危险部件、防止固体异物或水的进入具有一定的保护程度，满足使用环境的要求。危险部件是指带电部件和运动旋转产生机械伤害的部件，固体异物一般是指沙尘、尘埃等颗粒。

沙尘是由非常小的固体颗粒构成的，它们有不同的尺寸、硬度和化学特性，可以造成设备在物理和化学上的破坏，对沙尘环境条件下运作的电气设备会造成严重危害。强风携带的沙尘可以磨损防爆电气设备活动部件和固定表面，打坏电气设备保护层，破坏镀层的光洁度；有棱角的颗粒会穿透缝隙、裂纹、轴承、密封处和各种电器的连接处造成设备的损坏，还可造成防爆电气设备内部构件提前损坏。水是设备和工程材料腐蚀过程中主要的腐蚀物质。对于工作在淋雨或海浪冲击等环境中的电气设备，如果没有良好的防水性能就很容易因水分侵入造成电气事故、引起化学腐蚀等，造成一系列的影响。

《外壳防护等级（IP代码）》（GB 4208—2008）中将设备外壳依其防尘、防止外物侵入、防水、防湿气的特性加以分级。防护等级的代号标志以"IP××"的形式表示，第一位特征数字表示防止外物等级，第二位特征数字表示防止水进入外壳等级。防护型式表示方法如图4-1所示。

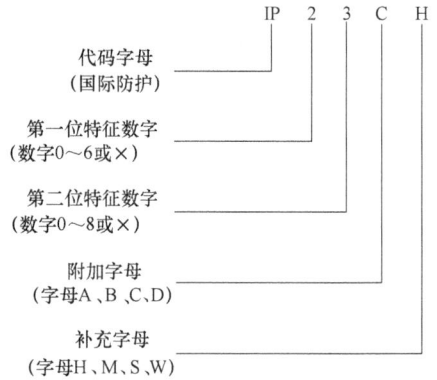

IP 2 3 C H

代码字母（国际防护）
第一位特征数字（数字0～6或×）
第二位特征数字（数字0～8或×）
附加字母（字母A、B、C、D）
补充字母（字母H、M、S、W）

图4-1　防护等级标志

1. 防外物等级

第一位特征数字表示的是对接近危险部件和固体异物进入的防护等级，见表4-4。

表4-4　对接近危险部件和防止固体异物进入的防护等级

保护等级	含义	简要说明
0	没有保护	无防护
1	防止直径不小于50mm的固体异物进入	防手背接近危险部件
2	防止直径不小于12.5mm的固体异物进入	防手指接近危险部件
3	防止直径不小于2.5mm的固体异物进入	防工具接近危险部件
4	防止直径不小于1mm的固体进入	防金属线接近危险部件
5	防尘，进入灰尘量不影响正常安全运行	防金属线接近危险部件
6	尘密，无灰尘进入	防金属线接近危险部件

2. 防水等级

第二位特征数字表示的防止水进入的防护等级，见表4-5。

表4-5　防水等级

保护等级	简要说明	含义
0	无防护	
1	防止垂直方向滴水	垂直方向滴水应无有害影响
2	防止当外壳在15°范围内倾斜时垂直方向滴水	当外壳的各垂直面在15°范围内倾斜时，垂直滴水应无有害影响
3	防淋水	各垂直面在60°范围内淋水，无有害影响
4	防溅水	向外壳各方向溅水无有害影响

（续）

保护等级	简要说明	含 义
5	防喷水	向外壳各方向喷水无有害影响
6	防强烈喷水	向外壳各个方向强烈喷水无有害影响
7	防短时间浸水影响	浸入规定压力的水中经规定时间后外壳进水量不致达有害程度
8	防持续潜水影响	按生产厂和用户双方同意的条件（应比特征数字为 7 时严酷）持续潜水后外壳进水量不致达有害程度

3. 附加字母

附加字母表示对人接近危险部件的防护等级。附加字母仅用于：

① 接近危险部件的实际防护高于第一位特征数字代表的防护等级；

② 第一位特征数字用"×"代替，仅需表示对接近危险部件的防护等级。

例如，这类较高等级的防护是由挡板、开口的适当形状或与壳内部件的距离来达到的。

表 4-6 列出了能方便地代表人体的一部分或人手持物体以及对接近危险部件的防护等级的含义等内容，这些内容均由附加字母表示。

表 4-6　附加字母所表示的对接近危险部件的防护等级

附加字母	防 护 等 级	
	简要说明	含 义
A	防止手背接近	直径为 50mm 的球形试具与危险部件必须保持足够的间隙
B	防止手指接近	直径为 12mm，长为 80mm 的铰接试具与危险部件必须保持足够的间隙
C	防止工具接近	直径为 2.5mm，长为 100mm 的试具与危险部件必须保持足够的间隙
D	防止金属线接近	直径为 1.0mm，长为 100mm 的试具与危险部件必须保持足够的间隙

4. 补充字母

在有关产品标准中，可由补充字母表示补充的内容。补充字母放在第二位特征数字或附加字母之后。补充的内容应与标准的要求保持一致，产品标准应明确说明进行该级试验的补充要求。补充内容的标志字母及含义见表 4-7。

表 4-7　补充内容的标志字母及含义

字母	含 义
H	高压设备
M	防水试验在设备的可动部件（如旋转电机的转子）运动时进行
S	防水试验在设备的可动部件（如旋转电机的转子）静止时进行
W	提供附加防护或处理以适用于规定的气候条件

若无字母 S 和 M，则表示防护等级与设备部件是否运行无关，需要在设备运行和静止时都做试验。

5. IP 代码的标志示例

（1）未使用可选择字母的 IP 代码

```
IP  3  4
         └──── 防止由于在外壳各个方向溅水对设备造成有害影响
      └─────── 防止人手持直径不小于 2.5mm 的工具接近危险部件；
              防止直径不小于 2.5mm 的固体异物进入设备外壳内
   └────────── 外壳防护特征字母（IP 表示国际防护）
```

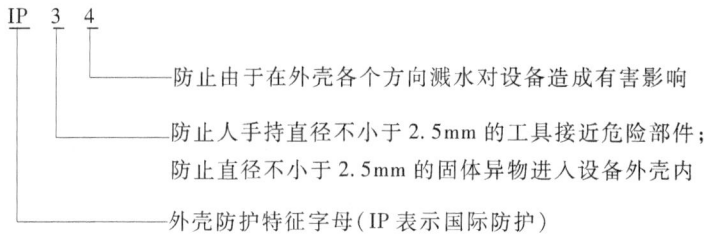

（2）使用可选择字母的 IP 代码

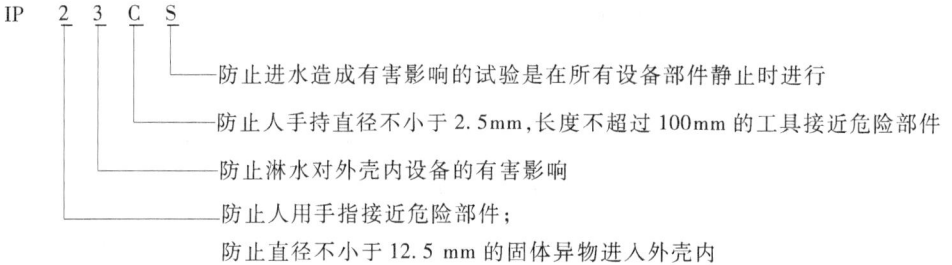

```
IP  2  3  C  S
            └──── 防止进水造成有害影响的试验是在所有设备部件静止时进行
         └─────── 防止人手持直径不小于 2.5mm，长度不超过 100mm 的工具接近危险部件
      └────────── 防止淋水对外壳内设备的有害影响
   └───────────── 防止人用手指接近危险部件；
                 防止直径不小于 12.5mm 的固体异物进入外壳内
```

当仅需要用一个特征数字表示防护等级时，则被省略的数字必须用字母 X 代替。例如 IPX5 表示防喷水，IP2X 表示防止直径不小于 12.5mm 的固体异物进入。

第二节　爆炸性气体危险环境区域划分

区域划分是对可能出现爆炸性气体环境的场所进行分析和分类的一种方法，以便正确选择和安装危险场所中的电气设备，达到安全使用的目的。在使用可燃性物质的许多实际场所，要保证爆炸性气体环境永不出现是困难的，确保设备永不成为点燃源也是困难的。因此，在出现爆炸性气体环境的可能性很高的场所，应采用安全性能高的电气设备。相反，如果降低爆炸性气体环境出现的可能性，则可以使用安全性能较低的设备。

一、危险区域的划分

爆炸性气体危险环境区域分区方法，按国家标准《爆炸和火灾危险环境电力装置设计规范》（GB 50058—1992）与《爆炸性气体环境用电气设备　第 14 部分：危险场所分类》（GB 3836.14—2000）执行，这是我国借鉴国际电工委员会（IEC）的标准，结合我国的实际情况确定的。根据爆炸性环境中爆炸性气体混合物出现的频繁程度和持续时间的不同，将爆炸性气体危险区域分成 3 个不同危险程度的区，见表 4-8。

表 4-8　爆炸性气体危险区域等级

0 区	连续出现或长期出现爆炸性气体混合物的环境
1 区	在正常运行时，可能出现爆炸性气体混合物的环境
2 区	在正常运行时，不可能出现爆炸性气体混合物的环境，即使出现也仅是短时存在的爆炸性气体混合物的环境

表 4-8 中提到的"正常运行"是指正常起动、运转、操作和停止的一种工作状态或过程，当然也应该包括产品从设备中取出和对设备开闭盖子、投料、除杂质以及对安全阀、排

污阀等的正常操作。不正常情况是指因容器、管路装置的破损故障和错误操作等,引起爆炸性混合物的泄漏和积聚,以致有产生爆炸危险的可能性。

除了封闭的空间,如密闭的容器、贮油罐等内部气体空间,很少存在 0 区。虽然高于爆炸上限的混合物不会形成爆炸性环境,但是有可能进入空气而使其达到爆炸极限的环境,仍应划分为 0 区。例如固定顶盖的可燃性物质贮罐,当液面以上空间未充惰性气体时应划分为 0 区。在设计时应通过设计或适当的操作方法,将 0 区或 1 区场所在数量上或范围上减至最小,换句话说,工厂和其设备安装场所大部分应该为 2 区或非危险场所。对不可避免的有可燃性物质释放的场所,应尽量限制释放量和释放速度。在进行场所分类时,这些原则应优先给予考虑。必要时,加工设备的设计、运行和设置都应保证即使在异常运行条件下释放到大气中的可燃性物质的数量减至最小,以便缩小危险场所的范围。

二、危险区域等级的确定

确定危险区域等级的根本因素就是鉴别释放源和确定释放源的等级。

1. 释放源分级

释放源指的是在爆炸危险区域内,可能释放出形成爆炸性混合物的物质所在位置和处所。释放源按易燃物质的释放频繁程度和持续时间长短分级。

(1) 连续级释放源 预计长期释放或连续释放的释放源。类似下列情况的,可划分为连续级释放源:没有用惰性气体覆盖的固定顶盖贮罐中的易燃液体的表面;油、水分离器等直接与空间接触的易燃液体的表面;经常或长期向空间释放易燃气体或易燃液体的蒸气的自由排气孔和其他孔口。

(2) 第一级释放源 在正常运行时,预计可能周期性或偶尔释放的释放源。类似下列情况的,可划分为第一级释放源:在正常运行时会释放易燃物质的泵、压缩机和阀门等的密封处;在正常运行时会向空间释放易燃物质;安装在贮有易燃液体的容器上的排水系统;正常运行时会向空间释放易燃物质的取样点。

(3) 第二级释放源 正常运行时,预计不可能释放,即使释放也仅是偶尔和短时释放的释放源。类似下列情况的,可划为第二级释放源:正常运行时不能出现释放易燃物质的泵、压缩机和阀门等的密封处;正常运行时不能释放易燃物质的法兰、连接件和管道接头;正常运行时不能向空间释放易燃物质的安全阀、排气孔和其他孔口处;正常运行时不能向空间释放易燃物质的取样点。

2. 释放源的鉴别

只有可燃性气体、蒸气或薄雾与空气一起存在时,才能存在爆炸性气体环境,因此必须确定有关场所内是否存在可燃性物质。一般地说,这些可燃性气体或蒸气(并且可燃性液体和固体可能会产生可燃性气体或蒸气)是装在可能全封闭或不全封闭的加工设备中。为此,必须确定加工设备内部是否存在有可燃性环境,或者释放的可燃性物质是否能在加工设备外部产生可燃性环境。

每一台加工设备(如罐、泵、管道、容器等)都应视作可燃性物质的潜在释放源。如果该类设备不可能含有可燃性物质,那么很明显它的周围就不会形成危险场所。如果该类设备可能含有可燃性物质,但不向大气中释放(如全部焊接管道不视为释放源)则同样不会形成危险场所。符合下列条件之一时,可划为非爆炸危险区域:

1）没有释放源并不可能有可燃物质侵入的区域。

2）可燃物质可能出现的最高含量不超过爆炸下限值的 10%。

3）在生产过程中使用明火的设备附近，或炽热部件的表而温度超过区域内可燃物质引燃温度的设备附近。

4）在生产装置区外，露天或开敞设置的输送可燃物质的架空管道地带，但其阀门处按具体情况定。

如果已确认设备会向大气中释放可燃性物质，必须首先确定大概的释放频率和持续时间，然后按分级的定义确定释放源的等级。一般认为封闭式加工系统可打开的部位（如更换过滤器或加料）在进行场所分类时也应作为释放源。

爆炸危险区域的划分应按释放源级别和通风条件确定，首先应按释放源的级别划分区域：存在连续级释放源的区域可划为 0 区，存在一级释放源的区域可划为 1 区，存在二级释放源的区域可划为 2 区；其次应根据通风条件调整区域划分。

3. 通风条件

爆炸危险区域内的通风，其空气流量能使易燃物质很快稀释到爆炸下限值的 25% 以下时，可定为通风良好。

1）以下场所可定为通风良好场所：

① 露天场所；

② 敞开式建筑物，在建筑物的壁和/或屋顶开口，其尺寸和位置保证建筑物内部通风效果等效于露天场所；

③ 非敞开建筑物，建有永久性的开口，使其具有自然通风的条件；

④ 对于封闭区域、每平方米地板面积每分钟至少提供 $0.3m^3$ 的空气或至少 1h 换气 6 次，则可认为是良好通风场所，这种通风速率可由自然通风或机械通风来实现。

2）采用机械通风在下列情况之一时，可不计机械通风故障的影响：

① 对封闭式或半封闭式的建筑物设置有备用的独立通风系统；

② 在通风设备发生故障时，设置自动报警或停止工艺流程等确保能阻止可燃物质释放的预防措施，或使设备断电的预防措施。

3）按通风条件调整：

① 当通风条件良好时，应降低爆炸危险环境区域等级，当通风不良时，提高爆炸危险环境区域等级；

② 局部机械通风在降低爆炸性气体混合物含量方面比自然通风和一般机械通风更为有效时，可采用局部机械通风降低爆炸危险区域等级；

③ 在障碍物、凹坑和死角处，应局部提高爆炸危险区域等级。

三、危险区域的范围

爆炸危险区域范围就是以释放源为中心划定的一个规定空间区域。爆炸性气体环境危险区域范围，应根据释放源的级别和位置、易燃易爆物质的性质、通风条件、障碍物及生产条件、运行经验等经技术经济比较后综合确定。

1. 基本原则

1）在建筑物内部，宜以厂房为单位划定爆炸危险区域的范围。但当室内空间很大时，可以根据通风情况、释放源的位置、爆炸性气体释放量的大小和扩散范围酌情将室内空间划分成为若干个区域并确定其级别。

2）当可燃物质可能大量释放并扩散到 15m 以外时，爆炸危险区域的范围应划分附加2 区。

3）利用堤或墙等障碍物，限制比空气重的爆炸性气体混合物的扩散，可缩小爆炸危险区域的范围。

4）使用明火设备的一些危险区域，如燃油、燃气锅炉房的燃烧室或表面温度已超过该区域爆炸性混合物的自燃温度的炽热部件（如高压蒸汽管道等）附近，可采用非防爆型电气设备。在这种情况下防火防爆主要采取密闭、防渗漏等措施来解决，因为在这些区域内已有明火或超过爆炸性混合物自燃温度的高温物体，电气设备防爆已起不到它应有的作用。

5）与爆炸危险区域相邻的区域等级的划分，应根据它们之间的相对间隔、门窗开设方向和位置、通风状况、实体墙的燃烧性能等因素确定。具体实施时，必须作好调查研究。

2. 气体性爆炸危险区域的范围示例

某易燃物质重于空气，释放源在封闭建筑物内，通风不良且为第二级释放源的主要生产装置区，其爆炸危险区域的范围划分如图4-2 所示。

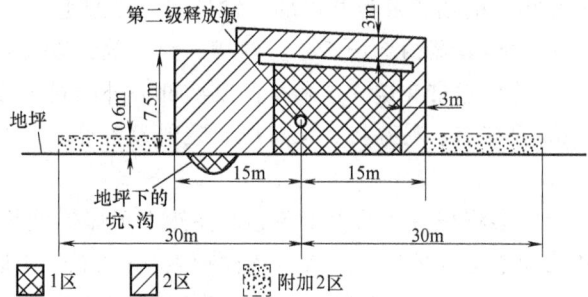

图 4-2　爆炸危险区域的范围划分示例

1）封闭建筑物内和在爆炸危险区域内地坪下的坑、沟划为 1 区。

2）以释放源为中心，半径为 15m，高度为 7.5m 的范围内划为 2 区，但封闭建筑物的外墙和顶部距 2 区的界限不得小于 3m，如为无孔洞实体墙，则墙外为非危险区。

3）以释放源为中心，总半径为 30m，地坪上的高度为 0.6m，且在 2 区以外的范围内划为附加 2 区。

爆炸危险场所区域等级范围应根据危险场所的具体情况而划分。在《石油库设计规范》和《汽车加油加气设计与施工规范》中对爆炸危险区域也进行了详细划分。

第三节　爆炸性粉尘危险环境区域划分

许多实际场所中存在可燃性粉尘，当它们以任何方式弥散在空气中时，会形成潜在的爆炸性环境，要保证爆炸性粉尘/空气混合物不出现是很困难的。在爆炸性粉尘/空气混合物出现可能性高的场所，就依靠使用那些被设计成产生点燃源的可能性极低的设备。反之，在出现爆炸性粉尘混合物的可能性较低的场所，可使用较低技术要求的设备。因此，应对爆炸性粉尘危险环境区域进行合理的等级划分。

一、危险区域的划分

国家标准《可燃性粉尘环境用电气设备　第 3 部分：存在或可能存在可燃性粉尘的场

所分类》（GB 12476.3—2007）中依据爆炸性粉尘/空气混合物出现的频繁程度和持续时间将爆炸性粉尘环境分为 3 个区，见表 4-9。

表 4-9　爆炸性粉尘危险区域等级

20 区	空气中的可燃性粉尘云持续地或长期地或频繁地出现于爆炸性环境中的区域
21 区	在正常运行时，空气中的可燃性粉尘云很可能偶尔出现于爆炸性环境中的区域
22 区	在正常运行时，空气中的可燃粉尘云一般不可能出现于爆炸性粉尘环境中的区域，即使出现，持续时间也是短暂的

1. 20 区

连续出现或长期出现爆炸性粉尘/空气混合物的环境。在正常运行过程中，爆炸性粉尘连续出现或经常出现，且其数量足以形成可燃性粉尘/空气混合物或可能形成无法控制和积厚的粉尘层的场所及容器内部。常见的可能产生 20 区的场所如下：

① 粉尘容器内部场所，贮料槽、筒仓等，以及旋风集尘器和过滤器；

② 除传送带和链式运输机的某些部分外的粉尘传送系统等；

③ 搅拌器、粉碎机、干燥机、装料设备等。

2. 21 区

有时会将积留下的粉尘扬起而偶然出现爆炸性粉尘混合物的环境。在正常运行过程中，可能出现粉尘数量足以形成可燃性粉尘/空气混合物但未划入 20 区的场所，该区域包括与充入或排放粉尘点直接相邻的场所、出现粉尘层和正常操作情况下可能产生可燃浓度的可燃性粉尘和空气的混合物的场所。常见的可能产生 21 区的场所如下：

1）当粉尘容器内部出现爆炸性粉尘混合物时，为了操作而频繁移动或打开最邻近进出门的粉尘容器外部场所。

2）当未采取防止爆炸性粉尘混合物形成的措施时，在最接近装料和卸料点、送料带、取样点、货车卸载站、传送带卸载点等的粉尘容器外部场所。

3）如果粉尘堆积且由于工艺操作，粉尘层可能被扰动而形成爆炸性粉尘混合物时，粉尘容器外部场所。

4）可能出现爆炸性粉尘云（但是既不持续，时间也不长，又不经常）的粉尘容器内部场所，例如自清扫时间间隔较长的筒仓内部（如果仅偶尔装料和/或出料）和过滤器的积淀侧。

3. 22 区

在异常条件下，可燃性粉尘偶尔出现并且只是短暂时间存在，或可燃性粉尘偶尔出现堆积或可能存在粉尘层并且产生可燃性粉尘/空气混合物的场所。如果不能保证排除可燃性粉尘堆积或粉尘层时，则应划分为 21 区。常见的可能产生 22 区的场所如下：

1）来自集尘袋式过滤器通风孔的排气口，如果一旦出现故障，可能逸出爆炸性粉尘混合物。

2）很少打开的设备附近场所，或根据经验由于内部压力高于环境压力使粉尘喷出而易形成泄漏的设备附近场所。

3）装有很多粉状产品的存贮袋，在操作期间，存贮袋可能出现故障，引起粉尘扩散。

4）当采取排气通风等措施防止爆炸性粉尘混合物形成时，一般划分为 21 区的场所可以降为 22 区场所。

5）形成的可控制（清理）的粉尘层有可能被扰动而产生爆炸性粉尘混合物的场所。

二、危险区域等级的确定

爆炸性粉尘环境是由粉尘释放源形成的。粉尘释放源是指能释放或产生可燃性粉尘的点或部位。危险区域等级是以粉尘释放源为依据，并根据粉尘是否可燃对场所进行分类。

1. 粉尘释放源分级

粉尘释放源可能来自粉尘容器或粉尘层，包括能够扩散形成粉尘云的可燃性粉尘层，如可燃性粉尘的粉尘层、沉淀和堆积。释放源可依据严重程度的递减顺序分为下列级别：

（1）连续级释放源　粉尘云持续存在或预计长期或短时经常出现的场所。

（2）1 级释放源　在正常运行时，预计可能偶尔释放可燃性粉尘的释放源。例如，毗邻敞口袋灌包或倒包的位置周围。

（3）2 级释放源　在正常运行时，预计不可能释放可燃性粉尘，如果释放，也仅是不经常地并且是短期释放的释放源。例如，需要偶尔打开并且打开时间非常短的人孔，或者是存在粉尘沉淀地方的粉尘处理设备。

下列各项可不视为正常和异常运行的释放源：压力容器外壳主体结构，包括关闭的喷嘴和人孔；管道、导管和无结合面的通风道；阀压盖和法兰结合面（只要在设计和结构方面对防粉尘泄漏进行了适当的考虑）。

2. 释放源的鉴别

释放源的确认需要考虑工艺设备、加工步骤或预计在一些设备中发生的其他作用形成爆炸性粉尘混合物或者产生可燃性粉尘层的可能性。粉尘容器内部和外部必须分别考虑。

在粉尘容器内部，粉尘不能释放到环境中，但作为工艺的一部分可能形成连续的粉尘云。这些情况可能持续存在或者预计长期连续存在或短期存在，它们出现的频率取决于加工周期。在粉尘容器外部，许多因素可能影响场所的分类。如果在粉尘容器（如正压启动传送装置）内采用高于大气压的压力，粉尘就可能容易从设备中泄漏喷出。粉尘容器内为负压时，在设备外部形成粉尘危险场所的可能性就非常低。粉尘颗粒、湿度、应用场合、传送速度、排尘速度和下落高度都可能影响释放速度。一旦了解可能有释放的加工过程，就应鉴别每一释放源并确定其释放等级。

此外依据情况，不是每个释放源一定会产生爆炸性粉尘混合物。符合下列条件之一时，可划为非爆炸危险区域：

1）装有良好除尘效果的除尘装置，当该除尘装置停车时，工艺机组能联锁停车。

2）设有为爆炸性粉尘环境服务，并用墙隔绝的送风机室，其通向爆炸性粉尘环境的风道设有能防止爆炸性粉尘混合物侵入的安全装置，如单向流通风道及能阻火的安全装置。

3）区域内使用爆炸性粉尘的量不大，且在排风柜内或风罩下进行操作。

粉尘不同于气体，过量的通风不一定是合适的，即加速通风可能导致形成悬浮状粉尘和因此造成更大而不是更小的危险条件。因此强调采用机械通风措施，防止形成悬浮状粉尘。亦即在生产过程中采用通风措施，将容器或设备中泄漏出来的粉尘，通过通风装置抽送到除尘器中，既节省物料的损耗，又降低了生产环境中的危险程度，而不是简单地加速通风，致使粉尘飞扬而形成悬浮状，增加了危险因素。

3. 危险区域等级确定方法

根据形成潜在爆炸性粉尘混合物的可能性，场所可按表 4-10 划分。

表 4-10　危险区域等级确定方法

可燃性粉尘存在情况	粉尘云场所的区域等级
连续级释放源	20
1 级释放源	21
2 级释放源	22

注：1. 一些筒仓可能只是很少装料或出料，其内部可划分为 21 区。筒仓内的设备只是在筒仓装料或出料时才使用。设备的选择应考虑在设备运行时才有可能出现粉尘云。

2. 在极少发生的大型粉尘容器破裂的情况下，可能会合成形很厚的粉尘层。如果这种情况形成的厚粉尘层被很快消除或将其设备隔离，则无必要将该场所分类为 22 区。

3. 许多产品（如谷物和糖）混合有少量的粉尘与大量的粒状材料。即使在该场所没有粉尘爆炸的可能，设备的选择也应该考虑粗粒物质可能过热而发生燃烧的危险。燃烧的粒状材料可能通过工艺流程传输到另一地方，在那里产生爆炸危险。

三、危险区域的范围

爆炸性粉尘环境的区域范围为粉尘释放源的边缘到被认为与该区域有关的危险不再存在的任何方向上的距离。爆炸性粉尘环境危险区域的范围，应根据粉尘量、释放率、浓度和物理特性，以及同类企业相似厂房的运行经验确定。在建筑物内部宜以室为单位，当室内空间很大，而爆炸性粉尘量很少时，也可不以室为单位，只要以释放源为中心，按规定距离划分范围等级就可以。

1. 20 区

20 区范围包括爆炸性粉尘混合物长期持续地或者经常在管道、生产和处理设备内存在的区域。如果粉尘容器外部持续存在爆炸性粉尘混合物，则要求划分为 20 区。但在工作场所产生 20 区的情况是被禁止的。

2. 21 区

在大多数情况下，21 区的范围通常与 1 级释放源相关联，宜按下列规定确定：

1）含有一级释放源的粉尘处理设备的内部。

2）由一级释放源形成的设备外部场所，其区域的范围应受到一些粉尘参数的限制，如粉尘量、释放速率、颗粒大小和物料湿度，同时需要考虑引起释放的条件。对于建筑物外部场所（露天）、21 区范围会由于气候（如风、雨等）的影响而改变。21 区的范围通常为释放源周围 1m 的距离（垂直向下延至地面或楼板水平面）。

3）如果粉尘的扩散受到实体结构（墙壁等等）的限制，它们的表面可作为该区域的边界。

4）一个内部不受限制的 21 区（不被实体结构所限制，如一个有敞开入口的容器）通常被一个 22 区包围。

3. 22 区

在大多数情况下，22 区范围通常与 2 级释放源相关联，宜按下列规定确定。

1）由 2 级释放源形成的场所，其区域的范围应受到一些粉尘参数的限制，如粉尘量、释放速率、颗粒大小和物料湿度，同时需要考虑引起释放的条件。对于建筑物外部场所

（露天），22 区范围由于气候（如风、雨等）的影响可以减小。22 区的范围通常为超出 21 区 3m 及二级释放源周围 3m 的距离（垂直向下延至地面或楼板水平面）。

2）如果粉尘的扩散受到实体结构（墙壁等）的限制，它们的表面可作为该区域的边界。

4. 粉尘性爆炸危险区域的范围示例

某室内不带通风的倒袋站，袋经常用手工倾倒在料斗中，并通过气动将物质传送至装置的其他地方，漏斗总是充满物料，爆炸危险区域范围划分如图 4-3 所示。

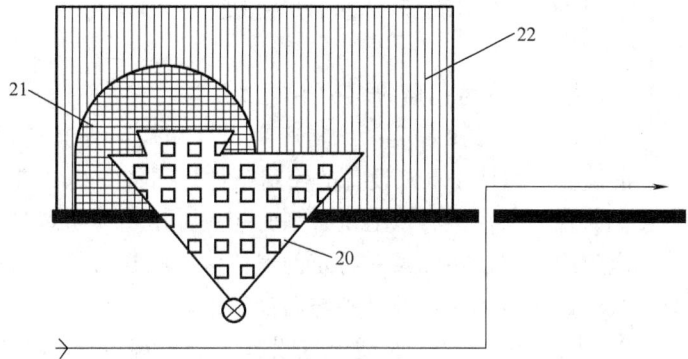

图 4-3　室内不带通风的倒袋站

1）20 区：料斗内部，在正常工作情况下，爆炸性粉尘环境持续或经常存在，且存在不可控厚度的粉尘层。

2）21 区：开孔是主要释放源，敞开的入孔是 1 级释放源。因此，21 区是开孔周围 1m，并往下到底面的范围。

3）22 区：粉尘袋子放空期间因空气的流动可能偶尔携带粉尘云超出了 21 区范围，可以结合同类企业相似厂房的实践经验和实际的因素，考虑将整个厂房划为 22 区。因此，21 区范围以外，整个室内环境均是 22 区。

第四节　防爆电气设备选择与应用

爆炸危险环境电气设备的选用，直接影响着工矿企业的安全生产，故在选用电气设备上切不可麻痹大意。

一、防爆电气设备的标志

电气设备应在设备外部主体部分的明显处设置标志，在设备安装之前标志应能被很容易地看到。电气设备的防爆标志可在铭牌右上方，设置清晰的永久性凸纹标志"E_x"；小型电气设备及仪器、仪表可采用标志牌铆或焊在外壳上，也可采用凹纹标志。按照《爆炸性环境　第 1 部分：设备通用要求》（GB 3836.1—2010）标准规定，在铭牌上应按顺序标明防爆型式、类别、温度组别、设备保护级别等。

防爆电气设备按其使用环境的不同分为 3 类：Ⅰ类电气设备用于煤矿瓦斯气体环境，考虑了瓦斯和煤粉的点燃以及地下用设备增加的物理保护措施；Ⅱ类电气设备用于除煤矿瓦斯气体之外的其他爆炸性气体环境，按照其拟使用的爆炸性环境的种类，对应爆炸性气体混合物的分级分组，分为 A、B、C 3 级和 T1～T6 6 个组别；Ⅲ类电气设备用于除煤矿以外的爆炸性粉尘环境，按照其拟使用的爆炸性粉尘环境的特性，对应爆炸性粉尘混合物的分级，分为 A、B、C 3 级。

1. 爆炸性气体环境用电气设备标志

| 字母 Ex | 防爆型式 | 类别 | 温度组别 | 设备保护级别 |

（1）符号 Ex　表明电气设备为防爆设备，符合《爆炸性气体环境用电气设备》（GB 3836）系列标准。

（2）防爆型式　用一种或多种字母表示，如 d、e、o、q 等。

（3）类别符号

1）Ⅰ类：易产生瓦斯的煤矿用电气设备。

2）ⅡA、ⅡB 或ⅡC 类：除易产生瓦斯的煤矿外其他爆炸性气体环境用电气设备。标志ⅡB 的设备可适用于ⅡA 设备的使用条件，同样，标志ⅡC 的设备可适用于ⅡB 和ⅡA 设备的使用条件。采用一种以上复合型时应先标出主体防爆型式，后标出其他防爆型式。

当电气设备仅使用在某一特定的气体中，则在符号Ⅱ后面的括号内写上气体的化学名称或分子式，此时可不必注明级别与温度组别。

（4）温度组别　对于Ⅱ类电气设备，表示温度组别的符号为 T1、T2、T3、T4、T5 或 T6，对应于爆炸性气体混合物的温度分组。如果设备制造商愿意给出设备最高表面温度，也可仅用摄氏温度来标志该最高表面温度，或两者都标出，但在摄氏温度之后加括号，括号内是温度组别，如 T1 或 350℃ 或 350℃（T1）。最高表面温度超过 450℃ 的Ⅱ类电气设备应用摄氏温度来标志最高表面温度，如 600℃。

（5）设备保护级别　设备保护级别"Ga"、"Gb"、"Gc"、"Ma"或"Mb"。

（6）标志示例

1）Ex dⅠMb：易产生瓦斯的煤矿用，采用隔爆外壳"d"（EPL Mb）的电气设备。

2）Ex deⅡB T3 Gb：使用隔爆外壳"d"（EPL Gb）和增安型"e"（EPL Gb）部件，用于除易产生瓦斯的煤矿外的 B 级气体、引燃温度高于 200℃ 的爆炸性气体环境。

3）Ex dⅡ氨（NH$_3$）Gb：用于除易产生瓦斯的煤矿外、仅存在氨气爆炸性气体环境用的隔爆外壳电气设备"d"（EPL Gb）。

4）Ex e px ⅡC 125℃（T4）Gb：使用增安型"e"（EPL Gb）和正压外壳"px"（EPL Gb）的电气设备，最高表面温度为 125℃，用于除易产生瓦斯的煤矿外、引燃温度高于 125℃ 的爆炸性气体环境。

2. 可燃性粉尘环境用电气设备标志

| 字母 Ex | 防爆型式 | 类 | 最高表面温度 | 设备保护等级 | 防护等级 |

注意：工厂中有时可见到类似"DIP A21 T$_A$170℃"标志的粉尘防爆电气设备，DIP 为防粉尘点燃的缩写；A21 表示外壳保护型中的 A 型，适用于 21 区；最高表面温度为 170℃。此种标志为《可燃性粉尘环境用电气设备　第 1 部分：用外壳和限制表面温度保护的电气设备　第 1 节：电气设备的技术要求》（GB 12476.1—2000）中有相应规定。

（1）符号 Ex　表明电气设备为防爆设备，符合《可燃性粉尘环境用电气设备》（GB 12476）系列标准。

（2）防爆型式　粉尘防爆电气设备的防爆型式，用一种或多种用字母表示，即 ia、ib、ma、mb 或 p，字母"D"省略。

（3）类别符号　ⅢA、ⅢB 或ⅢC 类。标志ⅢB 的设备可适用于ⅢA 设备的使用条件，同样，标志ⅢC的设备可适用于ⅢB和ⅢA设备的使用条件。

（4）最高表面温度　表示方法是在温度值及单位℃前面加符号T（如T90℃）。应用于爆炸性粉尘环境的电气设备，直接标出设备的最高表面温度，不划分温度组别。

（5）设备保护级别　设备保护级别有"Da"、"Db"、"Dc"。

（6）防护等级　爆炸性粉尘环境用电气设备的防水防尘能力，如IP54。

（7）标志示例

1）Ex ma ⅢC T120℃ Da IP68：用于具有导电性粉尘的爆炸性粉尘环境ⅢC等级浇封型电气设备"ma"（EPL Da），最高表面温度低于120℃。

2）Ex ia ⅢC T120℃ Da IP20：用于具有导电性粉尘的爆炸性粉尘环境ⅢC等级"ia"（EPL Da）型电气设备，最高表面温度低于120℃。

3）Ex p ⅢC T120℃ Db IP65：用于具有导电性粉尘的爆炸性粉尘环境ⅢC等级"p"（EPL Db）型电气设备，最高表面温度低于120℃。

二、气体防爆电气设备的选择

1. 选用原则

1）在有气体或蒸气的爆炸性混合物区域内，按照防爆电气设备的级别和温度组别必须与爆炸混合物的级别、组别相对应的原则选用。当区域存在两种以上不同级别、组别的爆炸性混合物时，应按照混合后的爆炸性混合物的级别和组别选用防爆设备，无据可查又不可能进行试验时，可按危险程度较高的级别和组别选用防爆电气设备。在非爆炸危险区域，一般可选用普通的电气设备。

2）根据爆炸性气体环境危险区域的等级，确定电气设备的保护级别，选择相应的电气设备防爆型式。

3）根据环境条件选择相应的电气设备防护型式。环境的温度、海拔高度、光照度、风沙、水质、散落物、腐蚀物、污染物等客观因素对电气设备的选择都提出了具体的要求，所选择的电气设备在上述特定条件下运行不能降低其防爆性能。比如，防爆电气设备有"户内"、"户外"之分，户内设备就不能用于户外。户外设备应能防日晒、雨淋和风沙。

4）便于维修和管理。选用的设备应具有以下优点：结构简单、管理方便，便于维修、备件易存。

5）注重效益。在考虑价格的同时，对电气设备的可靠性、寿命、运地费用、耗能、维修周期等必须作全面的考虑，选择最合适、最经济的防爆电气设备。

2. 防爆电气设备级别的确定

防爆电气设备级别应根据爆炸混合物的级别，按表4-11进行确定。

表4-11　气体、蒸气分类与电气设备类别的关系

气体、蒸气级别	ⅡA	ⅡB	ⅡC
爆炸危险性	小————————→大		
电气设备级别	ⅡA　ⅡB　ⅡC	ⅡB　ⅡC	ⅡC

3. 防爆电气设备组别的确定

防爆电气设备应按其最高表面温度不超过可能出现的任何气体或蒸气的引燃温度确定组

别，并符合表 4-12 的要求。

表 4-12　温度组别、引燃温度和设备最高表面温度组别之间的关系

气体或蒸气的温度组别	气体或蒸气的引燃温度 t/℃	电气设备的最高表面温度/℃	适用电气设备的温度组别
T1	$t > 450$	450	T1 ~ T6
T2	$300 < t \leqslant 450$	300	T2 ~ T6
T3	$200 < t \leqslant 300$	200	T3 ~ T6
T4	$135 < t \leqslant 200$	135	T4 ~ T6
T5	$100 < t \leqslant 130$	100	T5、T6
T6	$85 < t \leqslant 100$	85	T6

4. 电气设备保护级别的确定

爆炸性气体环境用电气设备根据区域级别确定保护级别应符合表 4-13 的要求。

表 4-13　气体爆炸危险场所用电气设备保护级别确定

危险区域	设备保护级别(EPL)
0 区	Ga
1 区	Ga 或 Gb
2 区	Ga、Gb 或 Gc

防爆电气设备的形式应参考表 4-6 进行选择。

三、粉尘防爆电气设备的选择

粉尘防爆电气设备的选择参考爆炸性气体环境的电气设备选用原则，并符合《可燃性粉尘环境用电气设备 第 2 部分：选型和安装》(GB 12476.2—2010) 中的规定。

1. 粉尘防爆电气设备级别的确定

粉尘防爆电气设备级别应根据粉尘爆炸混合物的级别，按表 4-14 进行确定。

表 4-14　粉尘分类与电气设备类别的关系

粉尘级别	适用设备级别
ⅢA	ⅢA、ⅢB、ⅢC
ⅢB	ⅢB、ⅢC
ⅢC	ⅢC

2. 粉尘防爆电气设备最高表面温度的确定

粉尘防爆电气设备的最高允许表面温度是由相关粉尘的最低点燃温度减去安全裕度确定。可燃性粉尘的点燃温度分为粉尘与空气混合物最低点燃温度（即粉尘云最低点燃温度，T_{cl}）和粉尘层最低点燃温度。确定防爆设备的最高允许表面温度时，应取粉尘云的引燃温度和粉尘层的引燃温度中的低者。

（1）存在粉尘云情况下的极限温度　设备的最高表面温度应不超过相关粉尘混合物最低点燃温度（以℃为单位）的 2/3，即 $T_{max} \leqslant 2/3 T_{cl}$，其中 T_{cl} 为粉尘云的最低点燃温度。

（2）存在粉尘层情况下的极限温度

1）A 型和其他粉尘层用设备外壳：当粉尘层厚度不超过 5mm 时，其最高表面温度不应超过相关粉尘层厚度为5mm的最低点燃温度减去75K，即 $T_{max} \leq T_{5mm} - 75K$，其中 T_{5mm} 是厚度为5mm粉尘层的最低点燃温度。

2）B型"tD"防爆设备：当粉尘层厚度不超过12.5mm时，其最高表面温度不应超过相关粉尘层厚度为12.5mm的最低点燃温度减去25K，即 $T_{max} \leq T_{12.5mm} - 25K$，式中 $T_{12.5mm}$ 是厚度为12.5mm粉尘层的最低点燃温度。

当装置的粉尘层厚度大于上述给出值时，应根据粉尘层厚度和使用物料的所有特性确定其最高表面温度，必要时应经实验室试验测定。

例如：铝粉（含脂）形成的粉尘云的引燃温度 $T_{cl} = 400℃$，则 $T_{max} = 2/3 T_{cl} = 266.6℃$。当环境内存在厚度为5mm的铝粉粉尘层，且点燃温度为230℃时，则 $T_{max} = (230 - 75)℃ = 155℃$，则该环境中A型防爆电气设备的最高允许表面温度不应大于155℃。

3. 根据粉尘环境区域和粉尘类型选型

可燃性粉尘环境用电气设备根据粉尘环境区域和粉尘类型选型见表4-15。

表 4-15　根据粉尘环境区域和粉尘类型选择设备

粉尘类型	20 区	21 区	22 区
非导电性粉尘	tD A20 tD B20 iaD maD	tD A20 或 tD A21 tD B20 或 tD B21 iaD 或 ibD maD 或 mbD pD	tD A20 或 tD A21 或 tD A22 tD B20 或 tD B21 或 tD B22 iaD 或 ibD maD 或 mbD pD
导电性粉尘	tD A20 tD B20 iaD maD	tD A20 或 tD A21 tD B20 或 tD B21 iaD 或 ibD maD 或 mbD pD	tD A20 或 tD A21 或 tD A22 IP6X tD B20 或 tD B21 iaD 或 ibD maD 或 mbD pD

注：tD A20 表示 A 型外壳保护型可使用在 20 区环境的防爆设备，其他类似。

4. 电气设备保护级别的确定

爆炸性粉尘环境用电气设备根据区域级别确定保护级别应符合表4-16的要求。

表 4-16　粉尘爆炸危险场所用电气设备保护级别确定

危险区域	设备保护级别（EPL）
20 区	Da
21 区	Da 或 Db
22 区	Da、Db 或 Dc

四、防爆电气应用问题

爆炸性环境的电力装置设计应符合下列规定：

1）爆炸性环境的电力装置设计，宜将设备和线路，特别是正常运行时能产生火花的设备，布置在爆炸性环境以外。当需设在爆炸性环境内时，应布置在爆炸危险性较小的地点。

2）在满足工艺生产及安全的前提下，应减少防爆电气设备的数量。

3）爆炸性环境内的电气设备和线路，应符合周围环境内化学的、机械的、热的、霉菌以及风沙等不同环境条件对电气设备的要求。

4）在爆炸性粉尘环境内，不宜采用携带式电气设备。

5）爆炸性粉尘环境内的事故排风用电动机，应在生产发生事故情况下便于操作的地方设置事故按钮等控制设备。

6）在爆炸性粉尘环境内，应尽量减少插座和局部照明灯具的数量。如必须采用时，插座宜布置在爆炸性粉尘不易积聚的地点，局部照明灯宜布置在事故时气流不易冲击的位置。粉尘环境中安装的插座必须开口的一面朝下，且与垂直面的角度不应大于60°。

7）爆炸性环境内设置的防爆电气设备，必须是符合现行国家相关标准的产品。

1. 爆炸性环境电气设备的安装

1）油浸型设备，应在没有振动、不会倾斜和固定安装的条件下采用。

2）在采用非防爆型设备作隔墙机械传动时，应符合下列要求：安装电气设备的房间，应用非燃烧体的实体墙与爆炸危险区域隔开；传动轴传动通过隔墙处应采用填料函密封或有同等效果的密封措施；安装电气设备房间的出口，应通向非爆炸危险区域的环境；当安装设备的房间必须与爆炸性环境相通时，应对爆炸性环境保持相对的正压。

3）除本质安全电路外，爆炸性环境的电气线路和设备应装设过载、短路和接地保护，不可能产生过载的电气设备可不装设过载保护。爆炸性环境的电动机除按照相关规范要求装设必要的保护之外，均应装设断相保护。如果电气设备的自动断电可能引起比引燃造成的危险更大时，应采用报警装置代替自动断电装置。

4）紧急断电措施：在爆炸危险区域的环境中，一旦发生火灾或爆炸，很容易会产生一系列的爆炸和更严重的火灾，这时候救护人员将无法进入现场进行操作，必须要求有在危险场所之外的制动按钮能够将危险区内的电源断开，防止危害扩大。为处理紧急情况，在危险场所外合适的地点或位置应采取一种或多种措施对危险场所设备断电。

但是根据工艺要求连续运转的电气设备，如果立即切断电源可能会引起爆炸、火灾，造成更大的损失，为防止附加危险产生，必须连续运行的设备不应包括在紧急断电回路中，而应安装在单独的回路上，这类用电设备的紧急制动按钮应与上述用电设备的紧急制动按钮分开设置。

5）变、配电所和控制室的设计应符合下列要求：变、配电所（包括配电室，下同）和控制室应布置在爆炸性环境以外，当为正压室时，可布置在1区、2区内。

对于可燃物质比空气重的爆炸性气体环境，位于爆炸危险区附加2区的变电所、配电所和控制室的电气和仪表的设备层地面，应高出室外地面0.6m。对于没有电气设备安装的电缆室不是设备层，其地面可以不用抬高。

2. 爆炸性环境电气线路的设计

（1）爆炸性环境电缆和导线的选择

1）在爆炸性环境内，低压电力、照明线路用的绝缘导线和电缆的额定电压，必须不小于工作电压。中性线的额定电压应与相线电压相等，并应在同一护套或保护管内敷设。

2）在爆炸危险区内，除在配电盘、接线箱或采用金属导管的配线系统内，无护套的电线不应作为供配电线路。

3）在1区内应采用铜芯电缆；除本安型电路外，在2区内宜采用铜芯电缆，当采用铝芯电缆时，其截面面积不得小于16mm²，且与电气设备的连接应采用铜-铝过渡接头。敷设在爆炸性粉尘环境20区、21区，以及22区内有剧烈振动区域的回路，均应采用铜芯绝缘导线或电缆。

4）除本质安全系统的电路外，在爆炸性环境电缆配线的技术要求，应符合表 4-17 的规定。

表 4-17 爆炸性环境电缆配线的技术要求

项目 技术要求 爆炸危险区域	电缆明设或在沟内敷设时的最小截面积			移动电缆
	电力	照明	控制	
1 区、20 区、21 区	铜芯 2.5mm² 及以上	铜芯 2.5mm² 及以上	铜芯 1.0mm² 及以上	重型
2 区、22 区	铜芯 1.5mm² 及以上，铝芯 16mm² 及以上	铜芯 1.5mm² 及以上	铜芯 1.0mm² 及以上	中型

5）除本质安全系统的电路外，在爆炸性环境内电压为 1000V 以下的钢管配线的技术要求，应符合表 4-18 的规定。

表 4-18 爆炸性环境内电压为 1000V 以下的钢管配线的技术要求

项目 技术要求 爆炸危险区域	钢管配线用绝缘导线的最小截面积			管子连接要求
	电力	照明	控制	
1 区、20、21 区	铜芯 2.5mm² 及以上	铜芯 2.5mm² 及以上	铜芯 2.5mm² 及以上	钢管螺纹旋合不应少于 5 扣
2 区、22 区	铜芯 2.5mm² 及以上	铜芯 1.5mm² 及以上	铜芯 1.5mm² 及以上	钢管螺纹旋合不应少于 5 扣

6）在爆炸性环境内，绝缘导线和电缆截面面积的选择除满足表 4-17 和 4-18 的要求外，还应符合下列要求：

① 导体允许载流量不应小于熔断器熔体额定电流的 1.25 倍，和断路器长延时过电流脱扣器整定电流的 1.25 倍（第 2 项情况除外）。

② 引向电压为 1000V 以下笼型异步电动机支线的长期允许载流量，不应小于电动机额定电流的 1.25 倍。

7）在架空、桥架敷设时电缆宜采用阻燃电缆。塑料护套电缆，当其敷设方式采用能防止机械损伤的桥架方式时，可采用非铠装电缆。当不存在鼠、虫等损害的情形时，在 2 区、22 区电缆沟内敷设的电缆可采用非铠装电缆。

（2）爆炸性环境线路的保护

1）1 区内单相网络中的相线及中性线均应装设短路保护，并采用合适的开关同时断开相线和中性线。

2）3~10kV 电缆线路宜装设零序电流保护，在 1 区、21 区内保护装置宜动作于跳闸。

（3）爆炸性环境电气线路的安装应符合下列要求

1）电气线路宜在爆炸危险性较小的环境或远离释放源的地方敷设：

① 当可燃物质比空气重时，电气线路宜在较高处敷设或直接埋地；架空敷设时宜采用电缆桥架；电缆沟敷设时沟内应充砂，并宜设置排水措施；

② 电气线路宜在有爆炸危险的建（构）筑物的墙外敷设；

③ 在爆炸粉尘环境，电缆应沿粉尘不易堆积并且易于清除的位置敷设。

2）敷设电气线路的沟道、电缆桥架或导管，所穿过的不同区域之间墙或楼板处的孔洞，应采用非燃性材料严密堵塞。

3）敷设电气线路时宜避开可能受到机械损伤、振动、腐蚀、紫外线照射以及可能受热的地方，不能避开时，应采取预防措施。

4）钢管配线可采用无护套的绝缘单芯或多芯导线。当钢管中含有 3 根或多根导线时，导线的总截面面积（包括绝缘层）不超过钢管截面面积的 40%。钢管应采用低压流体输送用镀锌焊接钢管。

为了防腐蚀，钢管连接的螺纹部分应涂以铅油或磷化膏。在可能凝结冷凝水的地方，管线上应装设排除冷凝水的密封接头。

5）在爆炸性气体环境内钢管配线的电气线路必须作好隔离密封，且应符合下列要求：

① 在正常运行时，所有点燃源外壳的 450mm 范围内必须作隔离密封；

② 直径为 50mm 以上的钢管距引入的接线箱小于 450mm 处必须作隔离密封；

③ 相邻的爆炸性环境之间以及爆炸性环境与相邻的其他危险环境或非危险环境之间必须进行隔离密封，进行密封时，密封内部应用纤维作填充层的底层或隔层，以防止密封混合物流出，填充层的有效厚度不应小于钢管的内径且不得小于 16mm；

④ 供隔离密封用的连接部件，不应作为导线的连接或分线用。

6）对于爆炸危险区内的中间接头，应将该接头置于符合相应区域等级规定的防爆类型的接线盒中。严禁在 1 区和不应在 2 区、20 区、21 区内设置没有特殊防护的中间接头。

7）电缆或导线的终端连接：电缆内部的导线如果为绞线，其终端应采用定型端子或接线鼻子进行连接；铝芯绝缘导线或电缆的连接与封端应采用压接、熔焊或钎焊，当与设备（照明灯具除外）连接时，应采用铜-铝过渡接头。

8）架空电力线路严禁跨越爆炸性气体环境，架空线路与爆炸性气体环境的水平距离不应小于杆塔高度的 1.5 倍，以确保在发生倒杆时，架空线路不进入爆炸危险区的范围内。在特殊情况下，采取有效措施后，可适当减小距离。

3. 爆炸性环境接地设计

（1）爆炸性环境电力系统接地的设计　AC 1000V/DC 1500V 以下的电源系统的接地必须满足下列要求：

1）TN 系统：爆炸性环境中的 TN 系统应采用 TN-S 型。

在危险场所中，中性线与保护线不应连在一起或合并成一根导线，从 TN-C 型到 TN-S 型转换的任何部位，保护线应在非危险场所与等电位联结系统相连接。如果在爆炸性环境中引入 TN-C 系统，正常运行情况下，中性线存在电流，可能会产生火花引起爆炸，因此在爆炸危险区中只允许采用 TN-S 系统。

2）TT 系统：危险区中的 TT 型电源系统应采用剩余电流动作的保护电器。

对于 TT 系统，由于单相接地时阻抗较大，过电流、速断保护的灵敏度难以保证，所以必须采用剩余电流动作的保护电器。

3）IT 系统：爆炸性环境中的 IT 型电源系统，应设置绝缘监测装置。

对于 IT 系统，通常某相出现单相接地故障时，保护装置不直接动作于跳闸，但必须设置故障报警，及时消除隐患，否则如果发生异相接地，就很可能导致短路，使事故扩大。

（2）等电位联结　爆炸性气体环境中应设置等电位联结，所有裸露装置外部的可导电部件应接入等电位系统。

本质安全型设备的金属外壳可不与等电位系统连接，但制造厂有特殊要求的除外。具有阴极保护的设备不应与等电位系统连接，专门为阴极保护设计的接地系统除外。阴极保护技术是电化学保护技术的一种，其原理是向被腐蚀金属结构物表面施加一个外加电流，被保护结构物成为阴极，从而使得金属腐蚀发生的电子迁移得到抑制，避免或减弱腐蚀的发生。0区、20 区场所的金属部件不宜采用阴极保护。

（3）爆炸性环境内设备的保护接地

1）按有关电力设备接地设计技术规程规定不需要接地的下列部分，在爆炸性环境内仍应进行接地：

① 在不良导电地面处，交流额定电压为 380V 以下和直流额定电压为 440V 及以下的设备正常不带电的金属外壳；

② 在干燥环境中，交流额定电压为 50V 及以下，直流电压为 110V 及以下的设备正常不带电的金属外壳；

③ 安装在已接地的金属结构上的设备。

2）在爆炸危险环境内，设备的外露可导电部分应可靠接地。爆炸性环境 1 区、20 区、21 区内的所有设备以及爆炸性环境 2 区、22 区内除照明灯具以外的其他设备，应采用专用的接地线。该接地线若与相线敷设在同一保护管内时，应具有与相线相等的绝缘。此时爆炸性环境的金属管线、电缆的金属包皮等，只能作为辅助接地线。

爆炸性环境 2 区、22 区内的照明灯具，可利用有可靠电气连接的金属管线系统作为接地线，但不得利用输送可燃物质的管道。

3）接地干线应在爆炸危险区域不同方向不少于两处与接地体连接。

4）设备的接地装置与防止直接雷击的独立避雷针的接地装置应分开设置，与装设在建筑物上防止直接雷击的避雷针的接地装置可合并设置；与防雷电感应的接地装置亦可合并设置。接地电阻值应取其中最低值。

5）静电接地的设计应符合现行有关标准、规范的规定。

自学指导（见图 4-4）

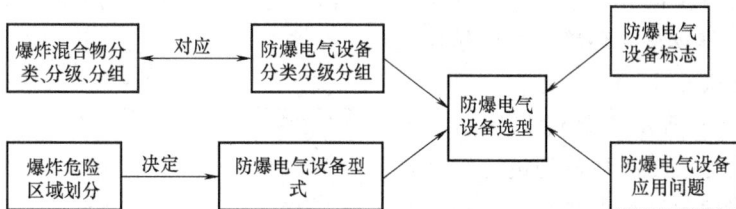

图 4-4　自学指导框图

本章学习重点：爆炸性气体危险环境区域划分；气体防爆电气设备选择。

1）爆炸性气体危险环境区域划分：首先根据释放源的级别初步确定区域级别，然后根据通风条件调整分区划分。

2）气体防爆电气设备选择：选用的防爆电气设备的级别和组别，不应低于该爆炸性气体环境内爆炸性气体混合物的级别和组别。根据爆炸性气体环境危险区域的等级，确定电气设备的保护级别，选择相应的电气设备防爆型式。

本章学习难点：粉尘防爆电气设备最高表面温度

防爆设备的最高允许表面温度是由相关粉尘的最低点燃温度减去安全裕度确定。可燃性粉尘的点燃温度分为粉尘与空气混合物最低点燃温度和粉尘层最低点燃温度。确定防爆设备的最高允许表面温度时，应取粉尘云的引燃温度和粉尘层的引燃温度中的低者。

复习思考题

一、选择题（在选项中选出正确的答案，只有1个正确答案）

1. 下列有关危险区域的划分，叙述正确的是（　　）。

A. 接连出现或长期出现爆炸性气体混合物的环境划分为1区

B. 正常运行时，可能出现爆炸性气体混合物的环境划分为2区

C. 正常运行时，不可能出现爆炸性气体混合物的环境，即使出现也仅是短时存在的环境划分为0区

D. 有时会将积留下来的粉尘扬起而偶然出现爆炸性粉尘混合物的环境划分为21区

2. 以下对于爆炸性气体环境危险区域的划分不正确的是（　　）。

A. 存在0级释放源的区域可划分为0区

B. 存在第一级释放源的区域可划分为1区

C. 当释放源比空气重时，在障碍物、凹坑和死角处，应局部提高爆炸危险区域等级

D. 通风不良时应提高爆炸危险区域等级

3. 选择防爆电气设备时，下列各项是错误的是（　　）。

A. 尽量把电气设备布置在危险性较小或非爆炸性环境中

B. 在满足生产工艺生产及安全的前提下，尽量减少防爆电气设备的使有量

C. 多用携带式电气设备

D. 把爆炸环境限制在一定范围之内

二、名词解释

引燃温度　爆炸性混合物　释放源　隔爆型防爆电器　本安型防爆电器

三、问答题

1. 在为爆炸性危险环境进行电力设计时，如何进行危险区域的划分？

2. 为爆炸性气体危险环境选择防爆电气设备的原则是什么？

3. 对于图4-5所示某易燃气体重于空气、通风良好且为第二级释放源的主要生产装置区，其爆炸危险区域的划分，应该符合哪些规定？（请绘制示意图并结合文字说明。）

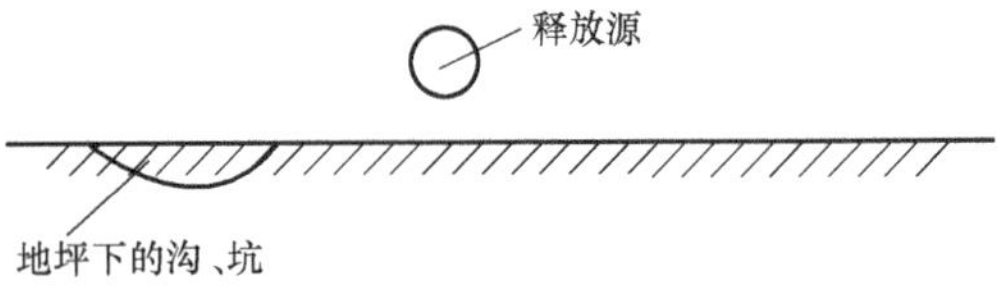

图4-5

4. 请问在有甲烷、乙烷、乙烯和乙炔的场所选择EXdIIBT1型的防爆电气是否合适？为什么？

5. 在爆炸危险环境，电气线路应该采取哪些防爆措施？

第五章　防雷与防静电

学习目标

1. 应了解、知道的内容：

◇ 表征雷电危险性的特征参数；

◇ 避雷器的种类；

◇ 静电火灾发生的条件。

2. 应理解、清楚的内容：

◇ 雷电的种类、危害；

◇ 建筑物的防雷等级；

◇ 静电的危害及其危害界限；

◇ 静电产生原理、积聚和消散条件。

3. 应掌握、会用的内容：

◇ 外部防雷装置的组成；

◇ 防止静电危害的基本措施。

4. 应熟练掌握的内容：

◇ 利用滚球法计算单支避雷针的保护范围。

自学时数　6 学时。

老师导学

本章内容分为两个部分：第一部分讲述雷电的分类及雷电的危害，并在此基础上提出了建筑物防雷的具体措施，包括建筑物的防雷等级确定、防雷装置的设置要求；第二部分讲述静电的产生原理、静电的危害及其危害界限，并在此基础上提出了防止静电危害的措施。

第一节　雷电分类及危害

雷电是自然界的一种大气放电现象。当地面上的建筑物和电力系统内的电气设备遭受直接雷击或雷电感应时，其放电电压可达数百万伏至数千万伏，电流达几十万安，远远大于发、供电系统的正常值，因此其破坏性极大，不仅能击毙人畜、劈裂树木、击毁电气设备、破坏建筑物及各种工农业设施，还能引起火灾和爆炸事故。

我国每年因雷击死亡约 3000 人，受伤致伤约 6000 人，由于雷击引发的火灾、设备损毁等带来的经济损失约 70 亿人民币。《重庆晚报》载 2004 年 6～11 月，仅重庆市因雷击损失 2 亿元，《江南时报》载南京市每年雷击损失 1 亿元。

一、雷电起因

雷云是产生雷电的基本条件。当空气中有足够的水蒸气，并且有使潮湿的空气能够上升并开始凝结为水珠的气象或地形条件，同时可以使气流强烈持久地上升时，雷云才会形成。

而雷云中的电荷如何产生这一重要科学问题目前尚处于探索阶段。科学家们先后提出了几十种雷云起电理论，但是至今没有一种得到大家公认。下面以水滴分裂理论为例，分析雷云是怎样形成雷电的。

在闷热的天气里，空气中的水蒸气已接近饱和，地面的气温变化不均，使带有大量水蒸气的空气强烈上升，在气流上升过程中，水珠就会分裂为水滴。在快速分裂过程中，水滴就带上了电荷，如图 5-1 所示，带正（或负）电荷的水滴下降，带负（或正）电荷的水滴上升。等到一定数量的电荷聚集在一个区域时，这个区域的电动势就逐渐上升，在它附近的电场强度达到足以使附近空气绝缘破坏的强度（25～30kV/cm）时，就发生强烈的放电现象，出现耀眼的闪光，即形成雷电。

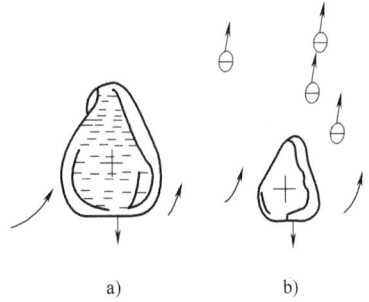

图 5-1　雷云中水滴分裂带电的过程

二、雷电分类

（一）直击雷

有时雷云较低，周围又没有带异性电荷的云层，而在地面上突出物（树木或建筑物）感应出异性电荷，雷云就会通过这些物体向大地放电，这就是通常所说的雷击。这种直接击在建筑物或其他物体上的雷电称为直击雷。

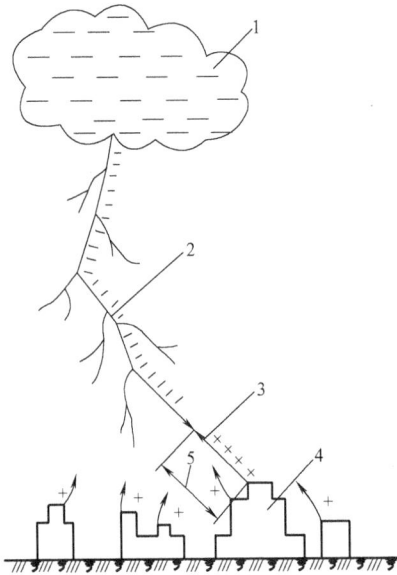

图 5-2　带负电荷雷云对地面建筑物放电过程示意图
1—雷云　2—向下先导　3—向上先导
4—地面建筑物　5—闪击距离

图 5-2 为带负电荷雷云对地面建筑物放电所形成的直接雷击示意图。假定雷云带的是大量的负电荷，由于静电感应作用，雷雨下方的建筑物和地面上都带上了与雷云相反的正电荷。当雷云进一步与地面接近、雷云与地面之间的电场强度增加到空气击穿强度时，空气便开始电离，形成指向大地的一段微弱导电通道，称为先导放电。先导放电向下方梯级式跳跃发展，称为向下先导。当向下先导逐渐接近地面建筑物时，建筑物所带正电荷被向下先导吸引，开始向上放电，形成向上先导，并朝着向下先导方向发展，两者迅速会合形成雷电通道，开始主放电阶段。在主放电过程中，雷云与大地之间放出巨大的光和热，放电通道的温度可达 15000～20000℃，雷电流的峰值可达数十至数百千安。

直击雷所产生的高温和大电流极易使设备或建筑物损坏，并引起火灾或爆炸事故。当雷击于对地绝缘的架空导线上时，会产生很高的电压（可高达几千千伏），不仅会引起线路的闪络放电，造成线路发生短路事故，而且这种过电压还会以波动的形式迅速地向变电所、发电厂或建筑物内传播，使沿线安装的电气设备绝缘受到严重威胁，往往引起绝缘击穿起火等严重后果。

（二）感应雷

在雷雨期间，由于静电感应或电磁感应，在输电线、信号传输线和其他金属导体上产生的冲击过电压，称为雷电感应过电压。这种冲击过电压可以对电子元器件和设备造成一定的破坏作用，可以引起火灾或造成人身伤亡等严重后果。由于这种感应过电压往往都是伴随直击雷放电而产生的，所以人们习惯上又把它称为感应雷。

1. 静电感应

当带有电荷的雷云接近地面建筑物或其他物体时，由于感应作用，会使地面建筑物或其他物体表面感应而带有与雷云相反的电荷。这些感应出来的电荷受到雷云上异性电荷的吸引，不会向别处移动。当雷云向附近地面放电时，之前在建筑物或其他物体上感应出的电荷得不到释放，会在建筑物与地之间形成很高的电位差。这种现象就称为静电感应，如图 5-3 所示。在电力线路上同样会发生这种现象，而且这种电压很高，并能形成向线路两端前进的雷电波。感应过电压一般为 20～30 万 V，最高可达 40～50 万 V。

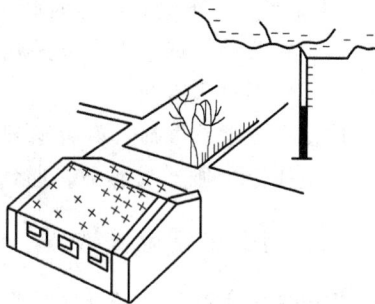

图 5-3　静电感应原理

2. 电磁感应

大气中带异性电荷的雷云之间的放电，以及带电雷云与地面物体之间的放电，在空间中都会形成强大的脉冲电磁场并向四周传播。根据电磁感应原理，在输电线、信号线和金属构件上，就会产生感应脉冲电压。当金属导线或金属构件形成回路时，就会在回路中产生相应的冲击电流。这种冲击电压和冲击电流，都会直接使电路元器件和设备受到破坏。

建筑物上设置的避雷针可以有效地预防直击雷的危害，但是在与避雷针相连的引下线周围有可能会产生雷电感应。如图 5-4 所示，当避雷针放电时，引下线中会流过很大的雷电流。而雷电流的迅速变化会在它周围的空间里产生强大的变化的电磁场。这时，处于这一电磁场中的导体会感应产生强大的电动势，这种情况称为电磁感应。如果在这一强磁场中放一开口的金属环，环上感应的电动势足以使间隙 a、b 间产生火花放电。

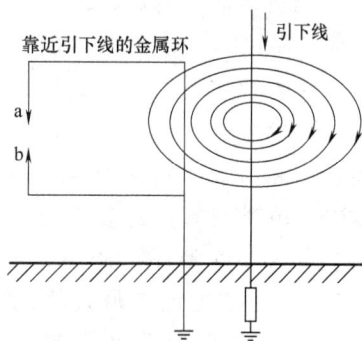

电磁感应现象还可以使构成回路的金属物体上产生感应电流。如果回路中有些地方接触不良，就会产生局部发热，这对存放的易燃、易爆物是极其危险的。

图 5-4　电磁感应原理

（三）雷电波侵入

当雷电击中室外架空线路、地下电缆或其他金属管道时，雷电波就会沿着这些管线进入室内，使与之连接的用电设备遭受破坏，或造成人身伤亡，这种形式的雷击称为雷电波侵入。

在感应雷的分析中，如果静电感应在室外架空线路上产生雷电感应过电压，当沿输电线路侵入室内时，将带来同样的破坏作用，也可称为雷电波侵入。

雷电波侵入与雷电感应具有基本相同的特点，但所形成的电压、电流幅度比一般雷电感应要大，带来的破坏也更严重。雷电波侵入造成的事故在雷害事故中占相当大的比重，因此而引起的雷电火灾和人身伤亡的损失也是很大的。

（四）球雷

关于球雷的研究，还没有完整的理论。通常认为球雷是一个炽热的等离子体，温度极高并发出紫色或红色的发光球体，直径一般在几厘米至几十厘米。球雷通常沿水平方向以 1～2m/s 的速度上、下滚动，有时距地面 0.5～1m，有时升起 2～3m。它在空中漂游的时间可为几秒到几分钟。球雷常由建筑物的孔洞、烟囱或开着的门窗进入室内，有时也通过不接地的门窗铁丝网进入室内。

球雷有时自然爆炸，有时遇到金属管线而爆炸。球雷遇到易燃物质（如木材、纸张、衣物、被褥等）则造成燃烧，遇到可爆炸的气体或液体则造成更大的爆炸。

三、有关的雷电参数

雷电的发生受气象条件、地形条件和地质条件等多种自然因素的影响，带有很大的随机性，因而表征雷电特性的各种参数也就具有统计的意义。

1. 雷暴日

雷暴日是指该地区平均一年内有雷电放电的平均天数，单位为 d/a。统计时，在一天内能看到雷闪或听到雷声都记为雷暴日。年平均雷暴日（T_d）则是由当地气象台（站）根据多年的气象资料统计出的雷暴日数的年平均值，一般：（T_d）≤25d 的地区被称为少雷区，如西北地区；$25 < T_d ≤ 40d$ 的地区为中雷区，如长江流域；$40 < T_d ≤ 90d$ 的地区称为多雷区，如华南大部分地区；$T_d > 90d$ 的地区及根据运行经验雷害特别严重的地区为强雷区，如海南省和雷州半岛。雷暴日数越大，防雷要求也就越高。

2. 雷电流的波形和参数

雷电流由一个或多个不同的雷击组成：持续时间小于 2ms 的短时间雷击（包括首次和首次以后的后续短时间雷击）和持续时间大于 2ms 的长时间雷击。短时间雷击对应于一个冲击电流，如图 5-5 所示。图中，I 为峰（幅）值，即雷电流的最大值；T_1 为波头时间，定义为雷电流波头达到 10% 峰值到 90% 峰值时间间隔的 1.25

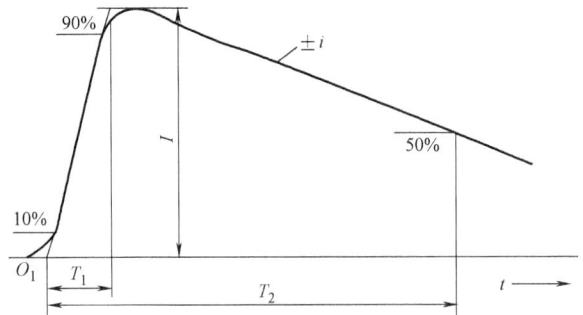

图 5-5　短时间雷击电流的波形

倍；连接雷电流波头 10% 峰值到 90% 峰值两参考点的直线与时间轴的交点 O_1 称为短时间雷击电流的视在原点；T_2 为半值时间，定义为视在原点 O_1 到雷电流下降到峰值一半时的时间间隔。雷电流波形单位通常为 μs。

短时间雷击电流的波头陡度定义为雷电流上升期间雷电流的上升率。雷电流的陡度越大，感应耦合引起的过电压和火花越大，对电气和电子系统的危害越严重。

《雷电防护 第 1 部分：总则》（GB/T 21714.1—2008）中根据国际大电网会议（CI-GRE）报告提出，首次短时间雷击的电流波形取 10/350μs；最大参数取正雷闪时概率低于

10%的值，即 $I \leqslant 200\text{kA}$，$\text{d}i/\text{d}t \leqslant 20\text{kA}/\mu\text{s}$。后续短时间雷击的电流波形取 $0.25/100\mu\text{s}$；最大参数取负雷闪时概率低于 1% 的值，即 $I \leqslant 50\text{kA}$，$\text{d}i/\text{d}t \leqslant 200\text{kA}/\mu\text{s}$。可见，雷电流的最大峰值出现在首次正极性短时间雷击中，而最大陡度出现在后续负极性短时间雷击中。

四、雷电危害

雷电有很大的破坏力，有多方面的破坏作用。雷电可使电气设备的绝缘击穿，造成大规模停电；可击毁建筑物，引起爆炸或燃烧，给人民生命财产造成重大损失。

就其破坏因素来看，雷电有以下 4 个方面的破坏作用。

（一）电效应

数十万至数百万伏的冲击电压可击毁电气设备的绝缘，烧断电线或劈裂电杆，造成大规模的停电；绝缘损坏还可能引起短路，导致火灾或爆炸事故，巨大的雷电流流经防雷装置时会造成防雷装置的电位升高，这样的高电位同样可以作用在电气线路、电气设备或其他金属管道上，在它们之间产生放电。这种接地导体由于电位升高，而向带电导体或与地绝缘的其他金属物放电的现象，叫作反击。反击能引起电气设备绝缘破坏，造成高压窜入低压系统，可能直接导致由接触电压和跨步电压造成的严重事故，可使金属管道烧穿，甚至造成易燃易爆物品着火和爆炸。

（二）热效应

巨大的雷电流（几十至几百千安）通过导体，可在极短的时间内转换成大量的热能。雷击点的发热量为 $500 \sim 2000\text{J}$，可造成易爆品燃烧或金属熔化、飞溅而引起火灾或爆炸事故。

（三）机械效应

机械效应的后果是被击物遭到严重破坏，这是由于巨大的雷电流通过被击物时，会使被击物缝隙中的气体剧烈膨胀，缝隙中的水分也急剧蒸发为大量气体，因而在被击物体内部出现强大的机械压力，致使被击物体遭受严重破坏或发生爆炸。

（四）电磁效应

由于雷电流的迅速变化（极大的幅值和陡度），在其周围的空间里会产生强大的变化电磁场。处于这一电磁场中的导体会感应产生强大的电动势，这种情况称为电磁感应。电磁感应现象可以使构成回路的金属物体上产生感应电流。如果回路中有些地方接触不良，就会产生局部发热，这对存放的易燃、易爆物是极其危险的。

另外现代电子技术日益向高精度、高灵敏度、高频率和高可靠性方向发展。这些电子设备非常灵敏，但耐压值很低，一般电子设备都承受不了 $\pm 5\text{V}$ 的电压波动。因此，必须对雷电电磁脉冲采取必要的防护措施，以便在先进的建筑物内实现良好的电磁兼容性。

第二节　建筑物防雷措施

雷击大地可能对建筑物及服务设施（如供电线路、通信线路及其他服务设施）造成危害，可能会造成其损坏，甚至发生火灾或爆炸事故。因此需要根据建筑物的不同性质采取不同的防雷措施。

一、建筑物年预计雷击次数

建筑物年预计雷击次数是指表征建筑物可能遭受雷击的一个频率参数，是确定建筑物如何采取防雷措施的一个重要依据。

建筑物年预计雷击次数，既取决于建筑物所处地区的雷击大地密度，又取决于建筑物的尺寸、性质及所处环境。根据《建筑物防雷设计规范》（GB 50057—2010），建筑物年预计雷击次数按式（5-1）确定：

$$N = kN_g A_e \tag{5-1}$$

式中　N——建筑物年预计雷击次数（次/a）；

　　　k——校正系数；

　　　N_g——建筑物所处地区雷击大地的年平均密度 $[$次/（$km^2 \cdot a$）$]$；

　　　A_e——与建筑物截收相同雷击次数的等效面积（km^2）。

校正系数 k 在一般情况下取 1，在下列情况下取相应数值：位于河边、湖边、山坡下或山地中土壤电阻率较小处、地下水露头处、土山顶部、山谷风口等处的建筑物，以及特别潮湿的建筑物取 1.5；金属屋面没有接地的砖木结构建筑物取 1.7；位于山顶上和旷野的孤立建筑物取 2。

（一）雷击大地的年平均密度

雷击大地的年平均密度，首先应按当地气象台、站资料确定；若无此资料，在温带地区可按式（5-2）计算。

$$N_g = 0.1 T_d \tag{5-2}$$

式中　T_d——年平均雷暴日，根据当地气象台、站资料确定（d/a）；

　　　N_g——雷击大地的年平均密度。

（二）建筑物等效面积

与建筑物截收相同雷击次数的等效面积 A_e 应为其实际平面面积向外扩大后的面积。其计算方法应符合下列规定：

1）当建筑物的高 H 小于 100m 时，如图 5-6 所示，其每边的扩大宽度和等效面积应按式（5-3）、式（5-4）计算。

$$D = \sqrt{H(200 - H)} \tag{5-3}$$

$$A_e = [LW + 2(L + W)\sqrt{H(200 - H)} + \pi H(200 - H)] \times 10^{-6} \tag{5-4}$$

式中　D——建筑物每边的扩大宽度（m）；

L、W、H——分别为建筑物的长、宽、高（m）。

2）当建筑物的高 H 等于或大于 100m 时，其每边的扩大宽度应按等于建筑物的高 H 计算；建筑物的等效面积应按式（5-5）计算。

$$A_e = [LW + 2H(L + W) + \pi H^2] \times 10^{-6} \tag{5-5}$$

当建筑物各部位的高不同时，应沿建筑物周边逐点算出最大扩大宽度，其等效面积 A_e 应按每点最大扩大宽度外端的连接线所包围的面积计算。

二、建筑物防雷分类

建筑物根据其重要性、使用性质、发生雷电事故的可能性和后果，按防雷要求分为三

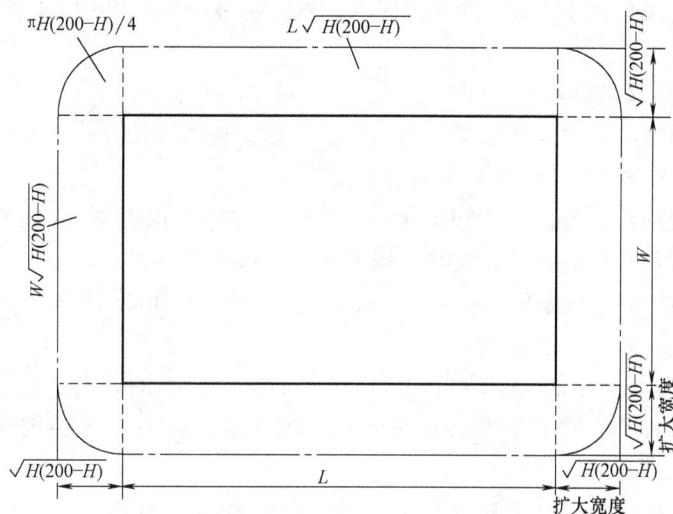

图 5-6　建筑物的等效面积

注：建筑物平面面积扩大后的面积 A_e 如图中点画线所包围的面积。

类：第一类防雷建筑物、第二类防雷建筑物和第三类防雷建筑物。

（一）第一类防雷建筑物

在可能发生对地闪击的地区，遇下列情况之一时，应划为第一类防雷建筑物。

1）凡制造、使用或贮存火（炸）药及其制品的危险建筑物，因电火花而引起爆炸、爆轰，会造成巨大破坏和人身伤亡者。

2）具有 0 区或 20 区爆炸危险场所的建筑物。

3）具有 1 区或 21 区爆炸危险场所的建筑物，因电火花而引起爆炸，会造成巨大破坏和人身伤亡者。

（二）第二类防雷建筑

在可能发生对地闪击的地区，遇下列情况之一时，应划为第二类防雷建筑物。

1）国家级重点文物保护的建筑物。

2）国家级的会堂、办公建筑物、大型展览和博览建筑物、大型火车站和飞机场、国宾馆、国家级档案馆、大型城市的重要给水泵房等特别重要的建筑物。

注：飞机场不含停放飞机的露天场所和跑道。

3）国家级计算中心、国际通信枢纽等对国民经济有重要意义的建筑物。

4）国家特级和甲级大型体育馆。

5）制造、使用或贮存火（炸）药及其制品的危险建筑物，且电火花不易引起爆炸或不致造成巨大破坏和人身伤亡者。

6）具有 1 区或 21 区爆炸危险场所的建筑物，且电火花不易引起爆炸或不致造成巨大破坏和人身伤亡者。

7）具有 2 区或 22 区爆炸危险场所的建筑物。

8）有爆炸危险的露天钢质封闭气罐。

9）预计雷击次数大于 0.05 次/a 的部、省级办公建筑物和其他重要建筑物，或人员密集的公共建筑物及火灾危险场所。

10）预计雷击次数大于 0.25 次/a 的住宅、办公楼等一般性民用建筑物或一般性工业建筑物。

（三）第三类防雷建筑物

在可能发生对地闪击的地区，遇下列情况之一时，应划为第三类防雷建筑物：

1）省级重点文物保护的建筑物及省级档案馆。

2）预计雷击次数大于或等于 0.01 次/a，且小于或等于 0.05 次/a 的部、省级办公建筑物和其他重要或人员密集的公共建筑物，以及火灾危险场所。

3）预计雷击次数大于或等于 0.05 次/a，且小于或等于 0.25 次/a 的住宅、办公楼等一般性民用建筑物或一般性工业建筑物。

4）在平均雷暴日大于 15d/a 的地区，高度在 15m 及以上的烟囱、水塔等孤立的高耸建筑物；在平均雷暴日小于或等于 15d/a 的地区，高度在 20m 及以上的烟囱、水塔等孤立的高耸建筑物。

在确定建筑物防雷类别时，除按其规定外，在雷电活动频繁地区、强雷区（年平均雷暴日数超过 90 d/a 的地区）或者历史上雷害事故严重、雷害事故较多地区的较重要建筑物，可适当提高建筑物的防雷类别。

三、建筑物防雷装置

建筑物防雷装置是用以减少建筑物因雷击引起物理损坏的整套系统，由外部防雷装置和内部防雷装置组成。

外部防雷装置由接闪器、引下线和接地装置组成。外部防雷装置用于截收建筑物的直击雷（包括建筑物侧面的闪络），将雷电流从雷击点引导入地，同时将雷电流分散入地，避免产生热效应或机械损坏以及在容易引发火灾或爆炸的地方产生危险火花。

建筑物内部防雷装置由防雷等电位联结和外部防雷装置电气绝缘组成。可在建筑物的地面层处，将建筑物金属体、金属装置、建筑物内部电气和电子系统、进出建筑物的金属管线等物体与防雷装置作防雷等电位联结；或者考虑外部防雷装置与建筑物金属体、金属装置、建筑物内部电气和电子系统之间实行电气绝缘（隔开一段安全距离）。当雷电流流经外部防雷装置或建筑物其他导体部分时，利用内部防雷装置可避免建筑物内因雷电感应和高电位反击而出现危险火花。

（一）建筑物防雷装置设置的基本规定

1）各类防雷建筑物应设防直击雷的外部防雷装置，并应采取防闪电电涌侵入的措施。第一类防雷建筑物和第二类防雷建筑物的第 5）～7）类建筑物，尚应采取防闪电感应的措施。

2）各类防雷建筑物应设内部防雷装置，并应符合下列规定：

① 在建筑物的地下室或地面层处，建筑物金属体、金属装置、建筑物内系统和进出建筑物的金属管线应与防雷装置做防雷等电位联结。

② 外部防雷装置与建筑物金属体、金属装置、建筑物内系统之间，尚应满足间隔距离的要求。

3）第二类防雷建筑物中的第 2）～4）类建筑物尚应采取防雷击电磁脉冲的措施。其他各类防雷建筑物，当其建筑物内系统所接设备的重要性高，以及所处雷击磁场环境和加于设备的闪电电涌无法满足要求时，也应采取防雷击电磁脉冲的措施。

（二）直击雷防护装置

直击雷防护装置由接闪器、引下线和接地装置组成。

1. 接闪器及其保护范围

接闪器就是专门直接接受雷击的金属导体。接闪器利用其高出被保护物的突出地位，把雷电引向自身，然后通过引下线和接地装置，把雷电流泄入大地，以保护被保护物免受雷击。

接闪器的常见形式有独立避雷针、架空避雷线、架空避雷网和直接装设在建筑物上的避雷针、避雷带或避雷网。避雷针主要用来保护露天发电、变配电装置和建筑物，避雷线对电力线路等较长的被保护物最为适用；避雷网和避雷带主要用保护建筑物。除第一类防雷建筑物外，金属屋面的建筑物也可以用其金属屋面作为接闪器。除第一类防雷建筑物和突出屋面排放爆炸危险气体、蒸气或粉尘的放散管、呼吸阀、排风管等管道应符合规定外，屋顶上的永久性金属物，如旗杆、栏杆、装饰物等宜作为接闪器，其各部件之间均应连成电气通路。但不得利用广播电视共用天线杆顶上的接闪器保护建筑物。

（1）避雷针 避雷针是明显高出被保护物体的金属支柱，其针头采用圆钢或钢管制成。避雷针有安装在被保护建筑物上的避雷针和直接在地面上的独立避雷针两种类型。独立避雷针多用于保护露天变、配电装置，以及有可燃、爆炸危险的建筑物。

避雷针宜采用热镀锌圆钢或钢管制成，其直径应符合下列规定：

① 杆长在 1m 以下时，圆钢直径不应小于 12mm，钢管直径不应小于 20mm。

② 杆长为 1~2m 时，圆钢直径不应小于 16mm，钢管直径不应小于 25mm。

③ 独立烟囱顶上的杆，圆钢直径不应小于 20mm，钢管直径不应小于 40mm。

《建筑物防雷设计规范》（GB 50057—2010）中规定，保护建筑物避雷针的保护范围用滚球法来确定。接闪器的保护范围是指在避雷针下一定范围的安全区域，该区域内的设备和建筑物，基本上不遭雷击。保护范围是根据雷电理论、模拟实验及运行经验确定的。由于雷电放电受很多因素的影响，保护范围不是绝对的。但运行经验证明，处于保护范围内的设备和建筑物受到雷击的可能性很小。

应用滚球法的理论出发点是，雷云形成初期在空间的运动方位是不确定的，当雷云运动到距地面被击目标的距离等于空气击穿距离时，才受到地面被击目标的影响而开始定位。据此理论，滚球法是以 h_r 为半径的一个球体，沿需要防直击雷的部位滚动，当球体只触及接闪器（包括被利用作为接闪器的金属物），或只触及接闪器和地面（包括与大地接触并能承受雷击的金属物），而不触及需要保护的部位时，则该部分就得到接闪器的保护。滚球半径 h_r 就是地面目标的雷击距离。h_r 可根据建筑物防雷类别确定不同的值，见表 5-1。

表 5-1 不同类别防雷建筑物的滚球半径及避雷网网格尺寸

建筑物防雷类别	滚球半径 h_r/m	避雷网网格尺寸/m
第一类防雷建筑物	30	≤5×5 或 ≤6×4
第二类防雷建筑物	45	≤10×10 或 ≤12×8
第三类防雷建筑物	60	≤20×20 或 ≤24×16

限于篇幅，这里主要讨论单支避雷针保护范围的确定，对于多支避雷针保护范围的确定

方法可参见《建筑物防雷设计规范》（GB 50057—2010）。利用滚球法确定单支避雷针保护范围的具体方法如图 5-7 所示。

1）当避雷针高度 $h \leqslant h_r$ 时，单支避雷针的保护范围可按下列步骤通过作图确定。

① 在距地面 h_r 处作一平行于地面的平行线；

② 以针尖为圆心，h_r 为半径，作弧线交于平行线的 A、B 两点；

③ 以 A、B 为圆心，h_r 为半径作弧线，该弧线与针尖相交并与地面相切。从此弧线起到地面止就是保护范围。保护范围是一个对称的锥体，如图 5-7 所示。

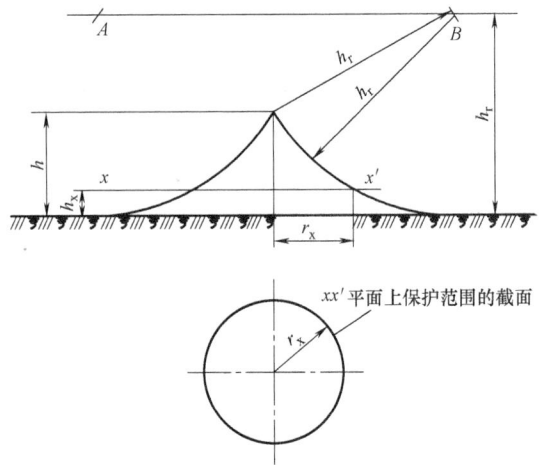

图 5-7 确定单支避雷针保护范围的方法

避雷针在 h_x 高度的 xx' 平面上和在地面上的保护半径 r_x、r_0 可按下列计算式确定：

$$r_x = \sqrt{h(2h_r - h)} - \sqrt{h_x(2h_r - h_x)} \tag{5-6}$$

$$r_0 = \sqrt{h(2h_r - h)} \tag{5-7}$$

式中　r_x——避雷针在 h_x 高度的 xx' 平面上的保护半径（m）；

　　　h_r——滚球半径（m）；

　　　h_x——被保护物的高度（m）；

　　　r_0——避雷针在地面上的保护半径（m）；

　　　h——避雷针的高度（m）。

2）当避雷针高度 $h > h_r$，在避雷针上取高度 h_r 的一点代替单支避雷针针尖作为圆心。其余的作法同 1）项。

（2）架空避雷线　避雷线一般采用截面面积不小于 50mm^2 的镀锌钢绞线，架设在被保护物的上方，以保护其免遭直接雷击。由于避雷线架空敷设而且接地，所以又称架空地线。避雷线的防雷作用等同于在其弧垂上每一点都是一根等效的避雷针。避雷线的保护范围也采用滚球法确定，不再赘述。

（3）避雷带或避雷网　避雷带通常是沿建筑物易受雷击的部位（如屋角、屋脊、屋檐和檐角等处），敷设的带状导体，通常采用圆钢或扁钢。避雷网是将建筑物屋面上纵、横敷设的避雷带组成网格，其网格大小与建筑物的防雷类别有关，见表 5-1。避雷带或避雷网主要适用于宽大的建筑物。避雷带或避雷网一般无需计算保护范围。当避雷带或避雷网与其他接闪器组合使用，或者为了保护低于建筑物的物体而把避雷带或避雷网处于建筑物屋顶四周的导体当做避雷线看待时，可采用滚球法确定其保护范围。

避雷网和避雷带宜优先采用圆钢。圆钢直径不应小于 8mm，扁钢截面积不应小于 50mm^2，其厚度不应小于 4mm。当烟囱上采用避雷环时，其圆钢直径不应小于 12mm，扁钢截面积不应小于 100mm^2，其厚度不应小于 4mm。

（4）金属屋面　除第一类防雷建筑外，金属屋面的建筑物宜利用其屋面作为接闪器。但是当利用金属屋面做接闪器时应符合下列要求：

1) 板间的连接应是持久的电气贯通，可采用铜锌合金焊、熔焊、卷边压接、缝接、螺钉或螺栓连接。

2) 金属板下面无易燃物品时，铅板的厚度不应小于2mm，不锈钢、热镀锌钢、钛和铜板的厚度不应小于0.5mm，铝板的厚度不应小于0.65mm，锌板的厚度不应小于0.7mm。

3) 金属板下面有易燃物品时，不锈钢、热镀锌钢和钛板的厚度不应小于4mm，铜板的厚度不应小于5mm，铝板的厚度不应小于7mm。

4) 金属板应无绝缘被覆层。但薄的油漆保护层或厚度为1mm的沥青层或厚度为0.5mm的聚氯乙烯层均不应属于绝缘被覆层。

2. 引下线

引下线是连接接闪器与接地装置的金属导体，应满足机械强度、耐腐蚀和热稳定性的要求。

引下线一般采用圆钢或扁钢，宜优先采用圆钢。圆钢直径不应小于8mm，扁钢截面积不应小于$50mm^2$，其厚度不应小于4mm。当烟囱上的引下线采用圆钢时，其直径不应小于12mm；采用扁钢时，其截面积不应小于$100mm^2$，厚度不应小于4mm。引下线防腐蚀要求与避雷网和避雷带相同。

利用建筑构件内的钢筋作引下线，应符合第二、三类防雷建筑物的防雷措施要求。引下线应沿建筑物外墙明敷，并经最短路径接地；建筑艺术要求较高的可暗敷，但其圆钢直径不应小于10mm，扁钢截面积不应小于$80mm^2$。建筑物的消防梯、钢柱等金属构件宜作为引下线，但其各部件之间均应连成电气通路。

3. 接地装置

接地装置是外部防雷装置的组成部分，用于把雷电流引导并散入大地。将雷电流分散入地时，为使任何潜在的过电压降到最小，接地装置的形状和尺寸很重要。一般来说，建议采用较小的接地电阻。

接地装置可用扁钢、圆钢、角钢、钢管等钢材制成。人工接地体一般分两种埋设方式，一种是垂直埋设，称为人工垂直接地体；另一种是水平埋设，称为人工水平接地体。埋于土壤中的人工垂直接地体宜采用角钢、钢管或圆钢；埋于土壤中的人工水平接地体宜采用扁钢或圆钢。圆钢直径不应小于10mm；扁钢截面积不应小于$100mm^2$，其厚度不应小于4mm；角钢厚度不应小于4mm；钢管壁厚不应小于3.5mm。在腐蚀性较强的土壤中，应采取热镀锌等防腐措施或加大截面面积。接地线应与水平接地体的截面面积相同。人工接地体在土壤中的埋设深度不应小于0.5m。接地体应远离如砖窑、烟道等能够影响使土壤电阻率升高的地方。人工垂直接地体的长度宜为2.5m。人工垂直接地体间的距离及人工水平接地体间的距离宜为5m，当受地方限制时可适当减小。

防雷装置的接闪器、引下线、接地装置，所用金属材料应有足够的截面面积，因为它一要承受雷电流通过，二要有足够的机械强度和耐腐蚀性，还要有足够的热稳定性，以承受雷电流的破坏作用。

（三）雷电波侵入的保护装置

采用避雷器可以有效地防止雷电波侵入的危害。避雷器是一种专用的防雷设备，主要用来保护电力设备，也用于防止雷电波沿架空线侵入建筑物。避雷器的保护原理如图5-8所示。

避雷器并联装设在被保护物电源引入端，其上端接电源线路上，下端接地。正常情况下，避雷器的间隙保持绝缘状态，不影响电力系统的运行。当因雷击有高压雷电波沿线路袭来时，避雷器间隙被击穿而接地，切断冲击波，这时能够进入被保护电气设备的电压，仅为雷电波通过避雷器及其引线和接地装置产生的残压。雷电流通过以后，避雷器间隙又恢复绝缘状态，电力系统则可正常运行。

图 5-8　避雷器的保护原理

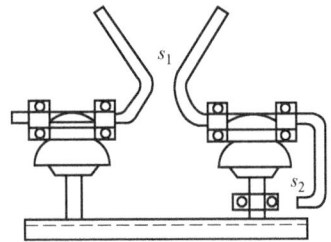

根据截断续流（避雷器动作后流过冲击电流途径的工频电流）的方法不同，避雷器可分为角形、管形及阀形。

1. 角形避雷器

角形避雷器又称保护间隙，其结构如图 5-9 所示。它简单经济、维修方便，但灭弧能力弱、保护性能差，容易造成接地或短路故障，引起线路开关跳闸或熔断器熔断，使线路停电。因此对于装有保护间隙的线路，一般要求装设自动重合闸装置，以提高供电可靠性。

保护间隙只用于室外且负荷不重要的线路上。保护间隙是最简单、经济的防雷装置，一般安装在线路的进户处，用来保护电度表等设备。

图 5-9　保护间隙

s_1—主间隙　s_2—辅助间隙

2. 管形避雷器

管形避雷器实质上是一个具有较高灭弧能力的保护间隙，主要由灭弧管和内、外间隙组成。内间隙由棒形电极和环形电极组成，装在由纤维材料、胶水或塑料等产气材料制成的灭弧管内。在雷电波冲击下，内、外间隙击穿，雷电流泄入大地，雷电波被截断，随之而来的工频续流也产生强烈的电弧，电弧高温燃烧。灭弧管内壁产生大量气体，并以很大的压力从管内喷出，迅速吹灭电弧，恢复正常工作，如图 5-10 所示。管形避雷器是自吹灭弧的，一般用于保护电力线路。

3. 阀形避雷器

阀形避雷器是电力系统中的主要防雷保护设备之一。

阀形避雷器主要由瓷套管、一些串联的火花间隙和一些串联的非线性电阻阀片组成常用的有 FZ 型和 FS 型。FZ 型避雷器用来保护重要的发电厂和变电站；FS 型的避雷器用于保护小容量配电装置。图 5-11 为 FS-10 型阀形避雷器的结构。

四、防雷击电磁脉冲

雷电作为危害源是一种高能现象。雷击电磁脉冲释放出的数百兆焦的能量，可对建筑物内电气和电子系统中仅能承受毫焦数量级能量的敏感电子设备产生致命的损害，可能会击毁设备，严重时会造成火灾和爆炸事故。

建筑物内电气和电子系统防雷击电磁脉冲主要可采取两方面措施：一是屏蔽辐射脉冲电

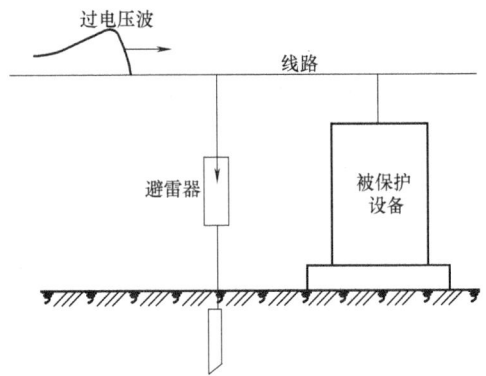

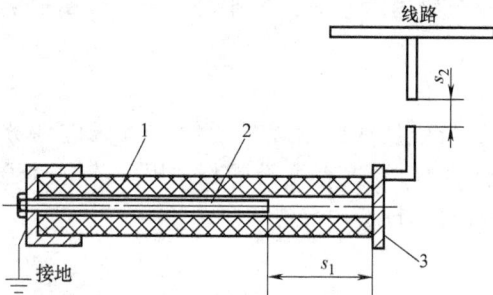

图 5-10　管形避雷器的原理结构
1—灭弧管　2—棒形电极　3—端部环形电极
s_1—内间隙；s_2—外间隙

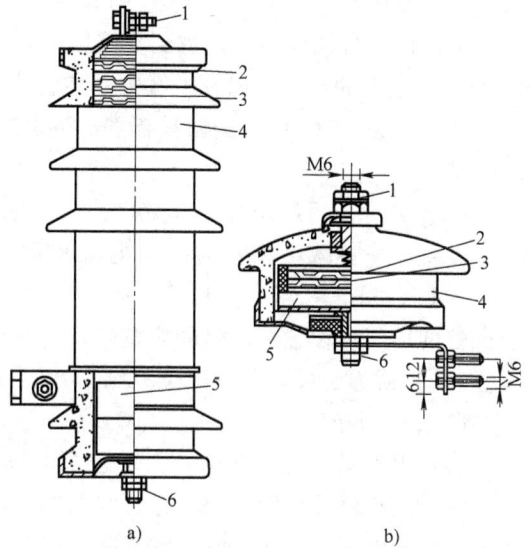

图 5-11　FS-10 型阀形避雷器
1—上端接线子　2—火花间隙　3—云母垫片
4—瓷套管　5—阀片　6—下端接线子

磁场效应和防止在设备线路上出现电涌，如在装置中综合运用屏蔽、接地、等电位联结、合理布线等方法；二是消除或减少由外部线路导入的电涌，如在电源线路和信号线路中安装协调配合的电涌保护器（SPD）。这两种措施相辅相成，不可偏废。

（一）防雷区的划分

防雷区（Lightning Protection Zone，LPZ）是指雷击时，在建筑物或装置的内、外空间形成的闪电电磁环境需要限定和控制的那些区域。划分防雷区是为了限定各部分空间不同的雷击电磁脉冲强度，以界定各空间内被保护设备相应的防雷击电磁干扰水平，并界定等电位联结点及电涌保护器（SPD）的安装位置。防雷区的划分是以在各区交界处的雷电电磁环境有明显变化作为特征来确定的，如图 5-12 所示。

防雷区的划分应符合下列规定：

1. LPZ0$_A$ 区

本区内的各物体都可能遭到直接雷击并导走全部雷电流，以及本区内的雷击电磁场强度没有衰减时，应划分为 LPZ0$_A$ 区。例如建筑物屋顶接闪器保护范围以外的空间区域。

2. LPZ0$_B$ 区

本区内的各物体不可能遭到大于所选滚球半径对应的雷电流直接雷击，以及本区内的雷击电磁场强度仍没有衰减时，应划分为 LPZ0$_B$ 区。例如接闪器保护范围以外的室外空间区域或没有采取电磁屏蔽措施的空间。

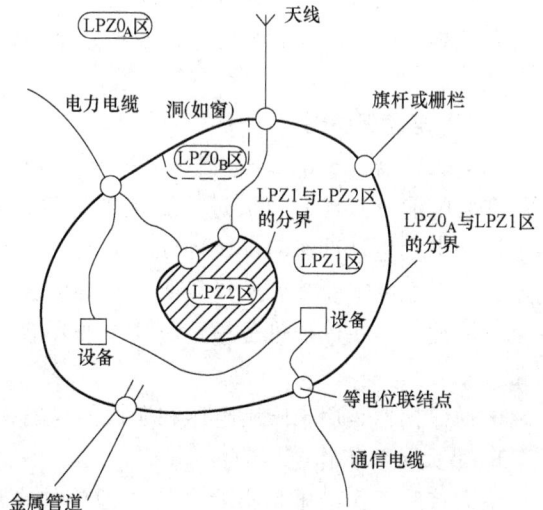

图 5-12　防雷区的划分

3. LPZ1 区

本区内的各物体不可能遭到直接雷击，且由于在界面处的分流，流经各导体的电涌电流比 LPZ0$_B$ 区内的更小，以及本区内的雷击电磁场强度可能衰减，衰减程度取决于屏蔽措施时，应划分为 LPZ1 区。例如具有直击雷防护的建筑物内部空间，其外墙可能有金属壁板等屏蔽措施。

4. LPZn + 1 后续防雷区（n = 1，2，……）

需要进一步减小流入的电涌电流和雷击电磁场强度时，增设的后续防雷区应划分为 LPZn + 1 后续防雷区（n = 1，2，……）。例如建筑物内设置有电磁屏蔽，用于装有电子系统设备的房间；设置于电磁屏蔽室内且具有屏蔽外壳的设备内部空间。

（二）屏蔽、接地和等电位联结

1. 屏蔽与布线

为减少电磁干扰的感应效应，宜采取以下的基本措施：建筑物和房间的外部设屏蔽措施，以合适的路径敷设线路，进行线路屏蔽。这些措施宜联合使用。磁屏蔽能够减小电磁场和内部感应电涌的幅值。建筑物屏蔽一般利用钢筋混凝土构件内的钢筋、金属框架、金属支撑物以及金属屋面板、外墙板及其安装龙骨支架等建筑物金属体形成的笼式格栅形屏蔽体或板式大空间屏蔽体。内部线路屏蔽局限于被保护系统的线路和设备，可以采用金属屏蔽电缆、密闭的金属电缆管道以及金属设备壳体。对进入建筑物的外部线路采取的屏蔽包括电缆的屏蔽层、密闭的金属电缆管道和钢筋成格栅形的混凝土管道。

2. 接地

良好和恰当的接地不仅是防直击雷也是防雷击电磁脉冲的基本措施之一，通过接地装置，可以将雷电流或电涌电流泄放到大地。每幢建筑物的防雷接地、电源系统工作接地、安全保护接地、等电位联结接地以及配电线路和信号线路的电涌保护器接地等应采用共用接地系统。当互相邻近的建筑物之间有电气和电子信息系统的线路连通时，宜将其接地装置互相连接。

3. 等电位联结

等电位联结可以最大程度地减小防雷区内各系统设备或金属体之间出现的电位差。穿过各防雷区界面的金属物和系统，以及在一个防雷区内部的金属物和系统均应在界面处作等电位联结。

（三）电涌保护器

电涌保护器（Surge Protective Device，SPD）有时也称浪涌保护器，是用于限制瞬态过电压和对电涌（浪涌）电流进行分流的器件，它至少包含一个非线性元件。SPD 的作用是在电涌冲击发生时迅速动作，将电涌电流引入大地而不在被保护的设备端口残留很大的共模电压，当电涌冲击衰减后又自动恢复初始状态，以不影响被保护设备的运行，并准备接受下一个电涌冲击。在保护过程中，SPD 本身不被损坏，同时也不断开被保护设备的电涌冲击回路。

电涌保护器是用来限制电压和泄放能量的，它的主要技术参数如下：

1. 最大持续工作电压 U_c

最大持续工作电压是指允许持久地施加在 SPD 上的最大交流电压有效值或直流电压，其值等于 SPD 的额定电压。

2. 通流容量

通流容量为一组参数，是由一系列标准化试验（Ⅰ级分类试验、Ⅱ级分类试验和Ⅲ级分类试验）确定。

3. 电压保护水平 U_p

电压保护水平是表征 SPD 限制接线端子间电压的性能参数。对于电压开关型 SPD 是指在规定陡度下的最大放电电压，对于电压限制型 SPD 是指在规定电流波形下的最大残压。残压 U_{res} 是指 SPD 流过放电电流时两端的电压峰值。

此外，SPD 还有泄漏电流、续流、响应时间、使用寿命等技术参数。

（四）配电线路电涌保护器的选择与配合

在复杂的电气和电子系统中，除在室外线路进入建筑物处（LPZ0$_A$ 或 LPZ0$_B$ 进入 LPZ1 区）按规范要求安装电涌保护器外，在配电和信号线路上均应考虑选择和安装协调配合好的电涌保护器。

1. 类型的选择

SPD 的类型应根据其安装位置的雷电防护区预期雷电涌流峰值的大小选择。在 LPZ0$_A$ 或 LPZ0$_B$ 区与 LPZ1 区交界处，在从室外引来的线路上安装的 SPD，因其线路上可能传导雷电流，应选用符合Ⅰ级分类试验的 SPD，以保证雷电流的大部分能量在此界面处泄入接地装置。在 LPZ1 与 LPZ2 区及后续防雷区界面处，内部线路上出现的电涌电流主要是上一级 SPD 动作后的剩余电涌和本区域内雷电感应引起的电涌，当需要防护时，应选用符合Ⅱ级或Ⅲ级分类试验的 SPD。使用直流电源的信息设备，视其工作电压要求，宜安装适配的直流电源线路 SPD。

2. 电压保护水平的选择

SPD 的电压保护水平 U_p 加上其两端引线（至所保护对象前）的感应电压之和，应小于所在系统和设备的绝缘耐冲击电压值，并不宜大于被保护设备耐压水平的 80%。通常，配电线路 SPD 的 U_p 值均不大于 2.5kV。

3. 通流容量的选择

电源线路 SPD 的通流容量值应根据其安装位置遭受雷电威胁的强度和出现的概率来定。

室外线路进入建筑物处，即 LPZ0$_A$ 或 LPZ0$_B$ 进入 LPZ1 区，例如在配电线路的总配电箱 MB 处安装第一级 SPD，其冲击电流 I_{imp} 应大于其预期雷电冲击电流值，当无法确定时不宜小于 10/350μs、12.5kA。

若第一级 SPD 的电压保护水平加上其两端引线的感应电压保护不了室内分配电箱内的设备时，应在该箱内安装第二级 SPD，其标称放电电流 I_n 不宜小于 8/20μs、5kA。

当按上述要求安装的 SPD 所得到的电压保护水平加上其两端引线的感应电压以及反射波效应不足以保护距其较远处的被保护设备时，尚应在被保护设备处装设 SPD，其标称放电电流 I_n 不宜小于 8/20μs、3kA。

当被保护设备沿线路距分配电箱处安装的 SPD 不大于 10m 时，若该 SPD 的电压保护水平加上其两端引线的感应电压小于被保护设备耐压水平的 80%，一般情况在被保护设备处可不装 SPD。

4. 最大持续运行电压的选择

SPD 的最大持续运行电压 U_c 应不低于系统中可能出现的最大持续运行电压。

5. 其他要求

为了获得最佳的过电压保护，SPD 的所有连接导线（即相线至 SPD 以及从 SPD 至总接地端子或 PE 母线）应尽可能短。工程应用时，SPD 连接导线应平直，其长度不宜大于 0.5m。为防止 SPD 老化造成短路，SPD 安装线路上应设置过电流保护电器，其额定电流应根据 SPD 产品说明书推荐的过电流保护电器的最大额定值选择（不应大于该值），并应按安装处的短路电流大小校验过电流保护电器的分断能力。

6. SPD 级间配合

各级 SPD 之间应注意动作电压及允许通过的电涌能量的配合。在一般情况下，当在线路上多处安装 SPD 且无准确数据时，电压开关型 SPD 与限压型 SPD 之间的线路长度不宜小于 10m，限压型 SPD 之间的线路长度不宜小于 5m。

此外，当电源采用 TN 系统时，从建筑物内总配电盘（箱）开始引出的配电线路和分支线路必须采用 TN-S 系统。配电线路电涌保护器在 TN-S 系统中的分级保护安装示意图如图 5-13 所示。

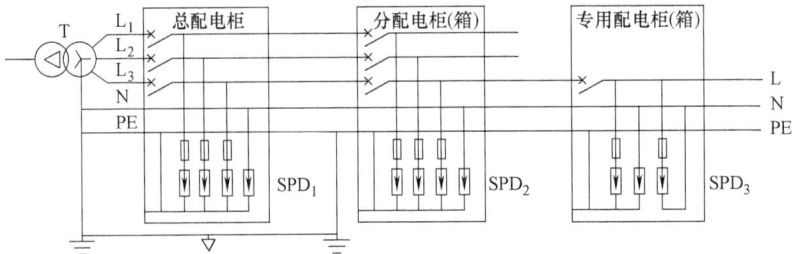

图 5-13　配电线路电涌保护器在 TN-S 系统中的分级保护安装示意图

第三节　静电的产生、积聚及危害

静电是在生产、生活中普遍存在的一种自然现象。早在公元前 6 世纪，人类就发现琥珀摩擦后能够吸引轻小物体的"静电现象"。随着科学技术的发展，静电在静电除尘、静电选矿、静电纺纱、静电复印等很多方面得到了广泛的应用。同时在许多工业生产的领域中，静电危害特别是静电放电所引起的火灾和爆炸事故也时有发生。

为减少或杜绝静电事故的发生，许多国家在进行调查统计、科学研究试验分析的基础上制定出相应的防静电规范和指导性文件。1961 年美国国家防火协会制定了《静电防火规范》；1978 年日本产业安全研究所制定了《静电安全指南》指导性文件；原联邦德国在化学职业工会的倡导下，制定了《静电规范》和《防爆安全准则》；南澳大利亚州于 1970 年制定了《静电规范》；国际油罐和中转油库安全小组出版了《国际油罐和中转油库安全指南》。这些规范和文件均可作为防静电规范和参考准则。

一、静电的产生、积聚和消散

静电就是一种处于静止状态的电荷或者说不流动的电荷。当电荷聚集在某个物体上或表面时就形成了静电，而电荷分为正电荷和负电荷两种，也就是说静电现象也分为两种，即正静电和负静电。

（一）静电的产生

1. 固体静电

固体材料的起电通常包括接触分离起电、物理效应起电、感应起电等起电类型。在生产工艺中，某些物质在挤出、过滤、粉碎、研磨过程中均可能有静电产生。而产生的静电往往能引起火灾和电击等事故。

（1）接触分离起电　两种不同的固体材料相互接触时，当它们之间的距离达到或小于 $25Å$（$1Å = 10^{-10}$ m）时，在该接触面上就会发生电荷的转移，其中一种物质的电子会传给另一种物质。结果是失去电子的物体带正电，得到电子的物体带负电，这就是接触带电现象。

可用逸出功的理论解释接触带电的现象。使一个电子从物体内部移到物体外部真空中去外力所做的功称逸出功。两种不同的金属材料之间的逸出功是不同的。在接触起电过程中，功函数大的将带负电，反之带正电。而在分开时，各接触点不可能同时分开，没分开的接触点会构成导电通道，最终将彼此产生的电位差相互中和，仍使分开后的导体不带电，只有绝缘状态的金属与绝缘材料摩擦时才呈现带电现象。

（2）物理效应起电

1）压电效应：在外应力作用下，原来正、负离子排列成不对称点阵的晶体材料，在应力作用下会产生电偶极矩，并进行内部的定向排列。对于不对称的晶体受到应变后，由于受到不对称内应力的作用，离子间产生不对称的相对移动，就会产生新的电偶极矩和面电荷，这种现象称为压电效应。

2）热电效应：当给某些晶体加热时，加热端会带正电荷，未加热端带有负电荷。如果在给晶体介质冷却时，其两端也会带有相反符号的电荷，这种现象称为热电效应。

（3）感应带电　感应带电一般是指静电场对金属导体的感应带电现象。这是因为在外电场力的作用下，导体上的电荷发生了再分布，从而使导体的局部或整体带上不能流动电荷。

2. 液体静电

液体在流动、搅拌、沉降、过滤、摇晃、喷射、飞溅、冲刷、灌注等过程中都可能产生静电。这种静电常常能引起易燃液体的火灾和爆炸。

（1）液体流动带电　流动带电是指在使用金属配管输送电阻率较高的液体时，所产生的一种带电现象。通常液体内部存在着杂质离子，于是在液体和金属导管的接触面上，液体中正、负离子任意较多的一方被吸附在金属管壁，形成偶电层，如图5-14中所示。偶电层的内层电荷，是紧贴管壁，厚度为一个分子直径的离子层；外层离子是可动的，它一方面受内层电荷的静电引力，另一方面受到热运动的"反作用"。它的分布将延伸到离界面达几十至几百个分子直径的距离上，称为扩散层。液体在管道中流动时，扩散层上的电荷被冲刷下来，被液流所带走，这就形成所谓的流动带电。

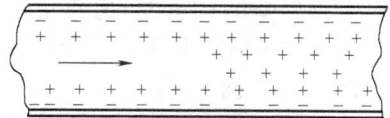

图5-14　液体在管道内流动时的静电

（2）液体-气体界面起电

水是极性分子，它和其他液体分裂成水雾或发泡时，会产生大量的静电和较高的电位。它的起电机理与水分子极性的负极性分子向外排列有关，当水分裂成细沫时，水滴呈现正电性，而飞沫呈负电性。

3. 气体静电的产生

气体分子间的距离要比气体分子大几十倍，很少有互相接触、分离的机会和可能性，然而气体如果在管道内加压流动，接触、分离的机会将大大增加，同时气体加压后流动速度非常快，这样就会带有很高的静电；加之气体内部存在大量的灰尘、金属粉末、液滴、水锈等微小颗粒，就更增大带电的可能性。一般蒸气高速喷出时静电带电可达几百到十几万伏静电电压。

（二） 静电荷的积聚

静电荷的产生和泄放是相关的两个过程，如果静电的产生量大于静电荷的泄漏量，则在物体上就会产生静电荷的积聚。

1. 物体的电学特性——影响静电荷产生的主要因素

（1） 固体材料的主要影响因素　固体材料产生静电的大小主要取决于物体电阻率的大小。通过具体试验表明：在固体材料使用摩擦起电的过程中，固体的电阻率越大，产生的静电越高，反之亦然。另外，起电与介电常数之间也存在如下关系：

① 两个物体接触的情况下，介电常数大的那个物体带正电，而另一个物体带负电；

② 电量与它们的介电常数的差值有关。

（2） 液体材料的主要影响因素　液体之所以能够产生静电是因为液体中的含杂能离解成正、负离子。这些正、负离子会与导管之间产生偶电层。

2. 其他影响静电产生的客观因素

（1） 紧密接触、快速分离　紧密接触是使两物体间的接触距离小于 25×10^{-8} cm，即接触面积增大；而快速分离，就是使物体间分离速度加快，使单位时间内起电速率加快。

（2） 被接触物的材质、表面状况和几何尺寸的影响　表面粗糙会使物体间的接触机会增多，因而使得物体间的接触面增大；同时物体具有亲水性时表面带有一层薄薄的水膜，也有利于静电的泄漏。被接触物表面的物理特性、电化学特性是形成静电的必不可少的条件；被接触物的数量、几何形状对静电影响也较大。

（3） 环境条件的影响　大部分静电事故大都发生在气候比较干燥的冬、春季，故静电的产生也取决于相对湿度的影响。

（三） 静电荷的消散

物体所带的静电荷，如果没有其他供给源，那么原有的静电荷总是不断地在消散着。一般物体上静电荷的消散主要通过两个途径，即放电和泄漏。

1. 静电放电

静电放电包括两个组成部分：一类是强放电现象，包括火花放电、刷形放电和电晕放电等；另一种是弱放电现象，是电晕放电之前的放电现象。

2. 静电泄漏

一般说来，绝缘体上静电荷的泄漏，要通过两个途径：一是绝缘体表面泄漏；二是绝缘体内部泄漏。这两个途径均受物体自身的体、表电阻率的影响。

二、静电危害

1. 静电危害概述

静电危害主要包括呈现静电力作用（或高压击穿作用）、人体电击、静电爆炸和火灾、射频辐射 4 个方面的内容。呈现静电力作用或高压击穿作用主要是使产品质量下降或造成生产故障；呈现高压静电对人体生理机能的作用为"人体电击"；静电爆炸和火灾是将电场能转换成声、光、热能的形式，热能可作为火源使易燃气体、可燃液体或爆炸性粉尘发生火灾或爆炸事故；静电放电过程所产生的电磁场是射频辐射源，对无线电通信来说是干扰源，会使电子计算机产生误动作。其中消防部门最注重的还是静电火灾和爆炸事故。

2. 静电火灾引燃机理

根据近代物质燃烧的基本理论，认为燃烧是一种游离基的连锁反应。而放电现象的实质为电荷或电能的转移现象。在电荷转移过程中除产生声、光、电磁能量外，其中 90% 的电能转变为热能，在电和热的作用下，可燃气体的游离基大量增多，而游离基却是极不稳定的中间体，又会与周围的氧气化合放出热量而维持游离基的再分解。用游离基的连锁反应维持热点的自行加速和升温，这就是现代燃烧理论的基础。例如氢气在氧气或空气中燃烧时，其游离基是氢氧基（OH—），而静电放电过程存在碰撞游离，对于较轻的氢气容易由电子碰撞使电子被打出而带正电荷，而质量较大的氧气容易捕获电子而带负电荷，这样就促进和发展了氢、氧气体的离子化。离子化的结果是异性电荷互相中和，促进了游离基的增多，因而静电放电可加速可燃气体产生游离基并进行连锁反应。

电火花放电的引燃机理，即在放电过程中，放电通道中的可燃气体将被电火花释放的热量加温，一般称为热点半径的球形气体被加热。如果热积累大于热传导和热辐射，则气体被加热到适当的温度，将使周围的可燃气体被点燃。反之热积累小于热损耗时，则周围的温度将不可能被加热而上升，此时周围可燃气体将不发生燃烧反应。如果放电中止后，可燃性气体所产生的局部燃烧热又会补充反应过程中的热损耗而维持燃烧能继续进行，才能促进燃烧的蔓延和发展。

3. 静电火灾发生的条件

1）周围和空间必须有可燃物存在（即包括可燃气体、易燃液体或可燃粉尘等）。

2）具有产生和累积静电的条件。其中包括物体自身或其周围与它相接触物体的静电起电能力和存在累积静电的环境条件。

3）当静电累积起足够高的静电电位后，必将周围的空气介质击穿而产生放电，构成放电的条件。

4）静电放电的能量大于或等于可燃物的最小点火能量时，即成为可燃物的引火源。这才是构成静电火灾和爆炸事故的真正原因。

当具备上述 4 个基本的必要和充分条件时，才使静电放电成为引火源，四者缺一不可，只有同时存在才能发生静电火灾和爆炸事故。当进行静电防护时，就是设法破坏上述 4 个静电火灾发生的充分和必要条件，只要破坏其中的任何一条，就不会产生静电火灾和爆炸事故。

三、静电危害的危险界限

1. 静电火花的能量界限

静电火花能量界限一般是按一次放电的能量来表示，即

$$W = \frac{1}{2}CU^2 = \frac{1}{2}QU = \frac{Q^2}{2C} \tag{5-8}$$

式中　　W——次放电能量（J）；

C——物体的静电电容（F）；

U——物体放电时的电位与放电后剩余电位之差（V）；

Q——物体一次放电的电量（C）。

2. 导体静电危害的危险界限

导体储能的大小仍用式（5-8）来表示：

$$W = \frac{1}{2}CU^2 \qquad (5-9)$$

式中　C——导体的静电电容（F）；

U——导体上所带的电位差（V）。

假定周围环境中可燃物的最小点火能量为 W_{min}，用式（5-9）计算出导体的储能为 W，且其中有

$$W \geq W_{min} \qquad (5-10)$$

则该导体上的储能大于或等于可燃物的最小点火能量，这种放电为危险性放电；而 $W < W_{min}$ 时应为安全性放电，因此可燃物的最小点火能量就可看作静电放电的危险界限。

3. 非导体材料静电危害的界限

① 对于点火能量在 0.01mJ 以下的可燃物，带电体的危险电位界限在 1kV 以上，表面电荷密度在 $1 \times 10^{-7}C/m^2$ 以上的带电；

② 对于点火能量在 0.01 ~ 0.1mJ 的可燃物，带电体的危险电位在 6 ~ 10kV，电荷密度在 $1 \times 10^{-6}C/m^2$ 以上的带电；

③ 对点火能量在 0.1 ~ 1mJ 的可燃物，危险电位界限在 20 ~ 30kV，得出 30kV 以下的试验结论；

④ 对点火能量在 1mJ 以上的可燃物，危险电位界限在 40 ~ 60kV 之间；

⑤ 紧贴导体而厚度在 8mm 以下的带电薄膜，表面电荷密度可达 $2.5 \times 10^{-4}C/m^2$，沿面放电能量可达数焦，目前称为传播型刷形放电。

4. 静电放电形式对静电危害的界限

（1）电晕放电　带电体上的针状突出体或刀刃状的接地体放电时，只在其尖端附近出现微弱的发光放电，并伴随有"嘶嘶"的微弱响声。因为这种放电能量密度很小，引燃的几率也很小，故只能引燃点火能量 $10^{-2}mJ$ 以下的可燃物。

（2）刷形放电　刷形放电一般是呈沿面放电现象，可构成明显的放电回路。所以放电呈树枝状，所以放电能量不够集中，放电能量的危险界限最高可达 mJ 级，因此可引燃 mJ 级最小点火能量的可燃物。

（3）堆积粉尘的放电　堆积粉尘放电呈现能量较集中的放电回路，因而比刷形放电引燃几率更大些，故放电能量的危险界限是 $10^{-2} ~ 10^2mJ$，是很可怕的的危害源。

（4）火花放电　火花放电是指带电体和接地体的形状都比较平滑，且间隙很小的情况下，气隙间突然发生放电的现象，像拉成一根线一样，瞬间可释放出较集中的能量，因此引燃的概率较高，可以使数百毫焦最小点火能量的可燃物发生引燃或引爆事故。

（5）人体静电危险界限　人体电容为 150 ~ 350pF，假如人体带数千伏的静电高压，结果可产生 0.2mJ 以上的能量，足可以把饱和烃及其衍生物引燃，故在爆炸危害场合，人体静电是非常可怕的引燃源。

第四节　防静电措施

一、减少静电荷的产生

静电荷大量产生并能积累起事故电量，这是静电事故的基础条件。因此就要控制和减少静电荷的产生。

1. 正确地选择材料

① 选择不容易起电的材料；

② 根据带电序列选用不同材料；

③ 选用吸湿性材料。

2. 工艺的改进

① 改革工艺中的操作方法，可减少静电的产生；

② 改变工艺操作程序，可降低静电的危险性；

③ 湿法生产也是防静电的有利措施。

3. 降低摩擦速度和流速

① 降低摩擦速度；

② 降低流速。

在用管道运输油品时，不同管径下的推荐流速按下式计算：

$$V^2 D \leqslant 0.64 \tag{5-11}$$

式中　V——允许流速（m/s）；

　　　D——油管内径（m）。

为了限制管道中静电荷的产生，必须降低流速，按推荐值执行。

4. 减少特殊操作中的静电

（1）控制注油和调油的方式　调合方式以采用泵循环、机械搅拌和管道调合为好。注油方式以底部进油为宜。

（2）采用密闭装车　密闭装车是将金属鹤管伸到车底，用金属鹤管保持良好的导电性。选择较好的分装配头，使油流平稳上升，从而减少摩擦和油流在罐体内翻腾。同时密封装车，避免油品的蒸发和损耗。

二、减少静电荷的积聚

1. 静电接地

关于接地对象和接地要求请参考《建筑物防雷设计规范》（GB 50057—2010）中的相关内容。

2. 增加空气的相对湿度

对于吸湿性材料，如果增大空气中的相对湿度，使物体表面形成良好的导电层，可以将所积累的静电荷从表面泄漏掉。

3. 采用抗静电添加剂

如果在绝缘材料中加入少量的抗静电添加剂，可以增大这种材料的导电性和亲水性，使导电性增加，绝缘性能受到破坏，体表电阻率下降，促进绝缘材料上的静电荷被导走。

4. 采用静电消除器防止带电

静电消除器是利用正、负电荷互相中和的原理达到消除静电的目的。故需借助于空气电离或电晕放电使带电体上的静电荷被中和。

5. 其他方法

（1）静电缓和　任何一种绝缘材料自身总有一定的对地泄漏电阻存在。这种将自身的静电荷导走的方法称为静电缓和。油品利用这种自身放电导走静电荷所需要的时间称为静置时间。将不同容量油罐内的静电导走需要不同的静置时间。

（2）屏蔽方法　屏蔽是用接地导体将带电体包围起来，利用屏蔽效应使带电体的静电作用不向外扩散；同时利用屏蔽使参与降低带电电位及放电的面积和体积减少。这样可预防静电。

三、控制静电场合的危险程度

控制静电场合的危险程度主要通过抑制静电放电和控制放电能量、控制或排除放电场合的可燃物来实现，是一项防静电灾害的重要措拖。

1. 抑制静电放电

静电火灾和爆炸危害是静电放电造成的。而产生静电放电的条件是：带电物体与接地导体或其他不接地体之间的电场强度，达到或超过空间的击穿电场强度。对空气而言其被击穿的均匀电场强度是 $33kV/cm$。非均匀电场强度可降至均匀电场强度的 $1/3$。于是我们可使用静电场强计或静电电位计，监视周围空间静电荷累积情况，以预防静电事故的发生。

2. 控制放电能量

发生静电火灾或爆炸事故的条件，其一是存在放电，其二是放电能量必须大于或等于可燃物的最小点火能量。于是我们可根据第二条引发静电事故的条件，采用控制放电能量的方法，来避免产生静电事故。

3. 控制或排除可燃物

为了降低静电场合的危险程度，可以采用非可燃物取代易燃介质，降低爆炸混合物在空气中的浓度，减少氧含量或采取强制通风措施等方式来实现。

四、防止人体静电

1. 人体静电的产生

① 鞋子与地面之间的摩擦带电；

② 人体和衣服间的摩擦静电；

③ 与带电物之间的感应带电和接触带电；

④ 吸附带电。

2. 人体带电的消除方法

① 人体接地；

② 防止穿衣和佩带物带电；

③ 回避危险动作；

④ 构成一个全面的接地系统。

3. 防止人体静电的基本要求

（1）对泄漏电阻的要求　为泄放人体静电，一般要求人体泄漏电阻是在 $10^8\Omega$ 以下，同时考虑特别敏感的爆炸危险的场所，避免通过人体直接放电所造成的引燃性，所以泄漏电阻要选在 $10^7\Omega$ 以上。在低压工频线路的场合还要考虑人身误触电的安全防护，所以泄漏电阻选择在 $10^6\Omega$ 以上为宜。

（2）对导电工作服和导电地面等的要求　导电工作服要求在摩擦过程中，其带电电荷密度不得大于 $7.0\mu C/m^2$。一般消电场合中导电地面的电阻为 $10^{10}\Omega$，爆炸危险场所的导电地面电阻选择在 $10^6\sim10^7\Omega$ 之间为宜；导电工作鞋的电阻以 $1.0\times10^8\Omega$ 以下为标准。

（3）对静电电位的要求　在操作对静电非常敏感的化工产品时，按规定人体电位不能超过 10V。因此，人们可依据这个具体要求控制操作速度和操作方法。

自学指导

学习重点：建筑物防雷装置的设置要求和防止静电危害的措施。

1. 建筑物防雷装置的设置要求

建筑物的防雷装置主要包括建筑物外部防雷装置和建筑物内部防雷装置。建筑物防雷装置由接闪器、引下线和接地装置组成，应该满足材质、机械强度、尺寸、埋设深度等方面的要求。建筑物的内部防雷装置主要指避雷器，根据其类型不同，其设置要求也有所不同。

2. 防止静电危害的措施

防止静电危害的措施主要包括减少静电荷的产生、减少静电荷的积累、控制静电场合的危险程度 3 个方面。

学习难点：利用滚球法计算单支避雷针的保护范围。

1. 当避雷针的高度 h 小于滚球半径 h_r 时

1）避雷针在 h_x 高度的 xx' 平面上的保护半径 r_x 为

$$r_x = \sqrt{h(2h_r-h)} - \sqrt{h_x(2h_r-h_x)}$$

2）避雷针在地面上的保护半径 r_0 为

$$r_0 = \sqrt{h(2h_r-h)}$$

2. 当避雷针的高度 h 大于滚球半径 h_r 时

若避雷针高度 $h>h_r$，在保护半径 r_x、r_0 的计算公式中用 h_r 代替 h 即可。

复习思考题

一、名词解释

1. 雷暴日　2. 滚球法　3. 压电效应　4. 热电效应

二、单项选择题

1. 下列描述，属于直击雷的是（　　）。

A. 雷云较低时，地面上的突出物感应出异性电荷，雷云就会通过这些物体与大地之间放电

B. 当雷云出现在导体的上空时，由于感应作用，使导体上感应产生与雷云符号相反的电荷，雷云放电时，导体上的感应电荷得不到释放，使导体与地之间形成很高的电位差

C. 雷电流迅速变化，在周围空间产生强大的电磁场，处于这一电磁场中的导体会感应产生强大的电动势

D. 雷电对架空线路或金属导体作用，产生雷电波沿导体侵入屋内，危及人身安全或损

坏设备

2. 下列描述属于静电感应雷的是（　　）。

A. 当雷云出现时，由于感应作用，导体上感应产生带有与雷云极性相反的电荷，这些电荷得不到释放，使得导体与地之间形成很高的电位差而形成的雷电放电现象

B. 由于雷电流的迅速变化，使得周围空间产生变化的电磁场，处于这一磁场的导体会感应产生强大的电动势

C. 它是一个炽热的等离子体，温度极高，发出带颜色的强光

D. 雷云较低时，在地面的突出物上感应出异性电荷，雷云通过这些物体与大地之间进行放电的过程

3. 直击雷防护装置不包括（　　）。

A. 接闪器　B. 引下线　C. 接地装置　D. 保护线

4. 关于建筑物防雷正确的是（　　）。

A. 避雷针的保护范围与建筑物的高度无关

B. 所有建筑都应采取防直击雷措施

C. 防雷类别越高的建筑物，滚球半径越小

D. 当滚球半径大于避雷针高度时，避雷针越高，对一定高度建筑物的保护范围越大

5. 一、二、三类防雷建筑的滚球半径分别为（　　）。

A. 30m　45m　60m

B. 30m　40m　60m

C. 45m　60m　90m

D. 30m　60m　90m

6. 下列各建筑为一类防雷建筑物的是（　　）。

A. TNT 仓库　B. 国家大剧院　C. 故宫博物院　D. 人民大会堂

7. 下列各建筑为二类防雷建筑的是（　　）。

A. 省档案馆

B. 年预计雷击次数大于 0.06 次/d 的工业建筑

C. TNT 仓库

D. 国家特级体育馆

8. 有关于建筑物防雷措施，下列叙述不正确的是（　　）。

A. 各类防雷建筑物应采取防直击雷和防雷电波侵入的措施

B. 不属于第一、二、三类防雷的建筑物，可不装设防雷装置

C. 第一类防雷建筑应采取防雷电感应的措施

D. 装有防雷装置的建筑物，在防雷装置与其他设施和建筑物内人员无法隔离的情况下，应采取等电位连接

9. 以下情况可以增加静电荷积聚的有（　　）。

A. 降低空气的相对湿度

B. 运输物料的绝缘管外部采用屏蔽接地

C. 石油化工企业员工穿着导电工作服

D. 对非导体材料采用涂导电涂料接地

10. 下列各项措施属于正确的防静电危害措施的是（　　）。

A. 选择容易起电的材料

B. 选用吸湿性材料

C. 采用顶部注油的方式，给油罐加油

D. 提高管道中的液体的流速

三、简答题

1. 请用水滴分裂理论解释雷电的形成过程。

2. 简述雷电的危害。

3. 一套完整的防雷装置应该由哪几部分组成？

4. 引下线应满足哪些基本要求？

5. 简述雷电的种类。

6. 防雷装置的接地装置应满足哪些基本要求？

7. 建筑物防雷等级分为哪几级？

8. 静电火灾形成的条件是什么？

9. 固体静电产生的机理主要有哪些？

10. 静电荷积累的影响因素有哪些？

11. 静电荷消散的途径是什么？

12. 减少静电荷的产生有哪些基本措施？

13. 减少静电荷的积累有哪些措施？

四、计算题

1. 在地势平坦的住宅小区内部设计一栋住宅楼：6层（层数不含地下室，地下室高 2.2m），3个单元，建筑物长 $L = 6m$，宽 $W = 13m$，高 $H = 20m$，当地年平均雷暴日 $T_d = 33.2d/a$。由于该住宅楼处于小区内部，则校正系数 $K = 1$，问该住宅楼是否该设防雷装置？

2. 已知某建筑物为第三类防雷建筑，已知其尺寸如图 5-15 所示，在距离其5m处设有一避雷针，针高为30m，问该避雷针能否保护该建筑物？为什么？

3. 某一类防雷建筑物，如图 5-16 所示，在距其一边5m处有一高度为30m的独立避雷针，问此针能否保护该建筑物？

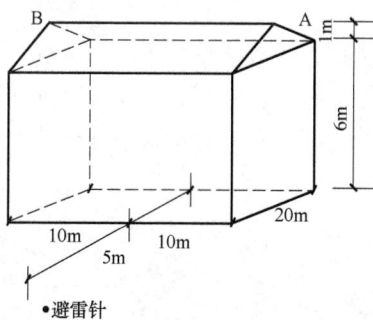

图 5-15

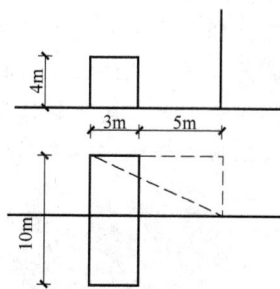

图 5-16

第六章　火灾报警系统

学习目标

1. 应了解、知道的内容：

◇ 火灾现象、火灾探测器的种类和原理；

◇ 火灾报警系统的基本设计形式；

◇ 设置火灾探测器的部位。

2. 应理解、清楚的内容：

◇ 火灾报警系统的组成及主要设备；

◇ 不同设计形式的火灾报警系统的设计要求；

◇ 火灾探测器的选择和设置要求；

◇ 报警区域和探测区域的划分原则；

◇ 电气火灾监控系统的组成；

◇ 可燃气体探测报警系统的组成。

3. 应掌握、会用的内容：

◇ 电气火灾监控系统的设置要求；

◇ 可燃气体探测报警系统的设置要求。

4. 应熟练掌握的内容：

◇ 报警控制器的基本功能；

◇ 火灾报警系统电源设置；

◇ 火灾探测器、消防应急广播、消防专用电话、手动报警按钮、消火栓按钮等基本设备的设计要求。

自学时数　16 学时。

老师导学

本章主要介绍火灾探测的基本原理。在介绍火灾报警系统的基本组成、主要设备和基本设计形式的基础上，还讲述了系统的设计要求。

火灾自动报警系统是探测火灾早期特征、发出火灾报警信号，为人员疏散、防止火灾蔓延和启动自动灭火设备提供控制与指示的消防系统，是人们同火灾作斗争的有利工具。本章主要介绍系统构成、火灾探测器选型及应用、系统设计、家用火灾报警系统及应用、电气火灾监控系统及应用、可燃气体探测报警系统及应用。

第一节　系 统 构 成

一、火灾探测方法

物质燃烧过程是一种伴随有烟、光、热的化学反应过程。在物质燃烧过程中，一般有热

（温度）、燃烧气体与烟雾、火焰等现象产生。这些现象一般可以作为火灾探测的重要参数。对于普通可燃物火灾，燃烧的表现形式是：物质受热源作用首先产生燃烧气体和发生阴燃并产生烟雾，在氧气供应充足的条件下才能逐步达到完全燃烧，产生火焰并发出一些可见光与不可见光，同时释放大量的热，使得环境温度升高。因此，可采用探测烟雾的方法及时发现普通可燃物是否发生燃烧现象。

普通可燃物由火灾初起阴燃阶段开始，到火焰燃烧、火势渐大，最终酿成火灾。普通可燃物燃烧的特点是：①初起和阴燃阶段占时较长；②火焰燃烧阶段火势蔓延迅速；③物质全燃阶段产生强烈火焰辐射。

在工业环境中，油品、液化烃等可燃液体的起火过程不同于普通可燃物，起火速度快且迅速达到全燃阶段，形成很少有烟雾遮蔽的明火火灾，因而火焰光探测及时有效。此外，当可燃物是可燃气体或易燃液体蒸气时，起火燃烧过程也不同于普通可燃物，在可燃气体或易燃液体蒸气的爆炸浓度范围内由于点火源的作用会引起轰燃或爆炸，这时对可燃气体或易燃液体蒸气浓度的探测十分重要。

火灾信息探测以物质燃烧过程中产生的各种火灾现象为依据，以实现早期发现火灾为前提。分析普通可燃物的火灾特点，以其中发生的能量转换和物质转换为基础，利用一定的装置对其附近区域由火灾产生的物理或化学现象进行探测，形成不同的火灾探测方法，如感烟式、感温式、感光式火灾探测技术和可燃气体探测技术。

（一）感烟式火灾探测

感烟式火灾探测是利用一个小型烟雾传感器响应悬浮在其周围附近大气中的燃烧和（或）热解产生的烟雾气溶胶（固态或液态微粒）。探测的两种主要方式有空气离化探测和光电感烟探测。

1. 空气离化探测法

空气离化探测法是利用放射性同位素（一般选择 Am^{241}）释放的 α 射线将空气电离产生正、负离子，使得带电腔室（称为电离室）内空气具有一定的导电性，在电场作用下形成离子电流；当烟雾气溶胶进入电离室内，比表面积较大的烟雾粒子利用其吸附特性吸附其中的带电离子，产生离子电流变化。这种离子电流变化与烟浓度有直接线性关系，并可用电子电路加以检测，从而获得与烟浓度有直接关系的电信号，用于火灾确认和报警。

2. 光电感烟探测法

光电感烟探测法是根据火灾所产生的烟雾颗粒对光线的阻挡或散射作用来实现感烟探测的方法。根据烟雾颗粒对光线的作用原理，光电感烟探测法分为透射光式和散射光式两类。

（1）透射光式光电探测 透射光式光电探测是根据烟雾颗粒对光线（一般采用红外光）的阻挡作用所形成的光通量的减少量来实现对烟雾浓度的有效探测，一般构成是发光与收光部分分离的对射式线状火灾探测。目前利用透射光式光电感烟探测方法，有点型和线型感烟火灾探测器两种结构。点型火灾探测器光源和光敏元件对应装置在小暗室里；线型结构一般制成主动红外对射式或反射式线型火灾探测器。

透射光式感烟探测器由发光元件、透射镜和受光元件组成，平常光源（发光元件）发出的光通过透镜射到光敏元件（受光元件）上，电路维持正常，如果有烟雾从中阻隔，到达光敏元件的光通量就显著减弱，于是光敏元件就把发光强度的变化转化成电信号的变化。光电流相对于初始标定值的变化量的大小，反映了烟雾的浓度，据此可通过电子电路对火灾信息进行处理，通过放大电路发出相应的火灾信号。

线型红外光束式感烟探测器是对警戒范围中某一线路周围的烟雾粒子予以响应的火灾探测器，也属于一种减光型感烟探测器，如图 6-1 所示。它的特点是监视范围广、保护面积大。它由发射器和接收器两个独立部分组成，作为测量用的光路暴露在被保护的空间，且加长了许多倍。如果有烟雾扩散到测量区，烟雾粒子对红外光束起到吸收和散射的作用，使到达受光元件的光信号减弱。当光信号减弱到一定程度时，探测器就发出火灾报警信号。

（2）散射光式光电探测　散射光式光电探测是根据光散射定律，在点状结构的火灾探测器通气暗箱内用发光元件产生一定波长的探测光，当烟雾气溶胶进入检测暗箱时，其中粒径大于探测光波长的着色烟雾颗粒产生散射光，通过与发光元件成一定夹角（一般在 90°～135°，夹角越大，

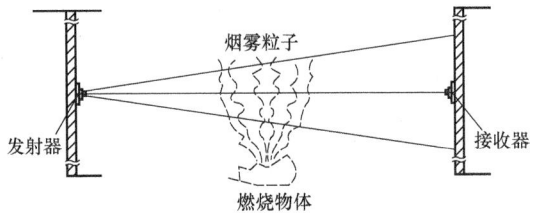

图 6-1　线型红外光束式感烟探测器的工作原理

灵敏度越高）的光电接收元件收到的散射光强度，可以得到与烟浓度成比例的信号电流或电压，用于判定火灾。

散射光式光电感烟探测器由检测暗室、发光元件、受光元件和电子电路组成。检测暗室是一个特殊设计的"迷宫"，外部光线不能到达受光元件，但烟雾粒子却能进入其中。另外，发光元件与受光元件在检测暗室中成一定角度设置，并在其间设置遮光板，使得从发光元件发出的光不能直接到达受光元件上。若烟雾粒子进入光电感烟探测器的烟雾室，探测器内的光源发出的光线被烟雾粒子散射，其散射光被处于光路一侧的光敏元件感应。光敏元件的响应与散射光的大小有关，且由烟雾粒子的浓度决定。如果探测器感受到的烟雾浓度超过一定限量时，光敏元件接收到的散射光的能量足以激发探测器动作，从而发出火灾报警信号。

3. 空气采样感烟探测器

空气采样感烟探测器是通过管道抽取被保护空间的空气样本到中心检测室，以监视被保护空间内烟雾存在与否的火灾探测器。该探测器能够通过测试空气样本，了解烟雾的浓度，并根据预先确定的响应阈值等级给出相应的报警信号。该系统是一种主动式的探测系统，其内置的抽气泵在管网中形成了一个稳定的气流，通过所敷设管路上的抽样孔不停地从警戒区域抽取空气样品并送到探测室进行检测。与常规感烟火灾探测器相比较，这种主动式空气采样感烟火灾探测系统具有如下优点：

1）实现超早期火灾探测。在火灾早期，通常烟的扩散速度很慢，需经过较长的时间才能到达普通的感烟探测器，有的根本就到达不了，因而普通探测器无法实现超早期火灾探测报警。空气采样感烟探测器的工作方式为主动吸气方式，主动抽取空气样本并进行烟粒子（包括不可见烟粒子）探测计数分析，因而能实现早期、超早期火灾探测。

2）普通感烟探测器使用的传感器是靠烟雾遮挡住光源或放射产生报警的。空气采样感烟（火灾）探测器采用独特设计的检测室和激光器件，大大提高了灵敏度。因此，它对初期火灾具有极灵敏的反应，可提前预报火灾隐患，从而赢得宝贵的扑救时间。

（二）热（温度）探测

热（温度）探测法是根据物质燃烧释放出的热量所引起的环境温度升高或其变化率大小，通过热敏元件与电子电路来探测火灾。因此，热敏元件是最主要的感温元件。目前，常

用的热敏元件有电子测温元件（热敏电阻）、双金属片、感温膜盒、热电偶、光纤光栅等。其中电子测温元件热滞后性较小，对于普通可燃物可在火灾发展过程中阴燃阶段的中后期实现较为有效的火灾探测，在火焰燃烧阶段和有较大温度变化的火灾危险环境可实现有效的火灾探测。

感温火灾探测器，根据其结构造型的不同分为点型感温探测器和线型感温探测器两类；根据检测温度参数的特性不同，可分为定温式、差温式、及差定温组合式3类。定温式火灾探测器响应环境的异常高温；差温式火灾探测器响应环境温度异常变化的升温速率；差定温组合式火灾探测器则是以上两种火灾探测器的组合。

近些年，感温技术在探测原理、方式上有较大突破，欧洲已经出现了对可选择的探测热源精度在1m之内的新一代感温电缆，光纤线型感温技术也取得了一定的进展。

光纤光栅感温探测器是基于光纤光栅传感器的感温探测器，在国内的石化、电力、冶金等行业都有较广泛的应用，其探测原理是：当宽带光经光纤传输到光栅处时，光栅将有选择地反射回一窄带光。在光栅不受外界影响（拉伸、压缩或挤压，环境温度等恒定时），该窄带光中心波长为一固定值；而当环境温度或被测接触物体温度发生变化，或光栅受到外力影响时，光栅栅距将发生变化，反射的窄带光中心波长将随之发生改变，这样就可以通过检测反射的窄带光中心波长的变化值，测量到光栅处的温度的变化。

（三）火焰（光）探测

火焰（光）探测法是通过光敏元件与电子电路来探测物质燃烧所产生的火焰光辐射，广泛使用的有紫外式和红外式两种类型。

火焰（光）探测法是根据物质燃烧所产生的火焰光辐射的大小，其中主要是红外辐射和紫外辐射的大小，通过光敏元件与电子电路来探测火灾现象。这类探测方法一般采用被动式光辐射探测原理，用于火灾发展过程中火焰发展和明火燃烧阶段，其中紫外式感光原理多用于油品火灾，红外式感光原理多用于普通可燃物和森林火灾。为了区别非火灾形成的光辐射，被动感光式火灾探测通常还要考虑可燃物燃烧时火焰光的闪烁频率（3~30Hz）。

此外还有图像火灾探测系统，该系统利用早期火灾烟气的红外辐射特性，结合早期火灾火焰可见光辐射特征，利用早期火灾的红外视频信号以及火灾火焰可见波段视频信号，同时结合火焰的色谱特性、相对稳定性、纹理特性、蔓延增长特性等，采用趋势算法等智能算法，将火灾探测与图像监控有机结合，实现高大空间早期火灾探测与监控的目的。

（四）可燃气体探测

对于物质燃烧初期产生的烟气体或易燃易爆场所泄漏的可燃气体，可以利用热催化式元件、气敏半导体元件或三端电化学元件的特性变化来探测易燃可燃气体浓度或成分，预防火灾和爆炸危险。可燃气体探测是采用各种气敏元件或传感器来响应火灾初期物质燃烧产生的烟气体中某些气体浓度，或液化石油气、天然气等环境中可燃气体的浓度以及气体成分。可燃气体探测的原理，按照使用的气敏元件或传感器的不同分为热催化原理、热导原理、气敏原理和三端电化学原理等4种。一般这类火灾探测方法在工业环境应用较多，相应的火灾探测器需采用防爆式结构；随着城市煤气系统的广泛应用，非防爆式家用可燃气体探测器在建筑物中已不断普及。

主要应用在燃气锅炉房及厨房等场所的点型可燃气体探测器是采用气敏原理的可燃气体探测器，其气体传感器的主要成分是二氧化锡结烧体。在工作温度下，二氧化锡结烧体吸附还原性气体（如液化气、天然气、一氧化碳等）并与其发生氧化反应，粒子界面存在的势垒降低，形成电子流动，从而使电导率上升。当空气恢复清洁时，由于半导体表面吸附氧气，使粒子界面的势垒升高，阻碍电子的流动，电导率下降。传感器就是将这种电导率变化以输出电压的方式取出，从而检测出气体的浓度。

基于红外吸收原理的可燃气体探测器，可以实现远距离、大面积气体探测，相对于传统点型可燃气体探测器而言，线型红外吸收式可燃气体探测器具有气体选择性强、灵敏度高、探测范围大等优点。红外吸收式气体传感器原理基于 Lambert-Beer 定律，即若对两个分子以上的气体照射红外光，则分子的动能发生变化，吸收特定波长光，这种特定波长光是由分子结构决定的，由该吸收频谱可判别分子种类，由吸收的强弱可测得气体浓度。信号检测部分主要由发射器、探测室和接收器组成，在正常情况下，发射器发送检测气体对应特定吸收波长的脉冲红外光束，经过气体检测室照射到接收器的光敏元件上；探测室可做成吸收式以提高传感器的灵敏度并缩短响应时间。当检测气体进入探测室，接收器接收经由探测室气体吸收衰减后的红外辐射能量，从而由红外特征波长得知气体的种类，由气体吸收红外光束能量的强弱得知气体的浓度。

（五）复合式火灾探测

由于火灾的复杂性，在同一时间段内同时对火灾过程中的烟雾、温度等多个参数进行探测和综合数据处理的复合式探测技术也有了比较广泛的应用。复合式火灾探测方法是建立在单一参数火灾探测基础上的，是利用火灾发展模型、专用集成电路设计技术和火灾信息处理技术形成的探测方法。复合式火灾探测法根据普通可燃物火灾模型，在同一时间段同时对火灾过程中的烟雾、温度等多个参数进行探测和综合数据处理，以兼顾火灾探测可靠性和及时性为目的，分析判断火灾现象，确认火灾。目前应用较多的是烟温复合探测器、烟温及 CO 复合探测器，光声复合探测技术用于火灾的探测也有一定的进展。

据最新研究，还有超声波探测和静电探测技术。超声波探测技术是因为国外科学家发现任何燃烧现象中都包含可闻声、超声波和超低频声波等燃烧声波，因此可将燃烧声波作为探测源进行火灾探测。静电探测技术是通过探测燃烧生成离子的电荷或电荷极性来发现火灾，对无烟火和有机溶剂火灾特别灵敏，一般将其作为离子和光电感探测的一个补充手段。

二、火灾报警系统的基本组成

火灾自动报警系统的基本组成规定如下：火灾自动报警系统一般由触发器件、火灾报警装置、火灾警报装置和电源 4 部分组成；复杂系统还包括消防控制设备。

（一）触发器件

在火灾自动报警系统中，自动或手动产生火灾报警信号的器件称为触发器件，它主要包括火灾探测器和手动火灾报警按钮。火灾探测器是能对火灾参数（如烟、温、光、火焰辐射、气体浓度等）响应，并自动产生火灾报警信号的器件。不同类型的火灾探测器适用于不同类型的火灾和不同的场所，在实际应用中，应当按照现行有关国家标准的规定合理选择。它是火灾自动报警系统中应用量最大、应用面最广、最基本的触发器件。

1. 火灾探测器

（1）火灾探测器种类　火灾探测器除了可以按上述的火灾探测方式分类之外，还可以按探测对象分，可分为点型火灾探测器、线型火灾探测器。点型火灾探测器主要适用于建筑物，线型火灾探测器适用于狭长空间、高大空间、工业场所、电缆桥架等。线型火灾探测器中，感烟方式的有红外对射探测器、红外反射探测器；感温方式的有光纤光栅探测器、感温电缆探测器等。

（2）火灾探测器型号编制　按照现行公共安全行业标准《火灾探测器产品型号编制方法》（GA/T 227—1999）的规定，火灾探测器的产品型号含义如下：

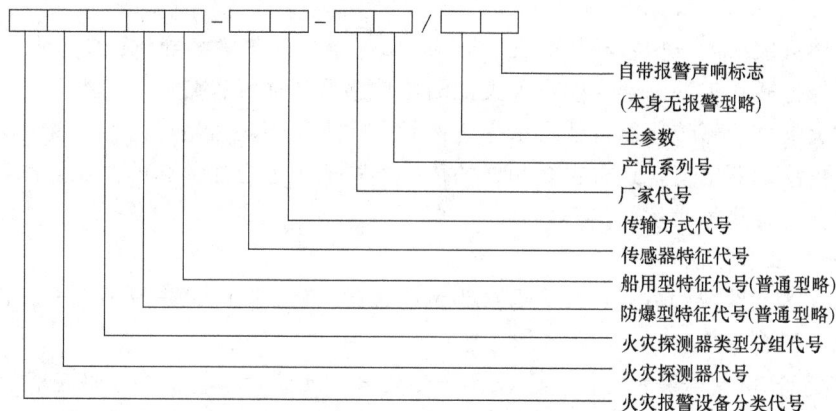

1）火灾报警与探测器代号表示方法：

J（警）为消防产品中火灾报警设备分类代号；

T（探）为火灾探测器代号。

2）各种类型火灾探测器的分组代号表示方法：

Y（烟）为感烟火灾探测器；

W（温）为感温火灾探测器；

G（光）为感光火灾探测器；

Q（气）为气体敏感火灾探测器；

T（图）为图像摄像方式火灾探测器；

S（声）为感声火灾探测器；

F（复）为复合式火灾探测器。

3）应用范围特征表示方法：火灾探测器的应用范围特征是指火灾探测器的适用场所，适用于爆炸危险场所的为防爆型，否则为非防爆型；适用于船上使用的为船用型，适合于陆上使用的为陆用型。其具体表示方式如下：

B（爆）为防爆型（型号中无"B"代号即为非防爆型，其名称亦无须指出"非防爆型"）；

C（船）为船用型（型号中无"C"代号即为陆用型，其名称中亦无须指出"陆用型"）。

4）传感器特征表示方法：

感烟火灾探测器传感器特征表示方法：L（离）为离子；G（光）为光电；H（红）为红外光束；对于吸气型感烟火灾探测器传感器特征表示法：LX为吸气型离子感烟火灾探测器；GX为吸气型光电感烟火灾探测器。

感温火灾探测器传感器特征表示方法：感温火灾探测器的传感器特征由两个字母表示，前一个字母为敏感元件特征代号，后一个字母为敏感方式特征代号。感温火灾探测器敏感元件特征代号表示法：M（膜）为膜盒；S（双）为双金属；Q（球）为玻璃球；G（管）为空气管；L（缆）为热敏电缆；O（偶）为热电偶，热电堆；B（半）为半导体；Y（银）为水银接点；Z（阻）为热敏电阻；R（熔）为易溶材料；X（纤）为光纤。感温火灾探测器敏感方式特征代号表示方法：D（定）为定温；C（差）为差温；O为差定温。

感光火灾探测器传感器特征表示方法：Z（紫）为紫外；H（红）为红外；U为多波段。

气体敏感火灾探测器传感器特征表示方法：B（半）为气敏半导体；C（催）为催化。

图像摄像方式火灾探测器、感声火灾探测器传感器特征可省略。

复合式火灾探测器传感器特征表示方法：复合式火灾探测器是对两种或两种以上火灾参数响应的火灾探测器。复合式火灾探测器的传感器特征用组合在一起的火灾探测器类型分组代号或传感器特征代号表示。

5）传输方式表示法：

W（无）为无线传输方式；M（码）为编码方式；F（非）为非编码方式；H（混）为编码、非编码混合方式。

6）厂家及产品代号表示方法：厂家及产品代号为四到六位，前两位或三位使用厂家名称中具有代表性的汉语拼音字母或英文字母表示厂家代号，其后用阿拉伯数字表示产品系列号。

7）主参数及自带报警声响标志表示方法：定温、差定温火灾探测器用灵敏度级别或动作温度值表示。差温火灾探测器、感烟火灾探测器的主参数无须反映。其他火灾探测器用能代表其响应特征的参数表示；复合火灾探测器主参数如为两个以上，其间用"／"隔开。

2. 手动火灾报警按钮

火灾自动报警系统中的另一类触发器件是手动火灾报警按钮。它是用手动方式发出火灾报警信号、启动火灾自动报警系统的器件，也是火灾自动报警系统中不可缺少的组成部分之一。按照操作方式的不同，手动报警按钮分为击碎型（不可复位）和按压型（可复位）两类。确认火灾发生后，敲碎有机玻璃片或按下按钮，可向消防控制室发出火灾报警信号。按规范要求，报警区域内每个防火分区应至少设置一只手动报警按钮。从一个防火分区内的任何位置到最邻近的一个手动报警按钮的步行距离不应大于30m。当发生火灾时，为了便于及时报警，手动报警按钮应设置在明显和便于操作的部位，即各楼层的电梯间、电梯前室、主要通道等经常有人通过的地方；大厅、过厅、主要公共活动场所的出入口；餐厅、多功能厅等处的主要出入口。

与手动火灾报警按钮相类似的还有消火栓报警按钮，它通常安装在消火栓箱内或近旁，表面装有一有机玻璃片，使用消火栓箱灭火时，敲碎或按下玻璃片，此时按钮的红色指示灯亮，发出火灾信号，同时控制水泵控制柜内继电器吸合，启动消防泵，并接收消防泵状态反馈信号。按钮的火警灯和消防泵运行反馈灯点亮，报警控制器发出火警声光信号并显示报警地址。消火栓报警按钮上的泵运行指示灯，既可由控制器点亮，也可由泵控制箱引来的指示泵运行状态的开关信号点亮。

此外，现代消防设施中的重要部件，如自动喷水灭火系统中的压力开关、水流指示器、供水阀门等其所处的状态直接反映出系统的当前状态，关系到灭火行动的成败。因此，应将此类与火灾有关的信号通过转换装置传送至火灾报警控制器。

（二）火灾报警控制器

在火灾自动报警系统中，用以接收、显示和传递火灾报警信号，并能发出控制信号和具有其他辅助功能的控制指示设备称为火灾报警装置，是火灾报警系统中的核心组成部分。

1. 火灾报警控制器分类

火灾报警控制器种类繁多，根据不同角度有不同分类。

（1）按控制范围分类

1）区域火灾报警控制器。它直接连接火灾探测器，处理各种报警信息。它是能够直接接收火灾探测器或中继器发出的报警信号的多路火灾报警控制器。

2）集中火灾报警控制器。它一般不与火灾探测器相连，而与区域报警控制器相连，处理区域级火灾报警控制器送来的报警信号，常使用在较大的系统中。它是能够接收区域火灾报警控制器或相当于区域报警控制器的其他装置发出的报警信号的多路火灾报警控制器。

3）通用火灾报警控制器。它兼有区域、集中两级火灾报警控制器的双重特点。通过设置或修改某些参数（可以是硬件或软件方面），既可以作区域级使用，连接探测器；又可以作集中级使用，连接区域报警控制器。它是既可作区域火灾报警控制器，又可作集中火灾报警控制器用的多路火灾报警控制器。

（2）按结构型式分类

1）台式火灾报警控制器。其连接火灾探测器回路较多，联动控制较复杂，操作使用方便，集中火灾报警控制器常采用这种型式。

2）柜式火灾报警控制器。与台式火灾报警控制器基本相同，内部电路构造设计成插板组合式，易于功能扩展，可实现多回路连接，具有复杂的联动控制。集中报警控制器属于此类型。

3）壁挂式火灾报警控制器。其连接火灾探测器的回路数相应少一些，控制功能较简单。一般区域火灾报警控制器常采用这种结构。

（3）按容量分类

1）单路火灾报警控制器。它只能处理一个回路的探测器火灾信号，一般仅在某些特殊的联动控制系统中应用。

2）多路火灾报警控制器。它能同时处理多个回路的探测器火灾信号，并显示具体的着火部位，其性能价格比较高，是目前通常使用的火灾报警控制器。

（4）按系统连线方式分类

1）多线制火灾报警控制器。其火灾探测器与火灾报警控制器的连接采用硬线一一对应方式，每个火灾探测器至少有一根线与火灾报警控制器连接。有五线制、四线制、三线制、两线制，连线较多，仅适用于小型火灾自动报警系统。

2）总线制火灾报警控制器。其火灾探测器与火灾报警控制器之间采用总线方式连接，所有火灾探测器均并联或串联在总线上，一般总线有二总线、三总线、四总线，连线大大减少，给安装、使用及调试带来了较大方便，适用于大、中型火灾自动报警系统。

（5）按防爆性能分类

1）防爆型火灾报警控制器。具有防爆性能，常用于有防爆要求的石油、化工等场所，其性能指标应同时满足《火灾报警控制器通用技术条件》和防爆产品技术性能要求。

2）普通型火灾报警控制器。无防爆要求，民用建筑中使用的绝大部分火灾报警控制器属于这一类。

(6) 按使用环境分类

1) 陆用型火灾报警控制器。建筑物内或其附近安装的、最通用的火灾报警控制器。

2) 船用型火灾报警控制器。用于船舶、海上作业。其技术性能指标相应提高，如工作环境温度、湿度、耐腐蚀、抗颠簸等要求高于陆用型火灾报警控制器。

2. 火灾报警控制器的工作原理及基本功能

(1) 火灾报警控制器的工作原理　火灾报警控制器主要包括电源和主机，其工作原理分别如下：

1) 电源部分。电源部分承担为主机和探测器供电的任务，是整个控制器的供电保证环节。电源部分的输出功率要求较大，大多采用线性调节稳压电路，在输出部分增加相应的过电压、过电流保护。线性调节稳压电路具有稳压精度高、输出稳定的特点，但存在电源转换效率相对较低，电源部分热损耗较大，影响整机的热稳定性的缺点。目前常用的开关稳压电源，利用大规模微电子技术，将各种分立元器件进行集成及小型化处理，使得整个电源部分的体积大大缩小。同时，输出保护环节也日趋完善，电源部分除具有一般的过电压、过电流保护外，还增加了过热、欠电压保护及软启动等功能。开关型稳压电源因主输出功率工作在高频开关状态，整个电源部分转换效率也大大提高，可达 80%～90%，并大大改善了电源部分的热稳定性，提高了整个控制器的技术性能。

2) 主机部分。主机部分承担着将火灾探测源传来的信号进行处理、报警并中继的作用。从原理上讲，无论是区域火灾报警控制器还是集中火灾报警控制器，都遵循同一工作模式，即采集探测源信号→输入单元→自动监测单元→输出单元，同时为了方便使用和扩展功能，又附加人机接口，即键盘、显示单元、输出联动控制部分、计算机通信单元、打印机部分等。

(2) 火灾报警控制器的基本功能　火灾报警控制器的基本功能主要有：主电源、备用电源自动转换；备用电源充电；电源故障检测；电源工作状态指示；为探测器回路供电；控制器或系统故障声、光报警；火灾声、光报警；火灾报警记忆；时钟单元；火灾报警优先故障报警；声报警、音响消音及再次声响报警、自动巡检和自动打印、部位的开放及关闭、显示被关闭的部位以及联动控制功能等。

1) 主、备电源。根据国家标准，火灾报警控制器电源部分的主要功能如下：

主电、备电自动切换、备用电源充电功能；电源故障监测功能；电源工作状态指示功能；给火灾探测器回路供电功能。

2) 火灾声光报警。当接收到火灾探测器、手动报警按钮、消火栓报警按钮及输入/输出模块所配接的设备发来的火灾报警信号时，火灾报警控制器应能够迅速、准确地接收、处理火灾报警信号，火灾指示灯亮并发出火灾变调声，进行火灾声光报警，同时显示具体火灾报警部位和时间。

3) 故障声光报警。系统在正常运行时，当火灾探测器回路断路、短路、火灾探测器自身故障、系统自身故障时，火灾报警控制器均应进行声、光报警，故障灯亮并发出长音故障音响，指示具体故障部位。

4) 火灾报警优先。火灾报警控制器在报故障时，如果出现火灾报警信号，则报警控制器应能由报故障自动切换到火灾声光报警状态；而当火警被清除后又自动恢复为报原有故障。当系统存在某些故障而又未被修复时，会影响火警的优先功能，如下列情况时：①电源故障；②当本部位探测器损坏时，本部位出现火警；③总线部分故障，都会影响火警优先。

5）火灾报警记忆。当火灾报警控制器接收到火灾探测器的火灾报警信号时，应能够保持并记忆，不可随火灾报警信号源的消失而消失，同时应还能够接收、处理其他火灾报警信号。

6）声报警消声及再声响。火灾报警控制器发出声光报警信号后，可通过火灾报警控制器上的消声按钮人为消声；同时，在停止声响报警时又出现其他报警信号，火灾报警控制器应能够继续进行声光报警。

7）时钟及时间记录。火灾报警控制器本身应提供一个工作时钟，用于对工作状态提供监测参考。当有火警或故障时，时钟显示锁定，但内部能正常走时，火警或故障一旦消除，时钟将显示实际时间。

8）自动巡检和自动打印。报警系统长期处于监控状态，为提高报警的可靠性，控制器设置了检查键，供用户定期或不定期进行模拟火警检查。处于检查状态时，凡是运行正常的部位均能向控制器发回火警信号。只要控制器能收到现场发回来的信号并有反应而报警，则说明系统处于正常的运行状态。

当有火警、部位故障或有联动时，打印机将自动打印记录火警、故障或联动的地址号，此地址号同显示地址号一致，并打印故障、火警、联动的月、日、时、分。当对系统进行手动检查时，如果控制正常，则打印机自动打印正常。

9）部位的开放及关闭。部位的开放及关闭有以下几种情况：系统中空置不用的部位，在控制器软件制作中即被永久关闭，如需开放新部位应与制造厂联系；系统中暂时空置不用的部位，在控制器第一次开机时需要手动关闭；系统运行过程中，已被开放的部位其部件发生损坏后，在更新部件之前应暂时关闭，在更新部件之后将其开放。

10）显示被关闭的部位。在系统运行过程中，已开放的部位在其部件出现故障后，为了维持整个系统的正常运行，应将该部位关闭。但应能显示出被关闭的部位，以便人工监视该部位的火情并及时更换部件。操作相应的功能键，控制器便顺序显示所有在运行中被关闭的部位。当部位是多部件部位时，这些部件中只要有一个是关闭的，它的部位号就能被显示出来。

11）联动控制。火灾报警控制器应具有一对以上的输出控制接点，用于火灾报警时的直接联动控制，如控制警铃、启动自动灭火系统等。可以分为"自动"联动和"手动"启动两种方式，但都是总线联动控制方式。在联动方式时，先按 E 键与自动键，"自动"灯亮，使系统处于自动联动状态。当现场主动型设备（包括探测器）发生动作时，满足既定逻辑关系的被动型设备将自动被联动，联动逻辑因工程而异，出厂时已存储于控制器中。手动启动在"手动允许"时才能实施，手动启动操作应按操作顺序进行。无论是自动联动还是手动启动，应该动作的设备编号均应在控制面板上显示，同时启动灯亮。已经发生动作的设备的编号也在此显示，同时回答灯亮。自动与回答能交替显示。

3. 火灾报警控制器型号编制

火灾报警控制器是火灾自动报警系统的核心单元，尤其是在智能建筑中，火灾报警控制器中火灾信息数据处理方法和火灾模式识别方法决定了火灾自动报警系统的基本性能与适应性。根据火灾报警控制器的产品类型编号，可以初步了解火灾自动报警系统产品的基本性能，这对于大型综合性建筑及智能化建筑中火灾自动报警系统产品的选型和系统性能的初步判断十分重要。

鉴于火灾报警控制器基本类型划分为区域火灾报警控制器、集中火灾报警控制器和通用火灾报警控制器3种，因此按照中华人民共和国公共安全行业标准《火灾报警控制器产品型号编制方法》（GA/T 228—1999）规定，火灾报警控制器产品型号含义如下：

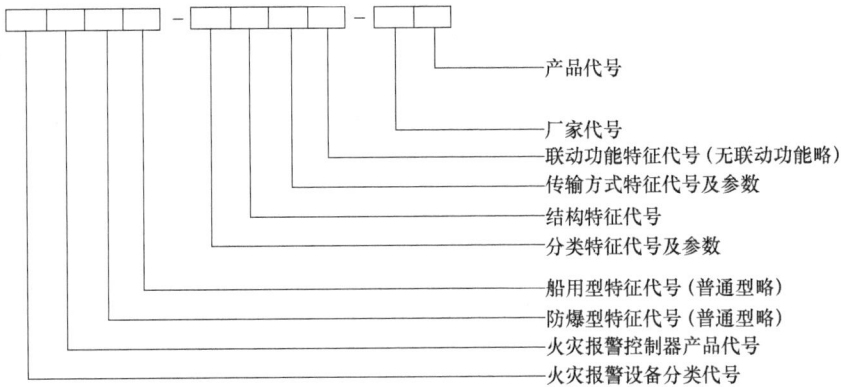

1）火灾报警与报警控制器代号表示方法：

J（警）为消防产品中火灾报警设备分类代号；

B（报）为火灾报警控制器产品代号。

2）应用范围特征代号表示方法：应用范围特征代号用来表示火灾报警控制器的适用场所，适用于爆炸危险场所的为防爆型，否则为非防爆型；适用于船上使用的为船用型，适合于陆上使用的为陆用型。其具体表示方式如下：

B（爆）为防爆型（型号中无"B"代号即为非防爆型，其名称亦无需指出"非防爆型"）；

C（船）为船用型（型号中无"C"代号即为陆用型，其名称中亦无需指出"陆用型"）。

3）分类特征代号表示方法：Q（区）为区域火灾报警控制器；J（集）为集中火灾报警控制器；T（通）为通用火灾报警控制器。

4）分类特征参数表示方法：分类特征参数用一或二位阿拉伯数字表示。集中或通用火灾报警控制器的分类特征参数表示其可连接的火灾报警控制器数。区域火灾报警控制器的分类特征参数可省略。

5）结构特征代号表示法：G（柜）为柜式；T（台）为台式；B（壁）为壁挂式。

6）传输方式特征代号表示方法：D（多）为多线制；Z（总）为总线制；W（无）为无线制；H（混）为总线无线混合制或多线无线混合制。

7）传输方式特征参数表示方法。传输方式特征参数用一位阿拉伯数字表示。对于传输方式特征代号为总线制或总线无线混合制的火灾报警控制器，传输方式特征参数表示其总线数。对于传输方式特征代号为多线制、无线制、多线无线混合制的火灾报警控制器，其传输方式特征参数可省略。

8）联动功能特征代号表示方法：L（联）为火灾报警控制器（联动型）。对于不具有联动功能的火灾报警控制器，其联动功能特征代号可省略。

9）厂家及产品代号表示方法：厂家及产品代号为4~6位，前两位或三位用厂家名称中具有代表性的汉语拼音字母或英文字母表示厂家代号，其后用阿拉伯数字表示产品系列号。

10）分型产品型号：火灾报警控制器分型产品的型号用英文字母或罗马数字表示，加在产品型号尾部以示区别。

在火灾报警装置中，还有一些如中继器、区域显示器、火灾显示盘等功能不完整的报警装置，它们可视为火灾报警控制器的演变或补充。它们在特定条件下应用，与火灾报警控制器同属于火灾报警装置。

编码中继器是连接无编码探测器与控制器的接口模块，一般最多可带15个无编码火灾触发装置，如火灾探测器、手动报警按钮等。

火灾显示盘是显示报警区域内的各种报警设备火警及故障信息的设备，火灾显示盘的信号来自报警控制器，一般采用四线制连接，适用于各防火分区或楼层。当火警或故障信号送入时，将发出两种不同的报警声（火警为变调音响，故障为长音响）。当用一台报警控制器同时监控数个楼层或防火分区时，可在每个楼层或防火分区设置火灾显示盘以取代区域报警控制器。

（三）火灾警报装置

在火灾自动报警系统中，用以发出区别于环境声、光的火灾警报信号的装置称为火灾警报装置。声光报警器就是一种最基本的火灾报警装置，通常与火灾报警控制器（如区域显示器、火灾显示盘、集中火灾报警控制器）组合在一起，以声、光方式向报警区域发出火灾警报信号，以提醒人们展开安全疏散、灭火救灾等行动。声光报警器能同时发出声和光信号，它内嵌微处理器，通过微处理器用两总线实现与控制器通信、电源总线掉电检测、声光信号启动等功能。当通过外控触点直接启动声光信号时，定时振荡电路控制蜂鸣器通断，产生报警声，并控制超高亮发光二极管发出闪烁的光信号。

当发生火灾时，控制器按逻辑要求向声光报警器发出启动命令，由24V联动电源提供能源，将命令转换为声光报警信号，并通过控制定时振荡电路中的参数改变报警声通断及闪光的频率，以提醒人员疏散。声光讯响器通常安装在公共走廊、各层楼梯口、消防电梯前室口等处。警铃、讯响器也是一种火灾警报装置。声光讯响器采用壁挂式安装，在普通高度空间下，以距顶棚0.2m处为宜。火灾时，警铃、讯响器接收由火灾报警装置通过控制模块、中间继电器发出的控制信号，发出有别于环境声音的音响，它们大多安装于建筑物的公共空间部分，如走廊、大厅。

（四）电源

火灾自动报警系统属于消防用电设备，其主电源应当采用消防电源，备用电源一般采用蓄电池组。系统电源除为火灾报警控制器供电外，还为与系统相关的消防控制设备等供电。

（五）火灾报警系统常用模块

该模块是由集成电路、分立元器件或微型继电器组成的电路，是能完成某种功能的整体电路装置。模块不仅具有中继器的作用，而且整体性强、体积小、工作稳定可靠，具有较强的抗干扰能力。它可以接收信号、放大信号，具有扩展功能和带负载的能力。一般模块的输入端都来自报警控制器的二总线，输出端接火灾探测器或手动报警按钮等被控对象。中继器和模块可以扩展二总线的负载能力，并可起到对所控元件的隔离、保护作用。在实际工程中使用时，应根据需要选择不同功能、不同性能的模块。

模块的种类通常有以下几种：总线隔离模块、单输入模块、单输入/单输出模块、双输入/输出模块、隔离模块、切换模块、声光报警驱动模块、输出模块、多路输出模块等。

（六）消防控制设备

在火灾自动报警系统中，当接收到来自触发器件的火灾报警信号后，能自动或手动启动相关消防设备并显示其状态的设备，称为消防控制设备。主要包括火灾报警联动一体机，自动灭火系统的控制装置，室内消火栓系统的控制装置，防烟排烟系统及空调通风系统的控制装置，常开防火门、防火卷帘的控制装置，电梯迫降控制装置，以及消防应急广播、火灾警报装置、消防通信设备、火灾应急照明与疏散指示标志的控制装置等控制装置中的部分或全部。消防控制设备一般设置在消防控制中心，以便实行集中统一控制。也有的消防控制设备设置在被控消防设备所在现场，但其动作信号则必须返回消防控制室，实行集中与分散相结合的控制方式。

三、火灾报警系统基本设计形式

随着电子技术的迅速发展和计算机软件技术在现代消防技术中的大量应用，火灾自动报警系统的结构、形式越来越灵活多样，很难精确划分成几种固定的模式。火灾自动报警技术的发展趋向于智能化系统，这种系统可组合成任何形式的火灾自动报警网络结构。它既可以是区域自动报警系统，也可以是集中报警系统和控制中心报警系统形式。它们无绝对明显的区别，设计人员可任意组合设计自己需要的系统形式。根据火灾自动报警系统联动功能的复杂程度及报警系统保护范围的大小，将火灾自动报警系统分为区域报警系统、集中报警系统和控制中心报警系统 3 种基本形式。

（一）区域火灾报警系统

区域火灾报警系统通常由火灾探测器、手动火灾报警按钮、火灾报警控制器、火灾警报装置及电源等构成，系统中可以包括消防控制室图形显示装置和指示楼层的区域显示器。区域火灾报警系统主要用于仅需要报警，不需要联动自动消防设备的保护对象，适用于小型建筑对象或防火对象单独使用。一般来说，使用这类系统的火灾探测和报警区域内最多不得超过 3 台区域火灾报警控制器或用作区域报警的小型通用火灾报警控制器（一般每台的探测点数小于 256 点）；若多于 3 台，应考虑使用集中报警系统形式。

区域火灾报警系统比较简单，但使用面很广。它既可单独用在工矿企业的计算机房等重要部位和民用建筑的塔楼公寓、写字楼等处，也可作为集中报警系统和控制中心系统中最基本的组成设备。公寓塔楼火灾自动报警系统的构成如图 6-2 所示。现在区域报警系统多数由环状网络构成（见图 6-2 右侧），也可能是由支状线路构成（见图 6-2 左侧），但必须加设楼层报警确认灯。

其中的区域火灾报警控制器按照一定的时间周期顺序对每个火灾探测器进行检测，检测

楼层确认灯　烟　光　温　手动按钮

楼层确认灯　烟　光　温　手动按钮

输出接点

备用电源

通用报警控制器

消防电源

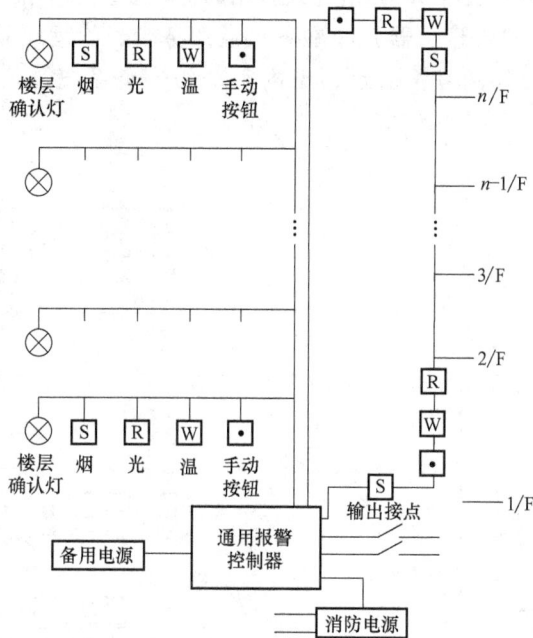

图 6-2　公寓火灾报警系统示意图

内容包括火灾探测器的工作情况是否正常，火灾探测器监测区域内是否存在火警情况等。火灾探测器将监测到的烟、温度、火焰光等火灾信号转变成电流信号输出给火灾报警控制器，对于由微处理机控制的火灾报警控制器来说，报警控制器将把这些信息储存在存储器中，经中央处理器分析、运算和判断处理后，确认火警或故障信号，启动显示、报警声光控制电路显示相应的火灾报警发生时间、火灾探测器编码，点亮相应的报警指示灯并同步发出相应的警报声响，同时由打印机输出火警发生时间和地点。对某些带有联动控制功能的区域火灾报警控制器，在确认发现火情、发出火灾报警信号后，可启动联动系统。

（二）集中火灾报警系统

集中火灾报警系统由火灾探测器、手动火灾报警按钮、火灾声光警报器、消防应急广播、消防专用电话、消防控制室图形显示装置、火灾报警控制器、消防联动控制器等组成。其中，集中火灾报警控制器按一定的时间周期对系统中每一台区域火灾报警控制器进行巡检，区域火灾报警控制器随时存储自身的状态信息和报警信息并等待集中火灾报警控制器查询。集中火灾报警控制器一旦确认报警信息，则发出相应的联动控制指令，使消防联动控制设备按顺序投入火势控制与火灾扑救工作。

1. 传统型集中报警系统

传统型集中报警控制系统是由集中报警控制器、区域报警控制器和火灾探测器等组成报警系统。按照《火灾自动报警系统设计规范》规定，集中报警控制系统应设有一台集中报警控制器（或通用报警控制器）和两台以上区域报警控制器（或楼层显示器、带声光报警），其系统框图如图 6-3 所示。其中，消防泵、喷淋泵、风机等联动控制部分没有画出。这类系统中的联动控制信号取自集中火灾报警控制器，并且通过消防联动控制台对消防设备进行直接控制。

传统型集中报警控制系统在中档宾馆、饭店用的比较多。集中报警控制器设在消防控制室，区域报警控制器（或楼层显示器）设在各楼层服务台，管理比较方便。用于宾馆、饭店的传统型集中报警系统如图6-4所示，国内生产的这类系统，价格便宜，质量也比较可靠。

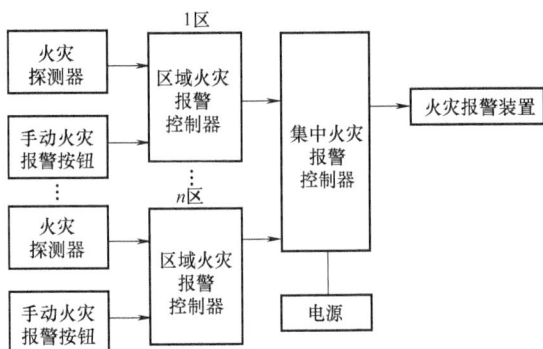

图 6-3　集中火灾报警系统框图

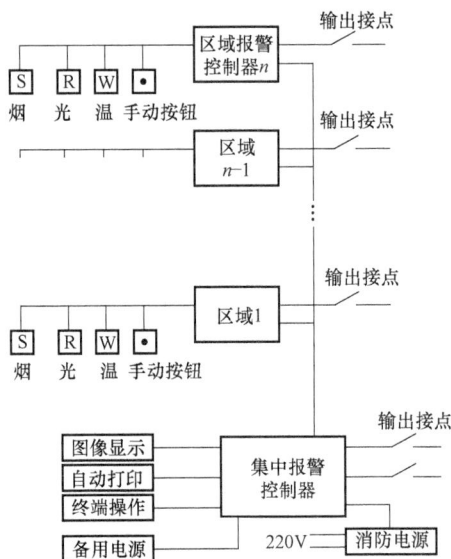

图 6-4　宾馆、饭店火灾监控系统示意图

2. 总线制编码传输型集中报警系统

近几年来，火灾报警采用总线制编码传输技术，使集中报警系统成为与传统型集中报警系统完全不同的新型系统。这种新型的集中报警系统是由火灾报警控制器、区域显示器（又称楼层显示器）、声光警报装置及火灾探测器（带地址模块）、控制模块（控制消防联控设备）等组成的总线制编码传输型集中报警系统。目前，国内大多数生产厂商生产的总线制带编码传输的集中报警系统，其原理框图如图6-5所示。

在带有报警总线和联动总线的大型通用火灾报警控制器以及各种火灾探测器和功能模块构成总线制编码传输集中报警系统中，消防泵、喷淋泵等消防主设备的联动控制仍然采用联动控制台实现直接硬线控制，但对于空调系统、电梯、正压送风阀、防火阀、排烟阀、防火卷帘、灭火装置等则采用模块控制或模块传输控制信号，提高了消防设备控制的可靠性（因模块被中心控制器监测）和控制实现的灵活性，并且使得火灾报警控制器对绝大多数消防设备实现了有效监测。此外，系统采用区域报警显示器（亦称楼层显示器）来完成按火灾报警分区实现监测和故障显示，用环状布线或支状布线来提高火灾报警回路和控制回路的工作可靠性，提高了系统的工程适用性；系统还采用通用接口方式兼容了不同类型的火灾探测器，为系统设计带来了便利。这类系统形式适用于功能较为复杂的高级宾馆和写字楼、高层建筑及综合楼等。

（三）控制中心报警系统

有两个及以上消防控制室时，应确定一个主消防控制室，主消防控制室应能显示所有火灾报警信号和联动控制状态信号，并应能控制重要的消防设备；各分消防控制室内消防设备

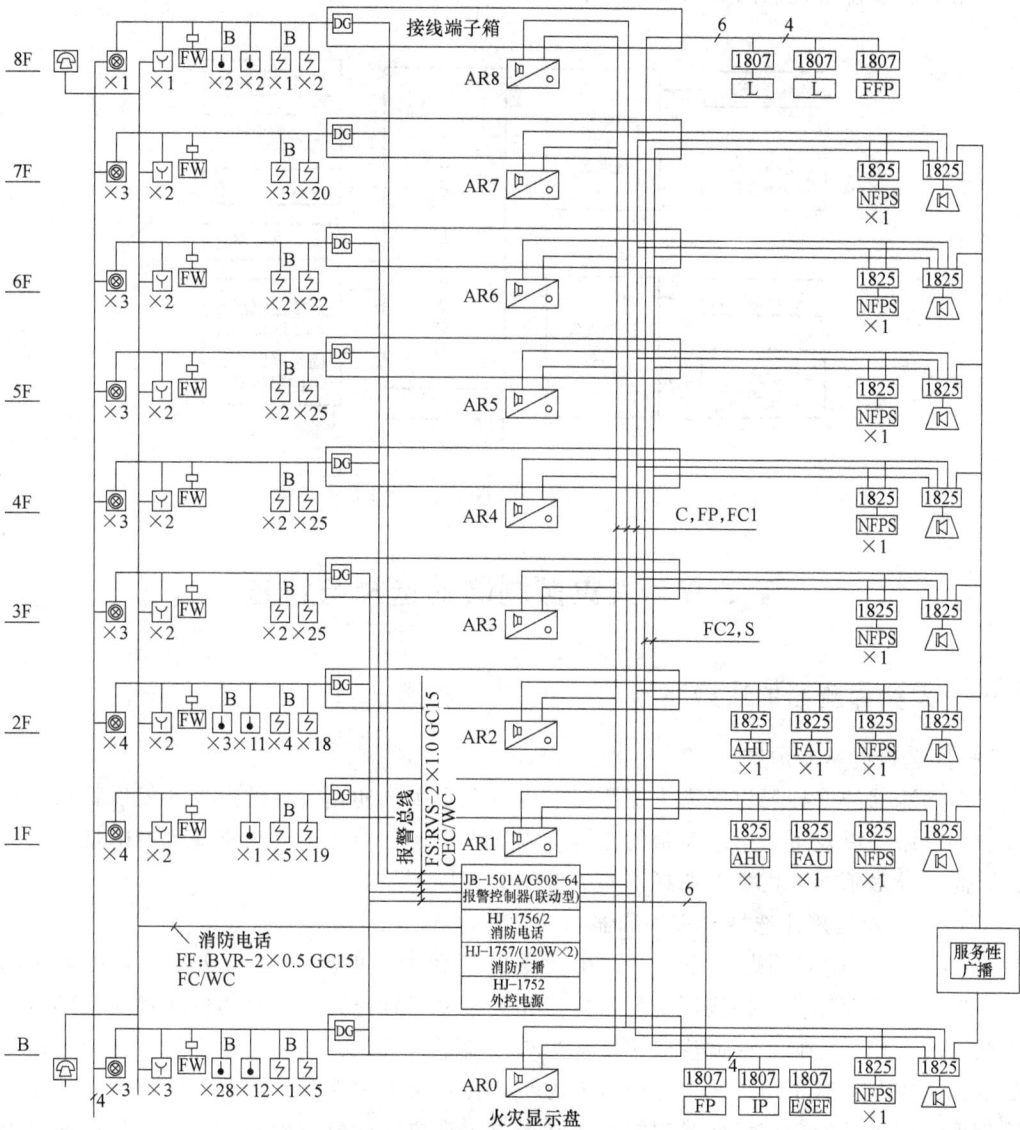

图 6-5　总线制编码传输型集中报警系统

之间可以互相传输、显示状态信息，但不应互相控制。控制中心报警系统是由设置在消防控制中心（或消防控制室）的消防联动控制设备、集中火灾报警控制器、区域火灾报警控制器和各种火灾探测器等组成，或由消防联动控制设备、环状布置的多台通用火灾报警控制器和各种火灾探测器及功能模块等组成。集中火灾报警控制器设在消防控制室内，其他消防设备及联动控制设备，可采用分散控制和集中遥控两种方式。各消防设备工作状态的反馈信号，必须集中显示在消防控制室的监视或总控制台上，以便对建筑物内的防火安全设施进行全面控制与管理。控制中心火灾报警系统的探测区域可多达数百甚至上千个。一般来说，控制中心报警系统形式是高层建筑及智能建筑中自动消防系统的主要类型，是楼宇自动化系统的重要组成部分，其典型的系统结构有两种形式。

控制中心报警系统框图如图 6-6 所示。

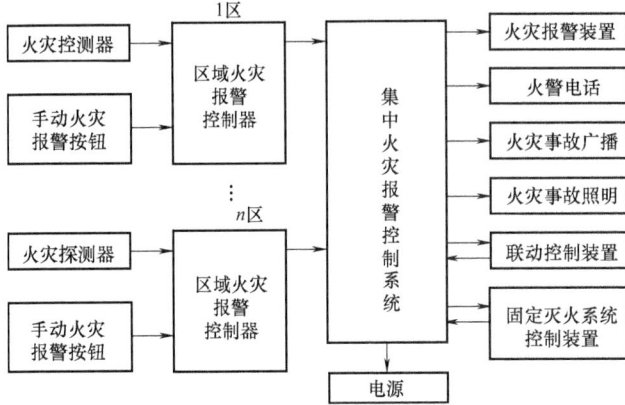

图 6-6　控制中心报警系统框图

第二节　火灾探测器的选择与设置

一、火灾探测器的选择

（一）选择的基本原则

火灾探测器的选择要根据火灾探测区域内可能发生的初期火灾的形成和发展特点、房间高度、环境条件以及可能引起误报的原因等因素来决定。由于不同火灾探测器的性能指标不同，因此，针对不同火灾需要选择不同类型的火灾探测器。

1. 按火灾发展规律选择火灾探测器

1) 对火灾初期有阴燃阶段，可产生大量的烟和少量的热，很少或没有火焰辐射的场所，应选择感烟探测器。探测器的感烟方式和灵敏度级别应该根据具体使用场所来确定。感烟探测器的工作方式则是根据反应速度与可靠性要求来确定，一般对于只是用作报警目的的探测器，选用非延时工作方式，并应该考虑与其他种类火灾探测器配合使用。离子感烟和光电感烟火灾探测器的适用场所是根据离子和光电感烟方式的特点确定的。对于那些使感烟探测器变得不灵敏或总是误报，对离子式感烟探测器在短期内被严重污染的场所，感烟探测器不适用。

2) 对火灾发展迅速，可产生大量热、烟和火焰辐射的场所，可选择感温探测器、感烟探测器、火焰探测器或其组合。感温探测器一般根据其定温、差温和差定温方式选择，其使用环境条件要求不高，一般在感温探测器不能使用的场所均可使用。但是，在感烟探测器可用的场所，尽管也可使用感温探测器，但其探测速度却大大低于感烟方式，因此只要感烟和感温探测器均可用的场所多选择感烟式，在有联动控制要求时则采用感烟和感温组合式或复合式。此外，点型电子感温探测器受油雾等污染会影响其外露热敏元件的特性，因此对环境污染应鉴别考虑。

3) 对火灾发展迅速，有强烈的火焰辐射和少量的烟、热的场所，应选择火焰探测器。火焰探测器通常采用紫外式或紫外与红外复合式，一般为点型结构，其有效性取决于探测器的光学灵敏度（用焰高为 4.5m 的标准烛光距探测器 0.5m 或 1.0m 时，探测器有额定输出）、视锥角（即视角，通常为 70°~120°）、响应时间（不大于 1s）和安装定位。

4）对火灾初期有阴燃阶段，且需要早期探测的场所，宜增设一氧化碳火灾探测器。

5）对使用、生产可燃气体或可燃蒸气的场所，应选择可燃气体探测器。

6）根据保护场所可能发生火灾的部位和燃烧材料的分析选择相应的火灾探测器（包括火灾探测器的类型、灵敏度和响应时间等），对火灾形成特征不可预料的场所，可根据模拟试验的结果选择火灾探测器。

7）同一探测区域内设置多个火灾探测器时，可选择具有复合判断火灾功能的火灾探测器和火灾报警控制器，提高报警时间要求和报警准确率要求。

2. 按火灾探测器安装高度选择

火灾探测器的安装高度 H_0 是指探测器安装位置（点）距该保护区域（层）地面的高度。火灾探测器的安装高度与火灾探测器的类型有关。不同类型的点型火灾探测器的安装高度应符合表 6-1 的规定。

表 6-1　点型火灾探测器的安装高度

房间高度 h/m	点型感烟火灾探测器	点型感温火灾探测器			火焰探测器
		A1、A2	B	C、D、E、F、G	
$12 < h \leqslant 20$	不适合	不适合	不适合	不适合	适合
$8 < h \leqslant 12$	适合	不适合	不适合	不适合	适合
$6 < h \leqslant 8$	适合	适合	不适合	不适合	适合
$4 < h \leqslant 6$	适合	适合	适合	不适合	适合
$h \leqslant 4$	适合	适合	适合	适合	适合

从表 6-1 中可以看出，若房间太高，烟气流动到顶部时间太长，并且烟气滞留在一定的高度，则不适合采用点型感烟探测器，而是应该根据烟气流动规律，在热烟气屏障层处设置光束型的红外对射或红外反射式火灾探测器。

当安装面（房间屋顶）不是水平时，则火灾探测器的安装高度 H_0 需要修正，修正方法如图 6-7 所示。

3. 需要考虑环境对火灾探测器的影响

（1）环境温度　一般感烟与火焰探测器的使用温度小于 50℃；定温探测器在 10~35℃；在 0℃ 以下火灾探测器安全工作的条件是其本身不允许结冰，并且多数采用感烟或火焰光探测器。

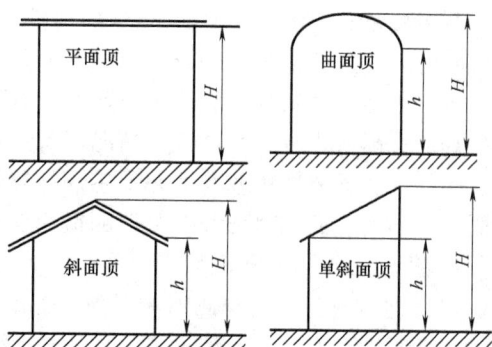

$$H_0 = \frac{H-h}{2} \begin{cases} H: \text{安装面最高部位高度} \\ h: \text{安装面最低位置高度} \end{cases}$$

图 6-7　火灾探测器安装高度的计算

（2）气流速度　实验研究结果表明，当气流速度过大时，感烟探测器的灵敏度有较大影响，因而我国《火灾自动报警系统设计规范》中规定，感烟式探测器要求气流速度不大于 5m/s。

（3）振动 环境中有限的正常振动对点型火灾探测器影响较小，对分离式光电感烟探测器影响较大，要求定期调校。

（4）空气湿度 空气湿度小于 95% 时，影响小；当有雾化烟雾或凝露存在时，对感烟式和光辐射式探测器的灵敏度有影响。

（5）光干扰 环境中的光干扰对感烟和感温火灾探测器基本无影响；对火焰光探测器无论直接或间接，都将影响工作可靠性。

（6）烟源粒径等 环境中存在烟、灰及类似的气溶胶时，直接影响感烟火灾探测器的使用。离子感烟探测器对粒径在 0.3μm 以下的烟雾响应灵敏；光电感烟探测器对粒径在 1μm 以上的烟雾响应灵敏。对于感温和火焰光探测器，则应该避免湿灰尘。

此外，当火灾探测报警与灭火设备有联动要求时，必须以可靠为前提，获得双报警信号后，或者再加上延时报警判断后，才能产生延时报警信号。该要求一般都是针对重要性强、火灾危险性较大的场所，这时一般是采用感烟、感温和火焰探测器的同类型或不同类型组合产生双报警信号；同类型组合通常是指同一探测器具有两种不同灵敏度的输出，如具有两极灵敏度输出的双信号式光电感烟探测器；不同类型组合则包括复合式探测器和单一功能探测器的组合使用，如热烟光电式复合探测器与感烟探测器配合组合使用。

（二）点型火灾探测器的选择

根据探测器的工作原理、特性和灵敏度指标，我国《火灾自动报警系统设计规范》中明确规定了各点型火灾探测器适用与不适用场所。

1. 感烟探测器的适用范围

（1）适宜选用感烟探测器的场所 适宜感烟探测器适用的场所有：饭店、旅馆、教学楼、办公楼的厅堂、卧室、办公室、商场、列车载客车厢等；计算机房、通信机房、电影或电视放映室等；楼梯、走道、电梯机房、车库等；书库、档案库等。

（2）不宜选择感烟探测器的场所 不宜选择离子感烟探测器的场所有：相对湿度经常大于 95% 的场所；气流速度大于 5m/s 的场所；有大量粉尘、水雾滞留的场所；可能产生腐蚀性气体的场所；在正常情况下有烟滞留的场所；产生醇类、醚类、酮类等有机物质的场所。

不宜选择光电感烟探测器的场所有：有大量粉尘、水雾滞留的场所；可能产生蒸气和油雾的场所；高海拔地区，在正常情况下有烟滞留的场所。

感烟探测器的选用基本上是由感烟探测器的工作原理决定的，不同烟粒径、烟的颜色和不同可燃物产生的烟对两种探测器的适用性是不一样的。

2. 感温探测器的适用范围

（1）适宜选择感温探测器的场所 适宜选择感温探测器的场所有：相对湿度经常大于 95% 的场所；可能发生无烟火灾的场所；有大量粉尘的场所；在正常情况下有烟和蒸气滞留的场所；吸烟室等在正常情况下有烟或蒸汽滞留的场所；厨房、锅炉房、发电机房、烘干车间等不宜安装感烟火灾探测器的场所；需要联动熄灭"安全出口"标志灯的安全出口内侧；其他无人滞留、且不适合安装感烟火灾探测器，但发生火灾时需要及时报警的场所。

（2）不适宜选择感温探测器的场所 不适宜选择感温探测器的场所有：可能产生阴燃火或发生火灾不及时报警将造成重大损失的场所，不宜选择感温探测器；温度在 0℃ 以下的场所，不宜选择定温探测器；温度变化较大的场所，不宜选择差温探测器。

一般来说，感温探测器对火灾的探测不如感烟探测器灵敏，它们对阴燃火不可能响应，并且根据经验，只有当火焰高度达到至顶棚的距离为 1/3 房间净高时，感温探测器才能响应。因此感温探测器不适宜保护可能由小火造成不能允许损失的场所，如计算机房等。在最后选定探测器类型之前，必须对感温探测器动作前火灾可能造成的损失做出评估。

3. 火焰探测器的适用范围

（1）适宜选择火焰探测器的场所 适宜选择火焰探测器的场所有：火灾时有强烈的火焰辐射的场所；发生液体燃烧火灾等无阴燃阶段的火灾的场所；需要对火焰做出快速反应的场所。

（2）不适宜选择火焰探测器的场所 不适宜选择火焰探测器的场所有：在火焰出现前有浓烟扩散的场所；探测器的镜头易被污染的场所；探测器的"视线"易被油雾、烟雾、水雾和冰雪遮挡的场所；探测区域内的可燃物是金属和无机物的场所；探测器易受阳光、白炽灯等光源直接或间接照射的场所。探测区域内正常情况下有高温物体的场所，不宜选择单波段红外火焰探测器；正常情况下有阳光、明火作业，探测器易受 X 射线、弧光和闪电等影响的场所，不宜选择紫外火焰探测器。

由于火焰探测器不能探测阴燃火，因此火焰探测器只能在特殊场所使用，或者作为感烟或感温探测器的一种辅助手段，不作为通用型火灾探测器。火焰探测器只靠火焰的辐射就能响应，而无需燃烧产物的对流传输，对明火的响应也比感温和感烟探测器快得多，且又无需安装在顶棚上。所以火焰探测器特别适合仓库和贮木场等大的开阔空间或者明火的蔓延可能造成重大危险的场所，如可燃气体的泵站、阀门和管道等。

（三）线型火灾探测器的选择

（1）适宜线性光束感烟探测器的场所 无遮挡大空间或有特殊要求的场所，如大型库房、博物馆、档案馆、飞机库等经常是无遮挡大空间的情形，发电厂、变配电所、古建筑、文物保护建筑的厅堂馆所，有时也适合安装这种类型的火灾探测器。

（2）适宜缆式线型感温火灾探测器的场所 电缆隧道、电缆竖井、电缆夹层、电缆桥架；不易安装点型探测器的夹层、闷顶；各种皮带输送装置；其他环境恶劣不适合点型探测器安装的场所。

（3）适宜线型光纤感温火灾探测器的场所 除液化石油气外的石油贮罐；需要设置线型感温火灾探测器的易燃易爆场所；需要监测环境温度的地下空间等场所宜设置具有实时温度监测功能的线型光纤感温灾探测器；公路隧道、敷设动力电缆的铁路隧道和城市地铁隧道等。

（4）不宜选择线型光束感烟火灾探测器的场所 有大量粉尘、水雾滞留的场所；可能产生蒸气和油雾的场所；在正常情况下有烟滞留的场所；固定探测器的建筑结构由于振动等原因会产生较大位移的场所。

选择线型定温火灾探测器时，应保证其不动作温度高于设置场所的最高环境温度。

（四）可燃气体探测器的选用

1. 宜选用可燃气体探测器的场所

1）使用管道煤气或天燃气的房间。

2）煤气站和煤气表房以及大量贮存液化石油气罐的场所。

3）其他散发可燃气体和可燃蒸气的场所。

4）有可能产生一氧化碳气体的场所，宜选用一氧化碳气体探测器。

2. 爆炸性气体场所气体探测器的选用

1）防爆场所选用的探测器应为防爆型。

2）探测器的报警灵敏度应按照所需探测的气体进行标定，一级报警后（达到爆炸下限的25％）应控制起动有关排风机、送风机；二级报警后（达到爆炸下限的50％）应控制切断有关可燃气体的供应阀门。

（五）图像型火灾探测器的选用

1. 双波段图像火灾探测器的选用

1）双波段图像火灾探测器采用双波段图像火焰探测技术，在报警方式上属于感火焰型火灾探测器件，具有可以同时获取现场的火灾信息和图像信息的功能特点，将火焰探测和图像监控有机地结合在一起，并且有防爆、防潮、防腐蚀功能。

2）双波段图像火灾探测器可用于易产生明火或阴燃火的各类场所，如家具城、档案库、电气机房、物资库、油库等大空间以及环境恶劣场所。

3）双波段图像火灾探测器的设计要求各产品不尽相同，实际工程中应参见相关产品样本。

2. 线型光束图像感烟火灾探测器的选用

1）线型光束图像感烟火灾探测器采用光截面图像感烟火灾探测技术，在报警方式上属于感烟型火灾探测器件，它可对被保护空间实施任意曲面式覆盖，具有分辨发射光源和其他干扰光源的功能，具有保护面积大、响应时间短的特点，同时具有防爆、防潮、防腐蚀功能。

2）线型光束图像感烟火灾探测器可用于在发生火灾时产生烟雾的场所，烟草单位的烟叶仓库、成品仓库，纺织企业的棉麻仓库、原料仓库等大空间以及环境恶劣的场所。

3）线型光束图像感烟火灾探测器的设计要求各产品不尽相同，实际工程中应参见相关产品样本。

（六）吸气式感烟火灾探测器的选择

宜选择吸气式感烟火灾探测器的场所：

① 具有高速气流的场所；

② 点型感烟、感温火灾探测器不适宜的大空间、舞台上方、建筑高度超过12m或有特殊要求的场所；

③ 低温场所；

④ 需要进行隐蔽探测的场所；

⑤ 需要进行火灾早期探测的重要场所；

⑥ 人员不宜进入的场所。

污物较多且必须安装感烟火灾探测器的场所，应选择间断吸气的点型采样吸气式感烟火灾探测器或具有过滤网和管路自清洗功能的管路采样吸气式感烟火灾探测器。

二、火灾探测器设置要求

点型火灾探测器的设置与火灾探测器本身的特性参数（如保护面积、保护半径、安装间距等）和保护对象的特性参数（如建筑对象保护等级、房间面积、高度、屋顶坡度、有无隔梁、有无遮挡物）等多种因素有关。关于火灾探测器的设置位置，可以按照下列3项基本原则确定：

1）设置位置应该是火灾发生时烟、热最易到达之处，并且能够在短时间内聚积的地方。

2）消防管理人员易于检查、维修，而一般人员应不易触及火灾探测器。

3）火灾探测器不易受环境干扰、布线方便、安装美观。

（一）点型火灾探测器的设置数量

探测区域内的每个房间至少应设置一只火灾探测器。一个探测区域内所需设置的探测器数量，不应小于下式的计算值：

$$N \geqslant \frac{S}{KA} \tag{6-1}$$

式中 N——应设火灾探测器数量；

S——探测区域面积（m^2）；

A——探测器保护面积（m^2）；

K——安全修正系数。

探测器的保护面积 A 指的是一只火灾探测器能够有效地探测火灾信息的地面面积，又称探测面积，受火灾类型、建筑结构特点、环境条件的影响。主要考虑因素有：①火灾探测器的灵敏度越高，其响应阈值越灵敏，保护空间越大；②火灾探测器的响应时间越快，保护空间越大；③建筑空间内发烟物质的发烟量越大，感烟火灾探测器的保护空间面积越大；④燃烧性质不同时，阴燃比爆燃的保护空间大；⑤建筑结构及通风条件对其也有影响；⑥允许物质损失的程度。一般探测器的保护面积与保护半径可以作为安装火灾探测器位置的依据。火灾探测器的保护半径 R，定义为一只火灾探测器能够有效探测的单向最大水平距离。点型火灾探测器的保护面积 A 和保护半径 R 见表6-2。

安全修正系数 K 主要根据工程设计人员的实践经验选取，并考虑到一旦发生火灾，对人身和财产的损失程度、危险程度、疏散及扑救的难易程度以及火灾对社会的影响面大小等多种因素。一般，容纳人数超过 10000 人的公共场所宜取 0.7~0.8；容纳人数在 2000~10000 人的公共场所宜取 0.8~0.9，容纳人数在 500~2000 人的公共场所宜取 0.9~1.0，其他场所可取 1.0。

表6-2　点型火灾探测器的保护面积和保护半径

火焰探测器的种类	地面面积 S/m^2	房间高度 h/m	一只探测器的保护面积 A 和保护半径 R					
			房间坡度 θ/(°)					
			$\theta \leqslant 15$		$15 < \theta \leqslant 30$		$\theta > 30$	
			A/m^2	R/m	A/m	R/m	A/m	R/m
感烟探测器	$S \leqslant 80$	$h \leqslant 12$	80	6.7	80	7.2	80	8.0
	$S > 80$	$6 < h \leqslant 12$	80	6.7	100	8.0	120	9.9
		$h \leqslant 6$	60	5.8	80	7.2	100	9.0
感温探测器	$S \leqslant 30$	$h \leqslant 8$	30	4.4	30	4.9	30	5.5
	$S > 30$	$h \leqslant 8$	20	3.6	30	4.9	40	6.3

说明：

1）当火灾探测器装于探测区域不同坡度的顶棚上时，随着顶棚坡度的增大，烟雾沿斜顶和屋脊聚集，可使安装在屋脊（或靠近屋脊）的探测器感受烟或感受热气流的机会增加。因此火灾探测器的保护半径也相应地加大。

2）当火灾探测器监测的地面面积 $S > 80\text{m}^2$ 时，安装在其顶棚上的感烟探测器受其他环境条件的影响较小。房间越高，火源与顶棚之间的距离越大，则烟均匀扩散的区域越大。因此，随着房间高度增加，火灾探测器保护的地面面积也增大。

3）随着房间顶棚高度增加，能使感温火灾探测器动作的火灾规模明显增大。因此，感温火灾探测器需按不同的顶棚高度选用其不同类别。如 A1、A2 类的探测器宜使用于较大的顶棚高度上。

4）感烟火灾探测器对各种不同类型的火灾其敏感程度有所不同，因而难以规定感烟火灾探测器灵敏度等级与房间高度的对应关系。但考虑到火灾初期房间越高，烟雾越稀薄的情况，当房间高度增加时，可将火灾探测器的感烟灵敏度档次（等级）调高。

（二）点型火灾探测器的安装间距

火灾探测器的安装间距定义为两只相邻的火灾探测器中心连线的长度。当探测区域（面积）为矩形时，则 a 称为横向安装间距，b 为纵向安装间距，如图 6-8 所示。

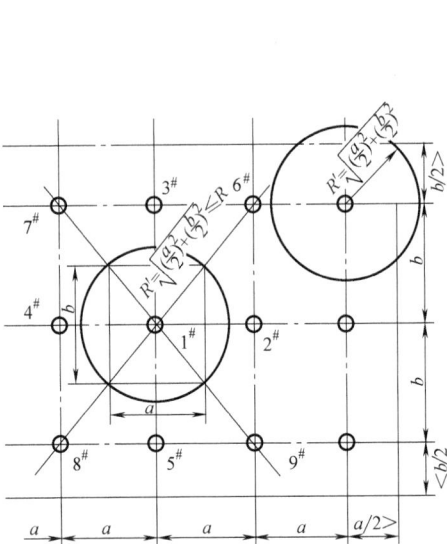

图 6-8　点型火灾探测器安装间距说明图例　　图 6-9　安装间距 a、b 的极限曲线

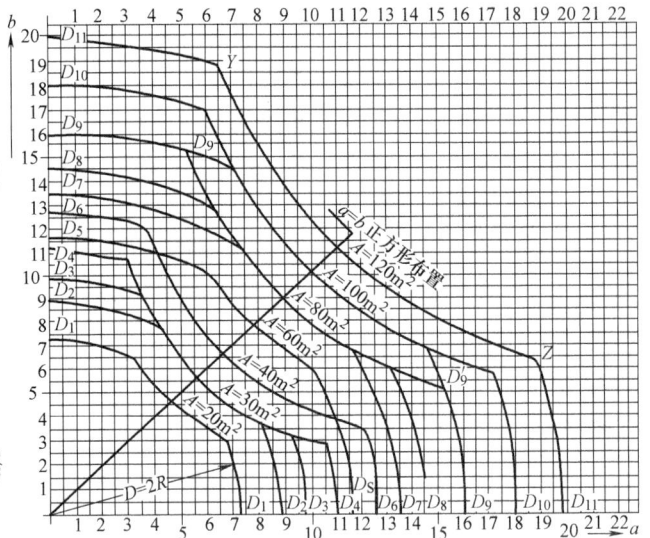

从图 6-8 可以看出安装间距 a、b 的实际意义。以图中 1# 探测器为例，安装间距是指 1# 探测器与 2#、3#、4# 和 5# 相邻探测器之间的距离，而不是 1# 探测器与 6#、7#、8# 和 9# 探测器之间的距离。显然，只有当探测区域内，探测器按正方形布置时，才有 $a = b$。从图 6-8 还可以看出探测器保护面积 A，保护半径 R 与安装间距 a、b 具有下列近似关系：

$$(R')^2 = a^2 + b^2 \leqslant R \tag{6-2}$$

$$D_i = 2R' \tag{6-3}$$

$$A = ab \tag{6-4}$$

应该指出，工程设计中为了尽快地确定出某个探测区域内火灾探测器的安装间距 a 和

b，经常利用安装间距 a 和 b 的极限曲线（见图 6-9）。该曲线根据式（6-2）、式（6-3）和式（6-4）绘出，应用这一曲线，可以按照选定的火灾探测器的保护面积 A 和保护半径 R 确定出安装间距 a 和 b。

有时也称安装间距 a 和 b 的极限曲线为"D_i-极限曲线"，D_i 有时称为保护直径。应当说明，在图 6-9 中所示的 D_i-极限曲线中：

1）极限曲线 $D_1 \sim D_4$ 和 D_6 适宜于保护面积 $A = 20\text{m}^2$、30m^2、40m^2 及其保护半径 $R = 3.6\text{m}$、4.4m、4.9m、5.5m 和 6.3m 的感温火灾探测器。

2）极限曲线 D_5 和 $D_7 \sim D_{11}$（含 D_9'）适宜于保护面积 $A = 60\text{m}^2$、80m^2、100m^2、120m^2 及其保护半径 $R = 5.8\text{m}$、6.7m、7.2m、8.0m、9.0m 和 9.9m 的感烟火灾探测器。

3）各条 D_i-极限曲线端点 Y_i 和 Z_i 坐标值（a_i，b_i），即安装间距 a、b 的极限值，可由式（6-3）~式（6-5）算得，见表 6-3。

4）感烟探测器、感温探测器的安装间距，应根据探测器的保护面积 A 和保护半径 R 确定，并不应超过探测器安装间距的极限曲线 $D_1 \sim D_{11}$（含 D_9'）所规定的范围，见表 6-4。

表 6-3　D_i-极限曲线端点坐标值

极限曲线 D_i	$Y_i(a_i, b_i)$ 点	$Z_i(a_i, b_i)$ 点	极限曲线 D_i	$Y_i(a_i, b_i)$ 点	$Z_i(a_i, b_i)$ 点
D_1	$Y_1(3.1, 6.5)$	$Z_1(3.1, 6.5)$	D_7	$Y_7(7.0, 11.4)$	$Z_7(11.4, 7.0)$
D_2	$Y_2(3.3, 7.9)$	$Z_2(7.9, 3.3)$	D_8	$Y_8(6.1, 13.0)$	$Z_8(13.0, 6.1)$
D_3	$Y_3(3.2, 9.2)$	$Z_3(9.2, 3.2)$	D_9	$Y_9(5.3, 15.1)$	$Z_9(15.1, 5.3)$
D_4	$Y_4(2.8, 10.6)$	$Z_4(10.6, 2.3)$	D_9'	$Y_9'(6.9, 14.4)$	$Z_9'(6.9, 14.4)$
D_5	$Y_5(6.1, 9.9)$	$Z_5(9.9, 6.1)$	D_{10}	$Y_{10}(5.9, 17.0)$	$Z_{10}(17.0, 5.9)$
D_6	$Y_6(3.3, 12.1)$	$Z_6(12.1, 3.3)$	D_{11}	$Y_{11}(6.4, 18.7)$	$Z_{11}(18.7, 6.4)$

表 6-4　感温、感烟火灾探测器适用的极限曲线、保护面积及保护半径

适用探测器	极限曲线	保护面积/m²	保护半径/m
感温	D_1	20	3.6
	D_2		4.4
	D_3	30	4.9
	D_4		5.5
	D_6	40	6.3
感烟	D_5	60	5.8
	D_7		6.7
	D_8	80	7.2
	D_9		8.0
	D_9'		
	D_{10}	100	9.0
	D_{11}	120	9.9

（三）点型火灾探测器的安装规则

消防工程设计施工中，针对不同的建筑构造，对火灾探测器的安装要求是不相同的。

1. 房间顶棚有梁的情况

在房间顶棚有梁的情况下，由于梁对烟的蔓延会产生阻碍，因而使火灾探测器的保护面积受到梁的影响。如果梁间区域的面积较小，梁对热气流（或烟气流）形成障碍，并吸收一部分热量，因而火灾探测器的保护面积必然下降。为补偿这一影响，工程中是按梁的高度情况加以考虑的。

因此，我国《火灾自动报警系统设计规范》中根据火灾模拟及火场实际情况规定了梁对火灾探测器安装的影响。

1）当梁突出顶棚的高度小于 200mm 时，在顶棚上设置感烟、感温火灾探测器，可以忽略梁对火灾探测器保护面积的影响。

2）当梁突出顶棚的高度在 200～600mm 时，设置的感烟、感温火灾探测器应按图 6-10 和表 6-5 来确定梁的影响和一只火灾探测器能够保护的梁间区域的个数（梁间区域指的是高度在 200～600mm 之间的梁所包围的区域）。

3）当梁突出顶棚的高度超过 600mm 时，被梁隔断的每个梁间区域至少应设置一只探测器。

4）当被梁隔断的区域面积超过一只探测器的保护面积时，被隔断的区域应按规定计算探测器的设置数量。

5）当梁间距净距离小于 1m 时，可视为平顶棚，可不计梁对探测器保护面积的影响。

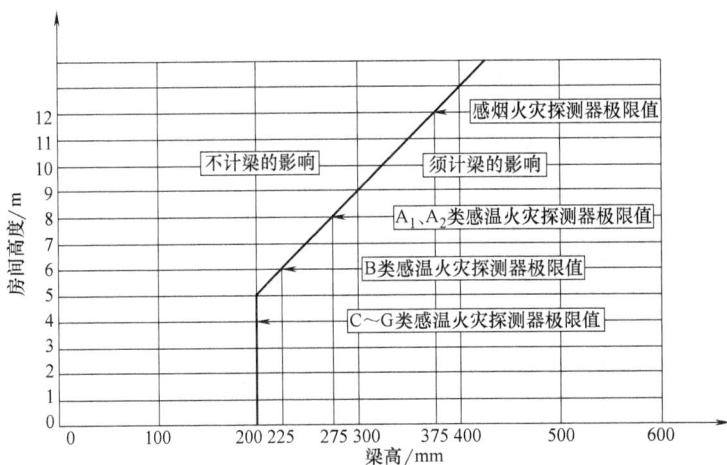

图 6-10　梁对火灾探测器应用之影响

表 6-5　按梁间区域面积确定一只火灾探测器能够保护的梁间区域的个数

探测器的保护面积 A/m^2	感温探测器		感烟探测器		保护的梁间
	20	30	60	80	区域的个数
梁隔断的梁间区域面积 Q /m^2	$Q>12$	$Q>18$	$Q>36$	$Q>48$	1
	$8<Q\leqslant12$	$12<Q\leqslant18$	$24<Q\leqslant36$	$32<Q\leqslant48$	2
	$6<Q\leqslant8$	$9<Q\leqslant12$	$18<Q\leqslant24$	$24<Q\leqslant32$	3
	$4<Q\leqslant6$	$6<Q\leqslant9$	$12<Q\leqslant18$	$16<Q\leqslant24$	4
	$Q\leqslant4$	$Q\leqslant6$	$Q\leqslant12$	$Q\leqslant16$	5

2. 其他安装规则

1）探测器至墙壁、梁边的水平距离，不应小于 0.5m。

2）探测器周围在 0.5m 内，不应有遮挡物。

3）探测器至空调送风口边的水平距离不应小于 1.5m，并宜接近回风口安装，探测器至多孔送风顶棚孔口的水平距离不应小于 0.5m，如图 6-11 所示。

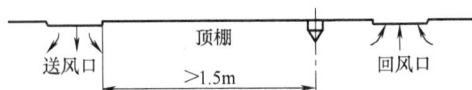

图 6-11　送、回风口对探测器安装的影响

4）当屋顶有热屏障时，感烟探测器下表面至顶棚或屋顶的距离 d，应符合表 6-6 的规定。该条规定是参考了德国的规范要求，如玻璃屋顶容易吸收太阳光线，使得顶棚处温度过高，形成热空气层，使烟气不容易到达，容易引起探测器误报。美国消防工程师协会的《防火安全工程手册》对于这种热障层对探测器的影响的考虑，除设定一系列的规范值进行安装设计，还可以根据具体建筑物的结构的情况，来确定其中热障层的厚度，然后确定探测器安装的位置。在设计中引入了国外研究学者试验得到的环境温度对热烟气上升高度的影响的经验公式，可以直接计算在一定的环境温度下，热烟气最大上升到的高度，如果这个高度低于房间的顶棚高度，那么就应当调整感烟探测器的安装平面。如果影响过大，应当考虑不再安装这种点型的感烟探测器，而是直接在热烟气层高度范围之下安装红外对射的感烟探测器。应当指出，感温火灾探测器通常受这种热屏障的影响极小，所以总是直接安装在顶棚。

表 6-6　感烟火灾探测器下表面距顶棚（或屋顶）的距离

探测器的安装高度 h/m	感烟探测器下表面至顶棚或屋顶的距离 d（θ 为顶棚或屋顶坡度）/mm					
	$\theta \leqslant 15°$		$15° < \theta \leqslant 30°$		$\theta > 30°$	
	最小	最大	最小	最大	最小	最大
$h \leqslant 6$	30	200	200	300	300	500
$6 < h \leqslant 8$	70	250	250	400	400	600
$8 < h \leqslant 10$	100	300	300	500	500	700
$10 < h \leqslant 12$	150	350	350	600	600	800

注：锯齿形屋顶和坡度大于 15° 的人字形屋顶，应在每个屋脊处设置一排探测器，探测器下表面距屋顶最高处的距离，也应符合上表的规定。

5）探测器宜水平安装。当倾斜安装时，倾斜角不应大于 45°，如图 6-12 所示。

6）在宽度小于 3m 的内走道顶棚上设置探测器时，宜居中布置。感温探测器的安装间距不应超过 10m；感烟探测器的安装间距不应超过 15m。探测器至端墙的距离，不应大于探测器安装间距的一半。

7）在电梯井、升降机井设置探测器时，其位置宜在井道上方的机房顶棚上。

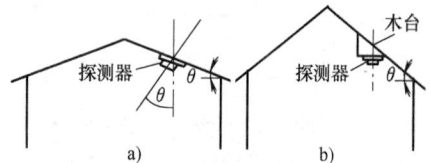

图 6-12　探测器的安装角度
（θ 为屋顶的法线与垂直方向的交角）
a）$\theta < 45°$ 时　b）$\theta > 45°$ 时

8）房间被书架、设备或隔断等分隔，其顶部至顶棚或梁的距离小于房间净高的 5% 时，每个被隔开的部分至少应安装一只探测器。

9）感烟火灾探测器在隔栅吊顶场所的设置应符合下列规定：

① 镂空面积与总面积的比例不大于 15% 时，探测器应设置在吊顶下方；

② 镂空面积与总面积的比例大于 30% 时，探测器应设置在吊顶上方；

③ 镂空面积与总面积的比例在 15% ~ 30% 范围时，探测器的设置部位应根据实际试验结果确定；

④ 探测器设置在吊顶上方且火警确认灯无法观察时，应在吊顶下方设置火警确认灯；

⑤ 地铁站台等有活塞风影响的场所，镂空面积与总面积的比例在 30% ~ 70% 范围内时，探测器宜同时设置在吊顶上方和下方。

10）火灾探测器的底座应固定牢靠，其导线连按必须可靠压接或焊接。当采用焊接时，不得使用带腐蚀性的助焊剂。

11）火灾探测器的"＋"线应为红色，"－"线应为蓝色，其余线应根据不同用途采用其他颜色区分，但同一工程中相同用途的导线颜色应一致。

12）火灾探测器底座的外接导线，应留有不小于15cm的裕量，入端处应有明显标志。

13）火灾探测器底座的穿线孔宜封堵，安装完毕后的探测器底座应采取保护措施。

14）火灾探测器的确认灯，应面向便于人员观察的主要入口方向。

15）火灾探测器在即将调试时方可安装；在安装前应妥善保管，并应采取防尘、防潮、防腐蚀措施。

（四）线型火灾探测器的安装规则

1）红外光束感烟探测器的光束轴线距顶棚的垂直距离宜为0.3~1.0m，距地高度不宜超过20m。

2）相邻两组红外光束感烟探测器的水平距离不应大于14m。探测器距侧墙的水平距离不应大于7m，且不应小于0.5m。探测器的发射器和接收器之间的距离不宜超过100m，如图6-13所示。

3）缆式线型定温探测器在探测器在保护如电缆、堆垛等保护对象时，应采用接触式布置，如图6-14所示；在各种带式输送装置上设置时，宜设置在装置的过热点附近，如图6-15所示。

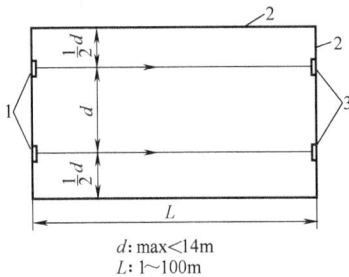

图6-13 红外光束感烟探测器
在相对两面墙上安装平面示意图
1—发射器 2—墙壁 3—接收器

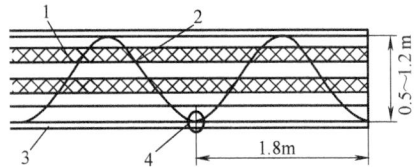

图6-14 缆式线型定温探测器在电缆
桥架或支架上的接触式布置示意图
1—动力电缆 2—探测器热敏电缆
3—电缆桥架 4—固定卡具
注：固定卡具宜选用阻燃塑料卡具。

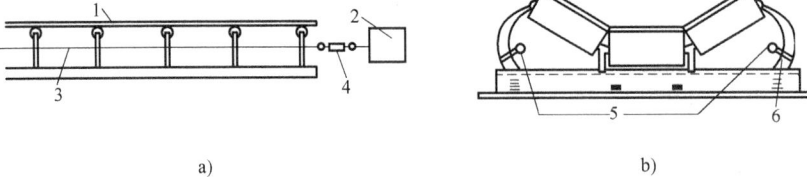

a)

b)

图6-15 缆式线型定温探测器在皮带输送装置上的设置示意图
a）侧视图 b）正视图
1—传送带 2—探测器终端电阻 3、5—探测器热敏电缆 4—拉线螺旋 6—电缆支撑件

4）设置在顶棚下方的线型感温火灾探测器，距顶棚的距离宜为0.1m。相邻管路之间的水平距离不宜大于5m；管路至墙壁的距离宜为1~1.5m。

5）光栅光纤感温火灾探测器每个光栅的保护面积和保护半径应符合点型感温火灾探测器的保护面积和保护半径要求。

6）设置线型感温火灾探测器的场所有联动要求时，宜采用两只不同火灾探测器的报警信号组合。与线型感温火灾探测器连接的模块不宜设置在长期潮湿或温度变化较大的场所。

（五）可燃气体探测器的安装

可燃气体探测器的安装位置及报警控制如图6-16a、c所示。

挂墙安装方式适用于可燃气体比空气轻的天然气、城市煤气等气体，当可燃气体比空气重时，采用图6-16b所示安装方式。

（六）吸气式感烟火灾探测器的设置

1）非高灵敏型探测器的采样管网安装高度不应超过16m；高灵敏型探测器的采样管网安装高度可以超过16m；采样管网安装高度超过16m时，灵敏度可调的探测器必须设置为高灵敏度，且应减小采样管长度、减少采样孔数量。

2）探测器的每个采样孔的保护面积、保护半径应符合点型感烟火灾探测器的保护面积、保护半径的要求。

3）一个探测单元的采样管总长不宜超过200m，单管长度不宜超过100m，同一根采样管不应穿越防火分区。采样孔总数不宜超过100，单管上的采样孔数量不宜超过25。

4）当采样管道采用毛细管布置方式时，毛细管长度不宜超过4m。

5）吸气管路和采样孔应有明显的火灾探测器标识。

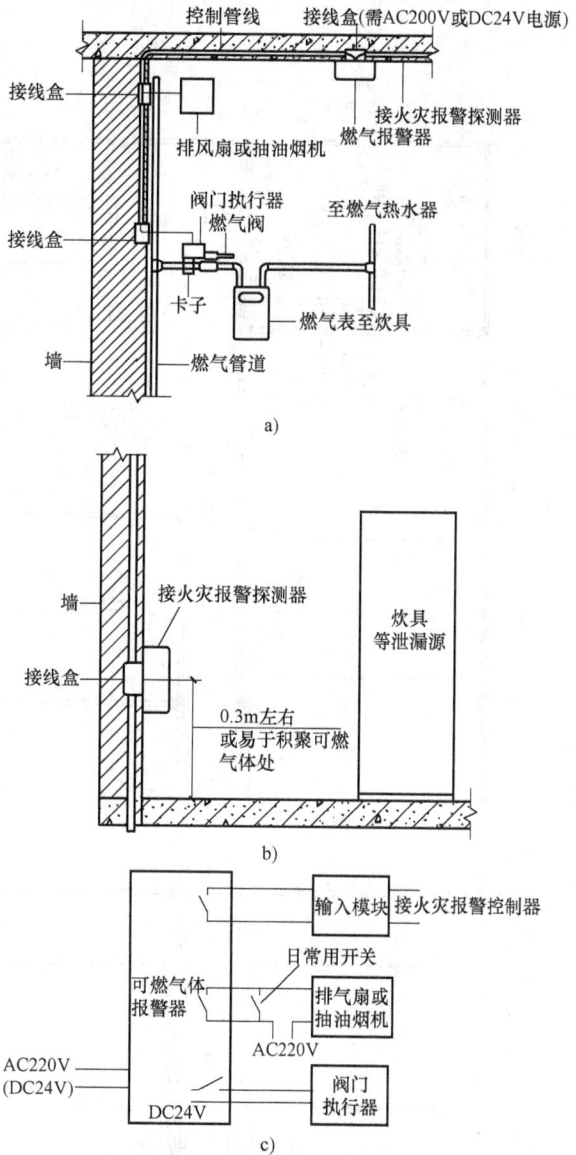

图 6-16　可燃气体探测器安装

a）可燃气体探测器安装（一）

b）可燃气体探测器安装（二）　c）可燃气体报警控制

6）有过梁、空间支架的建筑中，采样管路应固定在过梁、空间支架上。

7）当采样管道布置形式为垂直采样时，每2℃温差间隔或3m间隔（取最小者）应设置一个采样孔，采样孔不应背对气流方向。

8）采样管网应按经过确认的设计软件或方法进行设计；探测器的火灾报警信号、故障信号等信息应传给火灾报警控制器，涉及消防联动控制时，探测器的火灾报警信号还应传给消防联动控制器。

管路采样式吸气感烟火灾探测器的设置安装平面示意图及其与传统报警系统连接系统图如图6-17及图6-18所示。

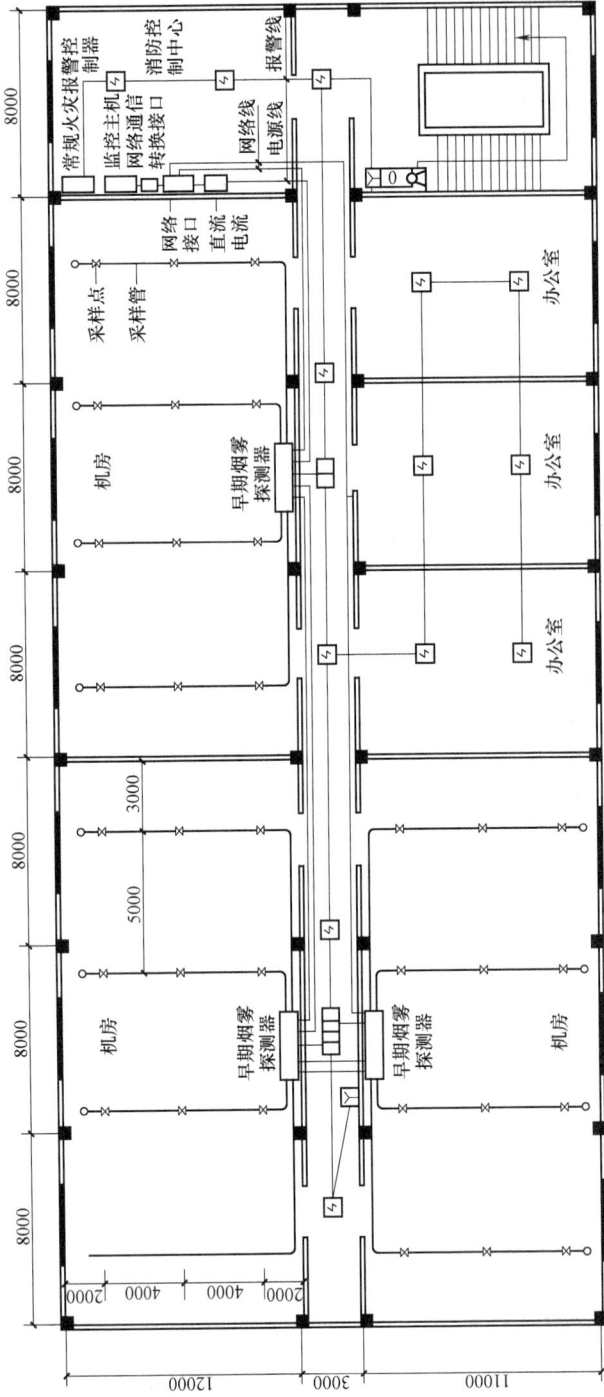

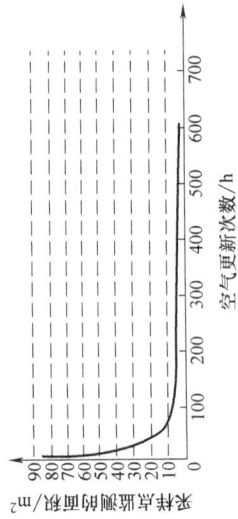

空气更新次数/h	60	30	20	15	12	10	8.6	7.5	6.7	6
采样点监测的面积/m²	12	23	35	46	58	70	81	84	84	84

b)

图 6-17 吸气式感烟火灾探测器的设置安装平面示意图

a) 早期烟雾探测器与常规火灾报警系统的连接方式 b) 保护区内每小时更新次数与采样点保护面积曲线（表）

与常规火灾报警系统连接方式	方式(一)	方式(二)
监控方式	由布置在值班室的19in显示器远控机架进行系统的显示和编程	由布置在值班室的装有专用监控软件的计算机进行系统的显示和编程
示意图	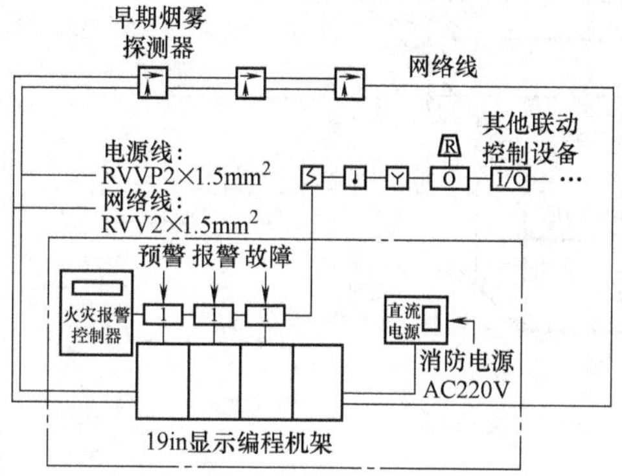	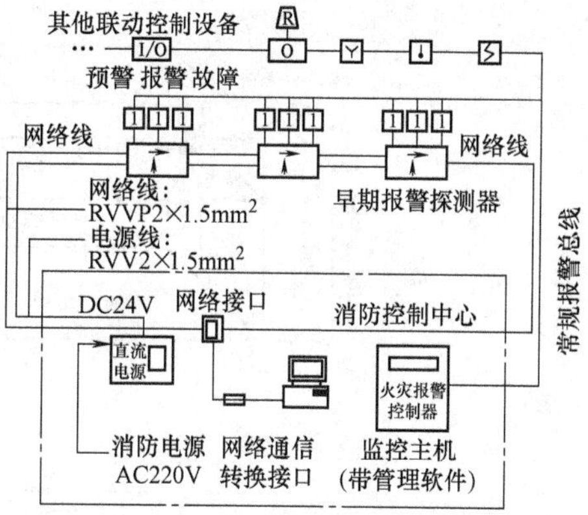
与常规点式系统连接具体实现方式	利用远程显示模块的7或12个无源继电器与点式系统的输入模块相连接	利用现场早期报警探测器的7或12个无源继电器与点式系统的输入模块相连接
特点及说明	主要优点:此种连接方式简单可靠,应用较多,可在值班室机柜内直接连接 主要缺点:只有简单的开关量信号,监控信息不全面	主要优点:此种连接方式简单可靠,应用较多 主要缺点:只有简单的开关量信号,监控信息不全面,并需到现场各个早期报警探测器的位置连接输入模块
与常规火灾报警系统连接方式	方式(三)	方式(四)
监控方式	由布置在值班室的传统报警主机进行系统的显示和编程	由布置在值班室的传统报警主机进行系统的显示和编程
示意图	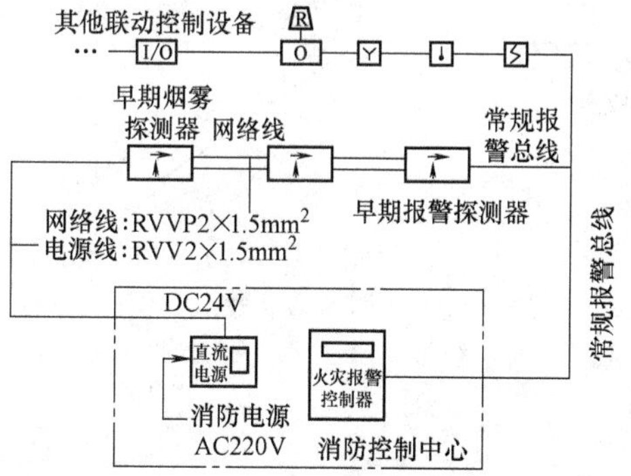	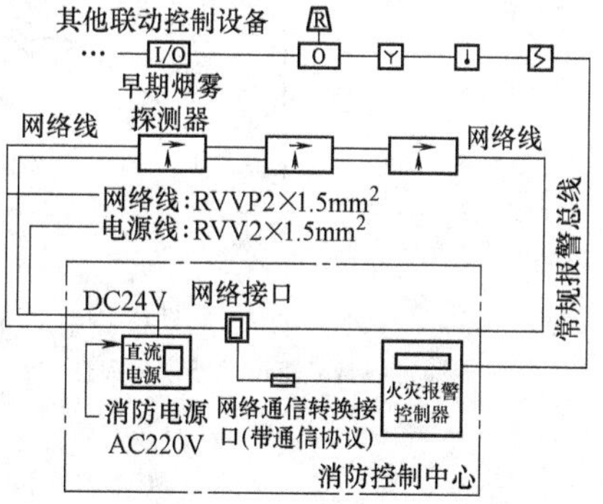
与常规点式系统连接具体实现方式	利用现场早期烟雾探测器可直接接入点式系统的报警总线	利用提供的早期烟雾报警的开放协议和RS232接口,通过编程可纳入点式系统
特点及说明	主要优点:空气采样设备与点式探测设备可以同时连接在报警总线上,此种方式最为完全彻底,充分有效 主要缺点:只有个别兼有此两种技术的厂家生产此系统产品	主要优点:利用计算机接口和开放通信协议与点式系统连接。此种连接方式,连接充分,信息全面 主要缺点:需要进行一定的编程工作,对于点式系统固定的监控程序,编程工作比较困难,故应用较少

图 6-18 管路采样式吸气感烟火灾探测器与传统报警系统连接系统图

（七）线型光束图像感烟火灾探测器的安装

线型光束图像感烟火灾探测器的安装如图 6-19 所示。

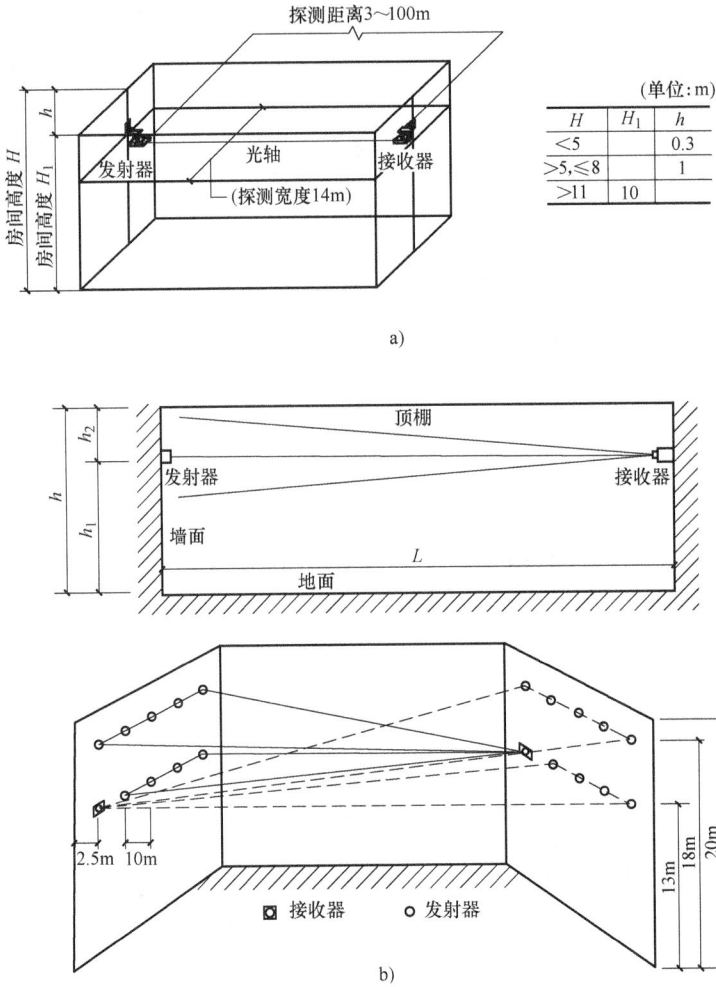

H	H_1	h
<5		0.3
>5,≤8		1
>11	10	

（单位：m）

a)

b)

图 6-19　线型光束图像感烟火灾探测器的安装

a）线型光束图像感烟火灾探测器安装（一）　b）线型光束图像感烟火灾探测器安装（二）

第三节　火灾报警系统的设计

火灾自动报警系统的工程设计首先要根据保护对象的工程的建设规模、被保护对象的性质来选择系统的形式，从而确定火灾探测的布置位置、要求，在此基础上进行火灾探测区域、报警区域的划分，确定火灾探测器的选用类型及安装规则，对消防联动设备的控制方式和要求以及供电布线要求等。我国现行国家标准《火灾自动报警系统设计规范》对上述内容作了明确规定，各类建筑必须严格遵循规范规定进行工程设计。

一、设计形式选择

（一）系统设置对象

我国建筑设计防火规范规定的火灾自动报警系统设置原则是：根据建筑物的使用性质、火灾危险性划分、疏散和火灾扑救难度所确定的建筑分类和耐火等级要求，结合建筑的不同情况、火灾自动报警系统的设计特点和消防工程实际需要，有针对性地采取相应的防护措施和配置火灾自动报警系统。因此，根据这一原则，在我国的不同规范中，均规定了火灾自动报警应设置的对象及部位。最常见的规范主要有：《建筑设计防火规范》、《火灾自动报警系统设计规范》、《人民防空设计防火规范》、《汽车库、修理车库、停车场设计防火规范》等。

（二）系统选型及设计要求

火灾自动报警系统作为消防安全设备，必须符合公共消防安全标准，并满足消防电源供配电要求、消防设备电气配线耐火阻燃措施、消防设备监控、火灾监控数据信息网络通信等基本要求，结合保护对象的建筑特点，充分发挥系统的作用。根据国家标准《火灾自动报警系统设计规范》规定，火灾自动报警系统的设计应首先从选型上符合要求。

1. 一般要求

火灾自动报警系统无论何种形式，都应设有自动和手动两种触发装置。自动触发装置即火灾探测器，是火灾自动报警系统中最基本的触发装置，它能够自动探测火灾，产生和发出火灾报警信号并将火灾报警信号传输给火灾报警控制器。手动触发装置即手动火灾报警按钮，它是系统中必不可少的组成部分。手动火灾报警按钮与火灾探测器相辅相成，有利于提高火灾自动报警系统报警的可靠性。

火灾自动报警系统中火灾报警控制器容量和每一总线回路所连接的火灾探测器及控制模块（或信号模块）的地址编码总数，在设计时均宜留有一定裕量。也就是说，在设计火灾自动报警系统时，所选用的火灾报警控制器的额定容量，即其可以接收和显示的探测部位地址编码总数应当大于系统保护对象实际需要的探测部位地址编码总数。并且，火灾报警控制器每一总线回路所连接的火灾探测器和控制模块或信号模块的编码总数的额定值，应当大于该总线回路中实际需要的地址编码总数。所留裕量大小，应根据保护对象的具体情况，如工程规模、重要程度等合理掌握，一般可按火灾报警控制器额定容量或总线回路地址编码总数额定值的80%~85%来选择。

2. 系统形式选择及要求

火灾自动报警系统形式的选择原则是：

1）仅需要报警，不需要联动自动消防设备的保护对象宜采用区域报警系统。

2）不仅需要报警，同时需要联动自动消防设备，且只设置一台具有集中控制功能的火灾报警控制器和消防联动控制器的保护对象，应采用集中报警系统，并应设置一个消防控制室。

3）设置两个及以上消防控制室的保护对象，或设置了两个及以上集中报警系统的保护对象，应采用控制中心报警系统。

（1）区域火灾报警系统的设计要求　区域火灾报警系统是一种简单的火灾报警系统，系统基本构成应符合第六章第一节的要求。其保护对象一般是规模较小，对联动控制功能要求简单，或没有联控功能的场所。区域火灾报警系统的工程设计，应符合下列要求：

1）一个火灾报警区域宜设置一台区域火灾报警控制器（火灾报警控制器），系统中区域火灾报警控制器（火灾报警控制器）不应超过两台，以方便用户管理。

2）区域火灾报警控制器（火灾报警控制器）应设置在有人值班的房间或场所。当火灾报警系统中设有两台区域火灾报警控制器（火灾报警控制器）且分设在两处时，应当以一处为主值班室，并将另一台区域火灾报警控制器（火灾报警控制器）的信号送到主值班室。

3）区域火灾报警系统按照用户需要可设置简单的消防联动控制设备。

4）当用一台区域火灾报警控制器（火灾报警控制器）警戒多个楼层时，应在每个楼层的楼梯口或消防电梯前室等明显部位，设置识别着火楼层的灯光显示装置，以便发生火灾时及时正确引导消防、保卫人员组织疏散、扑救活动。

5）区域火灾报警控制器（火灾报警控制器）安装在墙上时，其底边距地高度宜为 1.3～1.5m，其靠近门轴的侧面距墙不应小于 0.5m，正面操作距离不应小于 1.2m，以便设计人员据此提出对值班房间或场所建筑面积的设计要求。

采用区域报警系统形式进行消防工程设计时，火灾自动报警系统中设置的区域火灾报警控制器（或装置）台数不能多于 3 台。区域火灾报警控制器（装置）的安装高度通常参照有关电力、通信等国家标准规范中各种电气装置仪表盘或通信设备的安装高度而确定。

（2）集中火灾报警系统的设计要求　集中火灾报警系统是一种较复杂的火灾报警系统，其保护对象一般规模较大、联动控制功能要求较复杂。集中火灾报警系统应按照第六章第一节要求构成，其工程设计还应符合下列要求：

1）集中火灾报警系统中应设置一台集中火灾报警控制器和两台及两台以上区域火灾报警控制器，或设置一台火灾报警控制器和两台及以上区域显示器（灯光显示装置）。

2）集中火灾报警系统中应设置消防联动控制设备。

3）集中火灾报警控制器（火灾报警控制器）应能显示火灾报警部位信号和控制信号，亦可进行消防设备联动控制。

4）集中火灾报警控制器（火灾报警控制器）、消防联动控制设备等在消防控制室（或值班室）内的布置。采用集中报警系统形式进行消防工程设计时，集中火灾报警控制器（装置）应设置在有人值班的专用房间或消防值班室内。凡是集中火灾报警控制器（装置）不是设置安装在消防控制室时，必须将集中火灾报警控制器（装置）的总输出信号送至消防控制室，以利于对整个火灾自动报警系统进行统一管理和统一监控。

（3）控制中心火灾报警系统的设计要求　控制中心火灾报警系统是一种复杂的火灾自动报警系统，其保护对象一般规模大、联动控制功能要求复杂。控制中心火灾报警系统应按照第六章第一节的要求构成，其工程设计还应符合下列要求：

1）控制中心报警系统中至少应设置一台集中火灾报警控制器、一台专用消防联动控制设备和两台及两台以上区域火灾报警控制器；或至少设置一台通用火灾报警控制器、一台消防联动控制设备和两台及两台以上区域显示器（灯光显示装置）。

2）控制中心报警系统应能集中显示火灾报警部位信号和联动控制状态信号。

3）控制中心报警系统中设置的集中火灾报警控制器（或通用火灾报警控制器）和消防联动控制设备在消防控制室内的布置。

（三）报警区域和探测区域的划分

在进行火灾探测系统工程设计之初，应该根据保护对象的建筑结构、火灾探测系统的形式等进行火灾报警单元和火灾探测单元的划分，即划分报警区域和火灾探测区域。

1. 报警区域的划分

为了便于火灾自动报警系统早期发现并通报火灾和进行系统的日常管理与维护，火灾自动报警系统设计一般都要将其保护对象的整个保护范围划分成为若干个分区，即火灾报警区域。只有按照保护对象的保护等级、耐火等级，合理正确地划分报警区域，才能在火灾初期及早地发现火灾发生的部位，尽快扑灭火灾。

我国参考了一些先进国家规范中的合理部分，同时考虑我国目前建筑和产品的实际状况和发展趋势及建筑物的用途、设计不同，有的按防火分区划分比较合理，有的则需按楼层划分。因此，在《火灾自动报警系统设计规范》中作了明确规定，即"报警区域应根据防火分区或楼层划分。可将一个防火分区或一个楼层划分为一个报警区域，也可将发生火灾时需要同时联动消防设备的相邻几个防火分区或楼层划分为一个报警区域"。每个火灾报警区域应设置一台区域报警控制器或区域显示器，但这种情况下，除了高层公寓和塔式住宅外，一台区域报警系统警戒的区域一般也不跨越楼层。因此，火灾报警区域是由多个火灾探测器组成的火灾警戒区域范围按建筑结构特点划分的部分。

此外，电缆隧道的报警区域宜由一个封闭长度区间组成，一个报警区域不应超过相连的3个封闭长度区间；道路隧道的报警区域应根据排烟系统或灭火系统的联动需要确定，且不宜超过150m；甲、乙、丙类液体贮罐区的报警区域应由一个贮罐区组成，每个50000m³及以上的外浮顶贮罐应单独划分为一个报警区域；列车的报警区域应按车厢划分，每节车厢应划分为一个报警区域。

2. 探测区域的划分

火灾探测区域是将报警区域按照探测火灾的部位划分而成探测单元。火灾探测区域是由一个或多个火灾探测器并联组成的一个有效探测报警单元，每一个火灾探测区域在对应的火灾报警控制器或楼层显示器上显示一个部位号。火灾探测区域是火灾报警系统的最小单位，代表了火灾报警的具体部位。这种划分的根本目的是为了在火灾时，能够迅速、准确地确定着火部位，及时采取有效措施。探测区域的划分主要取决于被监控现场的建筑构造情况，一般要符合下列规定：

1）探测区域应按独立房（套）间划分。一个探测区域的面积不宜超过500m²；从主要入口能看清其内部，且面积不超过1000m²的房间，也可划为一个探测区域。

2）红外光束感烟火灾探测器和缆式线型感温火灾探测器的探测区域的长度不宜超过100m；空气管差温火灾探测器的探测区域长度宜在20～100m。

为了保证发生火灾时能使人员安全疏散，确保一些比较特殊或比较重要的公共部位所发生的火灾能够及早而准确地发现，并尽快扑灭，应该分别单独划分探测区域。例如：①敞开或封闭楼梯间；②防烟楼梯间前室、消防电梯前室、消防电梯与防烟楼梯间合用的前室；③走道、坡道、管道井、电缆隧道；④建筑物闷顶、夹层。

二、系统设备

（一）系统保护方式及探测器设置部位

火灾报警系统作为重要的消防设施，应根据由建筑物的使用性质、火灾危险性划分、疏散和火灾扑救难度所确定的建筑分类和耐火等级要求，结合建筑的不同情况、并根据火灾报警系统本身的设计特点和消防工程实际需要，有针对性地进行工程设计。

在火灾自动报警系统工程设计过程中，火灾探测器的选择和设置及其重要，决定着火灾自动报警系统整体性能。

火灾自动报警系统保护方式的选择，应根据保护对象的等级、火灾自动报警系统功能要求和系统管理因素等方面来综合考虑，并且做到安全可靠、方便维护。根据建筑对象的保护等级要求，建筑内火灾自动报警系统的防火保护方式有3种：

1）全局式保护方式，即整个建筑空间被火灾探测区域覆盖，一般用于重要建筑对象及其控制中心报警系统形式。

2）局部式保护方式，即建筑的部分重要部位、空间被火灾探测区域覆盖，一般用于普通对象及其区域报警系统形式。

3）混合式保护方式，即对建筑的重要部位采用全局式保护，而非重要部位采用局部式保护，一般用于集中报警系统形式。

（二）手动报警按钮

1）每个防火分区应至少设置一只手动火灾报警按钮。从一个防火分区内的任何位置到最邻近的手动火灾报警按钮的步行距离不应大于30m。手动火灾报警按钮宜设置在疏散通道或出入口处。列车上设置的手动火灾报警按钮，应设置在每节车厢的出入口和中间部位。

2）手动火灾报警按钮应设置在明显的和便于操作的部位；当安装在墙上时，其底边距地高度宜为1.3 ~1.5m，且应有明显的标志。

（三）区域显示器

1）每个报警区域宜设置一台区域显示器（火灾显示盘）；宾馆、饭店等场所应在每个报警区域设置一台区域显示器（火灾显示盘）。当一个报警区域包括多个楼层时，宜在每个楼层设置一台仅显示本楼层的区域显示器（火灾显示盘）。

2）火灾显示盘应设置在出入口等明显的和便于操作的部位。当安装在墙上时，其底边距地高度宜为1.3~1.5m。

（四）火灾警报器

火灾警铃是一种安装于走道、楼梯等公共场所的火灾警报装置。建筑中设置的火灾警铃通常按照防火分区设置，报警方式采用分区报警。设消防应急广播系统后，可不再设火灾警铃。在装设有手动报警开关的部位需装设火灾警铃或讯响器，一旦发现火灾，操作手动报警开关就可向本地区报警。一般，火灾警铃或讯响器的工作电压为DC 24V，多采用嵌入墙壁安装。

火灾自动报警系统应设置火灾声光警报器，并应满足下列要求：

1）火灾光警报器应设置在每个楼层的楼梯口、消防电梯前室、建筑内部拐角等处的明显部位，且不宜与安全出口指示标志灯具设置在同一面墙上。

2）每个报警区域内应均匀设置火灾警报器，声压级不应小于60dB；在环境噪声大于60dB的场所设置火灾警报器时，其声警报器的声压级应高于背景噪声15dB。

3）火灾警报器设置在墙上时，其底边距地面高度应大于2.2m。

（五）消防应急广播

消防应急广播是在发生火灾或意外事故时指挥现场人员进行疏散的设备。火灾警报装置（包括警铃、警笛、警灯等）是发生火灾或意外事故时向人们发出警告的装置。虽然两者在设置范围上有些差异，但使用目的一致，即为了及时向人们通报火灾，指导人们安全、迅速地疏散。

1. 消防应急广播的设置范围

火灾发生时，为了便于组织人员的安全疏散和通知有关的救灾事项，《火灾自动报警系统设计规范》中规定：集中报警系统和控制中心报警系统应设置消防应急广播系统。

在智能建筑和高层建筑内或已装有广播扬声器的建筑内设置消防应急广播时，要求原有广播音响系统具备消防应急广播功能，即当发生火灾时，无论扬声器当时处于何种工作状态，都应能紧急切换到消防应急广播线路上。消防应急广播的扩音机需专用，但可放置在其他广播机房内，在消防控制室应能对它进行遥控自动开启，并能在消防控制室直接用送话器播音。

一般来说，消防应急广播的线路需单独敷设，并应有耐热保护措施，当某一路的扬声器或配线短路、开路时，应仅使该路广播中断而不影响其他各路广播。消防应急广播系统可与建筑物内的背景音乐或其他功能的大型广播音响系统合用扬声器，但应符合规范提出的技术要求。

2. 消防应急广播的技术要求

按照《火灾自动报警系统设计规范》的规定，消防应急广播系统中扬声器的设置应符合以下要求：

1) 消防应急广播的扬声器宜按照防火分区设置和分路，在民用建筑里，扬声器应设置在走道和大厅等公共场所，每个扬声器的额定功率不小于 3W，其间距应保证从一个防火分区的任何部位到最近一个扬声器的直线距离不大于 25m，走道末端扬声器距墙不大于 12.5m。

2) 在环境噪声大于 60dB 的场所设置的扬声器，在其播放范围内最远点的播放声压级应高于背景噪声 15dB。

3) 客房设置专用扬声器时，其功率不宜小于 1.0W。

4) 壁挂扬声器的底边距地面高度应大于 2.2m。

当消防应急广播与其他广播（包括背景音乐等）合用时，应符合下列技术要求：

1) 火灾时，应能在消防控制室将火灾疏散层的扬声器和公共广播扩音机强制转入消防应急广播状态。

2) 消防控制室应能监控用于消防应急广播时的扩音机的工作状态，并能开启扩音机进行广播。

3) 床头控制柜设有扬声器时，应有强制切换到消防应急广播的功能。

4) 消防应急广播应设置备用扩音机，其容量不应小于消防应急广播扬声器最大容量总和的 1.5 倍。

3. 消防应急广播控制方式

消防应急广播系统的联动控制信号应由消防联动控制器发出。当确认火灾后，应同时向全楼进行广播。

应指出的是，当消防应急广播按照与建筑物内其他广播音响系统合用扬声器时，一旦发生火灾，要求能在消防控制室采用如下两种控制切换方式将火灾疏散层的扬声器和广播音响扩音机强制转入消防应急广播状态：

① 消防应急广播系统仅利用音响广播系统的扬声器和传输线路，其扩音机等装置却是专用时，若发生火灾，应由消防控制室切换输出线路，使音响广播系统投入火灾紧急广播；

② 消防应急广播系统完全利用音响广播系统的扩音机、扬声器和传输线路等装置时，消防控制室应设有紧急播放盒（内含送话器放大器和电源、线路输出遥控按键等），用于火灾时遥控音响广播系统紧急开启，进行消防应急广播。

以上两种控制方式都注意使扬声器无论处于关闭或在播放音乐等状态下，都能紧急播放消防应急广播。特别是在设有扬声器开关或音量调节器系统中，紧急广播方式时，应采用继电器切换到消防应急广播线路上。无论采用哪种控制方式都应能使消防控制室采用传声器直接广播和遥控扩音机的开闭及输出线路的分区播放，还能显示消防应急广播扩音机的工作状态。

（六）消防专用电话

消防专用电话是与普通电话分开的独立系统，一般采用集中式对讲电话，主机设在消防控制室，分机分设在其他各个部位。采用多线制消防电话系统中的每个电话分机应与总机单独连接；不同防火分区内设置的电话插孔不应连接到同一回路中。消防控制室、消防值班室或工厂消防队（站）等处应装设向公安消防部门直接报警的外线电话。消防控制室应设消防专用电话总机，电话分机或电话插孔的设置，应符合下列规定：

1）消防水泵房、发电机房、配变电室、计算机网络机房、主要通风和空调机房、防排烟机房、灭火控制系统操作装置处或控制室、企业消防站、消防值班室、总调度室、消防电梯机房及其他与消防联动控制有关的且经常有人值班的机房应设置消防专用电话分机。消防专用电话分机应固定安装在明显且便于使用的部位，应有区别于普通电话的标志。

2）设有手动火灾报警按钮或消火栓按钮等处宜设置电话插孔，并宜选择带有电话插孔的手动火灾报警按钮。

3）各避难层应每隔20m设置一个消防专用电话分机或电话插孔。

4）电话插孔在墙上安装时，其底边距地面高度宜为1.3～1.5m。

应指出的是，除了上述消防设备控制问题之外，发生火灾时火灾自动报警系统还要考虑消防电源监控、消防电梯监控、空调系统断电控制、消防设备用电末端切换等问题。

（七）各消防控制器

1. 消防水泵控制器的设置

1）消防水泵控制器宜设置在泵房的控制间内。

2）控制箱落地安装时，底部宜抬高，室内宜高出地面50mm以上，室外应高出地面200mm以上。

3）控制器屏前和屏后通道的最小宽度应符合现行国家标准《低压配电设计规范》（GB 50054—2011）中的有关要求。

2. 防排烟系统控制器的设置

1）防排烟系统控制器应设置在防排烟风机房或设备附近。控制器落地安装时，底部宜抬高，室内宜高出地面50mm以上，室外应高出地面200mm以上。

2）控制器屏前和屏后通道的最小宽度应符合现行国家标准《低压配电设计规范》（GB 50054—2011）中的有关要求。

3. 气体（泡沫）灭火控制器的设置

1）气体（泡沫）灭火控制器应设置在保护区域外部出入口或消防控制室内。

2）气体（泡沫）灭火控制器的安装设置应符合火灾报警控制器的安装设置要求。

3）表示气体释放的火灾光警报器、气体释放灯应设置在保护区域门口上方。

4）手动启动按钮和停止按钮应设置在防护区门外距地面1.3～1.5m处。

4. 防火卷帘控制器的设置

1）防火卷帘控制器应设置在防火卷帘附近的墙面上。

2）防火卷帘的手动控制按钮应设置在防火卷帘附近的两侧墙面上，底边距地面高度宜为0.9～1.3m。

（八）模块

1）每个报警区域内的模块宜相对集中设置在本报警区域内的金属模块箱中，严禁将模块设置在配电（控制）柜（箱）内。

2）模块不应控制其他报警区域的设备。

3）未集中设置的模块附近应有明显的标志，尺寸不小于100mm×100mm。

（九）消防电动装置

1）消防电动装置应有相应的控制装置控制，其状态信息应在相应的控制装置上显示。

2）具有手动控制功能的消防电动装置其手动操作按钮底边距地面高度宜为1.3～1.5m。

（十）消防控制室图形显示装置

1）消防控制室图形显示装置应设置在消防控制室内，并应符合火灾报警控制器的安装设置要求。

2）消防控制室图形显示装置与火灾报警控制器和消防联动控制器、电气火灾监控设备、可燃气体报警控制器等消防设备之间应采用专线连接。

（十一）火灾报警传输设备或用户信息传输装置

1）火灾报警传输设备或用户信息传输装置应设置在消防控制室内；未设置消防控制室时，应设置在火灾报警控制器附近的明显部位。

2）火灾报警传输设备或用户信息传输装置与火灾报警控制器、消防联动控制器等设备应采用专线连接。

3）火灾报警传输设备或用户信息传输装置的设置应保证有足够的操作和检修间距。

4）火灾报警传输设备或用户信息传输装置的手动报警装置应设置在易操作的明显部位。

（十二）防火门监控器

1）防火门监控器应设置在消防控制室内，没有消防控制室时，应设置在有人值班的场所。

2）电动开门器的手动控制按钮应设置在防火门内侧墙面上，距门不宜超过0.5m，底边距地面高度宜为0.9～1.3m。

3）防火门监控器的设置应符合火灾报警控制器的安装设置要求。

（十三）消防设备电源

1）消防设备宜由近距离的消防电源供电。

2）消防设备电源的工作状态信息应传至消防控制室。

三、特殊场所的系统设计

（一）道路隧道

道路隧道的报警区域应根据排烟系统或灭火系统的联动需要确定，且不宜超过150m。

城市道路隧道、特长双向公路隧道和道路中的水底隧道应同时采用线型光纤感温火灾探测器和点型红外火焰探测器（或图像型火灾探测器）；其他公路隧道应采用线型光纤感温火灾探测器或点型红外火焰探测器。隧道用电缆通道宜设置线型感温火灾探测器，主要设备用房内的配电线路应设置电气火灾监控探测器。隧道出入口以及隧道内每隔200m处应设置报警电话，每隔50m处应设置手动火灾报警按钮和闪烁红光的火灾声光警报器。隧道入口前方50～250m内应设置指示隧道内发生火灾的声光警报装置。隧道中设置的火灾自动报警系统应将火灾报警信号传输给隧道中央控制管理设备，火灾自动报警系统宜联动隧道中设置的视频监视系统确认火灾，消防联动控制器应能手动控制与正常通风合用的排烟风机。消防应急广播、消防专用电话分别可以与隧道内设置的有线广播、紧急电话合用，其设置应满足消防广播和消防专用电话的设置要求。遂道内设置的消防设备的防护等级不应低于IP65。

（二）油罐区

甲、乙、丙类液体贮罐区的报警区域应由一个贮罐区组成，每个50000m³及以上的外浮顶贮罐应单独划分为一个报警区域。

外浮顶油罐宜采用线型光纤感温火灾探测器，且每只线型光纤感温火灾探测器只能保护一个油罐；并应设置在浮盘的堰板上。采用光栅光纤感温火灾探测器保护外浮顶油罐时，两个相邻光栅间的距离不应大于3m。除浮顶和卧式油罐外的其他油罐宜采用火焰探测器。油罐区可在高架杆等高位处设置点型红外火焰探测器或图像型火灾探测器做辅助探测。火灾报警信号宜联动报警区域内的工业视频装置确认火灾。

（三）电缆隧道

电缆隧道的一个报警区域宜由一个封闭长度区间组成，一个报警区域不应超过相连的3个封闭长度区间。电缆隧道应单独划分探测区域。

电缆隧道外的电缆接头、端子等发热部位应设置测温式电气火灾监控探测器，隧道内应沿电缆设置线型感温火灾探测器（隧道内所有电缆的燃烧性能均为A级时除外），且在电缆接头、端子等发热部位应保证有效探测长度；隧道内设置的线型感温火灾探测器可接入电气火灾监控器。无外部火源进入的电缆隧道应在电缆层上表面设置线型感温火灾探测器；有外部火源进入可能的电缆隧道在电缆层上表面和隧道顶部均应设置线型感温火灾探测器。

（四）高度大于12m的空间场所

高度大于12m的空间场所宜同时选择两种以上火灾参数的火灾探测器。火灾初期产生大量烟的场所，应选择线型光束感烟火灾探测器、管路吸气式感烟火灾探测器或图像型感烟火灾探测器。火灾初期产生少量烟并产生明显火焰的场所，应选择一级灵敏度的点型红外火焰探测器或图像型火焰探测器，并应降低探测器设置高度。电气线路上应设置电气火灾监控探测器，照明线路上应设置具有探测故障电弧功能的电气火灾监控探测器。

四、系统供电设计

1. 电源设计

火灾报警系统是建筑物中的消防安全设备，其工作特点是连续、不间断。为了保证其供电的可靠性，主电源应采用消防专用电源，其负荷等级应按照有关防火规范划分，并按电力系统设计规范规定的负荷级别要求供电。一般情况下，火灾监控报警系统宜按一级或二级负荷来考虑。因为安装火灾报警系统的场所均为重要的建筑或场所，火灾报警装置如能及时、正确报警，可以使人民的生命、财产得到保护或少受损失。所以要求其主电源的可靠性高，有两个或两个以上的电源供电，在消防控制室进行自动切换。火灾自动报警系统主电源不应采用脱扣型剩余电流保护器保护。同时，规范要求火灾自动报警系统在主电源采用消防电源的前提下，必须配置直流备用电源，直流备用电源采用火灾报警控制器专用的蓄电池或集中设置的蓄电池。当直流备用电源采用消防系统集中设置的蓄电池时，火灾报警控制器应采用单独的供电回路，并应保证集中设置的蓄电池备用电源输出功率大于火灾自动报警及联动系统全负荷功率的120%，蓄电池组的容量应保证火灾自动报警及联动系统在火灾状态同时工作负荷条件下连续工作3h以上。

此外，火灾报警系统为消防用电设备，应采用专用的供电回路，其配电设备应设有明显标志。其配电线路和控制回路宜按防火分区划分。消防控制室图形显示装置、消防通信设备等的电源，宜由UPS电源装置或消防设备应急控制电源供电。

2. 消防设备供电

1）消防控制室、消防水泵、消防电梯、防排烟设施、火灾自动报警系统、自动灭火系统、疏散应急照明和电动的防火门、窗、卷帘、阀门等消防用电的设计，应符合现行国家标准《供配电系统设计规范》（GB 50052—2009）的规定。供电负荷应符合现行国家标准《建筑设计防火规范》（GB 50016—2006）和现行国家标准《高层民用建筑设计防火规范》（GB 50045—1995）（2005年版）的有关规定。

2）消防控制室、消防水泵、消防电梯、防排烟风机等设备的供电应满足下列规定：

① 一级负荷应由两个独立电源供电；

② 二级负荷应由双回路电源供电；

③ 在最末一级配电箱处设置自动切换装置；

④ 消防设备与为其配电的配电箱距离不宜超过30m。

3）设置自动喷水灭火系统的场所，使用消防电源供电的消防供电设备和配电箱应有防水措施。

4）消防电源供电线路外露接线盒应有防水措施。

3. 系统接地

火灾报警设备的保护也是系统设计中应注意的问题，它涉及系统接地要求。一般规定，火灾自动报警系统采用共用接地装置时，接地电阻值必须按接入设备中要求的最小值确定；采用专用接地装置时，接地电阻值不应大于4Ω。有些智能建筑或高层建筑工程中，建筑物四周已被避雷保护接地体封闭，或建筑物已采用了利用建筑物结构基础的钢筋作为防雷保护接地方式，则火灾自动报警系统也可以利用该防雷保护接地方式进行接地，即联合接地。联合接地时，接地电阻应小于1Ω。

在消防控制室应设等电位连接网络。电气和电子设备的金属外壳、机柜、机架、金属管、金属槽、电涌保护器接地端等均应以最短的距离与等电位连接网络的接地端子连接。

由消防控制室接地板引至各消防电子设备的专用接地线应选用铜芯绝缘导线，其线芯截面面积不应小于 4mm²。消防控制室接地板与建筑接地体之间应采用线芯截面面积不小于 25mm² 的铜芯绝缘导线连接。

特别要强调的是，为保护设备装置及人员安全的保护接地，可以采用"接零干线保护方式"（即单相三线制、三相五线制）。凡是火灾自动报警系统中引入交流供电的设备、装置的金属外壳，都应采用专用接零干线作保护接地，并且接地线应满足下列要求：①工作接地线应采用钢芯绝缘导线或电缆，不得利用镀锌扁铁或金属软管；②由消防控制室引至接地体的工作接地线，在通过墙壁时，应穿入钢管或其他坚固的保护管；③工作接地线与保护接地线必须分开，保护接地导体不得利用金属软管；④接地装置施工完毕后，应及时进行隐蔽工程验收，验收内容包括测量接地电阻并用记录、查验应提交的技术文件和审查施工质量。

五、系统布线设计

1. 一般规定

1）火灾自动报警系统的传输线路和 50V 以下供电的控制线路，应采用电压等级不低于交流 300/500V 的铜芯绝缘导线或铜芯电缆。采用交流 220/380V 的供电和控制线路应采用电压等级不低于交流 450/750V 的铜芯绝缘导线或铜芯电缆。

2）消防用电设备应采用专用的供电回路，其配电设备应设有明显标志。其配电线路和控制回路宜按防火分区划分。

3）火灾自动报警系统传输线路中线芯截面面积的选择，除应满足自动报警装置技术条件的要求外，还应满足机械强度的要求。铜芯绝缘导线、铜芯电缆线芯的最小截面积不应小于表 6-7 的规定。

表 6-7　铜芯绝缘导线和铜芯电缆的线芯最小截面面积

序号	类别	线芯最小截面面积/mm²
1	穿管敷设的绝缘导线	1.0
2	线槽内敷设的绝缘导线	0.75
3	多芯电缆	0.5

2. 火灾自动报警系统的室内布线要求

1）火灾自动报警系统的传输线路应采用穿金属管、可挠（金属）电气导管、B1 级以上的钢性塑料管或封闭式线槽保护方式布线。

2）火灾自动报警系统的供电线路、消防联动控制线应采用耐火铜芯绝缘电线电缆，其他传输线应采用阻燃或阻燃耐火电线电缆；当线路采用暗敷设时，宜采用金属管、可挠（金属）电气导管或 B₁ 级以上刚性塑料管保护，并应敷设在不燃烧体的结构层内，且保护层厚度不宜小于 30mm。当采用明敷设时，应采用金属管、可挠（金属）电气导管或金属封闭线槽保护，并应在金属管或金属线槽上采取防火保护措施。

3）火灾自动报警系统用的电缆竖井，宜与电力、照明用的低压配电线路电缆竖井分别设置。如受条件限制必须合用时，两种电缆应分别布置在竖井两侧。

4）不同电压等级的线缆不应穿入同一根保护管内，当合用同一线槽时，线槽内应有隔板分隔。

5）从接线盒、线槽等处引到探测器底座盒、控制设备盒、扬声器箱的线路均应加金属软管保护。

6）当水平敷设的火灾自动报警系统的传输线路采用穿管布线时,不同防火分区的线路不应穿入同一根管内,但探测器报警线路采用总线制布设时不受此限。

7）火灾探测器的传输线路,宜选择不同颜色的绝缘导线或电缆。正极"＋"线应为红色,负极"－"线应为蓝色。同一工程中相同用途导线的颜色应一致,接线端子应有标号。

8）接线端子箱内端子宜选择压接或带锡焊接点的端子板,其接线端子上应有相应标号。

9）火灾自动报警系统的传输网络不应与其他系统的传输网络合用。

10）穿管绝缘导线或电缆的总截面面积不宜超过管内截面面积的40%;敷设于封闭式线槽内的绝缘导线或电缆的总截面面积不应大于线槽的净面积的60%。

11）配线使用的非金属管材、线槽及其附件应该采用不燃或非延燃性材料制造。

3. 布线的连接及固定要求

1）在管内或线槽内的穿线,应在建筑抹灰及地面工程结束后进行。在穿线前,应将管内或线槽内的积水及杂物清除干净。

2）导线在管内或线槽内,不应有接头或扭结。导线的接头,应在接线盒内焊接或用端子连接。

3）敷设在多尘或潮湿场所管路的管口和管子连接处,均应做密封处理。

4）管路超过下列长度时,应在便于接线处装设接线盒:①管子长度每超过45m,无弯曲时;②管子长度每超过30m,有1个弯曲时;③管子长度每超过20m,有2个弯曲时;④管子长度每超过12m,有3个弯曲时。

5）管子入盒时,盒外侧应套锁母,内侧应装护口,在吊顶内敷设时,盒的内、外侧均应套锁母。

6）在吊顶内敷设各类管路和线槽时,宜采用单独的卡具吊装或支撑物固定。

7）线槽的直线段应每隔1.0～1.5m设置吊点或支点,在下列部位也应设置吊点或支点:①线槽接头处;②距接线盒0.2m处;③线槽走向改变或转角处。

8）吊装线槽的吊杆直径,不应小于6mm。

9）管线经过建筑物的变形缝(包括沉降缝、伸缩缝、抗震缝等)处,应采取补偿措施,导线跨越变形缝的两侧应固定,并留有适当裕量。

10）火灾自动报警系统导线敷设后,应对每回路的导线用500V的绝缘电阻表测量绝缘电阻,其对地绝缘电阻值不应小于20MΩ。

4. 配线的防火措施

1）敷设有线路的电缆井、管道井以及排烟道、排气道、垃圾道等竖向管道间,其井壁应为耐火极限不低于1h的非燃烧体,井壁上的检查门应采用丙级防火门。

2）为了电气配线达到耐火耐热要求,对金属管端头接线应有一定的裕量,配管中途接线盒不应埋设在易于燃烧部位,且盒盖应加套石棉布等耐热材料。

3）电线管穿越墙体、地板时应使用非燃烧体材料充填。

4）其他消防设备的配线保护措施详见本教材上篇中的电气防火部分。

第四节　住宅建筑火灾报警系统

一、系统分类及选择

住宅建筑火灾报警系统指的是安装在居住建筑中户内的火灾探测报警系统,适用于住宅、

公寓类居住场所。住宅建筑火灾报警系统可根据实际应用过程中保护对象的具体情况分为以下 4 类:

1)A 类系统由火灾报警控制器、手动火灾报警按钮、家用火灾探测器、火灾声警报器、应急广播等设备组成。

2)B 类系统由控制中心监控设备、家用火灾报警控制器、家用火灾探测器、火灾声警报器等设备组成。

3)C 类系统由家用火灾报警控制器、家用火灾探测器、火灾声警报器等设备组成。

4)D 类系统由独立式火灾探测报警器、火灾声警报器等设备组成。

住宅建筑火灾自动报警系统的选择应符合下列规定:

1)有物业集中监控管理且设有需联动控制的消防设施的住宅建筑应选用 A 类系统。

2)仅有物业集中监控管理的住宅建筑宜选用 A 类或 B 类系统。

3)没有物业集中监控管理的住宅建筑宜选用 C 类系统。

4)别墅式住宅和已经投入使用的住宅建筑可选用 D 类系统。

二、系统选型设计要求

(一)A 类系统的设计

A 类系统的设计应符合下列要求:

1)系统在公共部位的设计应直接接入火灾报警控制器。应符合选定的区域火灾报警系统、集中火灾报警系统或控制中心火灾报警系统的设计要求。

2)住户内设置的家用火灾探测器可接入家用火灾报警控制器,也可直接接入火灾报警控制器。

3)设置的家用火灾报警控制器应将火灾报警信息、故障信息等相关信息传输给相连接的火灾报警控制器。

(二)B 类和 C 类系统的设计

B 类和 C 类系统的设计应符合下列要求:

1)住户内设置的家用火灾探测器应接入家用火灾报警控制器。

2)家用火灾报警控制器应能启动设置在公共部位的火灾声警报器。

3)B 类系统中,设置在每户住宅内的家用火灾报警控制器应连接到控制中心监控设备,控制中心监控设备应能显示发生火灾的住户。

(三)D 类系统的设计应符合下列要求:

1)有多个起居室的住户,宜采用互连型独立式火灾探测报警器。

2)宜选择电池供电时间不少于 3 年的独立式火灾探测报警器。

采用无线方式将独立式火灾探测报警器组成系统时,系统设计应符合 A 类、B 类或 C 类系统之一的设计要求。

三、系统设备设置要求

(一)家用火灾探测器

1)在住户内宜采用家用火灾探测器。

2)每间卧室、起居室内应至少设置一只感烟火灾探测器。

3)厨房内应设置可燃气体探测器,并符合下列要求:

① 使用天然气的用户应选择甲烷探测器,使用液化气的用户应选择丙烷探测器,使用煤制气的用户应选择一氧化碳探测器;

② 连接燃气灶具的软管及接头在橱柜内部时,探测器宜设置在橱柜内部;

③ 甲烷探测器应设置在厨房顶部,丙烷探测器应设置在厨房下部,一氧化碳探测器可设置在厨房下部,也可设置在其他部位;

④ 可燃气体探测器不宜设置在灶具正上方;

⑤ 宜采用具有联动关断燃气关断阀功能的可燃气体探测器;

⑥ 探测器联动的燃气关断阀宜为用户可以自己复位的关断阀,且具有燃气泄漏时自动关断功能。

(二)家用火灾报警控制器

家用火灾报警控制器应独立设置在每户内,且应设置在明显的和便于操作的部位。当安装在墙上时,其底边距地高度宜为 1.3～1.5m。具有可视对讲功能的家用火灾报警控制器宜设置在户门附近。同时设置有火灾自动报警系统和家用火灾报警系统时,家用火灾报警控制器应接入火灾报警控制器或消防控制室图形显示装置集中显示火灾报警信息。

(三)火灾声警报器

住宅建筑公共部位设置的火灾声警报器应具有语音功能,且应能在接受联动控制和手动火灾报警按钮信号后直接发出警报。每台警报器覆盖的楼层不应超过 3 层,且首层明显部位应设置用于直接启动火灾声警报器的手动火灾报警按钮。

(四)应急广播的设置

消防应急广播的设置应符合下列要求:

1)住宅建筑内设置的应急广播应能接受联动控制和手动火灾报警按钮信号后直接进行广播。

2)每台扬声器覆盖的楼层不应超过 3 层。

3)广播功率放大器应具有消防电话插孔,消防电话插入后应能直接讲话。

4)广播功率放大器应配有备用电池,电池持续工作不能达到 1h 时,应能向消防控制室或物业值班室发送报警信息。

5)广播功率放大器应设置在首层内走道侧面墙上,箱体面板应有防止非专业人员打开的措施。

第五节 电气火灾监控系统

一般来讲,电气火灾监控系统适用于具有电气火灾危险的各类场所。工程应用中,电气火灾监控系统通常是用于监测和保护低压供配电系统的电气线路及电气设备,当被保护电气线路及设备中的被探测参数(如剩余电流、温度、故障电弧等参数)超过报警设定值时,能发出报警信号并能指示报警部位的系统。

电气火灾监控系统通常由电气火灾监控器和剩余电流式、测温式或故障电弧式电气火灾监控探测器等部分或全部设备组成。工程中,当线型感温火灾探测器用于电气火灾监控时,可作为测温式电气火灾监控探测器接入电气火灾监控系统。

一、系统设计基本要求

选用、设计电气火灾监控系统时应首先满足下列基本要求:

1)应根据建筑物的性质及电气火灾危险性选用、设计电气火灾监控系统。

2)应根据电气线路敷设和用电设备的具体情况,确定电气火灾监控探测器的形式与安装位置。

3）在无消防控制室且电气火灾监控探测器设置数量不超过 8 个时,可采用独立式电气火灾监控探测器。

4）非独立式电气火灾监控探测器不应接入被保护对象的火灾报警系统中火灾报警控制器的探测器回路。

5）在设置消防控制室的场所,电气火灾监控器的报警信息和故障信息应在消防控制室图形显示装置或集中火灾报警控制器上显示,且该类信息与火灾报警信息的显示应有区别。

6）电气火灾监控系统保护区域内有联动和警报要求时,应由电气火灾监控器或消防联动控制器实现。

7）电气火灾监控系统的设置不应影响供电系统的正常工作,不宜自动切断供电电源。

二、系统的设置要求

电气火灾监控系统的设置主要包括下列建筑或场所:

1）特级保护对象。

2）一级保护对象。

3）二级保护对象。

4）观众厅、会议厅、多功能厅等人员密集场所。

5）歌舞厅、卡拉 OK 厅(含具有卡拉 OK 功能的餐厅)、夜总会、录像厅、放映厅、桑拿浴室、游艺厅(含电子游艺厅)、网吧等歌舞娱乐放映游艺场所。

6）超过 5 层或总建筑面积大于 3000m² 的老年人建筑、任一楼层建筑面积大于 1500m² 或总建筑面积大于 3000m² 的旅馆建筑、疗养院的病房楼、儿童活动场所和不小于 200 个床位的医院门诊楼、病房楼、手术部等。

7）国家级文物保护单位的重点砖木或木结构的古建筑。

8）家具、服装、建材、灯具、电器等经营场所。

9）其他具有电气火灾危险性的场所。

三、系统设备选用及设置

(一)剩余电流式电气火灾监控探测器

剩余电流式电气火灾监控探测器是电气火灾监控系统的主要设备之一,应以设置在低压配电系统首端为基本原则。一般来说,剩余电流式电气火灾监控探测器宜在第一级配电柜(箱)的出线端设置;在供电线路泄漏电流大于 500mA 时,宜在其下一级配电柜(箱)设置;不宜在 IT 系统的配电线路和消防配电线路中设置。

剩余电流式电气火灾监控探测器的具体设置部位见表6-8。

表 6-8　剩余电流式电气火灾监控探测器的设置部位

电气火灾监控系统设置场所	剩余电流式电气火灾监控探测器的设置部位
特级保护对象	照明线路二级配电箱进线处
一级保护对象	照明线路一级配电箱(地下车库除外)进线处
二级保护对象	配电室低压出线处
本节"二、系统设置要求"第4、5、8条中规定的场所	最末一级配电箱进线处
本节"二、系统设置要求"第6条中规定的场所	总配电箱出线处
本节"二、系统设置要求"第7条中规定的场所	电力和照明线路配电箱进线处

正常的供电系统通常会产生一定的剩余电流,因此在设置剩余电流式电气火灾监控探测器的报警值时,应首先测量和计算保护对象供电系统的正常泄漏电流,在考虑该剩余电流的

基础上设置探测器的报警电流，这样才能真正探测可能引起电气火灾的泄漏电流，也能够减少探测器的误报率。所以，选择剩余电流式电气火灾监控探测器时，应考虑供电系统自然漏电的影响，并选择参数合适的探测器，探测器报警值宜在 300～500mA 范围内。

应指出的是，真正能引起火灾的泄漏电流，是与电气线路或设备的拉弧特征分不开的，因此探测剩余电流时还应该考虑结合拉弧特征，这样才能实现准确判断。

剩余电流式电气火灾监控探测器一般安装在保护对象的配电柜内，因此其额定工作电压和额定工作电流应该与被保护线路相匹配，符合其电气安全要求。

此外，剩余电流式电气火灾监控探测器一旦报警，表示其监视的保护对象的剩余电流突然升高，产生了一定的电气火灾隐患，容易发生电气火灾，但是并不能表示已经发生了火灾。因此，剩余电流式电气火灾监控探测器报警后，没有必要自动切断保护对象的供电电源，只要提醒维护人员在方便的时候查看电气线路和设备，排除电气火灾隐患即可。总之，剩余电流式电气火灾监控探测器宜用于报警，不宜用于自动切断保护对象的供电电源。

（二）测温式电气火灾监控探测器

测温式电气火灾监控探测器是以探测温度变化为探测原理，以探测电气系统异常发热为基本原则。测温式电气火灾监控探测器一般应符合下列设置要求：

1）测温式电气火灾监控探测器应接触或贴近保护对象的电缆接头、端子、重点发热部件等部位设置。

2）保护对象为 1000V 及以下的配电线路（低压系统），测温式电气火灾监控探测器应采用接触式布置。

3）保护对象为 1000V 以上的供电线路（高压系统），测温式电气火灾监控探测器宜选择光栅光纤测温式或红外测温式电气火灾监控探测器，光栅光纤测温式电气火灾监控探测器应直接设置在保护对象的表面。

4）探测对象为配电柜内部温度变化时，测温式电气火灾监控探测器宜靠近发热部件设置。

5）测温式电气火灾探测若采用线型感温火灾探测器，为便于统一管理，最好将其报警信号接入电气火灾监控设备。

（三）故障电弧式电气火灾监控探测器

故障电弧式电气火灾监控探测器是以探测电弧所形成的谐波变化为探测原理，以探测电气系统中线路或设备的异常拉弧特征为基本原则。在消防工程应用中，故障电弧式电气火灾监控探测器一般用于低压配电的末端线路，可根据异常拉弧特征实现串弧或并弧故障探测报警。

应指出，具有探测线路故障电弧功能的电气火灾监控探测器的设置要求是，其保护线路的长度不宜大于 100m。

（四）独立式电气火灾监控探测器

剩余电流式、测温式或故障电弧式电气火灾监控探测器均可做成独立工作结构，独立完成探测和报警功能，因此独立式电气火灾监控探测器的设置应符合上述不同机理探测器的相关规定。

在独立式电气火灾监控探测器应用工程中，设有火灾自动报警系统时，独立式电气火灾监控探测器的报警信息和故障信息应在消防控制室图形显示装置或集中火灾报警控制器上显示，且该类信息与火灾报警信息的显示应有区别。未设火灾自动报警系统时，独立式电气火灾监控探测器应将报警信号传至有人值班的场所。

（五）电气火灾监控器

电气火灾监控系统中的电气火灾监控器是发出报警信号并对报警信息进行统一管理的监控设备，应以设置在有人值班的场所为基本原则，并符合下列要求：

1）在有消防控制室的场所，一般情况应将该设备设置在消防控制室，若现场条件不允许，可设置在保护区域附近，但必须将其报警信息和故障信息传入消防控制室。

2）在无消防控制室的场所，电气火灾监控设备应设置在有人值班的场所。

3）在消防控制室内，电气火灾监控器发出的报警信息和故障信息应与火灾报警信息和可燃气体报警信息有明显区别，可以通过集中型火灾报警控制器或消防控制室图形显示装置进行管理。

4）电气火灾监控器的安装设置应参照火灾报警控制器的设置要求。

四、系统应用问题

（一）系统应用模式

电气火灾监控系统有 3 种工作模式，即主-从模式、火灾报警器模式及独立应用。

1. 主-从模式

当系统设置为主-从模式时，电气火灾监控装置自身以总线连接方式构成主-从机系统，主机最大可管理 60 台从机，可带 240 路剩余电流式电气火灾监控探测器的电流互感器，检测 240 条电力配电线路。电气火灾监控系统的主-从模式如图 6-20 所示。

该应用模式主要用于有独立电气火灾监控系统要求的场所。剩余电流式电气火灾监控探测器的电流互感器、剩余电流式电气火灾监控探测装置（从机）安装于配电柜（箱）处，电气火灾监控监控器装置（主机）安装于值班室（远程监控）。该系统的最大监控回路为 240 路，从机到主机的最大传输距离为 3000m，剩余电流式电气火灾监控探测器的电流互感器到监控装置部分的最大传输距离不大于 50m，连线导线采用 RVVP2×0.3。

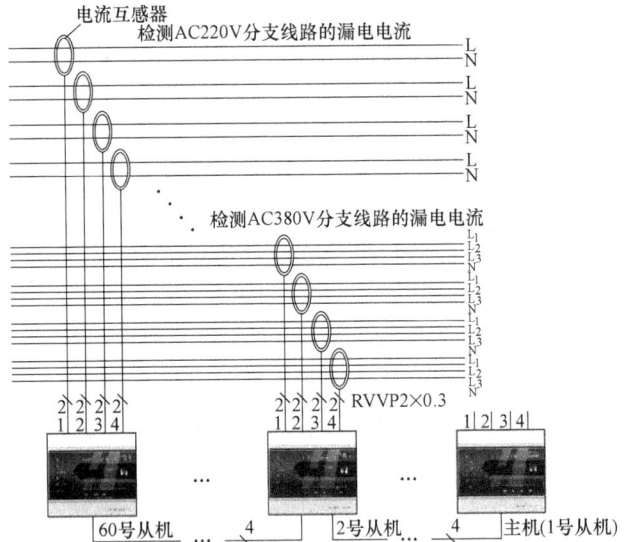

图 6-20　电气火灾监控系统的主-从模式

2. 火灾报警器模式

电气火灾监控系统设置为火灾报警器模式时，剩余电流式电气火灾监控探测器（或监控装置）可以和通用火灾报警控制器配套连接使用，组成更大的电力配电线路电气火灾监控系统。电气火灾监控系统的火灾报警器模式应用示意图如图 6-21 所示。

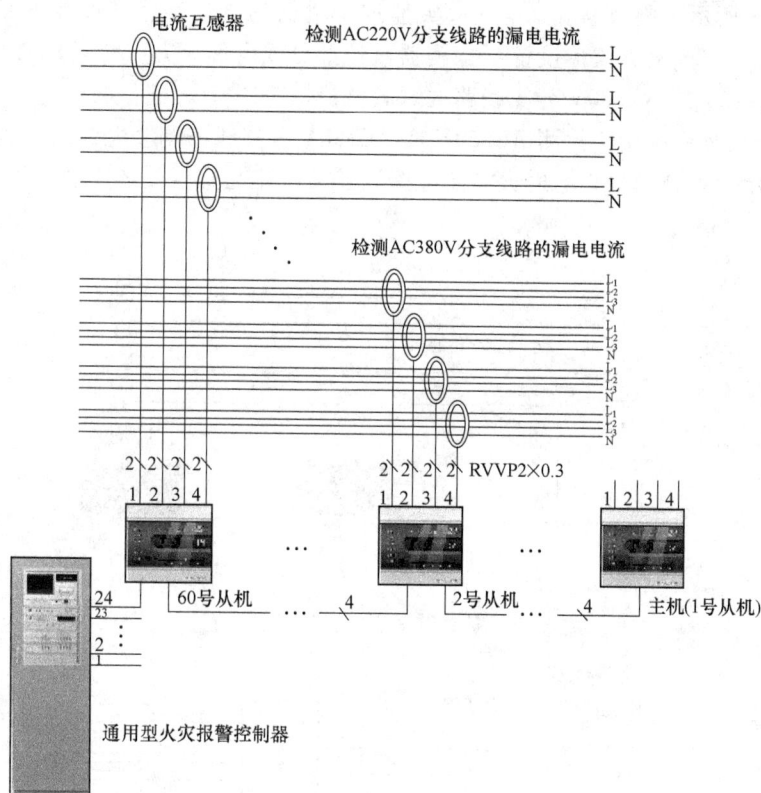

图 6-21　电气火灾监控系统的火灾报警器模式

采用火灾报警器模式的电气火灾监控系统主要用于具有火灾报警、剩余电流式电气火灾监控混合设置要求的场所。该系统的配制要求：剩余电流式电气火灾监控器（或监控装置）应与火灾报警控制器兼容；每台火灾报警控制器的每个回路最多连接 10 台剩余电流式电气火灾监控探测器（或监控装置）或电气火灾监控器，地址数量一般不超过 40 个；剩余电流式电气火灾监控探测器（或监控装置）的电流互感器到监控装置部分的最远传输距离不大于 50m，连线应采用 RVVP2 ×0.5。

3. 独立应用模式

剩余电流式电气火灾监控探测器也可单机独立使用，其应用示意图可参见图 6-20 中每个从机的应用方式，有关要求可参见主-从模式的电气火灾监控系统。

（二）系统安装使用方式

电气火灾监控系统的安装使用方式主要有：监测用户单位的总剩余电流、监测用户单位的总剩余电流及分支线路剩余电流、监测 AC220V 或 AC380V 分支线路的剩余电流。

1. 监测用户单位的总剩余电流

当电气火灾监控系统用于监测用户总剩余电流时，其安装使用方式如图 6-22 所示。剩余电流式电气火灾监控探测器的电流互感器安装于变压器接地线上，电气火灾监控设备（探测器监控部分或电气火灾监控器）安装在值班室。

2. 监测用户单位的总剩余电流及分支线路的剩余电流

当电气火灾监控系统用于监测用户单位的总剩余流及分支线路的剩余电流时，其安装使用方式如图 6-23 所示。剩余电流式电气火灾监控探测器的电流互感器安装于变压器接地线及配电箱出线处,电气火灾监控设备(探测器监控部分或电气火灾监控器)安装在值班室。

3. 监测 AC220V 或 AC380V 分支线路的剩余电流

当电气火灾监控系统用于检测 AC220V 或 AC380V 分支线路剩余电流时,其安装使用方式如图 6-24 所示。剩余电流式电气火灾监控探测器的电流互感器安装于被保护电气线路上,

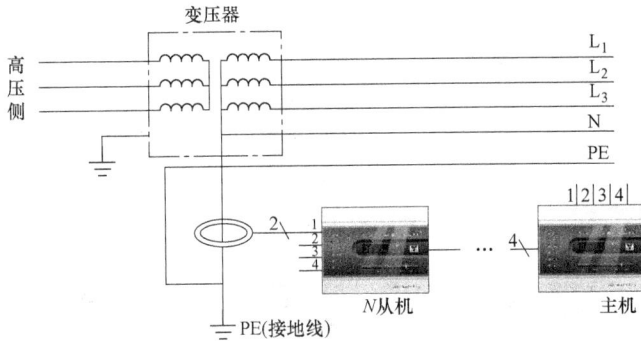

图 6-22　监测用户单位的总剩余电流

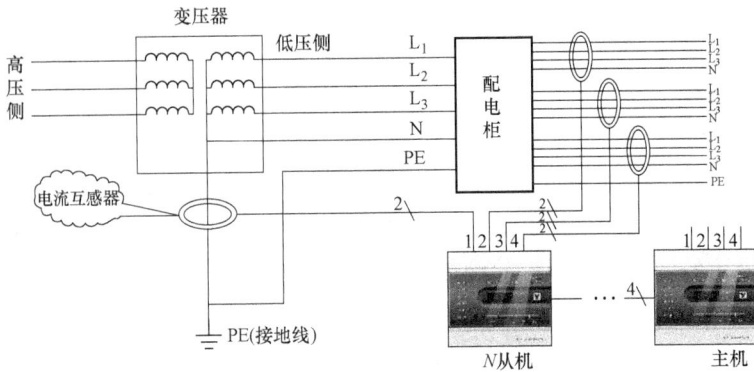

图 6-23　监测用户单位的总剩余电流及分支线路的剩余电流

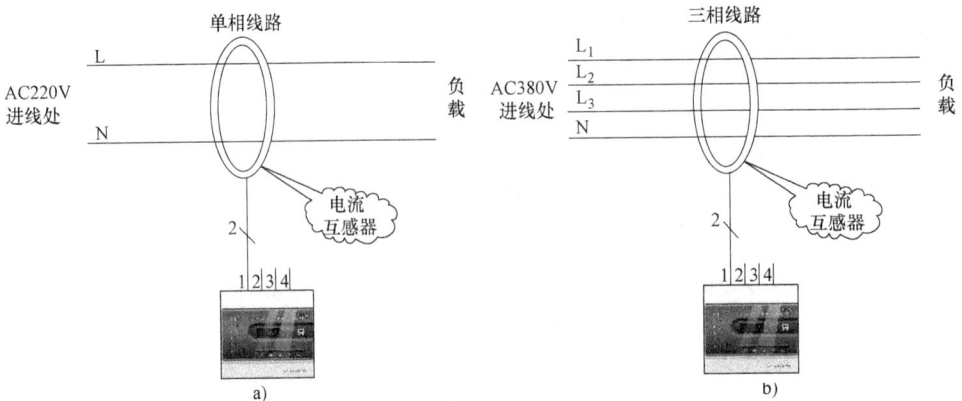

图 6-24　分支线路剩余电流监测

探测器监控部分根据具体工程状况安装并将监测信号送到值班室。

（三）系统应用要求

1. 监测线路接地形式的要求

低压配电系统的接地形式分为 3 种：TN 系统、TT 系统和 IT 系统。电气火灾监控系统对低压配电系统接地形式的选择要求如下：

（1）低压配电系统总剩余电流的监测

对于有独立变电系统的用电单位，可以通过其变压器低压侧接地线检测该单位的总剩余电流，前提是其接地形式应为 TN-S 或 TT 系统。

对于低压配电系统接地形式为 TN-C 系统的，必须将其改造为 TN-C-S、局部 TT 系统后，才可以使用剩余电流式电气火灾监控探测器及其监控装置，即电流互感器应安装在重复接地点之后的线路上。

（2）分支线路剩余电流的监测

对于 AC220V 配电线路，剩余电流式电气火灾监控探测器的电流互感器只要套住两根电源线即可，要求电流互感器安装处以后的 N 线不得再重复接地，如图 6-25 所示。

对于 AC380V 配电线路，剩余电流式电气火灾监控探测器的电流互感器必须同时套住 L_1、L_2、L_3、N 线，PE 线不得穿过电流互感器，要求电流互感器安装处以后的 N 线不得再重复接地，如图 6-26 所示。

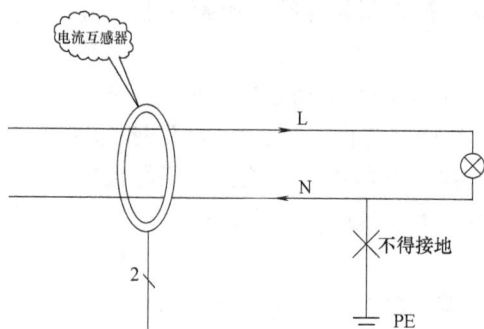

图 6-25　单相分支线路剩余电流监测　　　　图 6-26　三相分支线路剩余电流监测

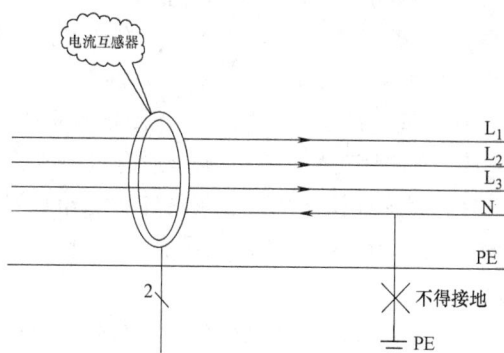

2. 探测器的安装位置

根据用电负载及线路情况，低压配电线路一般分两级或三级保护。为了防止人身触电，末级（三级）保护仍采用漏电断路器。电气火灾监控系统产品主要用于预防剩余电流带来的火灾危险，一般安装在分级保护中的一级和二级。在一级保护中，剩余电流式电气火灾监控探测器安装于变电室配电柜电缆的出线处；在二级保护中，安装在区域配电柜分支线（干线）电缆的出线处，或电缆另一端即配电盘电源进线处。

3. 系统配线和连线长度

剩余电流式电气火灾监控探测器的电流互感器与监控部分之间的连线应尽量靠近，其连线长度一般不超过 50m，采用明线现场配接，导线规格一般可选择 RVVP2×0.5。

剩余电流式电气火灾监控探测器之间或到电气火灾监控器的连接总线，其连线长度一般不超过 3000m，通常采用暗线预埋，其导线规格可选择 RVVP2×1.0 双绞线。

4. 系统使用注意事项

1）应保证电气火灾监控系统不间断供电，确保剩余电流式电气火灾监控探测器的声光报警信号或产品自身故障报警信号能被专业值班人员知晓，并在出现剩余电流报警后及时排除线路或电气设备的故障。

2）剩余电流式电气火灾监控探测器的电流互感器为精密测量器件，安装时应避免碰撞和冲击，不得用其他电流互感器取代剩余电流式电气火灾监控探测器配套提供的电流互感器。

3）应定期进行电气火灾监控系统及其剩余电流式电气火灾监控探测器的自检测试，记录剩余电流显示值，掌握被监测线路电气绝缘性能的变化情况，当预检的漏电电流值有明显增大时，应当及时对监测线路进行检查。

第六节　可燃气体探测报警系统

一、系统设计基本要求

可燃气体探测报警系统能够在可燃气体低于爆炸极限的条件下提前报警，从而预防由于可燃气体泄漏引发的火灾和爆炸事故发生。可燃气体探测报警系统由可燃气体报警控制器、可燃气体探测器和火灾声光警报器等组成。可燃气体探测器应符合国家标准《可燃气体探测器》（GB 15322.1～6—2003）的要求；可燃气体报警控制器应符合国家标准《可燃气体报警控制器》（GB 16808—2008）的要求。

在工程应用中，可燃气体探测报警系统的选用设计应满足下列基本要求：

1）在使用可燃气体的场所或有可燃气体产生的场所，应设置可燃气体探测报警系统。

2）可燃气体探测报警系统应独立组成且可燃气体探测器不应接入火灾报警控制器的探测器回路，当可燃气体的报警信号需接入火灾自动报警系统时，应由可燃气体报警控制器接入。

3）石化行业涉及过程控制的可燃气体探测器可按照现行国家标准《石油化工可燃气体和有毒气体检测报警设计规范》（GB 50493—2009）的规定设置，但其报警信号应接入消防控制室。

4）可燃气体报警控制器的报警信息和故障信息应在消防控制室图形显示装置或集中火灾报警控制器上显示，且该类信息与火灾报警信息的显示应有区别。

5）可燃气体报警控制器发出报警信号时，应能启动保护区域的火灾声光警报器。

6）可燃气体探测报警系统保护区域内有联动和警报要求时，应由可燃气体报警控制器或消防联动控制器联动实现。

7）可燃气体探测报警系统设置在有防爆要求的场所时，应符合有关防爆要求。

二、系统设备设置要求

（一）可燃气体探测器

1）可燃气体的密度如果小于空气密度，该气体泄漏后会漂浮在保护空间上方，因此探测气体密度小于空气密度的可燃气体探测器应设置在被保护空间的顶部。

2）可燃气体的密度如果大于空气密度，该气体泄漏后会下沉到保护空间下方，因此探测气体密度大于空气密度的可燃气体探测器应设置在被保护空间的下部。

3）如果可燃气体密度与空气密度相当，探测器可设置在空间的中部或顶部。

4）可燃气体探测器是探测燃气的泄漏，越靠近可能产生可燃气体部位附近则报警灵敏度越高，因此可燃气体探测器宜设置在可能产生可燃气体部位附近。

5）点型可燃气体探测器的保护半径应符合现行国家标准《石油化工可燃气体和有毒气体检测报警设计规范》（GB 50493—2009）的规定，考虑到气体泄漏的不规律性，一般其保护半径不宜大于5m。

6）线型可燃气体探测器的保护范围是一定矩形区域，其保护区域长度不宜大于60m。

（二）可燃气体报警控制器

1）当有消防控制室时，可燃气体报警控制器可以设置在保护区域附近；若无消防控制室时，可燃气体报警控制器应设置在有人值班的场所。

2）可燃气体报警控制器的设置应符合火灾报警控制器的安装设置要求。

3）可燃气体报警控制器的报警信息和故障信息应传给消防控制室。

自学指导

本章学习重点：火灾探测原理及方法、火灾报警系统的组成、系统设计形式、火灾探测器的选用、住宅火灾报警系统及电气火灾监控系统原理及设置，可燃气体探测系统原理及设置要求。

本章学习难点：火灾探测器的选用和安装要求、火灾自动报警系统的布线要求。

复习思考题

一、选择题

1. 下列场所比较适合安装感烟火灾探测器的有（　　）。

A. 教学楼　　　　B. 烘干车间　　　　C. 发电机房　　　　D. 锅炉房

2. 下列场所不适合安装感烟火灾探测器的有（　　）。

A. 吸烟室　　　　B. 集体宿舍　　　　C. 开水间　　　　D. 图书馆

3. 对火灾发展迅速，有强烈的火焰辐射和少量的烟、热的场所，应选择（　　）探测器。

A. 感烟　　　　B. 感温　　　　C. 火焰　　　　D. 可燃气体

4. 已知被保护对象为重点文物，保护系数为0.8，被保护对象探测面积为90m²，在5m高度装有感烟探测器，该探测器保护面积为60m²，求该保护区域内应该至少设（　　）探测器。

A. 3个　　　　B. 4个　　　　C. 1个　　　　D. 2个

5 点型火灾探测器的安装位置，正确的是（　　）。

A. 探测器至墙壁、梁边的水平距离，不应小于0.5m

B. 探测器周围1m内，不应有遮挡物

C. 在宽度小于3m的内走道顶棚上设置探测器时，宜分散布置

D. 探测器宜水平安装，当必须倾斜安装时，倾斜角不应大于15°

6. 火灾自动报警系统中用以接收、显示和传递火灾报警信号，并能发出控制信号和其他辅助功能的控制指示设备的是（　　）。

A. 火灾探测器　　　B. 火灾报警装置　　　C. 火灾警报装置　　　D. 火灾报警按钮

7. 民用建筑内火灾应急广播扬声器设置在走道和大厅等公共场所时，每个扬声器的额定功率不应小于3W，其数量应能保证从一个防火分区内的任何部位到最近一个扬声器的距离不大于（　　）m。

　　A. 15　　　　　　　B. 20　　　　　　　C. 25　　　　　　　D. 30

8. 下列说法正确的是（　　）。

A. 可燃气体探测器应接入火灾报警控制器的探测器回路

B. 可燃气体探测器宜设置在可能产生可燃气体部位附近，如灶具正上方

C. 可燃气体报警控制器发出报警信号时，应能启动保护区域的火灾声光警报器

D. 可燃气体探测报警系统保护区域内有联动和警报要求时，应由火灾报警控制器实现

9. 当建筑物地下一层发生火灾时，消防应急广播的播报顺序为：（　　）。

A. 仅向着火层及其上、下各一层或下一层、上二层进行紧急广播

B. 需要向首层、二层及全部地下层进行紧急广播

C. 需要向全部地下层和首层紧急广播

D. 需要向全部地上层和着火层紧急广播

10. 住宅B类火灾自动报警系统不包括（　　）。

A. 家用火灾报警控制器　　　　　　　　B. 家用火灾探测器

C. 火灾声警报器　　　　　　　　　　　D. 控制中心监控设备

11. 下列说法不正确的是（　　）。

A. 公共场所宜设置具有同一种火灾变调声的火灾声警报器；具有多个报警区域的保护对象，宜选用带有语音提示的火灾声警报器

B. 学校、工厂等各类日常使用电铃的场所，可以警铃作为火灾声警报器

C. 同一建筑内设置多个火灾声警报器时，火灾自动报警系统应能同时启动和停止所有火灾声警报器工作

D. 火灾自动报警系统应设置火灾声光警报器，并在确认火灾后启动建筑内的所有火灾声光警报器

12. 已知某厂房为曲面顶，最高部位的高度为7m，最低部位高度为5m，设置火灾探测报警器时，其安装高度应该为（　　）。

　　A. 5m　　　　　　　B. 6m　　　　　　　C. 7m　　　　　　　D. 以上均不对

13. 防排烟设施在火灾确认后的联动控制设计，不符合要求的是（　　）。

A. 排烟阀宜由其排烟分区内设置的感烟探测器组成的控制电路控制开启

B. 消防控制室应能对防排烟风机进行手动和自动控制

C. 消防控制室不显示防排烟风机的运行情况

D. 挡烟垂壁应由其附近的专用感烟探测器组成的控制电路控制

14. 在安装火灾探测器时，当建筑物内梁突出顶棚高度超过（　　）时，则被其隔开的部位需单独划为一个探测区域。

　　A. 100mm　　　　　B. 200mm　　　　　C. 400mm　　　　　D. 600mm

15. 剩余电流火灾报警装置以下应具有的功能中不正确的是（　　）。

A. 能探测线路剩余电流数值，同时监视故障点剩余电流的变化

B. 能准确报出故障线路地址，发出声光信号报警

C. 需要时能切断剩余电流线路电源，并显示其状态

D. 能探测线路的电流及温度变化

16. 火灾自动报警系统接地装置采用共用接地装置的接地电阻值为（   ）。

A. 1Ω   B. 2Ω   C. 4Ω   D. 10Ω

17. 下列布线设置正确的是（   ）。

A. 火灾自动报警系统用的电缆竖井，宜与电力、照明用的低压配电线路电缆竖井共用

B. 火灾探测器的传输线路，宜选择不同颜色的绝缘导线或电缆。正极"＋"线应为绿色，负极"－"线应为红色

C. 采用穿管水平敷设时，除报警总线外，不同防火分区的线路不应穿入同一根管内

D. 从接线盒、线槽等处引到探测器底座盒、控制设备盒、扬声器箱的线路均应加难燃塑料管保护

18. 采用光栅光纤感温火灾探测器保护外浮顶油罐时，两个相邻光栅间距离不应大于（   ）。

A. 3m   B. 1m   C. 2m   D. 5m

19. 选择剩余电流式电气火灾监控探测器时探测器报警值宜在（   ）范围内。

A. 0～200mA   B. 100～300mA   C. 200～400mA   D. 300～500mA

20. 以下说法不正确的是（   ）。

A. 城市道路隧道、特长双向公路隧道和道路中的水底隧道应同时采用线型光纤感温火灾探测器和点型红外火焰探测器（或图像型火灾探测器）

B. 隧道用电缆通道宜设置线型感温火灾探测器，主要设备用房内的配电线路应设置电气火灾监控探测器

C. 外浮顶油罐宜采用线型光纤感温火灾探测器，且每只线型光纤感温火灾探测器只能保护一个油罐，并应设置在浮盘的堰板上。除浮顶和卧式油罐外的其他油罐宜采用火焰探测器

D. 火灾初期产生大量烟的场所，应选择线型光束感烟火灾探测器、管路吸气式感烟火灾探测器或火焰探测器

二、名词解释

1. 光电探测法　2. 热探测法　3. 火焰光探测法　4. 探测区域　5. 报警区域

6. 探测面积　7. 火灾报警装置　8. 火灾警报装置　9. 火灾自动报警系统

10. 总线隔离模块　11. 隔离模块

三、简答题

1. 火灾报警区域和火灾探测区域的划分依据是什么？有何相关的规定？

2. 选用火灾探测器的原则有哪些？

3. 手动报警按钮设置时应满足哪些要求？

4. 哪些场所宜设置吸气式感烟火灾探测器？

5. 火灾监控系统中，各个消防设备应该具有哪些控制和显示功能？

6. 火灾发生时，消防应急广播系统对扬声器有哪些要求？

7. 火灾监控系统中，消防应急广播与其他广播合用时有哪些要求？

8. 民用建筑的哪些部位应设置消防专用电话分机和插孔？

9. 工业建筑中哪些部位应设置消防专用电话？

10. 道路隧道、油罐区、电缆隧道、高度大于12m的空间场所如何选择火灾探测器？

11. 电气火灾监控系统的组成设备有哪些？

12. 电气火灾监控系统设计的基本要求有哪些？

13. 剩余电流式电气火灾监控探测器的设置要求有哪些？

14. 可燃气体探测器的设置要求有哪些？

15. 消防控制室、消防水泵、消防电梯、防排烟风机等设备的供电要求有哪些？

16. 住宅建筑火灾自动报警系统的分为几类？各由哪些设备组成？

第七章　消防联动控制系统

学习目标

1. 应了解、知道的内容：

◇消防中控室的作用和一般要求；

◇消防联动系统的定义和设备组成；

◇消防设备电气控制的基本原理和方式。

2. 应理解、清楚的内容：

◇消防联动系统设备控制的一般要求；

◇消防联动系统组成设备的功能作用。

3. 应掌握、会用的内容：

◇消防控制室对于消防联动设备的控制要求；

◇消防联动设备的系统控制逻辑。

自学时数　8 学时。

老师导学

本章首先介绍消防控制室的一般要求、对于消防设备的控制要求和消防联动控制系统的设备组成及功能，然后介绍消防联动设备的系统控制逻辑，最后介绍消防设备电气控制的基本原理和方法。本章的内容主要对消防联动控制系统作全面的介绍。在学习本章的过程中，应偏重工程的实际应用，即能够掌握消防控制室对消防联动设备的控制要求和消防联动设备的系统控制逻辑。

第一节　消防控制室要求

消防控制室是火灾自动报警系统的控制和信息中心，也是火灾时灭火作战的指挥和信息中心，具有十分重要的地位和作用。规范规定具有消防联动功能的火灾自动报警系统的建筑物中均应设置消防控制室，对消防设备的联动控制操作及消防设备的运行监测均是在消防控制室中实现。国家标准《高层民用建筑设计防火规范》（GB 50045—1995）和《建筑设计防火规范》（GB 50016—2006）等规范对消防控制室的设置范围、位置、建筑耐火性能都作了明确规定，并对其主要功能提出了原则要求。在国家标准《消防控制室通用技术要求》（GB 25506—2010）和《火灾自动报警系统设计规范》（GB 50116—2013）中，则进一步对消防控制室的设备组成、安全要求、设备功能、设备布置、控制要求等作了具体规定。

一、一般要求

消防控制室内设置的消防设备应包括火灾报警控制器、消防联动控制器、消防控制室图形显示装置、消防专用电话总机、消防应急广播控制装置、消防应急照明和疏散指示系统控制装置、消防电源监控器、电梯回降控制装置等设备，或具有相应功能的组合设备。此外，消防控制室应设有用于火灾报警的外线电话。

当建筑对象具有两个或两个以上消防控制室时，应确定主消防控制室和分消防控制室。主消防控制室的消防设备应对系统内共用的消防设备进行控制，并显示其状态信息；主消防控制室内的消防设备应能显示各分消防控制室内消防设备的状态信息，并可对分消防控制室内的消防设备及其控制的消防系统和设备进行控制；各分消防控制室之间的消防设备之间可以互相传输、显示状态信息，但不应互相控制。

1. 消防控制室设备的设置要求

消防控制室也是控制室工作人员长期工作的场所，设备布置也非常重要。为保证火灾自动报警系统设备正常、可靠地工作，消防控制室内设备的布置应符合下列总体要求：

1）设备面盘前的操作距离：单列布置时不应小于 1.5m；双列布置时不应小于 2m。

2）在值班人员经常工作的一面，设备面盘至墙的距离不应小于 3m。

3）设备面盘后的维修距离不宜小于 1m。

4）设备面盘的排列长度大于 4m 时，其两端应设置宽度不小于 1m 的通道。

5）与建筑其他弱电系统合用的消防控制室内，消防设备应集中设置，并应与其他设备之间有明显间隔。

消防控制室内设备的安装依照国家标准《火灾自动报警系统施工及验收规范》（GB 50166—2007）应满足下列要求：

1）火灾报警控制器、可燃气体报警控制器、区域显示器、消防联动控制器等控制类设备（以下称控制器）在墙上安装时，其底边距地（楼）面高度宜为 1.3～1.5m，其靠近门轴的侧面距墙不应小于 0.5m，正面操作距离不应小于 1.2m；落地安装时，其底边宜高出地（楼）面 0.1～0.2m。控制器应安装牢固，不应倾斜；安装在轻质墙上时，应采取加固措施。

2）引入控制器的电缆或导线，应符合下列要求：

① 配线应整齐，不宜交叉，并应固定牢靠；

② 电缆芯线和所配导线的端部，均应标明编号，并与图样一致，字迹应清晰且不易退色；

③ 端子板的每个接线端，接线不得超过两根；

④ 电缆芯和导线，应留有不小于 200mm 的裕量；

⑤ 导线应绑扎成束；

⑥ 导线穿管、线槽后，应将管口、槽口封堵。

3）控制器的主电源应有明显的永久性标志，并应直接与消防电源连接，严禁使用电源插头。控制器与其外接备用电源之间应直接连接。

4）控制器的接地应牢固，并有明显的永久性标志。

2. 资料和管理要求

（1）资料要求

消防控制室内应保存下列纸质和电子档案资料：

① 建（构）筑物竣工后的总平面布局图、建筑消防设施平面布置图、建筑消防设施系统图及安全出口布置图、重点部位位置图等；

② 消防安全管理规章制度、应急灭火预案、应急疏散预案等；

③ 消防安全组织结构图，包括消防安全责任人，管理人，专职、义务消防人员等内容；

④ 消防安全培训记录、灭火和应急疏散预案的演练记录；

⑤ 值班情况、消防安全检查情况及巡查情况的记录；

⑥ 消防设施一览表，包括消防设施的类型、数量、状态等内容；

⑦ 消防系统控制逻辑关系说明、设备使用说明书、系统操作规程、系统和设备维护保养制度等；

⑧ 设备运行状况、接报警记录、火灾处理情况、设备检修检测报告等资料，这些资料应能定期保存和归档。

（2）管理要求

消防控制室管理应符合下列要求：

① 应实行每日24h专人值班制度，每班不应少于2人，值班人员应持有消防控制室操作职业资格证书；

② 消防设施日常维护管理应符合《建筑消防设施的维护管理》（GB 25201—2010）的要求；

③ 应确保火灾自动报警系统、灭火系统和其他联动控制设备处于正常工作状态，不得将应处于自动状态的设在手动状态；

④ 应确保高位消防水箱、消防水池、气压水罐等消防贮水设施水量充足，确保消防泵出水管阀门、自动喷水灭火系统管道上的阀门常开，确保消防水泵、防排烟风机、防火卷帘等消防用电设备的配电柜开关处于自动位置（通电状态）。

3. 消防控制室防火要求

由于消防控制室既是火灾自动报警系统的控制和信息中心，也是火灾时灭火作战的指挥与信息中心。因此，消防控制室本身的防火安全尤为重要。在设计时，为保证其自身安全、消防控制室应符合下列具体安全要求：

① 单独建造的消防控制室，其耐火等级不应低于二级；

② 附设在建筑内的消防控制室，宜设置在建筑内首层的靠外墙部位，亦可设置在建筑的地下一层，并采用耐火极限不低于2.00h的防火隔墙和不低于1.50h的楼板与其他部位分隔；

③ 疏散门应直通室外或安全出口，消防控制室开向建筑内的门应采用乙级防火门；

④ 消防控制室的送、回风管在其穿墙处应设防火阀；

⑤ 消防控制室内严禁与其无关的电气线路及管路穿过；

⑥ 消防控制室周围不应布置电磁场干扰较强以及其他影响消防控制设备工作的设备用房。

二、控制要求

消防控制室的控制功能由《消防控制室通用技术要求》（GB 25506—2010）规定。消防控制室对于这些设备的控制要求如下：

1. 消防控制室图形显示装置

消防控制室图形显示装置应符合下列要求：

1）应能显示消防控制室资料要求中规定的有关管理信息及消防安全管理信息。

2）应能用同一界面显示建（构）筑物周边消防车道、消防登高车操作场地、消防水源位置，以及相邻建筑的防火间距、建筑面积、建筑高度、使用性质等情况。

3）应能显示消防系统及设备的名称、位置和动态信息。

4）当有火灾报警信号、监管报警信号、反馈信号、屏蔽信号、故障信号输入时，消防控制室应有相应状态的专用总指示，在总平面布局图中应显示输入信号的建（构）筑物的位置，在建筑平面图上应显示输入信号所在的位置和名称，并记录时间、信号类别和部位等信息。

5）应在10s内显示输入的火灾报警信号和反馈信号的状态信息，100s内显示其他输入信号的状态信息。

6）显示应有中文标注和中文界面，界面对角线长度不应小于430mm。

7）应能显示可燃气体探测报警系统、电气火灾监控系统的报警信息、故障信息和相关联动反馈信息。

8）消防控制室图形显示装置应能在接收到火灾报警信号或联动信号后10s内将相应信息按规定的通信协议格式传送给监控中心。

9）消防控制室图形显示装置应能在接收到建筑消防设施运行状态信息后100s内将相应信息按规定的通信协议格式传送给监控中心。

2. 火灾报警控制器

火灾报警控制器应符合下列要求：

1）应能显示火灾探测器、火灾显示盘、手动火灾报警按钮的正常工作状态、火灾报警状态、屏蔽状态及故障状态等相关信息。

2）应能控制火灾声光警报器的启、停。

3. 消防联动控制器

消防联动控制器应能将下列消防系统及设备的状态信息传输到消防控制室图形显示装置。

1）自动喷水灭火系统的控制和显示应符合下列要求：

① 应能显示喷淋泵电源的工作状态；

② 应能显示喷淋泵（稳压或增压泵）的启、停状态和故障状态，并显示水流指示器、信号阀、报警阀、压力开关等设备的正常工作状态和动作状态，消防水箱（池）的最低水位信息和管网最低压力报警信息；

③ 应能手动控制喷淋泵的启、停，并显示其手动启、停和自动启动的动作反馈信号。

2）消火栓系统的控制和显示应符合下列要求：

① 应能显示消防水泵电源的工作状态；

② 应能显示消防水泵（稳压或增压泵）的启、停状态和故障状态，并显示消火栓按钮的正常工作状态和动作状态及位置等信息、消防水箱（池）最低水位信息和管网最低压力报警信息；

③ 应能手动和自动控制消防水泵启、停，并显示其动作反馈信号。

3）气体灭火系统的控制和显示应符合下列要求：

① 应能显示系统的手动、自动工作状态及故障状态；

② 应能显示系统的驱动装置的正常工作状态和动作状态，并能显示防护区域中的防火

门（窗）、防火阀、通风空调等设备的正常工作状态和动作状态；

③ 应能手动控制系统的启、停，并显示延时状态信号、紧急停止信号和管网压力信号。

4）水喷雾、细水雾灭火系统的控制和显示应符合下列要求：

① 水喷雾灭火系统、采用水泵供水的细水雾灭火系统的要求与消火栓系统的控制和显示要求相同；

② 采用压力容器供水的细水雾灭火系统的要求与气体灭火系统的控制和显示要求相同。

5）泡沫灭火系统的控制和显示应符合下列要求：

① 应能显示消防水泵、泡沫液泵电源的工作状态；

② 应能显示系统的手动、自动工作状态及故障状态；

③ 应能显示消防水泵、泡沫液泵的启、停状态和故障状态，并显示消防水池（箱）最低水位和泡沫液罐最低液位信息；

④ 应能手动控制消防水泵和泡沫液泵的启、停，并显示其动作反馈信号。

6）干粉灭火系统的控制和显示应符合下列要求：

① 应能显示系统的手动、自动工作状态及故障状态；

② 应能显示系统的驱动装置的正常工作状态和动作状态，并能显示防护区域中的防火门窗、防火阀、通风空调等设备的正常工作状态和动作状态；

③ 应能手动控制系统的启、停，并显示延时状态信号、紧急停止信号和管网压力信号。

7）防、排烟系统及通风空调系统的控制和显示应符合下列要求：

① 应能显示防排烟系统风机电源的工作状态；

② 应能显示防排烟系统的手动、自动工作状态及防、排烟系统风机的正常工作状态和动作状态；

③ 应能控制防排烟系统及通风空调系统的风机和电动排烟防火阀、电控挡烟垂壁、电动防火阀、常闭送风口、排烟阀（口）、电动排烟窗的动作，并显示其反馈信号。

8）防火门及防火卷帘系统的控制和显示应符合下列要求：

① 消防控制室应能显示防火门控制器、防火卷帘控制器的工作状态和故障状态等动态信息；

② 消防控制室应能显示防火卷帘、常开防火门、人员密集场所中因管理需要平时常闭的疏散门及具有信号反馈功能的防火门的工作状态；

③ 消防控制室应能关闭防火卷帘和常开防火门，并显示其反馈信号。

9）电梯的控制和显示应符合下列要求：

① 应能控制所有电梯全部回降首层，非消防电梯应开门停用，消防电梯应开门待用，并显示反馈信号及消防电梯运行时所在楼层；

② 消防控制室应能显示消防电梯的故障状态和停用状态。

4. 消防电话总机

消防电话总机应符合下列要求：

1）应能与各消防电话分机通话，并具有插入通话功能。

2）应能接收来自消防电话插孔的呼叫，并能通话。

3）应有消防电话通话录音功能。

4）应能显示消防电话的故障状态，并能将故障状态信息传输给消防控制室图形显示装置。

5. 消防应急广播控制装置

消防应急广播控制装置应符合下列要求：

1）应能显示处于应急广播状态的广播分区、预设广播信息。

2）应能分别通过手动和按照预设控制逻辑自动控制选择广播分区、启动或停止应急广播，并在扬声器进行应急广播时自动对广播内容进行录音。

3）应能显示应急广播的故障状态，并能将故障状态信息传输给消防控制室图形显示装置。

6. 消防应急照明和疏散指示系统控制装置

消防应急照明和疏散指示系统控制装置应符合下列要求：

1）应能手动控制自带电源型消防应急照明和疏散指示系统的主电源工作状态和应急工作状态的转换。

2）应能分别通过手动和自动控制集中电源型消防应急照明和疏散指示系统、集中控制型消防应急照明和疏散指示系统从主电源工作状态切换到应急工作状态。

3）受消防联动控制器控制的系统应能将系统的故障状态和应急工作状态信息传输给消防控制室图形显示装置。

4）不受消防联动控制器控制的系统应能将系统的故障状态和应急工作状态信息传输给消防控制室图形显示装置。

7. 消防电源监控器

消防电源监控器应符合下列要求：

1）应能显示消防用电设备的供电电源和备用电源的工作状态和故障报警信息。

2）应能将消防用电设备的供电电源和备用电源的工作状态和欠电压报警信息传输给消防控制室图形显示装置。

第二节　消防联动控制系统组成

一、组成原理

消防联动控制系统是火灾自动报警系统中的一个重要组成部分。通常包括消防联动控制器、消防控制室图形显示装置、传输设备、消防电气控制装置（防火卷帘控制器、气体灭火控制器等）、消防设备应急电源、消防电动装置、消防联动模块、消火栓按钮、消防应急广播设备、消防电话等设备和组件。消防联动控制系统组成原理如图7-1所示。

消防联动控制系统一般包括消防联动控制装置（控制机构）、消防联动控制设备（执行机构）和消防电源（主电源和备用电源）等。火灾探测报警设备是火灾探测报警的核心和消防联动控制的依据。消防联动控制装置则是完成消防联动控制的核心，最终通过消防联动控制设备实施火灾的控制和灭火操作。

二、组成部件

国家标准《消防联动控制系统》（GB 16806—2006）中规定，消防联动控制系统通常由

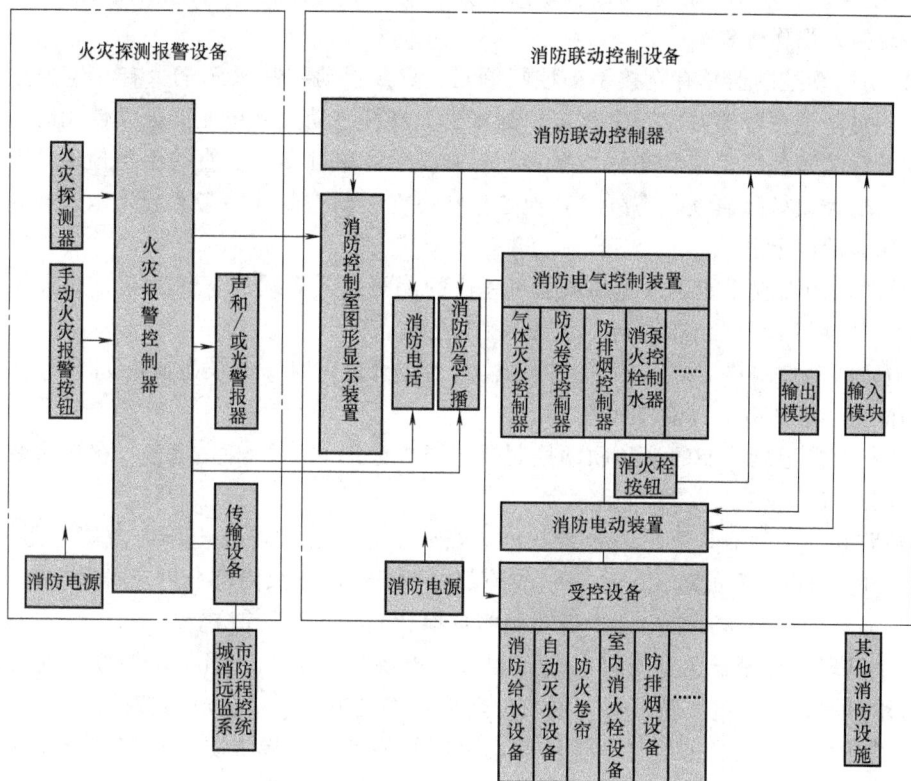

图 7-1　消防联动控制系统组成原理框图

消防联动控制器、模块、气体灭火控制器、消防电气控制装置、消防设备应急电源、消防应急广播设备、消防电话、传输设备、消防控制室图形显示装置、消防电动装置、消火栓按钮等全部或部分设备组成。

　　1. 消防联动控制器

　　消防联动控制器是消防联动控制系统的核心组件。它通过接收火灾报警控制器发出的火灾报警信息，按内部预设逻辑对自动消防设备实现联动控制和状态监视。消防联动控制器可直接发出控制信号，通过驱动装置控制现场的受控设备。对于控制逻辑复杂，在消防联动控制器上不便实现直接控制的情况，通过消防电气控制装置（如防火卷帘控制器、气体灭火控制器等）间接控制受控设备。

　　（1）消防联动控制器功能

　　1）消防联动控制器能接收来自火灾报警控制器的火灾报警信号，并发出火灾报警声、光信号。在非延时状态下能在3s（一般发生动作后会有一段信号传输过程）内向与其连接的各类受控设备发出启动信号，按设定的控制逻辑直接或间接控制该受控设备，同时发出启动光指示信号。消防联动控制器能接收受控设备动作后的反馈信号，并显示相应设备状态。

　　2）消防联动控制器能接收连接的启泵按钮、水流指示器等灭火系统启动按钮相关触发器件发出的报警信号，显示其所在的部位，发出报警声、光信号，将报警信号发送到连接的火灾报警控制器。

3）消防联动控制器能以手动或自动两种方式完成所有控制功能并指示状态。在自动方式下，手动插入操作优先。

4）消防联动控制器具有直接手动控制单元。直接手动控制单元至少有 6 组独立的手动控制开关，每个控制开关对应一个直接控制输出。直接手动控制单元能独立使用时，受控设备的启动、反馈等各种工作状态均能在手动控制开关旁单独显示。直接手动控制单元不能独立使用时，受控设备除启动状态外的其他工作状态在手动控制开关旁单独指示，或在联动控制器的共用显示器上显示。

5）消防联动控制器能通过手动或通过程序的编写输入启动的逻辑关系，对控制输出有相应的输入"或"逻辑和/或"与"逻辑编程功能。

6）消防联动控制器可以对特定的控制输出功能设置延时，最长延时时间不超过 10min，延时期间能手动插入并立即启动控制输出。

7）具有信息记录功能的消防联动控制器能至少记录 999 条相关信息，在消防联动控制器断电后能保持 14d（天）。

8）消防联动控制器具有故障报警功能，当外部连线和控制器电源有故障信号存在时，能在 100s 内发出声、光故障信号，任一故障部分均不影响非故障部分的正常工作。

9）消防联动控制器具有检查本机功能的自检功能（自检按键）。

10）消防联动控制器的电源有主电源和备用电源转换装置。当主电源断电时，能自动转换到备用电源；当主电源恢复时，能自动转换到主电源（主、备电的转换）。

（2）消防联动控制器的容量　消防联动控制器的容量是指消防联动控制器总线上可连接编址器件数量和专线控制回路数之和。消防联动控制器总线上可连接编址器件数量用 M 表示。一般给出两个相关的参数：一个是消防联动控制器具有的总线回路数，用 F 表示；另一个是每个总线回路的编址器件数量，用 N 表示，总线容量等于回路数乘以每回路的编址器件数量，即 $M = FN$。

（3）消防联动控制器的类型

1）多线制联动控制器。多线制联动控制器一般操作简单、安全可靠，缺点是外部连线多，适用于外控设备数量少或要求可靠性高的重要外控设备。例如松江消防公司生产的 HJ-1810 型联动控制器，通过 RS 232 通信接口与 1501 系列火灾报警控制器配合，外控容量为 16 路，通过被驱动的继电器触头，输出 DC 24V，再通过中间继电器或双切换盒，控制外控消防设备动作，各路均有启动状态指示灯。通过按动面板上的停止按钮，提供 DC 24V，经中间继电器盒或双切换盒，可使外控设备停机，各路均有停止状态指示灯。在壁挂式 1810 型中，只有 4 路设停止按钮和停止反馈指示灯。

2）总线制联动控制器。总线制联动控制器将控制、返回集中在一对总线上，与多线制联动控制器相比简化了布线，其优点不言而喻。例如睿杨安博公司生产的 ZN917 型联动控制器，其总线容量为 96 路。有些总线制联动控制器除了总线输出控制方式外，还有多线输出控制方式。例如松江消防公司 HJ-1811 联动控制器除总线总量为 128 外，还有 16 组多线制输出。

3）火灾自动报警与联动控制合为一体的方式。国内外先进的通用火灾报警（联动）控制器均是集报警和联动控制于一体，可实现手动或自动联动、跨区联动、设置防火区域，使火灾报警和联动控制达到最佳的配合，符合最新火灾报警和联动控制国家消防标准。

近年来，由于电子技术和电子计算机技术的迅猛发展，在消防自动报警控制器及消防联动控制器技术方面有两个不同的发展趋势。一种是前面所述的火灾自动报警控制器与灭火救灾联动控制器分开设置，即分别设有两只有微处理机控制器，一只为火灾自动报警控制器，另一只为联动控制器，其中联动控制器接受火灾自动报警控制器的联动命令信号，实行消防联动的自动控制，同时它又可由消防值班人员通过设在联动控制器上的手动按钮实行对灭火救灾设备的人工远动控制。这种方式比较灵活，一旦火灾发生，在报警系统瘫痪的情况下，由于联动控制线路同报警线路分开敷设，只要联动线路与联动控制器仍然完好，消防控制中心仍可对灭火救灾设备实行远动控制，可靠性较高，但是它敷设线路较多，内部管线较复杂。

另一种设备是将火灾自动报警控制与联动控制器这两个控制器的功能集中到一只微处理机控制器上，成为报警联动控制器，布线时无论是报警线路还是联动控制线路都可集中在一条二总线上，外加两根24V电源线。通过二总线来实行报警信号及联动控制信号的传输。这种方式布线简单，对于各种管线密如蛛网的高层建筑来说这是难得的优势，但是如果控制器或线路发生故障，那无论是报警系统还是联动系统都将受到影响。

2. 气体灭火控制器

气体灭火控制器专用于气体自动灭火系统中，是融自动探测、自动报警、自动灭火为一体的控制器，气体灭火控制器可以连接感烟、感温火灾探测器，紧急启、停按钮，手动、自动转换开关，气体喷洒指示灯，声光警报器等设备，并且提供驱动电磁阀的接口，用于启动气体灭火设备。气体灭火控制器是用于控制各类气体自动灭火设备的一种消防电气控制装置，也是消防联动控制设备的基本组件之一。主要功能如下：

（1）控制和显示功能　气体灭火控制器能按预置逻辑工作，接收启动控制信号后能发出声、光指示信号，记录时间；声指示信号能手动消除，消除后再有启动控制信号输入时，能再次启动；启动声光警报器；进入延时期间有延时光指示，显示延时时间和保护区域，关闭保护区域的防火门、窗和防火阀等，停止通风空调系统；延时结束后，发出启动喷洒控制信号，并有光指示；气体喷洒阶段发出相应的声、光信号并保持至复位，记录时间。

（2）延时功能　延时时间在 0～30s 内可调。延时期间，能手动停止后续动作。

（3）手动和自动功能　气体灭火控制器有手动和自动控制功能，并有控制状态指示，控制状态不受复位操作的影响。气体灭火控制器在自动状态下，手动插入操作优先；手动停止后，如再有启动控制信号，按预置逻辑工作。

（4）声信号优先功能　气体灭火控制器的气体喷洒声信号优先于启动控制声信号和故障声信号；启动控制声信号优先于故障声信号。

（5）接收和发送功能　气体灭火控制器能接收消防联动控制器的联动信号；能向消防联动控制器发送启动控制信号、延时信号、启动喷洒控制信号、气体喷洒信号、故障信号、选择阀和瓶头阀的动作信号。

（6）防护区控制功能　气体灭火控制器具有分别启、停每个防护区声、光警报装置的功能。每个防护区设独立的显示工作状态的指示灯。

（7）计时功能　气体灭火控制器提供一个计时器，用于对工作状态提供监视参考。计时器的日计时误差不超过30s。

（8）故障报警功能　当发生气体灭火控制器与声光警报器之间的连接线断路、短路和影响功能的接地；气体灭火控制器与驱动部件、现场启动和停止按键（按钮）等部件之间的连接线断路、短路和影响功能的接地；以及系统自身出现故障时，气体灭火控制器在100s内应发出故障声、光信号，并指示故障部位。故障光信号采用黄色指示灯，故障声信号明显区别于其他报警声信号。

（9）自检功能　气体灭火控制器具有本机检查的功能。在执行自检功能期间，受控制的外接设备和输出接点均不应动作。气体灭火控制器自检时间超过1min或不能自动停止自检功能时，自检功能应不影响非自检部位和气体灭火控制器本身的灭火控制功能。气体灭火控制器具有手动检查本机音响器件、面板所有指示灯和显示器的功能。

（10）电源功能　气体灭火控制器的电源具有主/备电源自动转换、备用电源充电、电源故障监测、电源工作状态指示和为连接的部件供电等功能。

3. 消防电气控制装置

消防电气控制装置用于对建筑消防给水设备、自动灭火设备、室内消火栓设备、防排烟设备、防火门窗、防火卷帘等各类自动消防设施的控制，具有控制受控设备执行预定动作、接收受控设备的反馈信号、监视受控设备状态、与上级监控设备进行信息通信、向使用人员发出声光提示信息等功能。

（1）消防电气控制装置的分类　消防电气控制装置按受控设备的不同，可分为以下几类：

1）风机控制装置。风机控制装置用于控制排烟风机或防烟风机。发生火灾时，根据接收到的控制信号，排烟风机启动，将火灾产生的烟排放到室外；防烟风机启动，将室外的空气送入室内，从而降低室内烟浓度，达到排烟、防烟的目的。

2）电动防火门控制装置。电动防火门控制装置用于控制电动防火门。根据接收到的控制信号，这种控制装置能够控制电动防火门的开启与关闭。电动防火门开启时，可供人员正常通行及在火灾情况下逃生；电动防火门关闭时，起到阻隔火灾蔓延和防止烟气扩散的作用。

3）电动防火窗控制装置。电动防火窗控制装置用于控制电动防火窗。根据接收到的控制信号，这种控制装置能够控制电动防火窗的开启与关闭。电动防火窗开启时，使火灾产生的烟气排放到室外；电动防火窗关闭时，起到阻止室内外空气流通的作用。

4）电动阀控制装置。电动阀控制装置用于控制各类电动阀。常见的电动阀有防烟阀、排烟阀等。根据接收到的控制信号，这种控制装置能够控制电动阀的开启与关闭。电动阀开启时可使火灾产生的烟气排放到室外或使室外空气进入室内；电动阀关闭时起到阻止室内外空气流通的作用。

5）自动灭火设备控制装置。用于控制自动喷水灭火设备、水喷雾灭火设备、泡沫灭火设备、气体灭火设备、干粉灭火设备、室内消火栓设备。根据接收到的控制信号，这种控制装置能够通过消防电动装置或直接控制该类受控设备的启、停，并接收其状态反馈信号。

6）电动消防给水设备控制装置。电动消防给水设备控制装置用于控制各类电动消防给水设备。根据接收到的控制信号，这种控制装置能够控制电动消防给水设备的启、停，并接收其状态反馈信号。

7）防火卷帘控制器。防火卷帘控制器用于控制建筑内安装的各类防火卷帘。根据接收到的控制信号，这种控制装置能够控制防火卷帘的开启与关闭，接收其状态反馈信号。

8）消防应急照明指示控制装置。消防应急照明指示控制装置用于控制建筑内安装的消防应急照明灯和消防应急标志灯。根据接收到的控制信号，这种控制装置能够控制消防应急照明灯和消防应急标志灯的启、停。

（2）消防电气控制装置的功能　消防电气控制装置的主要功能包括控制功能、指示功能和信号传递功能。控制功能是指控制受控设备执行预定动作；信号传递功能是指消防联动控制器之间进行信号传递；指示功能是指指示电源、控制装置、受控设备的工作状态，以及指示消防电气控制装置和受控设备的故障状态。

消防设备电气控制装置一般由主电路、控制电路、操作和指示部分等基本单元组成。消防电气控制装置的主电路为控制装置供电。控制电路对受控设备进行控制，接收受控设备的反馈信号。操作和指示部分指示消防设备电气控制的状态、接收操作人员的操作、设置指令。

消防设备电气控制装置的工作原理如下：消防电气控制装置接收到现场手动控制信号或消防联动控制器的联动控制信号后，将此信号进行处理、转换，形成下一级控制信号并将该信号向受控设备发送；同时控制主电路接通或断开受控设备的电源，从而完成控制受控设备启、停的功能。此外，消防电气控制装置还能将受控设备的工作状态信息向上一级消防联动控制设备传送，发出显示控制装置和受控设备状态的指示信号，如：电源信号、控制装置的手动、自动工作状态信号、延时信号、受控设备的状态信号等，从而实现信息传送和指示功能。

4. 消防设备应急电源

消防设备应急电源是在主电源处于非正常情况下，为消防用电设备供电的一种备用的消防电源，是为提高消防电源供电可靠性，保证消防用电设备正常工作而采用的一种重要电源设备。根据国家标准《火灾自动报警系统施工及验收规范》（GB 50116—2013）和《消防联动控制系统》（GB 16806—2006）的有关规定，消防设备应急电源应具有以下功能：

（1）供电功能　消防设备应急电源应能按额定的输出容量为消防用电设备供电。

受消防控制中心联动信号控制的消防应急设备电源，应能在接收到联动信号后按预先设定的联动功能供电。

（2）显示功能　交流输出型消防设备应急电源应能显示以下信息：输入电压和输出电压、输出电流、主电工作状态、应急工作状态、充电状态、电池组电压。

直流输出型消防设备应急电源应能显示以下信息：输出电压、输出电流、主电工作状态、应急工作状态。

（3）保护功能　当消防设备应急电源在应急输出状态下的回路过载电流大于额定电流的120%时，应能发出声、光故障报警信号；大于额定电流的150%时，应能自动停止输出，且应能在过电流情况解除后恢复到正常工作状态。

消防设备应急电源任一输出回路的保护动作不应影响其他输出回路的正常输出和消防设备应急电源的正常工作。

交流三相输出的消防设备应急电源若仅配接三相负载，其输出的任一相的断相应能使三相输出回路自动停止输出，并发出声、光故障报警信号。在故障解除后电源应能恢复到正常工作状态。

交流三相输出的消防应急电源若配接单相负载，其三相抗不平衡性能应满足有关标准的要求。

（4）控制功能　具有手动控制电源输出功能的消防设备应急电源，应能通过手动启、停消防设备应急电源的输出。

具有自动控制电源输出功能的消防设备应急电源，应能在接收相应控制信号后自动启、停消防设备应急电源的输出。

同时具有手动和自动控制功能的消防设备应急电源，应设有手动、自动转换开关和手动、自动状态指示。在自动状态下，应能优先插入手动控制。处于手动状态下，应用密码或钥匙才能转换到自动状态。

（5）转换功能　消防设备应急电源应具有主、备电源自动转换功能。当主电源断电时，自动转换到消防设备应急电源供电，并发出声音提示信号，声信号应能手动消除；当主电源恢复正常时，应自动转换到主电源供电。转化过程不应影响消防设备应急电源的正常工作。

主、备电源转换时间不应大于 5s。

消防设备应急电源应在主电源电压低于允许的工作极限条件下转换到消防设备应急电源，且当主电源电压不低于额定工作电压的 85% 时应能恢复到主电源工作状态。

（6）充电功能　消防设备应急电源应能对其蓄电池进行再次充电。当应急电源蓄电池放电中止后，充电 24h，再次应急工作时间应大于额定应急工作时间的 80%；当蓄电池放电中止后，连续充电 48h，电池组电压不应小于额定电压，且应急工作时间不应小于额定应急工作时间。

（7）放电功能　消防设备应急电源在满负载的条件下应急工作时间应大于 90min，且不小于额定的应急工作时间。

配接消防水泵等灭火设备的消防设备应急电源，其在满负载的条件下应急工作时间应大于 3h，且不小于额定的应急工作时间。

消防设备应急电源应有过放电保护，蓄电池放电终止电压不应小于额定电压的 90%。

消防设备应急电源应有受密码或钥匙控制的强制应急启动装置。该装置启动后，应急电源的应急工作不受过放电保护的影响。

（8）故障报警功能　消防设备应急电源在下述情况下，应在 100s 内发出声、光故障报警信号，并指示出故障类型。声故障报警信号能手动消除。当有新的故障报警信号时，声故障报警信号应再启动。光故障信号在故障排除前应保持。手动复位后，应急电源应在 100s 内重新显示下述尚存在的故障：

① 应急状态下，电池组电压低于过放电保护电压值；

② 充电器与电池组之间的连接线断线；

③ 输出回路的保护机构动作；

④ 电池间连接线的断线。

其中第③类故障还应指示回路的部位。

（9）主电源工作极限条件　直流输出的消防设备应急电源在制造商允许的主电源工作极限条件内应能保持正常主电源工作状态，其输出应满足制造商规定的要求。

交流输出的消防设备应急电源在主电源额定工作电压的 85%～110% 范围内应能保持主电源工作状态，其输出应满足制造商规定的要求。

（10）应急状态的输出特性　交流输出消防设备应急电源的输出特性：处于应急状态的

应急电源在其负载发生变化的条件下，输出电压不应超出额定输出电压的 85%～110%；输出频率应在额定输出频率的 ±5% 范围内波动（变频输出的除外）。变频输出特性应符合有关标准的规定。

处于应急状态的交流消防应急电源的输出应为正弦波形输出。

直流输出消防设备应急电源的输出特性：当主电工作电压在额定电压（220V）的 85%～110% 范围内，频率为 50Hz±1Hz 时，其输出直流电压稳定度和负载稳定度应不大于 5%。

5. 消防应急广播设备

消防应急广播设备是火灾情况下用于通告火灾报警信息、发出人员疏散语音指示及灾害事项信息的广播设备，也是消防联动控制设备的相关设备之一。当有火警或其他灾害与突发性事件发生时，通过中心指挥系统将有关指令或事先准备播放的内容，及时、准确地广播出去。消防应急广播设备具有以下功能：

（1）应急广播功能 消防应急广播设备能按预定程序向保护区域广播火灾事故有关信息，广播语音清晰，距扬声器正前方 3m 处，应急广播的播放声压级（A 计权）不小于 65dB，且不大于 115dB。

消防应急广播设备具有广播监听功能。当有启动信号输入时，消防应急广播设备能立即停止非应急广播功能，进入应急广播状态；消防应急广播设备能显示处于应急广播状态的广播分区；消防应急广播设备能分别通过手动和自动方式启、停应急广播，选择广播分区，且手动操作优先；消防应急广播设备进入应急广播状态后，在 10s 内发出广播信息。

声频功率放大器的输出功率不能被改变；消防应急广播设备中任一扬声器故障不影响其他扬声器的应急广播功能；消防应急广播设备能预设广播信息。

预设广播信息储存在内置的固态存储器或硬盘中；消防应急广播设备能通过传声器进行应急广播，并自动对广播内容进行录音。使用传声器进行应急广播时，自动中断其他信息广播、故障声信号和广播监听；停止使用传声器进行应急广播后，消防应急广播设备在 3s 内自动恢复到原来的状态。

（2）故障报警功能 消防应急广播设备发生故障时，在 100s 内发出故障声、光信号，故障声信号能手动消除，消除后再有故障发生时，能再次启动；故障光信号保持至故障排除。消防应急广播设备发生下述故障时能显示故障的类型及故障的部位：广播信息传输线路断路、短路；主电源欠电压；给备用电源充电的充电器与备用电源间连接线的断路、短路；备用电源与其负载间连接线的断路、短路。

（3）自检功能 消防应急广播设备能手动检查本机音响器件、面板所有指示灯和显示器的功能，音响器件不包括广播回路中的扬声器。

（4）电源功能 主电源、备用电源自动转换；备用电源充电；电源故障监测；电源工作状态指示；为连接的部件供电。

消防应急广播设备还可与公共广播设备合用，平时可作背景音乐广播；在有火警发生时，不但能手动操作进入应急广播状态，而且能根据接收到的控制信号，通过逻辑编程自动进入应急广播状态。

6. 消防电话

消防电话是火灾自动报警系统中专用于各保护区域的重要部位与消防控制室之间传递火

灾等突发事件有关语音信息的专用电话设备，也是消防联动控制设备的相关设备之一。

消防电话由电话总机、电话分机和传输介质组成。消防电话总机和分机分别设置在消防控制室和保护区各重要部位。当保护区出现火警或其他灾害与突发事件时，现场人员可利用分布于现场内的电话插孔和消防电话分机，无需拨号，摘机即可通话，从而准确、及时地与消防控制室进行联络。消防电话总机通过总线接口与分布于现场的电话分机进行通信（多线制消防电话主机一般直接与分机连接）。现场分机呼叫主机时，总机即有振铃声，同时显示分机号；当总机处于通话状态时，自动启动内部电子数字录音。数字录音断电时不丢失，可实现每次通话自动录音。消防电话总机可通过面板按键直接呼叫分机。消防电话总机可外接一条市内电话线，通过操作119键对外呼叫火警电话119。

7. 传输设备

传输设备是将火灾报警控制器发出的火灾报警信号和其他信号传输给建筑消防设施远程监控中心的设备。该装置具有以下功能：

1）接收火灾自动报警系统的火灾报警信息，并将信息通过报警传输网络发送给监控中心。

2）接收建筑消防设施运行状态信息，并将信息通过报警传输网络发送给监控中心。

3）优先传送火灾报警信息和手动报警信息。

4）具有自检和故障报警功能。

5）具有主、备用电源自动转换功能；备用电源的容量应能保证用户信息传输装置连续正常工作时间不小于8h。

8. 消防控制室图形显示装置

消防控制室图形显示装置是消防联动控制设备的一个重要组件。消防控制室图形显示装置与火灾报警控制器和消防联动控制器进行通信，及时接收消防系统中的设备火警信号、联动信号和故障信号，并通过图形终端把火警信息、故障信息和联动信息直观地显示在建筑平面图上，从而使消防管理人员能够方便及时地处理火灾事故。消防控制室图形显示装置应具有下述功能：

（1）通信功能　消防控制室图形显示装置能接收火灾报警控制器和消防联动控制器发出的火灾报警信号和/或联动控制信号，并能在3s内进入火灾报警和/或联动状态，显示相应信息。消防控制室图形显示装置能监视并显示与控制器通信的工作状态。

（2）状态显示功能　消防控制室图形显示装置能显示监视区域的建筑平面图，并标注图中的各个监视区域、主要部位的名称及地理位置；消防控制室图形显示装置能查询并显示监视区域内各个消防设备（设施）的所在部位及其对应的实时状态信息，并能在发出查询信号后15s内显示相应信息。在火灾报警或联动状态下，消防控制室图形显示装置优先显示报警平面图。

（3）通信故障报警功能　消防控制室图形显示装置在与火灾报警控制器和消防联动控制器及其他消防设备（设施）之间不能正常通信时，能在100s内发出与火灾报警信号有明显区别的故障声、光信号，故障声信号能手动消除，故障光信号保持至故障排除。

（4）信息记录功能　消防控制室图形显示装置具有火灾报警和消防联动控制信息的存储记录功能，记录报警时间、报警部位、复位操作、消防联动设备的启动和动作反馈等信息。

（5）信息传输功能　消防控制室图形显示装置在接收到系统的火灾报警信号后10s内能

将报警信息按规定的通信协议格式传送给城市消防远程监控中心。

9. 消防联动模块

消防联动模块是用于消防联动控制器与其所连接的受控设备之间信号传输、转换的一种器件，包括消防联动中继模块、消防联动输入模块、消防联动输出模块和消防联动输入/输出模块，它是消防联动控制设备完成对受控消防设备联动控制功能所需的一种辅助器件。

（1）消防联动中继模块　消防联动中继模块是由信号整形、滤波稳压和信号放大、过电流保护电路等部分组成，用于对消防联动控制系统内部各种电信号进行远距离传输和放大驱动。该模块分为总线型和非总线型两种。总线型中继模块的主要作用是增加联动总线的负载能力，提高消防联动控制系统的可靠性。

（2）消防联动输入模块　消防联动输入模块是由无极性转换电路、滤波整形、编码信号变换电路、主控电路、指示灯电路、信号隔离变换电路等部分组成，用于把消防联动控制器所连接的消防设备、器件的工作状态信号输入相应的消防联动控制器。该模块一般与消防联动控制器相连。

消防联动输入模块的工作原理是：自动灭火设备、防排烟设备、防火门窗、防火卷帘、水流指示器、消火栓、压力开关等消防设备、器件在监视状态时，其内部继电器处于常开状态；当处于启动工作状态时，继电器由动合（常开）转变为动断（常闭）状态。消防联动输入模块内部的信号隔离变换电路将上述消防设备、器件的工作状态转换为电信号，传给消防联动输入模块的主控电路。主控电路一般通过分析与判断，确认消防设备的工作状态，同时通过信号总线上传给相应的消防联动控制器。

（3）消防联动输出模块　消防联动输出模块用于将消防联动控制器的控制信号传输给其连接的消防设备、器件。该模块分为总线型和非总线型两种，一般与消防联动控制器相连。

消防联动输出模块的工作原理是：当消防联动控制设备发出启动信号后，根据预置逻辑，通过总线将联动控制信号输送到消防联动输出模块，启动需要联动的消防设备、器件，如消防水泵、防排烟阀、送风阀、防火卷帘门、风机、警铃等。

（4）消防联动输入/输出模块　消防联动输入/输出模块是同时具有消防联动输入模块和消防联动输出模块功能的消防联动模块，其作用、组成和工作原理等同上。

10. 消防电动装置

消防电动装置是自动灭火设备、防排烟设备、防火门窗和防火卷帘等自动消防设施的电气驱动装置，是消防联动控制设备完成对受控消防设备的联动控制的一种重要辅助装置。

（1）基本功能　消防电动装置能够接收消防联动控制器或消防电气控制装置的控制信号，在30s内发出驱动信号，驱动受控设备，完成预定消防功能，并反馈消防设施的状态。

同时具有手动和自动控制功能的消防电动装置，应有手动和自动控制状态光指示。在自动状态下，手动插入操作优先。

对具有机械操作部件的消防电动装置施加的推力不超过规定动作推力80%时，消防电动装置不应发出驱动信号。

（2）组成与工作原理　消防电动装置一般由信号接收、信号处理、驱动、显示4个部分组成。驱动机构一般由电磁阀、电动阀或各种电动机及附属机械部件构成。

消防电动装置通常接收控制信号，将信号进行处理、转换，形成驱动信号并传送至驱动机构。驱动机构接收到驱动信号后动作，带动受控设备执行预定的动作。

11. 消火栓按钮

消火栓按钮是用于向消防联动控制器或消火栓水泵控制器发送动作信号并启动消防水泵的器件，也是消防联动控制设备的一种辅助器件。

（1）功能与性能　消火栓按钮具有以下主要功能与性能：

向消火栓水泵控制器或消防联动控制器发送启动控制信号，启动消防水泵，点亮启动确认灯；接收消火栓水泵启动回答信号，点亮回答确认灯。

工作电压小于36V；按钮的正常监视状态通过其前面板外观能清晰识别，通过击碎启动零件或使启动零件移位的操作方式进入启动状态并与正常监视状态有明显区别；按钮设红色启动确认灯、绿色回答确认灯；按钮至少具有一对动合（常开）或动断（常闭）触头。

启动零件不可重复使用的消火栓按钮有专门测试手段，在不击碎启动零件的情况下进行模拟启动及复位测试。

消火栓按钮的复位手段只能使用工具进行。启动零件不可重复使用的，更换新的启动零件；启动零件可重复使用的，复位启动零件。

（2）组成与工作原理　消火栓按钮一般由前面板、底座、启动零件、启动确认灯、回答确认灯、接点等组成。对于可编址的消火栓按钮，还包括地址编码部分。

当发生火灾，需要从消火栓取水灭火时，手动操作启动零件使其动作，按钮发出启动信号，同时点亮启动确认灯。启动信号被传送至消防水泵控制器或消防联动控制器，消防水泵启动向消火栓供水，同时将水泵的启动回答信号反馈至消火栓按钮，按钮的回答确认灯点亮。消火栓按钮被启动后，直至启动零件被更换或手动复原，方可恢复到正常状态。启动零件由玻璃或塑料等物质构成，在受到压力或击打后，发生破碎或明显的位移。

第三节　消防联动控制设计

一、一般要求

1）各类受控消防设备或系统的控制和显示功能的设计应满足消防控制室的要求。

2）各类受控消防设备或系统在其电气控制框上应能实现现场手动启、停操作，并有必要的显示功能。

3）消防联动控制器应能按设定的控制逻辑向各相关的受控设备发出联动控制信号，并接受相关设备的联动反馈信号。

4）消防联动控制器的电压控制输出应采用直流24V，其电源容量应满足受控消防设备同时启动且维持工作的控制容量要求。

5）各受控设备接口的特性参数应与消防联动控制器发出的联动控制信号相匹配。

6）消防水泵、防烟和排烟风机的控制设备除采用自动控制方式外，还应在消防控制室设置手动直接控制装置。

7）启动电流较大的消防设备宜分时启动。

8）需要火灾自动报警系统联动控制的消防设备，其联动触发信号应采用两个报警触发装置报警信号的"与"逻辑组合。

二、消防联动控制

1. 自动喷水灭火系统

自动喷水灭火系统是目前国内外广泛采用的一种固定式消防灭火设备。在自动喷水灭火系统中，湿式系统（即充水式闭式自动喷水灭火系统）是应用最广泛的一种。自动喷水灭火系统的组成和控制原理如图 7-2 所示。系统的工作过程是：当发生火灾、水喷头的温度元件达到额定温度时，水喷头动作，系统支管的水流动，水流指示器动作、湿式报警阀动作、压力开关动作，这 3 个部件的动作信号均送消防控制室。随后，消防水泵启动，启泵信号送消防控制室，且水力警铃报警。当支管末端放水阀或试验阀动作时，也将有相应的动作信号送入消防控制室。这样既保证了火灾时动作无误，又方便平时维修检查。

充水式自动喷水灭火系统中喷淋泵的联动控制逻辑过程如图 7-3 所示。水流信号和闸阀关闭动作信号送入系统后，喷淋泵控制器（屏）产生手动或自动信号直接控制喷洒泵，同时接收返回的水位信号，监测喷洒泵工作状态，实现集中联动控制。

自动喷水灭火系统所用的喷淋泵组一般为 2、3 台泵。当采用两台泵时，平时配水管网中的压力水来自高位水箱；一旦水喷头喷水，管道内有消防水流动，高位消防水箱或增稳压装置（气压罐）自动向管网补充压力水；平时一台工作、一台备用，当一台因故障停转，接触器断开时，备用喷淋泵立即投入运行，两台水泵可以互为备用。

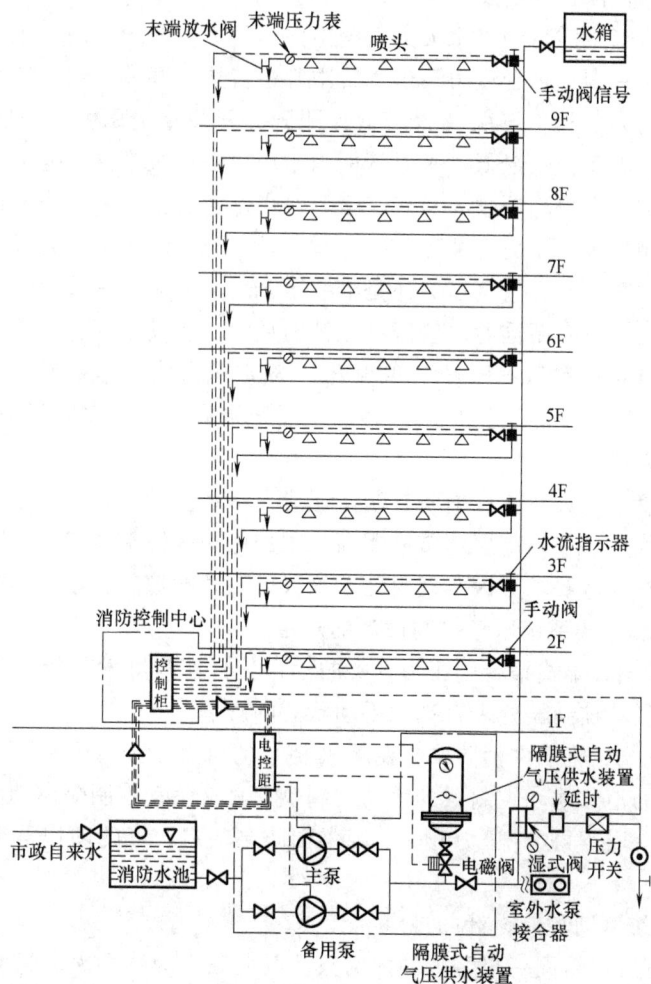

图 7-2　自动喷水灭火系统控制原理图

262

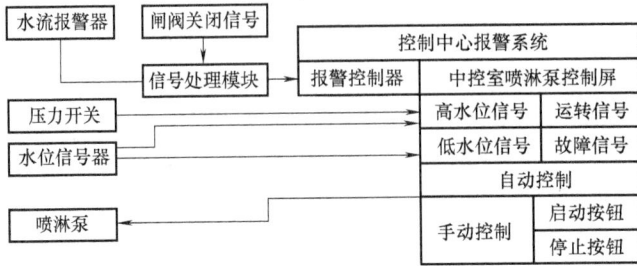

图 7-3　喷淋泵联动控制框图

当自动喷水灭火系统采用 3 台泵时，其中两台为压力泵，一台为恒压泵（或称补压泵）。恒压泵一般功率很小，为 $1\sim2kW$，其作用是使消防管网中的水压保持在一定范围内，此时自动喷水灭火系统管网不得与自来水或高位水池相连，高位消防用水来自消防蓄水池。当管网中的水由于渗漏压力降低到某一数值时，恒压泵出水管所接的压力开关（压力继电器）动作，其触头信号经电气控制箱控制恒压泵启动补压；当达到一定压力后，所接压力开关断开恒压泵控制回路，使恒压泵停止运行。

必须指出，三泵形式的自动喷水灭火系统中两台压力泵一般采用一工一备，有时也把两台压力泵处理成一主一副，每台压力泵出水管中都接有压力开关，主泵压力开关的动作压力调整在较高数值，副泵的压力开关调得最低，即压力开关整定压力大小顺序是：恒压泵最高，主压力泵次之，副压力泵最低。平时管网内水压由恒压泵维持，但火灾发生后，由于水喷头炸裂喷水，管网压力下降严重，虽然有恒压泵启动也无济于事，压力还是迅速下降，降到一定数值时，控制主泵的压力开关动作，主泵启动补充消防用水。如果火势大，喷头炸裂多，喷水多，虽然主泵启动，管网压力还是继续下降，当降至另一数值时，控制副泵的压力开关动作，副泵启动，三台泵同时向管网补充消防用水，以满足喷头喷水的需要。在这种运行方式下，一般恒压泵在实际水压降至 $90\%\,P_e$（额定压力值）时启动，当压力达到 100% P_e 时停止工作；当实际水压降至 $85\%\,P_e$ 时，主泵开始启动，当实际压力继续降至 $80\%\,P_e$ 以下时，副泵也投入运行。

如果使用干式喷水灭火系统，消防控制室还应显示系统最高和最低气温；预作用系统还应显示系统的最低气压。如果高层建筑采用高、中、低分区给水系统，如图 7-4 所示，则在消防控制室中，应按规范要求分区实现自动喷水灭火系统的控制、显示功能。

（1）湿式系统和干式系统联动控制设计的规定

1）联动控制方式，湿式报警阀压力开关的动作信号作为触发信号，直接控制启动喷淋消防泵，不受消防联动控制器处于自动或手动状态的影响。

2）手动控制方式，将喷淋消防泵控制箱（柜）的启、停按钮用专用线路直接连接至设置在消防控制室内的消防联动控制器的手动控制盘，直接手动控制喷淋消防泵的启、停。

3）水流指示器、信号阀、压力开关、喷淋消防泵的启、停的动作信号应反馈至消防联动控制器。

（2）预作用系统联动控制设计的规定

1）联动控制方式，由同一报警区域内两只及以上独立的感烟火灾探测器或一只感烟火灾探测器与一只手动火灾报警按钮的报警信号，作为预作用阀组开启的联动触发信号。由消

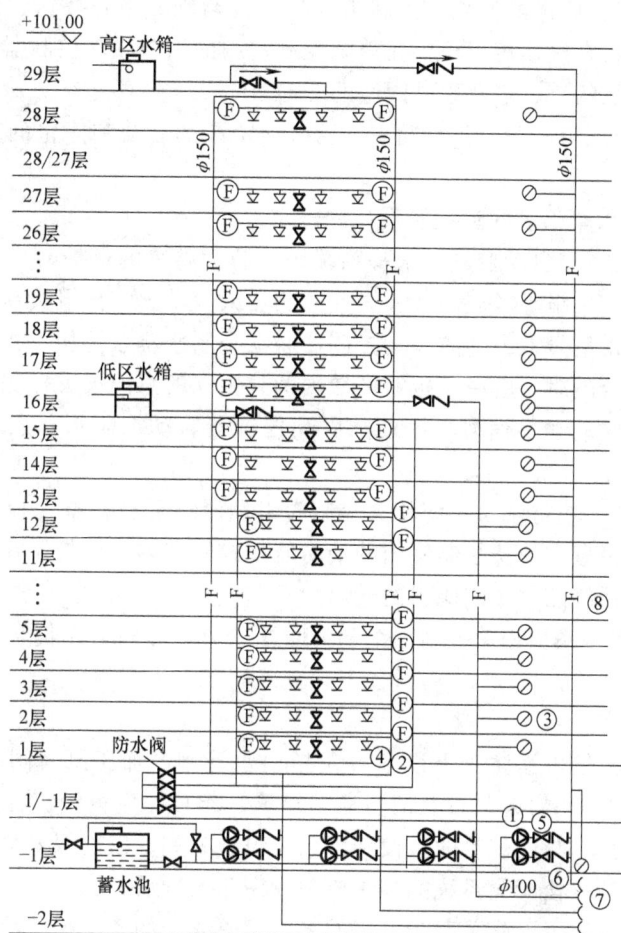

图 7-4　分区消防给水系统示意图

①—消防泵　②—报警阀　③—消火栓　④—自动灭火喷头
⑤—截止阀　⑥—单向阀　⑦—水泵接合器　⑧—消防竖管

防联动控制器控制预作用阀组的开启，使系统转变为湿式系统；当系统设有快速排气装置时，应联动控制排气阀前的电动阀的开启。

2）手动控制方式，将喷淋消防泵控制箱（柜）的启动和停止按钮、预作用阀组和快速排气阀入口前的电动阀的启动和停止按钮，用专用线路直接连接至设置在消防控制室内的消防联动控制器的手动控制盘，直接手动控制喷淋消防泵的启、停及预作用阀组和电动阀的开启。

3）水流指示器、信号阀、压力开关、喷淋消防泵的启、停的动作信号，有压气体管道气压状态信号和快速排气阀入口前电动阀的动作信号应反馈至消防联动控制器。

（3）雨淋系统联动控制设计的规定

1）联动控制方式，由同一报警区域内两只及以上独立的感烟火灾探测器或一只感烟火灾探测器与一只手动火灾报警按钮的报警信号，作为雨淋阀组开启的联动触发信号。由消防联动控制器控制雨淋阀组的开启。

2）手动控制方式，将雨淋消防泵控制箱（柜）的启动和停止按钮、雨淋阀组的启动和停止按钮，用专用线路直接连接至设置在消防控制室内的消防联动控制器的手动控制盘，直接手动控制雨淋消防泵的启、停及雨淋阀组的开启。

3）水流指示器，压力开关，雨淋阀组、雨淋消防泵的启动和停止的动作信号应反馈至消防联动控制器。

（4）自动控制的水幕系统联动控制设计的规定

1）联动控制方式，当自动控制的水幕系统用于防火卷帘的保护时，应由防火卷帘下落到楼板面的动作信号与本报警区域内任一火灾探测器或手动火灾报警按钮的报警信号作为水幕阀组启动的联动触发信号，由消防联动控制器联动控制水幕系统相关控制阀组的启动；仅用水幕系统作为防火分隔时，应由该报警区域内两只独立的感温火灾探测器的火灾报警信号作为水幕阀组启动的联动触发信号，由消防联动控制器联动控制水幕系统相关控制阀组的启动。

2）手动控制方式，应将水幕系统相关控制阀组和消防泵控制箱（柜）的启、停按钮用专用线路直接连接至设置在消防控制室内的消防联动控制器的手动控制盘，直接手动控制消防泵的启、停及水幕系统相关控制阀组的开启。

3）压力开关、水幕系统相关控制阀组和消防泵的启、停的动作信号应反馈至消防联动控制器。

2. 消火栓灭火系统

室内消火栓灭火系统由消防给水设备（包括给水管网、加压泵及阀门等）和电控部分（包括启泵按钮、消防中心启泵装置及消防控制柜等）组成。室内消火栓灭火系统中消防泵的启动和控制方式选择，与建筑物的规模和水系统设计有关，以确保安全、控制电路设计简单合理为原则。室内消火栓灭火系统的控制原理如图7-5所示。

室内消火栓灭火系统中消防泵联动控制的基本逻辑要求如图7-6所示。当手动消防按钮的报警信号送入系统的消防控制中心后，消防泵控制屏（或控制装置）产生手动或自动信号直接控制消防泵，同时接收水位信号器返回的水位信号。一般来说，消防泵的控制都是经消防控制室来联动控制，应具备分散（现场）控制、集中（消防中心）管理的功能，并在满足使用要求的前提下，力求简单可靠。

在智能建筑或高层建筑火灾自动报警系统中，消防泵有两种系统工作方式：

① 当室内消火栓灭火系统与自动喷水灭火系统都有各自专用的供水水泵和配水管网时，消防泵一般都是采用一工一备（一台工作，一台备用）工作方式；

② 当室内消火栓灭火系统和自动喷水灭火系统各自有专用的配水管网，但供水水泵却共用时，这时消防泵一般是采用多工一备（多台工作，一台备用）工作方式。

为了弥补室内消火栓灭火系统消防水泵扬程有限的不足，或为了达到降低消防水泵单台容量以减少自备应急柴油发电机组的额定容量，常在室内消火栓灭火系统中设置中途接力泵，其级数视建筑物高度而定。当智能建筑或高层建筑消火栓灭火系统由底层消防泵、中途泵和顶层加压泵组成时，如图7-7所示，各个水泵电气控制回路之间设有联锁关系，联锁要求与水系统具体形式有关。图7-7所示系统的联锁方式为：火灾发生时，以消防按钮能够立即启动顶层加压泵并向消防控制中心和就地发出声、光报警信号；此时喷出的消防水由上层消防水箱经顶层加压泵供给，上层消防水箱水位将很快下降，当降到危险水位时，则由水位

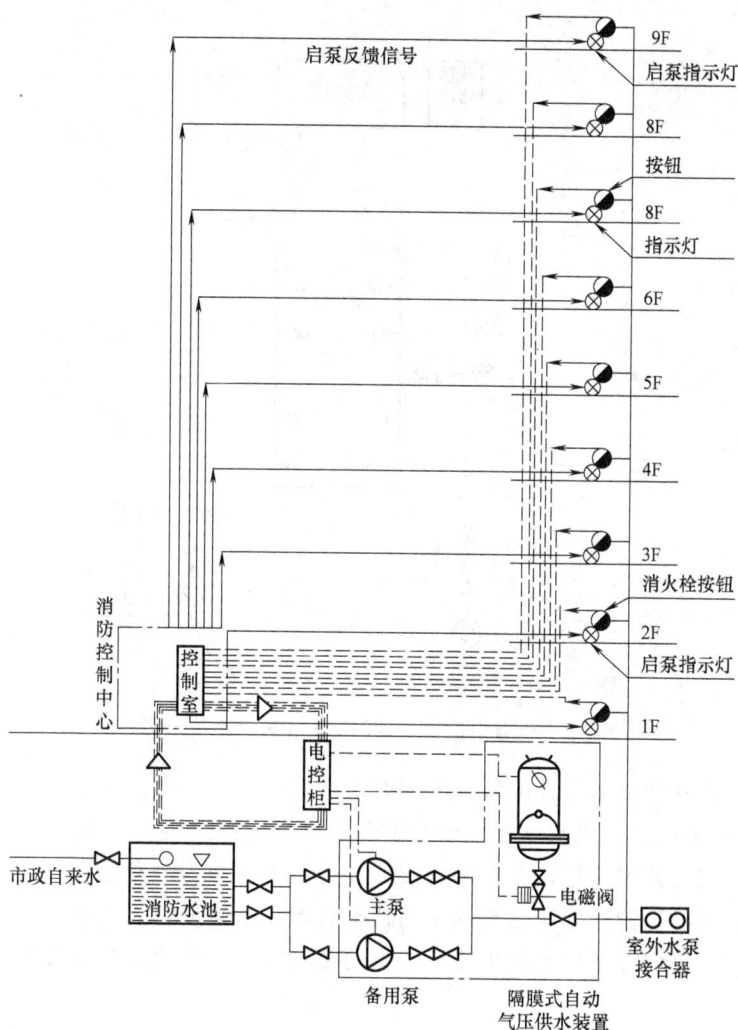

图 7-5 室内消火栓灭火系统控制原理图

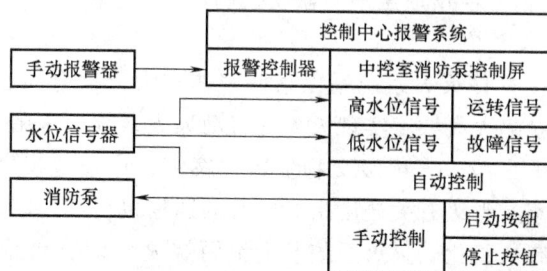

图 7-6 消防泵联动控制逻辑框图

信号检测器启动底层消防泵，并经短暂延时后启动中途接力泵。当底层消防泵及中途接力泵投入运行后，顶层加压泵随即停止运行，消火栓系统用水由底层消防泵和中途接力泵直接注入。一般来说，在水泵接合器旁应设有消防按钮，用于打碎玻璃或用力按下盖板后能够直接启动中途接力泵。

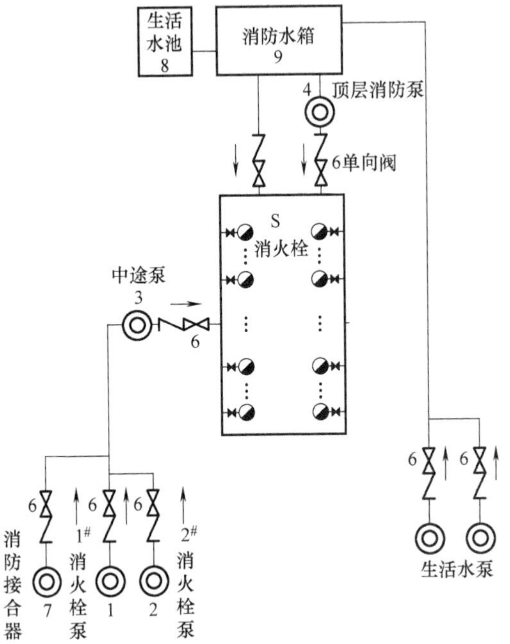

图 7-7 设有中途接力泵的消火栓灭火系统示意图

消火栓系统的联动控制设计应符合下列要求：

1）联动控制方式，以消火栓系统出水干管上设置的低压压力开关信号、高位消防水箱出水管上设置的流量开关信号，或报警阀压力开关信号等作为触发信号，直接控制启动消火栓泵，不受消防联动控制器处于自动或手动状态的影响。当设置消火栓按钮时，消火栓按钮的动作信号作为报警信号及启动消火栓泵的联动触发信号，由消防联动控制器联动控制消火栓泵的启动。

2）手动控制方式，应将消火栓泵控制箱（柜）的启、停按钮用专用线路直接连接至设置在消防控制室内的消防联动控制器的手动控制盘，直接手动控制消火栓泵的启、停。

3）消火栓泵的动作信号应反馈至消防联动控制器。

3. 气体（泡沫）灭火系统

（1）气体灭火系统 气体灭火系统是以某些气体作为灭火介质在整个防护区域或保护对象周围的局部区域建立起灭火浓度实现灭火的自动灭火系统，常用于大、中型电子计算机房，图书馆的珍藏室，中央级、省市级文物资料档案室，广播电视发射塔楼内的重要设备室，程控交换机房，国家及省级有关调度指挥中心的通信机房和控制室等场所。我国目前常用的气体灭火系统主要有二氧化碳灭火系统、七氟丙烷灭火系统和混合气体自动灭火系统。气体灭火系统根据系统结构可分为有管网系统和无管网系统。本节以有管网气体灭火系统为例分析。管网灭火系统主要由灭火喷洒设备、自动灭火控制装置、探测器及其他消防联动控制设备组成。

气体灭火系统的动作过程是：当灭火控制器接收到感烟探测器报警后，发出预火警声、光报警信号。同时，保护区内声、光报警盒发出声、光报警信号，以提醒人员迅速撤离现场，继而联动防排烟设备，关闭门、窗、风机、防火阀等。当感温探测器报警且感烟探测器持续报警，并延迟30s以后，灭火钢瓶组启动，靠气体打开贮气瓶的瓶头阀和管网上的分配阀（选择阀），贮气瓶里的气体通过管网向防护区喷洒。同时，联动控制柜切断非消防电源，关闭空调，鸣响警笛。管网压力变化，使压力开关动作，同时使防护区、钢瓶室的放气灯点亮。气体灭火系统结构原理如图7-8所示。

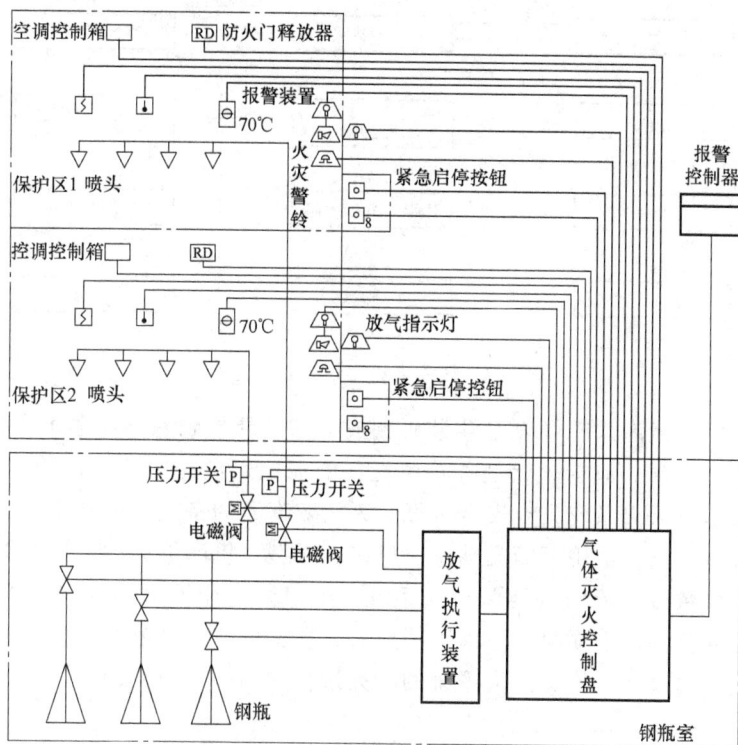

图 7-8 气体灭火系统结构原理

为了保证气体灭火系统安全可靠运行，应具有手动、自动两种启动方式。而且是在火灾报警后经过设备确认或人工确认方可启动灭火系统。控制过程如图7-9所示。当采用气体灭火系统保护的防护区发生火灾后，火灾探测器将燃烧产生的温、烟等变化成电信号输入到火灾报警控制器，经火灾报警控制器鉴别确认后，启动火灾报警装置，发出火灾声、光报警信号，并将信号输入灭火控制盘。灭火控制盘必须由两种火灾探测报警后通过"与门"回路，启动开口关闭装置、通风机等联动设备，发出启动指令。再经延时 20～30s 后，启动灭火系统，即启动阀驱动装置，并同时打开灭火剂贮存装置及选择阀，将灭火剂施放到防护区进行灭火。灭火剂施放时压力信号器可给出反馈信号，通过灭火控制盘再发出施放灭火剂的声、光报警信号，灭火后应开排风机。采取手动灭火方式时，火灾报警后，消防值班人员操作该区的紧急启动按钮进行灭火，灭火程序与自动灭火相同。

在延时的 20～30s 内，发现火警有误或可以人工扑灭，则可按下该区的紧急切断按钮，中断灭火程序。按照规范要求，二氧化碳等气体固定灭火系统在消防中心控制室应有下列控制、显示功能：

（2）泡沫灭火系统　泡沫灭火系统是通过泡沫比例混合器将泡沫灭火剂与水按比例混

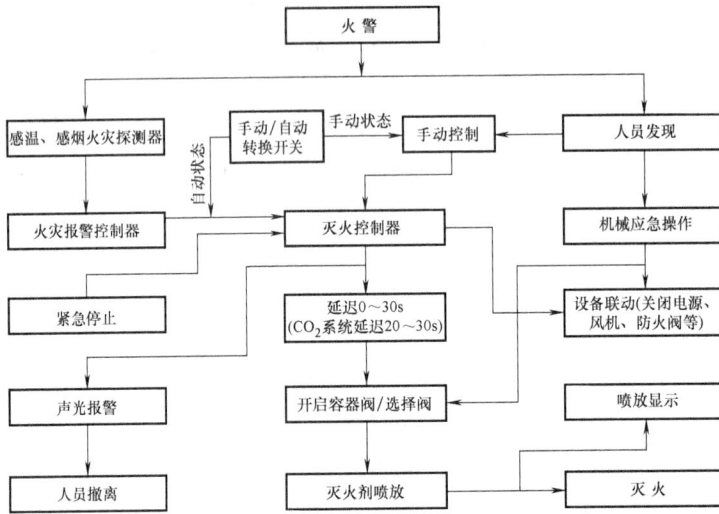

图 7-9　气体灭火系统的控制过程

合成泡沫混合液，再经泡沫产（发）生装置制成泡沫并释放到着火对象上实施灭火的系统。该系统主要由消防水泵、泡沫灭火剂贮存装置、泡沫比例混合装置、泡沫产（发）生装置及管道等组成。泡沫灭火系统具有安全可靠、灭火效率高的特点，主要用于扑救非水溶性可燃液体和一般固体火灾，适用于商品油库、煤矿、大型飞机库等场所。泡沫灭火系统按照泡沫灭火剂的发泡倍数分为低倍数泡沫灭火系统、中倍数泡沫灭火系统和高倍数泡沫灭火系统；根据喷射方式分为液上喷射式、液下喷射式；根据设备与管道的安装方式不同可分为固定式、半固定式、移动式。泡沫灭火系统的灭火过程如图 7-10 所示。

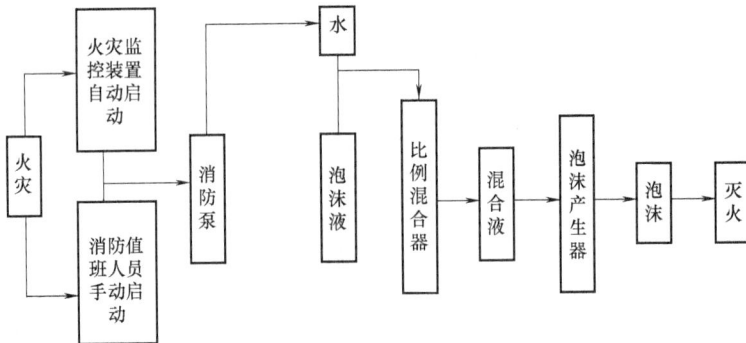

图 7-10　泡沫灭火系统的灭火过程

（3）气体（泡沫）灭火系统的联动控制设计要求　气体（泡沫）灭火系统应由专用的气体（泡沫）灭火控制器控制。

1）自带火灾探测器的气体（泡沫）灭火系统。气体（泡沫）灭火控制器直接连接火灾探测器时，气体（泡沫）灭火系统的自动控制方式应符合下列规定：

① 应由同一防护区域内两只独立的火灾探测器报警信号、一只火灾探测器与一只手动火灾报警按钮的报警信号或防护区外的紧急启动信号，作为系统的联动触发信号，探测器的组合宜采用感烟火灾探测器和感温火灾探测器，各类探测器应按第六章第二节规定分别计算

保护面积；

②气体（泡沫）灭火控制器在接收到满足联动逻辑关系的首个联动触发信号（任一防护区域内设置的感烟火灾探测器、其他类型火灾探测器或手动火灾报警按钮的首次报警信号）后，应启动设置在该防护区内的火灾声光警报器；在接收到第二个联动触发信号（同一防护区域内与首次报警的火灾探测器或手动火灾报警按钮相邻的感温火灾探测器、火焰探测器或手动火灾报警按钮的报警信号）后，应发出联动控制信号。

③联动控制信号内容包括：关闭防护区域的送、排风机及送、排风阀门；停止通风和空气调节系统及关闭设置在该防护区域的电动防火阀；联动控制防护区域开口封闭装置的启动，包括关闭防护区域的门、窗；启动气体（泡沫）灭火装置。根据人员安全撤离防护区的需要，气体（泡沫）灭火控制器可设定不大于30s的延迟喷射时间。

④平时无人工作的防护区，可设置为无延迟的喷射，且应在接收到满足联动逻辑关系的首个联动触发信号后执行③中规定的除启动气体（泡沫）灭火装置外的联动控制；在接收到第二个联动触发信号后，启动气体（泡沫）灭火装置。

⑤气体灭火防护区出口外上方应设置表示气体喷洒的火灾声、光警报器，指示气体释放的声信号应与该保护对象中设置的火灾声警报器的声信号有明显区别。启动气体（泡沫）灭火装置的同时，启动设置在防护区入口处表示气体喷洒的火灾声、光警报器；组合分配系统应首先开启相应防护区域的选择阀，然后启动气体（泡沫）灭火装置。

2）不自带火灾探测器的气体（泡沫）灭火系统。气体（泡沫）灭火控制器不直接连接火灾探测器时，气体（泡沫）灭火系统的自动控制方式应符合下列规定：

①气体（泡沫）灭火系统的联动触发信号应由火灾报警控制器或消防联动控制器发出。

②系统的联动触发信号和联动控制的要求与自带火灾探测器的气体（泡沫）灭火系统的自动控制要求相同。

3）手动控制。气体（泡沫）灭火系统的手动控制方式应符合下列规定：

①在防护区疏散出口的门外应设置气体（泡沫）灭火装置的手动启动和停止按钮。手动启动按钮按下时，火灾报警控制器应执行自带火灾探测器的气体（泡沫）灭火系统的自动控制要求中③及⑤规定的联动操作；手动停止按钮按下时，气体（泡沫）灭火控制器应停止正在执行的联动操作。

②气体（泡沫）灭火控制器上应设置对应于不同防护区的手动启动和停止按钮，手动启动按钮按下时，气体（泡沫）灭火控制器应执行自带火灾探测器的气体（泡沫）灭火系统的自动控制要求中③及⑤规定的联动操作；手动停止按钮按下时，气体（泡沫）灭火控制器应停止正在执行的联动操作。

4）信号反馈。气体（泡沫）灭火装置启动及喷放各阶段的联动控制及系统的反馈信号应反馈至消防联动控制器。系统的联动反馈信号主要包括：

①气体（泡沫）灭火控制器直接连接的火灾探测器的报警信号。

②选择阀的动作信号。

③压力开关的动作信号。

④防护区域内设有手动与自动转换装置的系统，其手动或自动控制方式的工作状态应在防护区内、外的手动、自动控制状态显示装置上显示，该状态信号应反馈至消防联动控制器。

4. 防排烟系统

防烟设备的作用是防止烟气侵入疏散通道，而排烟设备的作用是消除烟气大量积累并防止烟气扩散到疏散通道。因此，防排烟设备及其系统的设计是综合性自动消防系统的必要组成部分。以防烟楼梯间及其前室为例，在无自然防烟、排烟的条件下，走廊作机械排烟，前室作送风、排烟，楼梯间作正压送风，其压力要符合规范的要求。防烟楼梯间及其前室（包括合用前室）排烟送风系统的控制原理如图 7-11 所示。可见，风机和排烟口的动作信号都应回到消防控制室。

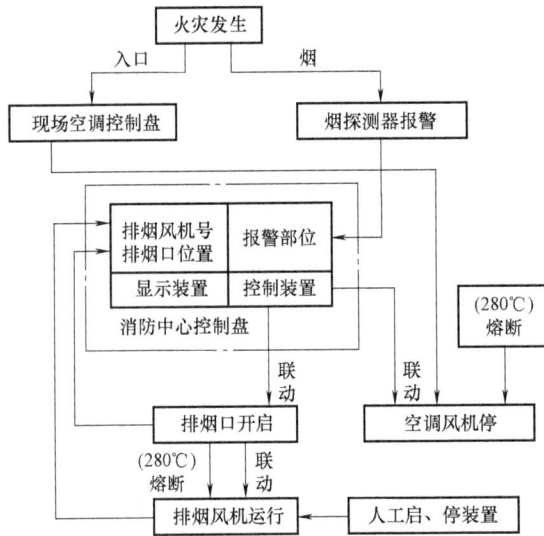

图 7-11　防烟楼梯间及其前室（包括合用前室）排烟送风系统控制图

防排烟设备主要包括正压送风机、排烟风机、送风阀及排烟阀、防火卷帘门，以及防火门等。防排烟系统一般是在选定自然排烟、机械排烟、自然与机械排烟并用或机械加压送风方式后设计其电气控制。因此，防排烟系统的电气控制视所确定的防排烟设备，有以下不同内容与要求：消防控制室能显示各种电动防排烟设备的运行情况，并能进行联锁控制和就地手动控制；根据火灾情况打开有关排烟道上的排烟口，启动排烟风机（有正压送风机时同时启动），降下有关防火卷帘及防烟垂壁，打开安全出口的电动门，同时关闭有关的防火阀及防火门，停止有关防烟分区内的空调系统；设有正压送风的系统则同时打开送风口、启动送风机等。

（1）防排烟控制过程　一般来说，防排烟控制有中心控制和模块控制两种方式，如图 7-12 所示。其中，中心控制方式（见图 7-12a）的控制过程是：消防中心控制室接到火灾报警信号后，直接产生信号控制排烟阀门开启、排烟风机启动，空调、送风机、防火门等关闭，并接收各个设备的返回信号和防火阀动作信号，监测各个设备运行状态。模块联动方式（见图 7-12b）的控制过程是：消防中心控制室接收到火灾报警信号后，产生排烟风机和排烟阀门等的动作信号，经总线和控制模块驱动各个设备动作并接收其返回信号，监测其运行状态。应该指出，图 7-12 为机械排烟控制过程的框图；机械加压送风控制原理与过程相似于排烟控制，只是控制对象变成为正压送风机和正压送风阀门，控制过程框图类似于图 7-12。在智能建筑或高层建筑中，送风机通常装在建筑物的下部技术层或 2、3 层，排烟机大多装在建筑物顶层或上部技术层。

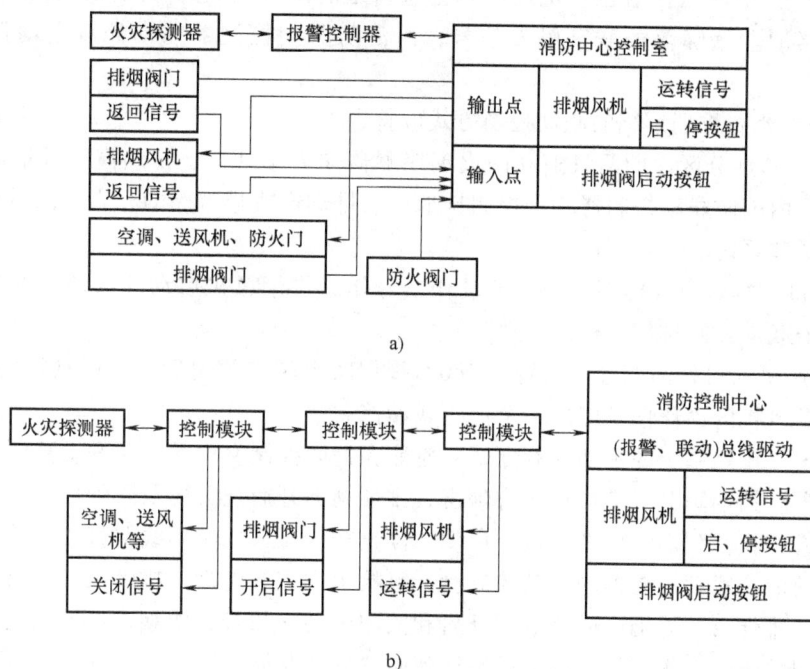

火灾探测器	→	报警控制器	←	消防中心控制室		
排烟阀门				输出点	排烟风机	运转信号
返回信号						启、停按钮
排烟风机				输入点	排烟阀启动按钮	
返回信号						
空调、送风机、防火门						
排烟阀门		防火阀门				

a)

火灾探测器	←	控制模块	←	控制模块	←	控制模块	←	消防控制中心	
								(报警、联动)总线驱动	
空调、送风机等		排烟阀门		排烟风机				排烟风机	运转信号
									启、停按钮
关闭信号		开启信号		运转信号				排烟阀启动按钮	

b)

图 7-12 排烟控制过程框图
a）中心控制方式 b）模块联动方式

（2）电动送风阀、排烟阀的控制 送风阀或排烟阀装在建筑物的过道、防烟前室或无窗房间的防排烟系统中用作排烟口或正压送风口。平时阀门关闭，当发生火灾时阀门接收电动信号打开阀门。送风阀或排烟阀的电动操作机构一般采用电磁铁，当电磁铁通电时即执行开阀操作。电磁铁的控制方式有 3 种形式：一是消防控制中心火警联锁控制；二是自启动控制，即由自身的温度熔断器动作实现控制；三是就地（现场）手动操作控制。无论何种控制方式，当阀门打开后，其微动（行程）开关便接通信号回路，向控制室返回阀门已开启的信号或联锁控制其他装置。

（3）防火阀及防烟防火阀的控制 防火阀与排烟阀相反，正常时是打开的，当发生火灾时，随着烟气温度上升，熔断器熔断使阀门自动关闭，一般用在有防火要求的通风及空调系统的风道上。防火阀可用手动复位（打开），也可用电动机构进行操作。电动机构通常采用电磁铁，接收消防控制中心命令而关闭阀门，其操作原理同排烟阀。防烟防火阀的工作原理与防火阀相似，只是在机构上还有防烟要求。设置在排烟风机入口处的防火阀动作后应联动停止排烟风机，当排烟风道内温度超过 280℃ 时，防火阀自动关闭，使排烟风机自动停止，通常也称为排烟防火阀。

（4）防排烟系统的联动控制设计

1）防烟系统。防烟系统的联动控制方式应符合下列规定：

① 由加压送风口所在防火分区内的两只独立的火灾探测器或一只火灾探测器与一只手动火灾报警按钮的报警信号，作为送风口开启和加压送风机启动的联动触发信号，由消防联动控制器联动控制火灾层和相关层前室等需要加压送风场所的加压送风口开启和加压送风机

启动；

②由同一防烟分区内且位于电动挡烟垂壁附近的两只独立的感烟火灾探测器的报警信号作为电动挡烟垂壁降落的联动触发信号，由消防联动控制器联动控制电动挡烟垂壁的降落。

2）排烟系统。排烟系统的联动控制方式应符合下列规定：

①由同一防烟分区内的两只独立的火灾探测器作为排烟口、排烟窗或排烟阀开启的联动触发信号，由消防联动控制器联动控制排烟口、排烟窗或排烟阀的开启，同时停止该防烟分区的空气调节系统。

②排烟口、排烟窗或排烟阀开启的动作信号作为排烟风机启动的联动触发信号，由消防联动控制器联动控制排烟风机的启动。

③排烟风机入口处的总管上设置的280℃排烟防火阀在关闭后直接联动控制风机停止，排烟防火阀及风机的动作信号应反馈至消防联动控制器。

防烟系统、排烟系统的手动控制方式，应能在消防控制室内的消防联动控制器上手动控制送风口、电动挡烟垂壁、排烟口、排烟窗、排烟阀的开启或关闭及防烟风机、排烟风机等设备的启动或停止。防烟、排烟风机的启动、停止按钮应采用专用线路直接连接至设置在消防控制室内的消防联动控制器的手动控制盘，直接手动控制防烟、排烟风机的启、停。

送风口、排烟口、排烟窗或排烟阀开启和关闭的动作信号，防烟、排烟风机启动和停止及电动防火阀关闭的动作信号，均应反馈至消防联动控制器。

5. 防火门

防火门是指在一定时间内，连同框架能够满足耐火稳定性、完整性和隔热性要求的门。它是设置在防火分区间、疏散楼梯间、垂直竖井、疏散走道、安全出口等处且具有一定耐火性的可以活动的防火分隔物。按照防火门平时的开启状态，有常开防火门和常闭防火门之分。

（1）常开防火门 常开防火门的动作通常是与火灾自动报警系统联锁的。常开防火门在建筑中平时处于开启状态，火灾时控制其关闭。常开防火门的控制可手动控制或电动控制（即现场感烟、感温火灾探测器控制，或由消防控制中心控制）。当采用电动控制时，需要在防火门上配置有相应的闭门器及释放开关。

常开防火门的工作方式按其固定方式和释放开关分为两种：一种是平时通电、火灾时断电关闭方式，即防火门释放开关平时通电吸合，使防火门处于开启状态，火灾时通过联动装置自动控制加手动控制切断电源，由装在防火门上的闭门器使之关闭；另一种是平时不通电、火灾时通电关闭方式，即通常将电磁铁、液压泵和弹簧制成一个整体装置，平时不通电，防火门被固定销扣住，呈开启状态，火灾时受联锁信号控制，电磁铁通电将销子拔出，防火门靠液压泵的压力或弹簧力作用而慢慢关闭。

（2）常闭防火门 常闭防火门是最常采用的防火门。常闭防火门的门扇一直处于闭合状态，人员通过时手动打开，通过后门扇自行关闭。设于公共通道的常闭防火门存在着平时使用时影响通风采光、遮挡视线、通行不便的缺点，如管理不善，其闭门器和启闭五金件常常被毁坏、失灵，造成安全隐患。

（3）防火门控制器 依据国家标准《防火门监控器》（GB 29364—2012），防火门的控制应通过防火门监控器实现。防火门控制系统的组件包括防火门监控器、防火门电磁释放器、防火门门磁开关、防火门电动闭门器。防火门监控器是用于显示并控制防火门打开、关闭状态的控制装置；防火门电磁释放器是使常开防火门保持打开状态，在收到指令后释放防火门使其关闭，并将本身的状态信息反馈至监控器的电动装置；防火门门磁开关是用于监视防火门的开闭状态，并能将其状态信息反馈至防火门监控器的装置；防火门电动闭门器是能够在收到指令后将处于打开状态的防火门关闭，并将其状态信息反馈至防火门监控器的电动装置。

防火门监控器若能为其连接的防火门电磁释放器和防火门门磁开关供电，工作电压应采用 DC24V 或 DC12V。防火门监控器应能显示与其连接的防火门电动闭门器和防火门电磁释放器的开、闭或故障状态，并应有专用状态指示灯。防火门监控器应能直接控制与其连接的每个防火门电动闭门器和防火门电磁释放器的工作状态，并设启动总指示灯，启动信号发出时，该指示灯应点亮。防火门监控器应能接收来自火灾自动报警系统的火灾报警信号，并在 30s 内向防火门电动闭门器和防火门电磁释放器发出启动信号，点亮启动总指示灯。防火门监控器应在防火门电动闭门器、防火门电磁释放器或防火门门磁开关动作后 10s 内收到反馈信号，并应有反馈光指示，指示名称或部位，反馈光指示应保持至受控设备恢复；发出启动信号后 10s 内未收到要求的反馈信号时，应使启动总指示灯闪亮，并显示相应防火门电动闭门器、防火门电磁释放器或防火门门磁开关的部位，保持至防火门监控器收到反馈信号。

（4）防火门系统联动控制设计的规定

1）常开防火门所在防火分区内的两只独立的火灾探测器或一只火灾探测器与一只手动火灾报警按钮的报警信号，作为常开防火门关闭的联动触发信号。联动触发信号应由火灾报警控制器或消防联动控制器发出，由消防联动控制器或防火门控制器联动控制防火门关闭。

2）疏散通道上各防火门的开启、关闭及故障状态信号应反馈至防火门控制器。

6. 防火卷帘

防火卷帘设置在建筑物中防火分区通道门处，可形成门帘或防火分隔。当发生火灾时，可按消防控制室、探测器的指令或就地手动操作使卷帘下降至一定点，水幕同步供水（复合型卷帘可不设水幕），接收降落信号后先一步下放，经延时后再二步落地，以达到人员紧急疏散、灾区隔烟隔火、控制火灾蔓延的目的。卷帘电动机的规格一般为三相380V、0.55~1.5kW，视门体大小而定。控制电路为 DC24V。电动防火卷帘示意图如图 7-13 所示。

根据规范要求，设于疏散通道上的防火卷帘应设置火灾探测器组及其警报装置，且两侧应设置手动控制按钮。当感烟探测器动作后，卷帘自动下降至距地（楼面）1.8m 处（一步降）。当感温探测器动作后，卷帘自动下降到底（二步降），如图 7-14 所示。此处防火卷帘分两步降落的作用是当火灾初起时便于人员疏散。用作防火分隔的防火卷帘，当火灾探测器动作后，卷帘应当下降到底。

防火卷帘控制有电动控制、手动控制和自动（联动）控制方式。自动控制方式是通过消防控制中心控制，分为中心控制方式和模块控制方式两种，其控制框图如图 7-15 所示。

防火卷帘的联动控制设计应符合下列要求：

1）防火卷帘的升降应由防火卷帘控制器控制。

2）疏散通道上设置的防火卷帘的联动控制设计，应符合下列规定：

① 联动控制方式，防火分区内任两只独立的感烟火灾探测器或任一只专门用于联动防火卷帘的感烟火灾探测器的报警信号联动控制防火卷帘下降至距楼板面 1.8m 处，任一只专

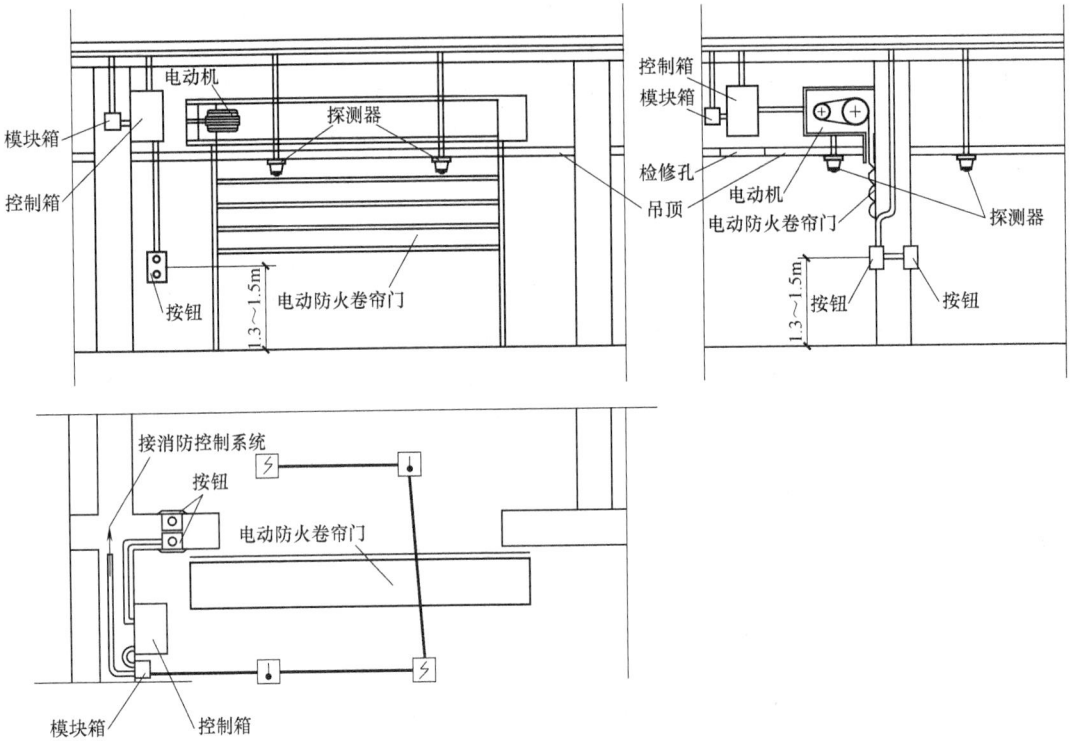

图 7-13 电动防火卷帘示意图

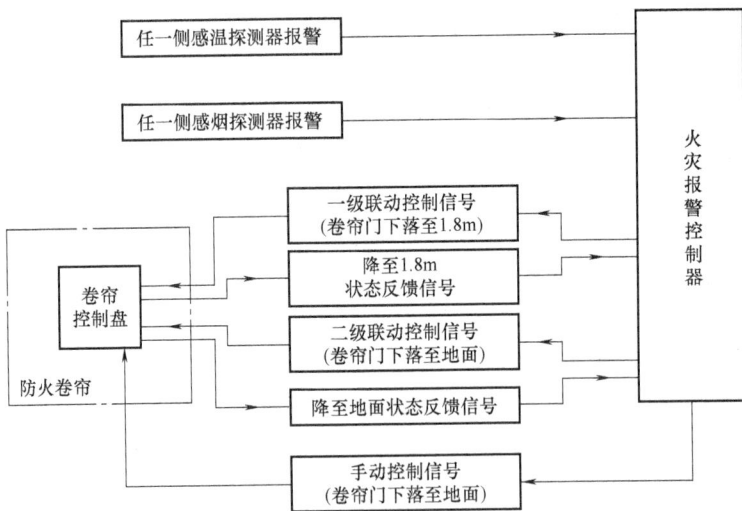

图 7-14 防火卷帘的控制过程

门用于联动防火卷帘的感温火灾探测器的报警信号联动控制防火卷帘下降到楼板面,在卷帘的任一侧距卷帘纵深 0.5 ~ 5m 内应设置不少于 2 只专门用于联动防火卷帘的感温火灾探测器。

② 手动控制方式,由防火卷帘两侧设置的手动控制按钮控制防火卷帘的升降。

3) 非疏散通道上设置的防火卷帘的联动控制设计,应符合下列规定:

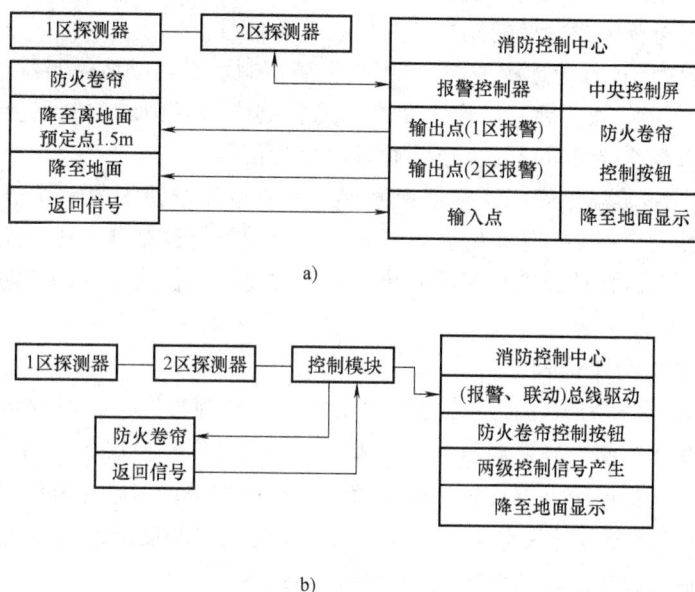

图 7-15　防火卷帘控制框图
a）中心控制方式　b）模块控制方式

① 联动控制方式，由防火卷帘所在防火分区内任两只独立的火灾探测器的报警信号，作为防火卷帘下降的联动触发信号，由防火卷帘控制器联动控制防火卷帘直接下降到楼板面。

② 手动控制方式，由防火卷帘两侧设置的手动控制按钮控制防火卷帘的升降，并应能在消防控制室内的消防联动控制器上手动控制防火卷帘的降落。

4）防火卷帘下降至距楼板面 1.8m 处、下降到楼板面的动作信号和防火卷帘控制器直接连接的感烟、感温火灾探测器的报警信号应反馈至消防联动控制器。

7. 电梯

高层建筑物中，一般都安装有两种电梯：一种是非消防电梯，当火灾确认后，消防控制中心或区域报警器，发出命令，强制非消防电梯全部降至首层，并发出反馈信号，这时非消防电梯不能再使用；另一种为消防电梯，当火灾确认后，消防控制中心或区域报警器发出命令，强制消防电梯全部降至首层或电梯转换层，并发出反馈信号，等待消防工作人员的使用。电梯是高层建筑纵向交通的工具，消防电梯则是在发生火灾时供消防人员扑救火灾和营救人员用的。火灾时，无特殊情况下不用一般电梯作疏散，因为这时电源无把握，因此对电梯控制一定要保证安全可靠。

（1）电梯的控制　电梯的控制有两种方式：一是将所有电梯控制显示的副盘设在消防控制室，消防值班人员随时可直接操作；另一种是消防控制室自行设计电梯控制装置，火灾时，消防值班人员通过控制装置，向电梯机房发出火灾信号和强制电梯全部停于首层的指令。在一些大型公共建筑里，利用消防电梯前的感烟探测器直接联动控制电梯，这也是一种控制方式，但是必须注意感烟探测器误报的危险性，最好还是通过消防中心进行控制。

消防电梯有两种控制形式：

1）现场操作。在消防电梯旁边就地设有紧急迫降按钮，当火灾确认后，按下按钮，强制消防电梯全部降至首层或电梯转换层，并发出反馈信号。

2）远距离操作（也称为远程控制）。即在消防控制中心或区域控制器上进行操作。

① 手动操作当火灾确认后，操作安装在消防控制中心或区域控制器上的电气开关，强制消防电梯全部降至首层或电梯转换层，并发出反馈信号；

② 自动报警控制感温探测器、感烟探测器、紧急迫降按钮等的动作信号送入消防控制中心或区域控制器上，用它们作报警状态信号，在自动报警控制器上进行逻辑编程，当符合逻辑时，确认为火灾，自动报警控制器发出命令，通过联动模块，强制消防电梯全部降至首层，并发出反馈信号。

（2）电梯的联动设计要求

1）消防电梯及客梯的联动控制信号应由消防联动控制器发出。当确认火灾后，消防联动控制器应发出联动控制信号强制所有电梯停于首层或电梯转换层。除消防电梯外，其他电梯的电源应切断。电梯停于首层或电梯转换层开门反馈信号作为电梯电源切断的触发信号。

2）消防电梯及客梯运行状态信息和停于首层或转换层的反馈信号应传送给消防控制室显示，轿箱内应设置直接能与消防控制室通话的专用电话。

8. 火灾警报和消防应急广播系统

（1）火灾警报装置

1）火灾自动报警系统应设置火灾声光警报器，并在确认火灾后启动建筑内的所有火灾声光警报器。

2）未设置消防联动控制器的火灾自动报警系统，火灾警报器应由火灾报警控制器控制；设置消防联动控制器的火灾自动报警系统，火灾警报器应由火灾报警控制器或消防联动控制器控制。

3）公共场所宜设置具有同一种火灾变调声的火灾声警报器；具有多个报警区域的保护对象，宜选用带有语音提示的火灾声警报器；学校、工厂等各类日常使用电铃的场所，不应使用警铃作为火灾声警报器。

4）火灾声警报器设置带有语音提示功能时，应同时设置语音同步器。

5）同一建筑内设置多个火灾声警报器时，火灾自动报警系统应能同时启、停所有火灾声警报器工作。

6）火灾声警报器单次发出火灾警报的时间宜在 8～20s 之间，同时设有消防应急广播时，火灾声警报应与消防应急广播交替循环播放。

（2）消防应急广播系统

1）集中报警系统和控制中心报警系统应设置消防应急广播。

2）消防应急广播系统的联动控制信号应由消防联动控制器发出。当确认火灾后，应同时向全楼进行广播。

3）消防应急广播的单次语音播放时间宜在 10～30s 之间，应与火灾声警报器分时交替工作，可采取 1 次声警报器播放，1 或 2 次消防应急广播播放的交替工作方式循环播放。

4）消防控制室内应能显示消防应急广播的广播分区的工作状态。

5）在消防控制室应能手动或按照预设控制逻辑联动控制选择广播分区，启动或停止应急广播系统，并能监听消防应急广播。在通过传声器进行应急广播时，自动对广播内容进行录音。

6）消防应急广播与普通广播或背景音乐广播合用时，应具有强制切入消防应急广播的功能。

9. 消防应急照明和疏散指示系统

消防应急照明和疏散指示系统联动控制的设计，应符合下列规定：

1）集中控制型消防应急照明和疏散指示系统，应由火灾报警控制器或消防联动控制器启动应急照明控制器实现。

2）集中电源非集中控制型消防应急照明和疏散指示系统，应由消防联动控制器联动应急照明集中电源和应急照明分配电装置实现。

3）自带电源非集中控制型消防应急照明系统的联动应由消防联动控制器联动消防应急照明配电箱实现。

消防应急照明和疏散指示系统应急启动的联动控制信号应由消防联动控制器发出。当确认火灾后，由发生火灾的报警区域开始，顺序启动全楼疏散通道的消防应急照明和疏散指示标志系统，全楼系统投入应急状态的启动时间不应大于 5s。

三、相关联动控制

1）消防联动控制器应具有切断火灾区域及相关区域的非消防电源的功能，当需要切断正常照明时，宜在自动喷水系统、消火栓系统动作前切断。

2）消防联动控制器应具有自动打开涉及疏散的电动栅杆等的功能，宜开启相关区域安全技术防范系统的摄像机监视火灾现场。

3）消防联动控制器应具有打开疏散通道上由门禁系统控制的门和庭院的电动大门的功能，并打开停车场出入口的挡杆。

自学指导

本章学习重点：消防控制室对于消防设备的控制要求；消防联动设备的系统控制逻辑。

1. 消防控制室对于消防设备的控制要求

消防控制室对于消防控制室图形显示装置、火灾报警控制器、消防联动控制器、消防电话总机、消防应急广播控制装置、消防应急照明和疏散指示系统控制装置和消防电源监控器，不仅要具有规定的控制功能，还要具有相关信号的反馈功能。

2. 消防联动设备的系统控制逻辑

消防联动控制系统对于消防联动设备的控制逻辑要求分为消防联动设备的触发信号，消防联动设备的动作过程以及消防联动设备信号反馈要求。

本章学习难点：消防联动设备维护管理。

消防联动设备维护管理：消防联动设备的日常维护管理大致分为外观检查和功能检查。外观检查主要查看设备及组件有无损坏锈蚀，功能检查主要查看设备能否完成正常的消防功能，有无信号反馈。

复习思考题

一、选择题（在选项中选出正确的答案，只有 1 个答案）

1. 防火卷帘的联动控制应满足（   ）。

A. 当相应探测区域感烟探测器报警时，仅用作防火分隔的防火卷帘应下落到距地

278

面 1.8m

    B. 当相应探测区感烟探测器报警时，疏散通道的防火卷帘下落到底

    C. 当相应探测区感温探测器报警时，疏散通道的防火卷帘下落到距地面 1.8m

    D. 防火卷帘的动作信号应送至消防控制室

2. 关于消防控制室的控制功能，叙述不正确的是（　　）。

    A. 可显示火灾报警、故障报警的部位

    B. 对消防水泵、防烟和排烟风机可以不用设置手动直接控制装置

    C. 消防控制室能控制消防设备的启、停，并显示其工作状态

    D. 可显示各消防系统供电电源状况

3. 火灾时关于电源、电梯的应急控制正确的是（　　）。

    A. 火灾确认后，应能在消防控制室手动切除所有电源

    B. 火灾发生后，根据火情强制所有电梯停于当前所在层

    C. 消防电梯的应急供电，应在最末一级配电箱处设置自动切换装置

    D. 应切断所有电梯电源

4. 防排烟设施在火灾确认后的联动控制设计，不符合要求的是（　　）。

    A. 排烟阀宜由其排烟分区内设置的感烟探测器组成的控制电路控制开启

    B. 消防控制室应能对防烟、排烟风机进行手动和自动控制

    C. 消防控制室不显示防烟、排烟风机的运行情况

    D. 挡烟垂壁应由其附近的专用感烟探测器组成的控制电路控制

二、名词解释

消防联动控制系统　　消防控制室　　　防火门控制器

三、问答题

1. 消防控制室对火灾报警控制器应该有哪些控制要求？

2. 消防控制室对消防控制室图形显示装置应该有哪些控制要求？

3. 消防控制室对消防电话总机应该有哪些控制要求？

4. 消防控制室对消防应急广播控制装置应该有哪些控制要求？

5. 消防控制室对消防应急照明和疏散指示系统控制装置应该有哪些控制要求？

6. 消防控制室对消防电源监控器应该有哪些控制要求？

7. 消防控制室对火灾报警控制器应该有哪些控制要求？

8. 消防控制设备对室内消火栓系统的控制要求是什么？系统控制逻辑上有哪些要求？

9. 消防控制设备对管网气体灭火系统的控制要求是什么？系统控制逻辑上有哪些要求？

10. 消防控制设备对防排烟系统的控制要求是什么？系统控制逻辑上有哪些要求？

11. 消防控制设备对防火卷帘的控制要求是什么？系统控制逻辑上有哪些要求？

附录 部分复习思考题参考答案

第二章 消防供配电

四、综合题

1. 1）图中的供电方式为双电源供电方式。

  2）可以满足。

因为 13 层的高层住宅为二类高层建筑，其消防负荷的供电应满足二级负荷的要求，应由双回路进行供电。图中的两个低压母线分别到消防负荷连接一条供电线路，即可实现双回路的供电。

  3）二类高层建筑除满足电源要求外，还应满足：

① 高层建筑的消防控制室、消防水泵、消防电梯、防排烟风机等的供电，应在最末一级配电箱处设置自动切换装置；

② 消防用电设备应采用专用的供电回路进行供电；

③ 消防供电系统的配电设备应设有明显标志；

④ 消防供电系统的配电线路和控制回路宜按防火分区进行划分。

第三章 低压供配电系统防火

三、简答题

6. 电器或导体必须能承受短路电流的热效应而不致破坏，这种能力称为电器或导体的热稳定性。在工程计算中，要满足导体的热稳定性，导体的最小允许截面面积（单位为 mm^2）应满足：

$$S_{min} = \frac{I_\infty}{C}\sqrt{t_j}$$

式中 I_∞——稳态短路电流（A）；

  C——导体的热稳定系数（$A \cdot s^{1/2} \cdot mm^{-2}$）；

  t_j——通过短路电流的假想时间（s）。

四、计算题

1. B：$P_{jB} = P'_e = 30kW$

$$Q_{jB} = P_e \frac{\sqrt{1 - \cos\varphi^2}}{\cos\varphi^2} = 30 \times \frac{\sqrt{1 - 0.8^2}}{0.8} kVar = 22.5kVar$$

C：$P_{jC} = P'_e = 22kW$

$$Q_{jC} = P_e \frac{\sqrt{1 - \cos\varphi^2}}{\cos\varphi^2} = 22 \times \frac{\sqrt{1 - 0.85^2}}{0.85} kVar = 13.7kVar$$

$$D: P_{jD} = P_e' \sqrt{\frac{JC}{JC_N}} = 25\sqrt{\frac{50\%}{25\%}}\text{kW} = 35.4\text{kW}$$

$$Q_{jD} = P_e' \frac{\sqrt{1-\cos\varphi^2}}{\cos\varphi^2} = 35.4 \times \frac{\sqrt{1-0.8^2}}{0.8} = \text{kVar} = 26.6\text{kVar}$$

$$A: P_{jA} = K_x\sum P_{ji} = 0.75 \times (30 + 22 + 35.4)\text{kW} = 65.6\text{kW}$$

$$Q_{jA} = K_x\sum Q_{ji} = 0.75 \times (22.5 + 13.7 + 26.6)\text{kW} = 47.1\text{kW}$$

$$S_{jA} = \sqrt{P_{jA}^2 + Q_{jA}^2} = \sqrt{65.6^2 + 47.1^2}\text{kV}\cdot\text{A} = 80.8\text{kV}\cdot\text{A}$$

$$I_{jA} = \frac{S_{jA}}{\sqrt{3}U_e} = \frac{80.8}{\sqrt{3}\times0.38}\text{A} = 122.8\text{A}$$

查表可知，应选择 35mm^2 的导线进行供电。

五、论述题

1. 不可以。

同一个系统中的不同电气设备，不能同时采用接地保护和接零保护，因为当采用接地保护设备 B 的带电部分发生碰壳短路时，会使中性线的电位升高，因此进行接零保护的电气设备 A 的外壳也会电位升高，当人接触设备 A 时有触电危险。

第五章 防雷与防静电

四、计算题

1. 解：

$$A_e = [LW + 2(L+W)\sqrt{H(200-H)} + \pi H(200-H)] \times 10^{-6}$$
$$= 0.013662\text{km}^2$$
$$Ng = 0.1T_d = 0.1 \times 33.2\text{次}/(\text{km}^2\cdot\text{a}) = 3.32\text{次}/(\text{km}^2\cdot\text{a})$$
$$N = KN_gA_e = 1 \times 3.32 \times 0.013662\text{次}/\text{a} = 0.045\text{次}/\text{a}$$

因为住宅楼第三类防雷建筑要 $N > 0.06$ 次/a 才设防雷。所以该住宅楼群中不是最高的也不在楼群边缘，该住宅楼不需要做防雷设施。

2. 解：

$$A\text{ 点}: h_x = 6\text{m}, r_x = \sqrt{(20+5)^2 + 10^2}\text{m} = 26.93\text{m}$$
$$B\text{ 点}: h_x = 7\text{m}, r_x = \sqrt{10^2 + (10+5)^2}\text{m} = 18.03\text{m}$$
$$A\text{ 点 } r_x' = \sqrt{h(2h_r - h)} - \sqrt{h_x(2h_r - h_x)}$$
$$= \sqrt{30(2\times60 - 30)} - \sqrt{6(2\times60 - 6)}$$
$$= 51.90 - 26.15$$
$$= 25.75 < 26.93$$

不能满足安全要求。

3. 解：

已知 $h = 30\text{m}$，$h_x = 4\text{m}$，$h_r = 30\text{m}$；计算可得建筑物最远点所需保护的距离；依据 $r_x > r$ 成立，可判断该建筑物能得到保护。

参 考 文 献

[1] 公安部消防局. 中国消防年鉴 [M]. 北京：中国人事出版社. 2007.

[2] 公安部消防局. 中国消防年鉴 [M]. 北京：中国人事出版社. 2008.

[3] 公安部消防局. 中国消防年鉴 [M]. 北京：中国人事出版社. 2009.

[4] 公安部消防局. 中国消防年鉴 [M]. 北京：中国人事出版社. 2010.

[5] 公安部消防局. 中国消防年鉴 [M]. 北京：中国人事出版社. 2011.

[6] 公安部天津消防研究所. GB 50016—2006 建筑设计防火规范 [S]. 北京：中国计划出版社，2006.

[7] 中华人民共和国公安部. GB 50045—1995 高层民用建筑设计防火规范 2005 年版 [S]. 北京：中国计划出版社，2005.

[8] 中华人民共和国住房和城乡建设部. GB 50052—2009 供配电系统设计规范 [S]. 北京：中国计划出版社，2009.

[9] 中华人民共和国住房和城乡建设部. JGJ 16—2008 民用建筑电气设计规范 [S]. 北京：中国建筑工业出版社，2008.

[10] 总参工程兵第四设计研究院，等. GB 50098—2009 人民防空工程设计防火规范 [S]. 北京：中国计划出版社，2009.

[11] 全国消防标准化技术委员会火灾控测与报警分技术委员会. GB 28184—2011 消防设备电源监控系统 [S]. 北京：中国标准出版社，2011.

[12] 中华人民共和国住房和城乡建设部. GB 50116—2013 火灾自动报警系统设计规范 [S]. 北京：中国计划出版社，2013.

[13] 全国电线电缆标准化技术委员会. GB/T 19666—2005 阻燃和耐火电线电缆通则 [S]. 北京：中国标准出版社，2005.

[14] 全国消防标准化技术委员会火灾探测与报警分技术委员会. GB 17945—2010 消防应急照明和疏散指示系统 [S]. 北京：中国标准出版社，2010.

[15] 全国消防标准化技术委员会. GB 16806—2006 消防联动控制系统 [S]. 北京：中国标准出版社，2007.

[16] 中华人民共和国住房和城乡建设部. GB 50343—2012 建筑物电子信息系统防雷技术规范 [S]. 北京：中国建筑工业出版社，2012.

[17] 中华人民共和国住房和城乡建设部. GB 50057—2010 建筑物防雷设计规范 [S]. 北京：中国计划出版社，2010.

[18] 陈南. 电气防火教程 [M]，北京：中国人民公安大学出版社，2008.

[19] 蒋慧灵. 电气防火 [M]，北京：兵器工业出版社，2009.

[20] 刘介才. 工厂供电 [M]，北京：机械工业出版社，2004.

[21] 梅卫群，江燕如. 建筑防雷工程与设计 [M]，北京：气象出版社，2008.

[22] 段春丽，黄仕元. 建筑电气 [M]，北京：机械工业出版社，2008.

后　记

经全国高等教育自学考试指导委员会同意，由全国高等教育自学考试指导委员会电子电工与信息类专业委员会负责消防工程专业教材的审定工作。

本教材由中国人民武装警察部队学院陈南教授担任主编。参加编写的人员有陈南教授、蒋慧灵教授、杨卫国副教授、王允副教授、李冬梅讲师、王斌讲师。全书由陈南教授统稿。

全国高等教育自学考试指导委员会电子电工与信息类专业委员会组织了本教材的审稿工作。中国建筑科学研究院建筑防火研究所李宏文研究员主审，公安部沈阳消防研究所高伟副研究员、江苏省公安消防总队防火部周广连高级工程师参加审稿并提出修改意见，谨向他们表示诚挚的感谢。

全国高等教育自学考试指导委员会电子电工与信息类专业委员会最后审定通过了本教材。

全国高等教育自学考试指导委员会

电子电工与信息类专业委员会

2014 年 1 月